대전환기 한국사회

디지털, 세계질서, 기후, 인구의 변화와 대응

이상은 · 허재준 · 이상환 · 고문현 · 이삼식 · 이준배 · 이기성 · 전병목 공저

학지사

대전환기 한국사회

•

머리말

한국사회는 20세기 중반 이후 성공적인 발전을 이루었다. 경제적으로는 성공적으로 산업화와 고속 성장을 이루었으며, 정치적으로도 민주주의 제도의 정착에 성공하였다. 그리고 사회적으로도 복지국가에 진입하였다. 국제사회에서 한국은 1996년 경제협력개발기구(OECD) 가입과 2021년 유엔무역개발회의(UNCTAD)의 공식적인 선진국 분류 등을 통해 그동안의 성취를 인정받았다.

하지만 한국사회는 그동안의 성공적인 발전과정이 마무리되면서 이제 거대한 변화에 직면하고 있다. 기술적으로는 과거와 다른 새로운 디지털 기술혁신의 시대가 열리고 있다. 디지털 기술 혁신으로 생산력의 거대한 증가와 함께, 기계의 인간노동 대체에 따른 위험들이 부상하고 있다. 세계의 평평한 운동장화라는 도도한 세계화의 물결은 어느새 우크라이나 전쟁이나 미중 갈등과 같은 가치 및 지역 기반 블록화와 보호주의의 거센 도전에 직면하고 있다. 그동안 다른 나라의 이야기처럼 느껴졌던 기후변화의 위기는 최근 한반도의 유례 없는 홍수와 이에 의한 막대한 재산 및 인명 손실을 경험하면서 어느새 우리 자신의 문제로 성큼 다가왔다. 저출산 고령화에 따른 인구구조 변화는 미래 노인인구 부양의 문제와 함께 세대 간 갈등의 분열을 잉태하고 있다. 이와 함께 어느새 한국사회는 고성장 시대를 뒤로하고 저성장이 뉴노멀인 시대에 접어들었다.

이러한 거대한 변화를 목격하면서 대전환의 시대에 접어들고 있다는 경고음이 한국사회에 울려 퍼지고 있다. 한국사회가 지난 반세기의 짧은 성공의 역사를 뒤로하고 대전환의 거센 흐름 속에서 다시금 좌초할 것인가? 아니면 대전환의 시대를 주도하면서 세계 역사의 주요 국가로 자리 잡을 것인가? 대전환의 격류 속에서 상황을 진단하고 위험에 대응하는 과학적 분석과 지혜가 필요한 시점이다. 사회과학도는 이러한 시대적 요청에 응답할 의무가 있다. 이 책은 이러한 시대적 요청에 부응하기 위해 사회과학자들이 모은 지혜의 편린이다.

사실, 이 책은 숭실대학교 사회과학연구소의 2년에 가까운 준비과정을 거쳐 탄생하였다. 대전환기 한국사회의 변화를 진단하고 그 대응을 모색하기 위하여 우선 두 번의 심포지엄을 거쳤다. 2021년 여름에 '한국사회의 진단과 방향'이라는 주제로, 또한 2022년 봄에 '대전환기 한국사회: 변화와 대응'이라는 주제로 심포지엄을 개최하였다. 이 책의 주요 장들은 이 두 번의 심포지엄을 통하여 발표와 토론을 거치고 추후 이에 기반하여 최종 원고가 작성되었다.

이 책의 주요 구성은 다음과 같다. 우선, 제1장에서는 대전환기 한국사회의 변화와 대응을 전체적으로 조망하는 차원에서 대전환기 환경변화에 따른 복지국가의 변화와 대응 방향에 대하여 살펴보았다. 다음으로 이후 장들을 제1부와 제2부의 두 부분으로 나누었다. 제1부는 변화에, 제2부는 대응에 초점을 두었다.

제1부(제2~5장)에서는 대전환기의 변화 양상을 검토하였다. 제2~5장에서 대전환기의 환경변화에 초점을 두어 디지털 기술 혁신, 세계질서 변화, 기후위기, 인구구조 변화에 대하여 분석하였다. 구체적으로 제2장에서는 인공지능 기술진보에 따른 일자리 영향에 대하여 살펴보았다. 제3장에서는 탈세계화와 디지털화 시대에 국제관계의 변화 양상에 대해 살펴보고, 신냉전 국제질서화에 따른 한국의 안보 및 대외 경제 전략에 대해 살펴보았다. 제4장에서는 기후변화에 따른 지구환경 및 사회적 영향에 대하여 살펴보고 대응 방안을 논하였다. 제5장에서는 인구고령화에 따른 사회적 영향과 그 대응 방향을 교육, 국방, 사회보장, 지방 등의 주요 영역을

중심으로 살펴보았다.

제2부(제6~9장)에서는 대전환기 환경변화에 대한 대응의 문제를 다루었다. 제6장에서는 한국사회의 디지털화의 진행 정도에 대하여 평가하고 그 혁신 전략의 방향에 대하여 논하였다. 제7장에서는 노동시장 내의 불평등과 격차문제에 대해 살펴보고 이에 대응하기 위한 고용정책적 혁신정책의 방향에 대하여 논하였다. 제8장에서는 한국 평생교육제도의 시행 현황을 그 역사적 뿌리 관점에서 살펴보고, 주요 이슈와 개선 방안에 대하여 논하였다. 제9장에서는 한국 조세정책의 현황과 미래 도전요인들에 대해 살펴보고 미래 조세정책의 주요 과제들을 제시하였다.

대전환기 한국사회의 변화들을 살펴보고 대응 방향을 논하는 것은 방대한 작업이다. 대전환기의 변화들은 특정 영역이 아니라 경제, 정치, 사회의 전 영역에서 전방위적으로 발생하고 있다. 이처럼 방대한 변화를 분석하고 대응을 논의하기 위해서는 다학제적 접근이 필수적이다. 경제학, 정치외교학, 사회학, 인구학, 법학, 교육학, 사회복지학 등 다양한 사회과학 학문분야의 공동 연구가 필요하다. 대응 방향을 논의하기 위해서도 산업정책, 정보통신정책, 외교정책, 노동정책, 인구정책, 환경정책, 조세정책, 복지정책 등 다양한 정책 차원에서의 대응 전략 논의가 필요하다.

이 한 권의 책으로 이 모든 것을 다할 수는 없다. 하지만 이 책에서는 다학제적 접근과 다양한 정책분야에서의 대응 전략 논의를 진행하는 데 초점을 두었다. 이 책의 집필진들은 학문분야 측면에서도, 정책분야 측면에서도, 그리고 몸담고 있는 조직 측면(대학과 정부연구소)에서도 다양하게 분포되어 있다. 이처럼 다학제적 접근과 다양성 확보에 초점을 둔 것은 이 책의 주요한 장점이다. 하지만 이는 또한 단점이기도 하다. 아마 독자들은 이 책을 읽어 나가면서 각 장마다 사용하는 전문용어들의 차이와 집필자 간의 지향의 차이 등을 느낄 수 있을 것이다. 각 장이 하나의 고유한 세계이고 우주이기 때문이다. 다른 세상과 우주들을 넘나들면서 경험하는 것이 어려울 수 있다. 하지만 서로 다른 세상들을 주유한 후에 얻게 될 경험과 안목을 생각하면 이 책을 일독할 충분한 가치가 있다고 생각한다.

이 책은 사회과학분야의 학부생 및 대학원생들에게 좋은 교재가 될 것으로 생각된다. 경제학, 정치외교학, 사회학, 사회복지학, 교육학 등 다양한 학문분야에서 유용한 주교재 또는 참고자료로 활용될 수 있다. 또한 대전환의 변화 흐름을 이해하고 미래의 대응 방안을 모색하고자 하는 일반 독자들에게도 유익한 정보와 안목을 제공할 것으로 기대한다.

이 책은 숭실대학교 사회과학연구소에 있어서도 중요한 의미를 지닌다. 그동안 사회과학계의 논문 편수 위주의 양적 지향 속에서 한국사회의 주요 이슈를 심층적이고 종합적으로 논의하는 책을 발간하는 흐름이 단절되어 왔다. 이 책을 계기로 숭실대학교 사회과학연구소의 책 발간 작업이 하나의 흐름으로 계속 이어져 나가기를 기대한다.

이 책을 준비하는 긴 과정에서 함께해 주신 집필자들께 감사를 드린다. 또한 이 책의 발간을 맡아 주신 학지사 출판사 관계자분들께도 감사를 드린다. 마지막으로, 이 책의 준비과정에서 수고를 아끼지 않은 숭실대학교 사회과학연구소의 김소희 조교에게 고맙다는 인사를 전한다.

2023년 1월

숭실대학교 사회과학연구소 소장

이상은 씀

차례

제1장

대전환기의 복지국가: 환경변화와 대응 방향

이상은

1. 서론

한국사회는 1960년대 이후 급속한 산업화를 통하여 경제적으로 이제 선진국의 위치에 올라섰다. 복지 측면에서도 한국은 2000년대 이후 복지국가의 단계에 진입하였다. 지난 60여 년간 거대한 성취를 이룬 한국사회이지만 시대의 변화와 함께 새로운 변화의 물결이 몰려오고 있다. 그동안의 산업화와 고도성장의 기적을 이룬 베이비붐 세대가 물러나고 새로운 MZ세대가 사회의 주역으로 등장하기 시작하였다. 하지만 앞으로 후세대가 직면하게 될 시대는 그동안의 세상과는 상당히 다른 세상이 될 듯하다.

과거의 산업화 시대가 끝나고 이제 새로운 기술혁신이 인류 사회의 모습을 바꾸어 놓을 것이라는 전망이 언론에 넘쳐난다. 이를 디지털 기술혁신으로 표현하기도 하고, 일부에서는 4차 산업혁명이라 표현하기도 한다. 새로운 기술혁신이 혁명적인 변화를 가져오리라는 전망이다. 세계질서도 변하고 있다. 1990년대 이후의 약 30년간의 세계화 시대가 끝나고 세계질서에 상당한 변화가 발생되고 있다. 선진국 내에서 극우 정치세력의 등장에 따라 국수주의가 강화되고 있고, 미중 패권경쟁이나 우크라이나 전쟁에서 보여지는 것처럼 국가중심적 또는 지역 및 가치에 기반한 블록화의 새로운 양상들이 발생되고 있다. 기후변화 위기는 우리에게 과거의 대량 생산 · 대량소비로부터 보다 근본적인 생활방식의 전환을 요구하고 있다. 지속가능한 생산방식을 통해 지구를 보존하고 후세대에 지속가능한 지구를 물려주어야 한다는 생각들이 확산되고 있다. 또한 장수와 저출산, 그리고 전후 베이비붐 세대의 은퇴에 따른 인구구조 변화는 노령인구의 부양과 미래세대의 재생산이라는 사회의 기본적인 지속가능성의 문제를 제기하고 있다. 더욱이 그동안의 고도성장이 멈추고 이제 저성장이 뉴노멀이 되고 있다.

이제 한국사회는 그동안의 성장과 발달의 시기로부터 새로운 시대로 넘어가는 대전환기에 서 있다. 이 시대의 분수령에서 복지국가를 둘러싼 환경변화는 어떤 변화를 야기하고 또 복지국가는 어떻게 대응해 나가야 할까? 이 장에서는 이러한 이슈를 탐구해 보고자 한다. 이를 위해서 우선 2절에서는 대전환기의 주요 환경변화 요인들이 복지국가에 어떤 영향을 미칠 것인지에 대해 살펴본다. 각 요인이 복지국가의 복지 욕구와 복지 공급 능력에 어떤 영향을 미칠 것인지를 중심으로 논의한다. 3절에서는 이를 기반으로 대전환기에 한국의 복지국가 전략을 어떻게 설정해야 할 것인지에 대해 논의한다. 여기에서는 보편적 기본생활보장과 사회참여를 위한 사회투자 전략의 두 가지 기본방향을 제시하고 양자 간의 결합을 강조한다.

2. 대전환기의 환경변화와 복지국가

1) 디지털 기술혁신과 복지국가

한국 복지국가가 직면한 가장 중요하고 큰 환경변화 중 하나는 디지털 기술혁신이다. 디지털 기술혁신은 경제 및 복지 측면에서 우리 사회구성원들의 삶에 큰 영향을 미친다. 경제 측면에서 디지털 기술혁신은 기존의 생산방식을 근본적으로 새롭게 재편성하면서 한국 경제에 새로운 도전과 위기를 야기한다. 한국 경제가 디지털 기술혁신을 위한 세계적 경쟁에서 경쟁력을 확보하게 된다면 한국은 새로운 기회와 수익을 창출할 수 있다. 하지만 한국이 디지털 기술혁신을 위한 경쟁에서 실패한다면 한국 경제의 추락이 현실화될 수 있다. 그래서 한국 경제는 디지털 기술혁신을 위한 기술인력 양성과 생산방식 재편에 힘을 집중하고 있다.

복지 측면에서 디지털 기술혁신은 복지 욕구와 공급의 양쪽 모두에서 큰 변화를 가져온다. 우선, 복지 욕구 측면에서 디지털 기술혁신은 일자리 소멸과 소득양극화에 대한 우려를 야기하여 기본생활보장 욕구를 증가시킨다(이상은, 2018; Thwissen & Rueda, 2019). 디지털 기술혁신은 기존의 노동 중에서 알고리즘화가 가능한 규칙성을 가진 노동활동을 인공지능이나 로봇활동을 통하여 대체한다. 반복적 저숙련 육체노동뿐만 아니라 사무직 노동이나 의료 및 법률서비스 등 중상층의 일자리들도 상당 정도 대체될 수 있다. 이러한 일자리 소멸이 현실화되면 개인들은 일자리를 잃고 대규모의 실업과 불안정노동으로 내몰릴 수 있다.

또한 디지털 기술혁신은 소득양극화를 야기하여 저소득층의 재분배 욕구를 증가시킨다. 디지털 기술혁신은 자본 대 노동의 관계에서 힘의 균형추를 자본 쪽으로 기울어지게 한다. 생산 영역에서 기계가 인간노동을 대체할수록 로봇 등 자본을 소유한 자본가들의 기여와 권력은 커지는 반면, 기계에 의해 대체되는 노동자들의 영향력은 줄어들 수밖에 없다. 노동자 중에서도 자본가와 협력하여 로봇 등을 설계하고 운용하는 고숙련 노동자의 경우에는 생산에서 기여와 권력이 증가하는 반면, 그렇지 못한 일반 저숙련 노동자들은 힘을 잃을 것이다. 이러한 과정이 지속되면 자본과 일부 고숙련 노동자들은 디지털 기술혁신으로부터 막대한 이익을 취하는 반면, 일반 저숙련 노동자들은 빈곤화되는 양극화 현상이 발생될 수 있다.

이렇게 디지털화되는 사회에서 개인들은 어떻게 생활을 영위할 것인가? 한국사회 구성원들 사이에 공포심이 가득하다. 이미 한국사회는 이러한 양극화 문제를 경험하고 있다. 한국 반도체 산업의 호황과 그 이면에서의 불안정노동의 증가는 이러한 문제를 보여 주는 대표적 예 중의 하나이다.

일자리 소멸과 소득양극화는 개인들의 재분배 선호에 직접적으로 영향을 미친다. 디지털 기술혁신으로 인하여 경제적으로 피해를 볼 가능성이 큰 사람들은 이러한 위험에 대응하여 생활보장을 원하기 때문에 더 강한 재분배 선호를 가진다. Thwissen과 Rueda(2019)는 디지털화에 따라 대체될 가능성이 더 높은 일상적 업무를 수행하는 직업을 가진 사람들이 재분배에 대한 선호가 더 높다는 것을 발견하였다.

하지만 디지털 기술혁신의 결과, 실제로 일자리 소멸과 소득양극화를 경험하게 될 것인가는 여전히 논란거리다.[1] 기술혁신에 따라 기존의 일자리 중 일부가 파괴되겠지만, 다른 한편에서는 새로운 일자리가 형성될 것으로 보는 견해도 강하다. 역사적으로 보아도, 초기 산업화의 과정에서 기계제 대공업의 발달과 함께 기계가 인간의 일자리를 대체할 것에 대한 공포가 만연했고 러다이트운동과 같은 기계파괴운동이 발생하기도 했다. 하지만 결과적으로 산업화에 따라 제조업 및 서비스산업 분야에서 과거에 존재하지 않았던 대규모의 새로운 일자리들이 창출되었다. 이러한 역사적 경험에 비추어 볼 때, 디지털 기술혁신의 시대에도 이 기술을 이용하여 대규모의 새로운 일자리들이 창출될 수 있다.

기술은 활용하는 방식에 따라 인간 노동을 보완하는 방향으로 발전될 수 있거나, 인간 노동을 대체하는 방식으로 발전될 수도 있다. 디지털 기술혁신을 인간 노동을 보완하는 방식으로 발전시킴으로써 일자리 소멸과 같은 부정적 결과를 피할 수 있다. 기술혁신이 인간 노동을 대체할지 보완할지에 있어서 사회 제도가 중요한 역할을 할 수 있다. 사회의 제도는 행위자들에게 특정 방향으로 행동하도록 하는 유인을 제공한다. 예를 들어, 자본과세와 노동과세 중 어떤 과세를 강조하는가

---

1) 이 책의 2장에서 이 이슈를 자세하게 다루고 있다.

에 따라 생산에 있어서 자본 대 노동의 투입이 달라지고 또한 자동화 기술 대 노동보완적 기술 간의 발전 경로가 달라질 수 있다. 그런데 그동안 정부의 제도는 낮은 자본과세와 높은 노동과세라는 조세제도를 견지함으로써 비효율적인 과도한 노동대체적 자동화를 부추켜 왔다. 이러한 측면에서 자본보다는 인간 노동을 중시하는 제도를 구축함으로써, 기술혁신을 인간 노동보완적 방향으로 발전시켜 나가야 한다는 주장들이 제기되고 있다(Acemoglu, 2021).

디지털 기술혁신의 일자리와 소득분포에 대한 영향은 강한 불안감과 공포심에도 불구하고 그 전망이 매우 불확실하다. 디지털 기술혁신에 따른 일자리와 소득분포에 대한 하나의 시나리오만을 가정하고 복지정책을 수립하는 것은 위험하다. 미래의 일자리 상황 자체를 그 방향성을 만들어 가면서, 또한 그 상황의 변화에 따라 복지정책이 적절하게 대응할 수 있어야 한다.

지금까지 디지털 기술혁신의 복지 수요의 측면에 대하여 살펴보았다. 다음으로 디지털 기술혁신은 복지 수요뿐만 아니라 복지 공급에 대한 측면에도 중요한 영향을 미친다. 디지털 기술혁신은 민간 및 공공 기관들의 복지 공급 능력에 큰 영향을 미친다. 첫째, 디지털 기술혁신은 빅데이터 정보 획득의 증가에 따라 민간보험기관의 보험 제공 능력을 현격히 증가시킨다(이상은, 2018; Iversen & Rehm, 2016). 과거에는 보험회사에서 개인의 상황에 대한 정보를 충분히 알 수 없어서 개인들의 위험발생 확률이나 보험급여 수급요건 충족 여부 등에 대한 정보를 가질 수 없었다. 대표적인 정보 부족의 예로 역선택(adverse selection)[2]이나 도덕적 해이(moral

---

2) 역선택은 보험회사가 개인의 위험발생 확률을 알지 못하는 상황에서 평균적으로 보험료율을 설정하게 되면 그보다 위험발생 확률이 낮은 사람들은 빠져나가고 위험발생 확률이 더 높은 사람들만이 남게 되어 보험료 수입에 비해 급여지출이 더 커짐으로써 보험회사는 재정적자에 빠지게 되고, 보험회사는 이에 대응하여 보험료율을 인상할 수밖에 없는데 그러면 인상된 보험료율에 비해 위험발생 확률이 더 높다고 생각하는 사람들만이 보험에 남게 된다. 이러한 악순환이 계속되면 결과적으로 보험은 아주 높은 보험료율을 감당할 수 있고 위험가능성도 아주 높은 일부 고소득층만을 위한 제도로 남게 되든지 아예 존재하기 어렵게 된다. 그래서 정부에서 강제가입에 의한 사회보험을 실시함으로써 이러한 역선택의 문제에 대응하여 위험에 대한 보장을 제공하였다.

hazard)[3]의 문제들로 인해 민간보험회사들이 보험상품을 제대로 공급하기 어려웠다. 이러한 정보 부족으로 인한 시장실패의 문제에 대응하여 정부가 개입함으로써 강제가입에 기반한 사회보험을 실시해 왔다(Barr, 2004)[4].

그런데 디지털 기술혁신에 따라 빅데이터 정보가 이용 가능하게 되면, 민간보험회사들이 개인의 위험발생 확률과 급여지출액을 상당히 정확하게 예측할 수 있게 되어 민간보험이 시장에서 잘 작동될 수 있다. 이제 개인들은 굳이 사회보험이 아니더라도 민간시장에서 유사한 보호를 제공하는 보험상품을 구매할 수 있다. 이러한 상황에서 위험발생 확률이 낮은 개인들은 민간보험을 통해 더 낮은 보험료로 유사한 보험급여를 받을 수 있으므로 사회보험을 벗어나 자신들만의 별도의 민간보험을 형성하기를 원하게 된다. 그 결과, 사회보험에 대한 연대적 지지가 저해되고 집단별로 맞춤형의 분절적인 민간보험을 구축하고자 하는 경향이 확대될 수 있다. 즉, 디지털 기술혁신에 따라 연대적 사회보험이 축소되고 분절적 민간보험이 확대되는 현상이 발생할 수 있다(이상은, 2018; Iversen & Rehm, 2016).

빅데이터 정보의 이용가능성 증가는 민간보험기관뿐만 아니라 정부의 복지 공급능력도 증가시킨다. 정부의 복지 제공을 위해서는 개인들의 소득과 재산을 정확히 파악하여 조세 및 보험료를 부과할 필요가 있다. 정부의 소득파악 능력이 취약하고 개인들의 탈세나 조세회피가 만연할 경우에는 조세부과를 둘러싼 개인 간의 형평성 시비와 조세저항이 심화된다. 정부가 개인의 소득 및 재산에 대한 정보를 파악하기 어려운 경우에는 재원을 마련하기 어렵다. 그런데 빅데이터 정보의 이용가

3) 도덕적 해이의 문제도 유사하다. 보험에서 도덕적 해이의 문제는 보험가입자가 인위적으로 위험을 발생시키는 문제를 말한다. 민간보험회사는 개인의 위험이 불가피하게 발생된 것인지 또는 스스로 위험을 발생시킨 것인지를 알 수 없다. 그래서 민간보험회사의 입장에서 보험료를 초과하는 급여 지출이 도덕적 해이의 문제로 인하여 발생할 수 있고, 민간보험회사는 이러한 보험상품을 취급하지 않게 된다. 그래서 도덕적 해이의 문제가 클 수 있는 위험의 경우에는 민간보험회사에 의한 보험상품의 공급이 어렵다.

4) 역선택과 도덕적 해이의 문제를 포함하여 전반적인 정보의 문제로 인한 시장실패의 문제에 대한 보다 자세한 논의에 대해서는 이상은(2022a) 참조.

능성 증가는 정부의 개인 소득파악 능력을 현격하게 높일 수 있다.[5] 한국사회에서 신용카드의 사용 증가에 따라 개인 소득 및 지출에 대한 정부의 정보획득 능력이 급성장한 것이 바로 이것의 한 예이다. 빅데이터 정보에 기반하여 개인 소득 및 재산에 대한 정부의 정보획득 능력이 확대됨으로써 복지재원 확보 가능성이 증가될 수 있다.

그리고 디지털 기술혁신에 의한 생산력의 증가는 복지 욕구 충족을 위한 사회의 자원을 증가시킨다. 과거에 산업화에 따른 생산력 증가가 복지국가 확대의 주요한 기반이 되었던 것처럼, 미래에도 디지털 기술혁신에 따른 생산력 증가는 향후 복지 확대를 위한 자원을 증가시킬 수 있다.

디지털화는 급여 할당(allocation) 측면에서도 정부의 능력을 증진시킨다. 정부는 빅데이터 이용가능성이 증가함에 따라 개인들의 복지 욕구를 더 정확하게 파악하고 맞춤형 급여를 제공할 수 있다. 복지 사각지대에 처해 있는 대상자들을 발굴하여 그들의 상황에 맞는 급여를 제공할 수 있다.

또한 디지털 기술혁신은 사회서비스 제공에 있어서 인공지능과 로봇 등을 이용한 혁신적 서비스 공급을 가능하게 한다. 재활 및 요양서비스에 있어서 감성로봇을 이용한 독거노인의 정서적 지원, 웨어러블 로봇을 이용한 신체장애인들의 활동보조, 그리고 디지털 기기를 이용한 독거노인의 건강상태 체크 등이 그 예들 중 일부이다. 디지털 기술혁신은 사회서비스 대상자들의 독립적이고 안정적인 생활을 위한 지원 능력을 대폭 증가시킬 수 있다.

2) 세계질서 변화와 복지국가

제2차 세계대전 이후 1980년대까지 자본과 노동은 주로 국민국가 단위의 단일

5) 정부가 실시간 소득파악 체계(Real Time Information: RTI) 구축을 통해 개인들의 소득을 실시간으로 파악할 수 있다는 주장들이 제시되고 있다.

시장 내에서 자유롭게 이동하였고 국민국가를 넘어선 이동은 제한되었다. 냉전하에서 자본주의 국가와 공산주의 국가들 사이에 철과 죽의 장벽이 설치되었고, 자본주의 국가 간에도 국민국가 단위의 벽이 존재했다. 이러한 국민국가 단위의 자유시장은 1990년대 이후 동구 공산주의 국가들의 자유시장경제로의 전환과 신자유주의의 확산에 따라 냉전의 벽과 국민국가의 벽을 허물고 세계적 차원의 자유시장을 형성하게 되었다. 이러한 현상을 일반적으로 세계화(globalization)라고 부른다.

세계화로 인해 전 세계적 차원에서 자유시장이 형성됨에 따라 생산과 소비가 세계적 차원에서 조직화되었다. 글로벌 다국적 기업들은 서구 선진국 내에서 고숙련 전문인력에 기반하여 상품을 개발하고, 개발도상국에서 값싼 노동력을 이용하여 대량생산을 하며, 그렇게 생산된 상품을 전 세계에 판매하는 세계적 생산판매망을 구축하였다.

이러한 세계화는 선진국과 개발도상국들을 포함하여 세계 각 국가 내에서 거대한 변화를 초래하였다. 선진국들은 세계적 차원의 시장에서 개발도상국들의 값싼 노동력을 이용하여 거대한 수익을 창출하였다. 하지만 이 과정은 단순히 선진국들만 전적으로 이익을 본 과정이라기보다는, 개발도상국도 상당한 이익을 본 과정이었다. 대표적으로 세계 빈곤의 최대 집적지였던 아시아에서 중국과 인도, 그리고 동남아시아 국가들이 세계의 공장으로서 세계화의 이익에 동참할 수 있었다. 그 결과, 아시아의 거대한 빈곤인구가 절대적 빈곤을 탈피할 수 있었고, 이로 인해 세계적으로도 전체적인 빈곤과 불평등이 감소되었다.

하지만 세계화는 선진국 내에서 양극화를 야기하였다. 경제적 차원에서 자본과 노동계층 간에, 또 고학력 노동자와 저학력 노동자 간에 격차가 심화되었다. 선진국의 자본은 세계적 차원에서 개발도상국의 값싸고 근면한 노동자들과 자연자원들을 마음껏 이용함으로써 거대한 수익을 얻었다. 하지만 자본이 개발도상국의 값싼 노동자들을 이용하기 위하여 생산기지를 이전함으로써, 선진국의 노동계층은 국내에서 거대한 일자리 공동화에 직면하였다. 선진국의 노동계층은 개발도상국의 노동계층에 비하여 임금 가격 측면에서 비교우위를 상실하고 실업상태로 전락하였다. 그런데 모든 노동계층이 세계화의 과정에서 피해를 본 것은 아니다. 고학력 고숙련 노동자들은 세계적 생산망의 정점에서 상품을 기획하고 개발함으로써 세계화에 동참하여 글로벌 자본과 함께 세계화의 이익을 공유하였다. 이에 반해 저학력 저숙련 노동자들은 개발도상국의 값싸고 근면한 노동자들에 비하여 열등한 위치로 전락하여 세계적 생산망에서 배제되었다. 그래서 선진국의 노동계층 내에서도 세계적 생산망하에서 세계화의 이익을 공유한 고학력 노동자들과 세계적 생산망에서 배제되어 세계화의 피해자로 전락한 저학력 노동자들 간에 격차가 확대되었다.

세계화에 따른 선진국 내 양극화의 문제는 이와 같은 경제적 차원의 문제를 넘어서 지리적이고 문화적인 양극화의 문제로 중첩되어 나타났다. 지리적으로 해안가 메트로폴리탄 대도시와 내륙의 지방 중소도시 간에 양극화 현상이 발생되었다. 세계적 차원의 상품 개발을 담당하는 전문지식 인력들은 선진국의 해안가 대도시들을 중심으로 집중되었다. 이 메트로폴리탄 대도시에 새로운 지식 창출과 상품 개발을 위해 거대하게 집적된 네트워크들이 구축되면서 고학력 지식인력들의 집중은 더욱 심화되었다. 미국 캘리포니아주의 실리콘밸리로 대표되는 이러한 지역들은 세계적 생산망의 정점에서 세계적 차원의 이익을 창출하고 흡수하며 번성하였다. 이에 비해 과거 국내 생산의 주요 공장지대들이었던 소위 미국의 러스트벨트(rust belt)와 같은 내륙의 중소도시들은 생산기지가 개발도상국으로 이전되면서 세계적 생산망으로부터 배제되어 쇠락하였다. 공장이 문을 닫아 사람들이 떠나가고 일자리가 없어 실업이 만연한 황량한 지역이 되어 버렸다.

문화적으로도 세계적 자유주의 대 지역적 보수주의 간에 양극화 현상이 나타났다. 해안가 메트로폴리탄 지역의 고학력 지식인력들에서는 세계적 자유주의의 문화가 형성되었다. 인종 차별, 성소수자 차별, 종교적 차별 등에 반대하면서 개인의 선호와 선택의 자유를 존중하고 이질성의 수용을 강조하는 문화적 경향이 형성되었다. 이에 비해 쇠락하는 내륙 중소도시들에서는 해당 지역의 인종적 · 종교적 · 사회규범적 순수성을 강조하는 지역적 보수주의의 문화적 경향이 형성되었다. 이와 같이 세계화에 의한 경제적 양극화는 지리적 및 문화적 양극화와 결합되었고, 서구 선진국 사회는 양극화로 인하여 중첩적 격차와 단절의 문제에 직면하게 되었다.

이러한 문제는 정치적으로 서구 선진국 내에서 극우 포퓰리즘 정치세력의 등장을 초래하였다. 즉, 선진국 내의 저숙련 노동자들, 내륙 지역의 쇠퇴하는 중소도시, 그리고 지역적 보수주의 문화를 기반으로 극우 포퓰리즘 정당이 정치적으로 세력을 확장하였다. 대표적으로 미국의 트럼트 대통령의 집권, 영국의 브렉시트, 프랑스의 르펜이 이끄는 극우 정당의 세력 확대 등이 나타났다.

이러한 정치적 흐름의 변화를 반영하여 국민국가들의 자국 이해 우선주의가 새로운 경향으로 나타나고 있다. 중미 무역갈등에서 보이는 것처럼 자국 이해를 우선시하는 자국 중심적 경제정책, 우크라이나 전쟁과 같은 국가 간의 안보 및 영토를 둘러싼 갈등과 전쟁, 그리고 가치와 이익 등을 공유하는 국가들의 블록화 양상 등이 나타나고 있다. 이러한 경향이 1990년대 이래 약 30년간의 세계화 시대가 끝나고 새로운 세계질서의 도래를 의미하는지, 아니면 세계화 시대의 지속하에서 부분적 변화를 의미하는지를 판단하기는 시기상조이다. 하지만 세계질서는 지난 30년과 다르게 변화하고 있다.

지난 30년간의 세계화와 최근의 세계질서의 변화는 복지국가에 어떤 영향을 미쳤을까? 우선, 그동안의 세계질서 변화는 복지 전반적으로 부정적 영향을 발생시키는 것 같다. 첫째, 그동안 세계화의 과정에서 선진국 내 이민자의 증가는 사회적 갈등을 심화시키고 복지국가의 기반인 사회적 연대성을 저해하였다. 선진국 내에서 일자리 부족의 원인이 일자리를 차지한 이민자들 때문이라는 불만들이 제기되었다. 또한 이민자들에 대한 복지지원을 둘러싸고 내국인들의 세금이 이민자들의 복지에 사용되는 것에 대한 불만도 제기되었다. 이러한 이민자들을 둘러싼 사회적 갈등들은 사회적 연대성에 기반한 복지국가의 기반을 저해하여 보편적 복지에 대한 지지를 약화시킬 것으로 우려되고 있다.

둘째, 극우 포퓰리즘 정치가 부유층과 결합되면서 중상주의적 경향으로 나타나 복지 약화 요인으로 작용하고 있다. 극우 포퓰리즘 정치세력은 한편에서는 국내 저숙련 노동자계층을 그 지지기반으로 삼고 있어서 노동자계급의 생활안정을 위한 복지정책을 지지할 것으로 생각된다. 하지만 현실에 있어서 극우 포퓰리즘은 단순히 국수주의적인 저숙련 노동자계층에만 기반하는 것이 아니라 자본가계층과의 결합에 기반하고 있다. Lim(2021)은 20세기 초 파시즘에 의한 제2차 세계대전 발생에 대한 분석에서 Polanyi가 파시즘은 자본가계급과의 결합을 통해서만 주요 정치세력으로 등장할 수 있었다고 분석한 것에 주목하면서, 현재의 극우 포퓰리즘 정치세력들도 자본가계급과의 결합에 의하여 주요 정치세력으로 등장하여 집권할 수 있었다고 주장하였다. 대표적인 예로, 미국 트럼프 정부의 경우 미국의 국수주의적 저학력 노동자계층의 지지에 기반하면서도 동시에 자본가계급의 강력한 지지를 결합함으로써 집권에 성공할 수 있었고, 그 결과 집권 후에 주로 감세와 오바마케어 축소와 같은 반복지주의적 정책들을 추진하였다. 극우 포퓰리즘 정치가 자본가계급과 결합되면서 중상주의적 경향을 띠게 되고, 외국과의 무역분쟁 등을 강조하면서 국내 투자 유치의 명목하에 조세를 감축시키고 복지 약화를 초래하였다.

다음으로 세계질서의 변화는 복지의 구조 또는 성격 측면에서 복지 쇼비니즘에 의한 이중적 복지의 발생 가능성을 증가시킨다. 극우 포퓰리즘 정치세력은 자국민 또는 민족에 대한 보호를 강조하는 한편, 이민자, 특히 불법취업자에 대한 처벌 및 차별 정책을 강조하는 복지 쇼비니즘의 입장을 주장해 왔다. 또한 이민자뿐만 아니라 내국인 중에서도 노동하지 않고 복지에 의존하는 복지수급자들에 대해 처벌적인 입장을 가져왔다. 그래서 극우 포퓰리즘 정치세력의 영향력이 강화되면서 복지정책에서의 이민자 및 내국인 복지의존자들에 대한 배제가 노골적으로 나타날 수 있다. 이처럼 직접적이지는 않지만 또한 간접적인 방식으로 보험제도를 통해 노동시장에서의 이민자 차별 및 배제가 복지에서도 반영될 수 있다. 복지정책의 구조를 정부의 조세에 기반한 복지제도보다는 보험제도에 기반한 복지를 강화해 갈 경우, 복지에서의 이민자 등 배제가 간접적으로 강화될 것으로 우려된다.

3) 기후변화와 복지국가

인류는 역사적으로 욕구 충족의 극대화를 추구해 왔다. 근대 이전까지만 하더라도 인류는 자연환경을 부분적으로만 이용할 수 있었고 그에 따라 생산 및 소비도 제한적이었다. 이 시기까지 인간은 자연 속에서 그 일부로서 자신의 생활을 영위해 나갔다. 그러나 근대 이후 인간의 이성과 합리성에 기반하여 과학기술이 급속하게 발전하면서 인간과 자연환경의 관계는 새로운 단계에 접어들게 되었다. 인간이 자연을 정복하고 철저하게 이용하면서 대량생산 · 대량소비의 시대가 열렸다. 그런데 인간의 무분별한 자연 착취 과정의 결과, 이제 무한한 자원의 공급원으로 여겨졌던 자연환경이 훼손되어 더 이상 보존되지 않는 위기상황에 직면하게 되었다.

자연환경의 무분별한 이용은 물리적으로 기후위기를 초래하고 있다. 대량생산과 대량소비의 과정에서 대규모의 탄소가 배출되었고, 그로 인해 지구에서 기온 상승과 강수량의 변화, 해수 온도의 변화, 빙하 감소와 해수면 상승 등의 기후변화 현상들이 발생하기 시작하였다. 지구의 평균기온이 1도만 상승해도 만년빙이 사라지고 사막화가 심화되어 기상이변이 속출하게 된다고 한다. 평균기온이 3도 상승하면 아마존이 사막화되고, 뉴욕이 침수되고, 해안지역이 침수되어 민족 대이동이 발생할 것이라고 경고하고 있다(고문현, 2023).

기후변화는 물리적 생태계의 변화뿐만 아니라 사회경제적으로도 인류사회에 거대한 충격을 가져온다. 곡물 수확량의 감소, 인구이동 가속화, 수송 및 인프라에 대한 수요 변화, 농림업 · 관광업 · 에너지산업 등 산업구조 변화, 건강과 질병문제의 위협 증가, 그리고 기후변화 상황에서 생존을 위한 민족 간의 갈등과 전쟁 등의 사회문제들이 발생될 것으로 예상되고 있다(고문현, 2023).

기후변화와 이에 따른 사회경제적 충격들은 복지국가에도 큰 영향을 미친다. 우선, 일차적으로는 복지국가의 기반인 사회적 연대성을 저해하여 복지국가에 부정적 영향을 미칠 것으로 우려된다. 기후변화의 직접적인 피해 지역들에서 사람들의 거주가 어려워지게 되면,[6] 이주민이 한 국가 내뿐만 아니라 국가 간에 거대한 규모로 발생된다. 이주민의 발생은 한 지역 내에서 토착민과 이주민 간에, 또 지역 간, 민족 간, 인종 간, 종교집단 간, 언어 및 문화집단 간에 생존을 둘러싼 분열과 갈등을 초래한다. 이러한 집단 간 갈등 심화는 복지국가의 기반인 사회적 연대성을 저해하여, 복지국가의 축소와 배타적 성격의 강화를 초래할 것으로 우려된다.

다음으로 기후변화에 따른 사회적 변화에 대응하여 복지국가는 내부적으로 패러다임 전환의 과제에 직면한다. 기후변화 시대에 지구를 보존하고 지속가능한 복지를 이루기 위해서는, 복지국가가 더 적은 자원 기반 위에서 더 많은 재분배를 할 수 있어야 한다(Pierson, 2021). 복지국가는 과거 근대화 이후의 대량생산 · 대량소비에 기반한 전통적 복지국가로부터 이제 기후변화의 시대에 탈성장 경제에 적합한 복지국가로 스스로 탈바꿈해야 한다.

이러한 맥락에서 지구적 환경위기와 공동체 위기의 상황에 대응하여 인간과 자연 간의 창조적 조화를 지향하는 성찰적 담론으로 생태주의가 제시되고 있다(은석, 2016). 생태주의에서는 지구환경 보호를 위해 우리의 경제활동을 제한하고 제한적 공간과 자연자원의 범위 내에서 사는 것을 배워야 한다고 주장한다.

기후위기에 대응하여 경제적 차원에서 다음과 같은 방향들이 제안되고 있다(Pierson, 2021). 첫째, 기술적 교정이다. 무한의 비오염적 에너지의 생산을 통해 탈희소성(post-scarcity)의 세상으로 전환해야 한다. 둘째, 녹색성장(green growth) 또는 생태적 현대화(ecological modernization)를 위한 경제의 재구조화이다. 성장을 에너지 사용 및 가스 방출의 감소와 결합시켜 GDP 성장을 탄소 방출의 성장과 분

6) 식수난이나 곡물 수확량 감소, 경작 가능한 농지의 축소 등으로 인해 인류가 거주하기 어려워진다. 더 심각하게는 해수면 상승으로 인한 해안지역 침수로 인류가 거주할 수 없게 된다.

리시켜야 한다. 셋째, 탈성장 경제(post-growth or degrowth economy)로의 전환이다. 성장을 멈추는 방식을 찾는 것과 동시에 모든 사람이 적절성(sufficiency)를 누릴 수 있도록 부를 재분배하는 방식을 찾아야 한다.

생태주의에서는 기존의 복지국가에 대해 비판적이다. 기존의 케인지안 복지국가는 자본주의를 전제로 소비를 미덕으로 삼고 대규모의 유효수요를 창출하여 생산량을 대량으로 증가시키고 그 성장 과실이 모두에게 돌아가도록 하는 데 목표를 두었다. 그래서 복지국가는 자본과 함께 자연을 착취하고 생산 및 소비를 극대화함으로써 지구환경을 파괴하는 기능을 수행했다.

이제 기후변화에 대응하여 복지국가는 탈성장 경제하에서 경제활동을 억제하고 더 적은 자원으로 모두가 적절한 생활을 유지할 수 있도록 하는 패러다임의 전환을 모색해야 한다. 이를 위해서는 재분배가 더욱 강화되어야 한다. 소비의 총량을 줄여야 하는 상황에서는 부유층들이 상대적으로 소비를 더 많이 줄이고 빈곤층들이 기본적인 삶을 살 수 있도록 해야 한다(Pierson, 2021).

제도적 측면에서 생태주의자들은 기본소득을 선호한다. 기본소득을 통해 개인들에게 기본적 생활을 보장함으로써, 시장에서의 탐욕과 시장에의 의존성을 줄이고 개인들이 공동체를 위한 의미 있는 활동에 참여할 수 있도록 해야 한다고 주장한다. 이를 기반으로 자연환경을 착취하는 탐욕적 대량생산과 대량소비 사회로부터 자기 절제에 의해 자연환경과 공존하는 지속가능한 사회로 전환할 것을 주장한다.

4) 인구구조 변화와 복지국가

저출산과 고령화로 인하여 인구구성에 거대한 구조변화가 발생하고 있다. 한국은 2022년 현재 OECD 주요 국가 중에서 가장 생산연령인구 비중이 높고 노인인구 및 유소년인구의 비중이 낮아 인구구성 측면에서 매우 유리한 구조를 가지고 있다. 거대한 생산연령인구가 상대적으로 소규모의 노인 및 유소년 인구를 부양하기 때문에 부양부담이 작다. 하지만 이렇게 양호한 인구구조는 앞으로 거대한 변화를 앞두고 있다. 현재는 전체 인구 중 약 70%에 해당하는 생산연령인구가 약 30% 정도의 피부양연령 인구(그중 노인과 유소년이 유사하게 각각 약 15%로 구성)를 부양하는 구조이다. 하지만 이처럼 양호한 인구구조는 2070년경이 되면 전체 인구 중 생산연령인구의 비중이 약 47% 수준으로 저하되고 대신 피부양연령 인구가 약 53%(노인인구 약 47%와 유소년인구 약 6%로 구성)를 차지하게 되어 생산연령인구보다 피부양인구가 더 많아진다. 즉, 인구구조가 과거의 피라미드 구조에서 현재의 다이아몬드 구조를 거쳐 미래에는 역피라미드 구조를 형성하게 된다.

이와 같은 인구구조 변화는 한국의 복지에 큰 영향을 미친다. 현재 한국의 사회지출 규모는 GDP 대비 약 12% 수준으로 OECD 국가 중 거의 꼴찌 수준이다. 한국의 이러한 저복지 지출은 복지제도의 미비 문제도 있지만 양호한 인구구조도 주요 요인 중 하나이다. 복지지출의 대부분은 생애주기상으로 소득활동을 할 수 없는 아동 및 노인의 생활보장에 사용된다. 한국은 이 아동 및 노인의 인구 규모가 작기 때문에 인구구조적으로 복지지출이 적게 발생하는 구조이다.

하지만 한국은 미래에 OECD 국가 중 가장 인구구조가 불리한 국가로 급속하게 전환된다. 생산연령인구의 비중이 약 0.67배(=47/70)로 줄어드는 대신, 피부양인구의 비중이 약 1.7배(=53/30)로 증가하여, 총 부양부담이 순전히 인구구조 요인만으로 2.5배(=1.7/0.67)만큼 증가하게 된다.

이러한 인구구조 변화는 복지에 여러 가지 영향을 미칠 것으로 예상된다. 우선, 인구구조 변화는 복지 욕구의 증가와 결합되어 있다. 저출산의 문제는 아동양육가구의 복지 향상에 대한 욕구를 증가시킨다. 역피라미드 인구구조하에서 아동의 출산과 양육에 대한 필요성은 커진다. 아동의 출산과 양육을 위해서는 아동부양가구의 안정적 생활이 필수적이다. 아동부양가구의 주거, 고용, 교육, 소득 등 전반적인 생활보장과 함께 가정과 일의 균형을 위한 사회적 보육서비스나 육아휴직 등에 대한 욕구가 증가된다.

미래 노인의 인간다운 삶의 보장에 대한 욕구 수준도 증가될 것이다. 과거의 노인들은 상대적으로 수명도 짧고 노후생활 보장 수준에 대한 욕구도 상대적으로 낮은 편이었다. 이에 비해 이제 본격적으로 은퇴를 시작하고 있는 베이비붐 세대는 한국의 눈부신 경제성장을 이룩한 주역으로서 생활수준에 대한 기대치가 높다. 과거 노인들이 농촌사회 시절의 생활수준을 기준으로 했다면 미래 노인들은 한국의 경제성장의 과실을 향유하고자 하는 욕구를 가진다. 노인복지의 수준이 과거에 비해 앞으로 고령화되는 베이비붐 세대들의 눈높이에 맞추어 질적으로 훨씬 더 높아져야 하는 상황이 되었다.

하지만 앞에서 살펴본 바와 같이 인구구조 변화는 복지비용 부담 능력에 구조적 제약을 부과한다. 노인인구의 증가로 인해서 현재의 복지제도를 그대로 유지하더라도 한국은 장기적으로 OECD 국가의 평균 사회지출을 넘어 약 30%에 육박하는 사회지출 부담을 가질 것으로 예측된다. 현재의 국민연금과 건강보험 제도를 유지하더라도 이 두 사회보험제도의 보험료율이 각각 30%와 20% 수준에 이를 것으로 예측된다. 한 명의 생산연령대 노동자가 근로소득의 약 50%를 국민연금과 건강보험의 보험료로 납부하고 또한 기타 사회보험료 및 소득세와 소비세 등의 조세를 부담할 수 있을까? 이에 대한 심각한 우려가 제기되고 있다.

인구구조 변화에 따른 복지 욕구 증가와 복지지출 부담 능력의 감소라는 상황에 직면하여 우리는 어떻게 이 문제에 대응해 나가야 할까? 우선, 정부-노인세대-자녀세대 간에 부양부담을 공유하고자 하는 노력이 필요하다. 급속한 초고령화에 따른 부양부담을 어느 한쪽에만 지우는 것은 바람직하지 않다. 세 주체가 노인 부양부담을 공유하는 방향에서 대응을 모색하는 것이 필요하다.

정부의 입장에서는 공적 노인복지를 축소하면 일차적으로는 정부의 노인 부양부담 문제가 해결된다고 볼 수 있다. 국민연금과 건강보험 등의 공적 사회보장의 급여 축소를 통한 재정안정화 주장이 이러한 맥락에서 제기되어 왔다. 하지만 정부가 노인복지를 축소하게 되면, 그만큼 노인과 그 자녀들에게 부담이 전가된다.

공적 복지가 축소되면 노인은 기본적 복지수준을 누리지 못하게 된다. 노인이 아파도 참고 빈곤에 빠져도 참을 수밖에 없게 된다. 만일 자녀들이 노인들의 비참한 생활을 인용할 수 없다면 결국 자녀들의 사적인 부양부담 증가로 전가된다. 자녀들이 소득이전이나 직접 돌봄을 통해 그 부담을 사적으로 떠안게 된다. 공적 복지의 축소는 노인과 그 자녀들의 사적인 부담으로 전가될 수밖에 없다. 그러므로 정부는 재정상의 어려움에도 불구하고 가급적 공적 복지수준을 일정 수준으로 유지하기 위한 노력에 총력을 기울여야 한다.

하지만 노인들도 일정한 수준의 희생을 통해 부양부담을 분담해야 한다. 정부의 공적 노인복지가 과거 서구 복지국가들에서 목표로 삼았던 것과 같은 관대한 수준을 유지하기는 어렵다. 정년연장을 통해 과거에 비해 급격하게 증가된 은퇴 후 기간을 단축하고 경제활동 기간을 확장해야 한다. 과거 유럽 국가들에서 목표했던 관대한 일인당 공적 복지수준도 부분적으로 축소해야 할 것이다. 하지만 이 축소가 과도하면 노인들의 생활이 비참해질 수 있다.

마지막으로, 자녀들도 인구구조 변화로 야기된 부양부담 증가를 일정 부분 분담해야 한다. 자녀들은 공적 복지지출을 위한 보험료나 조세부담 증가를 수용해야 하고 또한 사적으로도 부모님 부양과 돌봄 활동을 증가시켜야 할 것이다.

이처럼 정부-노인세대-자녀세대의 3자 모두가 인구구조 변화에 따라 급증하는 노인 부양부담을 분담하여 공유하려는 노력이 중요하다. 구체적으로 그 분담의 정도가 어떠할지, 또 분담의 방식이 어떠해야 할지에 대해서는 앞으로 지속적인 사회적 논의와 합의의 형성 과정이 진행되어야 한다.

한편, 인구구조 변화에 따라 인구집단 간, 특히 아동세대-경제활동세대-노인세대 간에 복지자원 사용에서의 우선순위를 둘러싼 분열과 갈등이 발생할 수 있다. 과거에도 특히 미국에서 노인들의 이익집단화와 노인 복지지출 증가를 둘러싼 갈등들이 있었다. 소위 제론토크라시(gerontocracy) 또는 실버크라시(silvercracy)의 문제이다. 선거과정에서 노인들이 수적 및 응집력적 측면에서 우위를 점함에 따라, 정치인들이 이들의 표를 얻기 위해 노인 복지지출을 증가시킨 데 비해, 투표권이 없는 아동들에 대한 복지지출은 무시했다는 비판이다. 미국의 경우처럼 복지재원의 증가 노력 없이 정해진 복지자원을 놓고 노인과 아동 간에 갈등이 발생하는 것은 바람직하지 않다. 사실, 아동복지는 아동부양가구에 부여되고 아동부양가구의 성인들이 투표권을 가지므로 아동이 투표권이 없어서 홀대당한다고 보기는 어렵다. 그보다는 미국의 경우 근로능력을 가진 성인이 있는 가구에 대해서는 기본적으로 그 성인이 책임을 져야 한다는 문화가 강하기 때문에 이들 가구에 대해서는 공적 지출을 하지 않았다(이상은, 2022b)고 보는 것이 더 적절한 것 같다.

이에 비해 스웨덴 등 북유럽 국가들의 경우에는 노인과 아동 복지 모두를 고르게 실시하면서 전체적인 복지자원의 확충을 도모하는 방향으로 복지정책을 형성해 왔다. 그래서 북유럽 국가들의 경우에는 실버크라시 등의 세대 간 갈등 문제가 미국처럼 심각하게 나타나지 않았다. 북유럽 국가들처럼 아동세대-생산연령세대-노인세대 모두에 고르게 균형적인 복지정책을 실시하는 것이 복지의 확대와 사회통합에 바람직하다(Birnbaum, Ferrarini, Nelson, & Palme, 2017).

한국의 경우 향후 인구구조 변화에 대응하여 아동세대-생산연령세대-노인세대 간에 복지급여의 수준을 어떻게 형성해 나가야 하는지의 선택 이슈가 있다. 미국처럼 한정된 복지자원을 놓고 인구집단 간에 갈등하고 싸워서 투표권이 많고 정치적으로 영향력이 더 큰 인구집단이 복지자원 사용에 우선권을 가질 수도 있다. 또는 아동세대-생산연령세대-노인세대 간에 복지자원의 균형적 배분을 통하여 안정적 복지와 사회적 통합의 방향을 선택할 수도 있다. 이론적으로는 전자처럼 인구집단 간에 갈등하기보다는 인구집단 간에 균형적 복지의 방향을 선택하는 것이 바람직하다.

하지만 문제가 그렇게 단순하지만은 않다. 저출산과 초고령화로 인한 역삼각형 인구구조가 심해질수록 미래세대 양성의 필요성은 더욱 절실하게 커진다. 그래서 출산과 양육을 위해 더 높은 복지급여가 현실화될 수 있다. 예를 들어, 노인들을 위한 공적연금과 아동양육을 위한 육아휴직급여를 비교할 때 양자는 그 수준이 유사해야 할까? 서구 국가들의 경우를 보면 그동안 노인을 위한 공적연금 급여는 축소해 온 반면, 아동양육을 위한 육아휴직급여의 수준은 높이는 방향으로 움직여 왔다. 우리는 어떤 선택을 해야 할까? 인구구조 변화와 함께 우리가 앞으로 선택해 나가야 할 중요한 복지정책상의 이슈이다.

5) 저성장과 복지국가

한국 경제는 저성장의 시대에 접어든 것으로 평가되고 있다. 과거 고도성장기의 고투자 고소비 시대와 다르게 저성장 시기의 저투자 저소비가 뉴노멀(new normal) 현상으로 자리 잡고 있다. 경제학에서는 경제성장이 크게 물적자본, 인적자본, 그리고 기술의 세 가지 요소에 의해 결정되는 것으로 본다(Acemoglu, Laibson, & List, 2018). 이 세 가지 요소의 측면에서 한국경제는 저성장에 진입할 것으로 예상된다. 첫째, 물적자본 투입 증가에 의한 성장이 어려워졌다. 이론적으로 물적자본의 투입 증가에 의한 경제성장에는 명확한 한계가 있다. 자본투입량이 증가될수록 추가 투입된 자본 한 단위당 생산의 증가분이 감소하기 때문이다. 이를 한계생산체감의 법칙이라고 한다. 예를 들어, 한 명의 노동자에게 기계 한 대를 투입하게 되면 이 기계를 이용한 생산량 증가가 매우 클 것이다. 이 노동자에게 기계 두 대를 투입하게 되면 두 번째 기계를 이용한 생산량은 첫 번째 기계를 이용한 생산량보다는 적어진다. 세 번째, 네 번째, 다섯 번째 이렇게 계속 기계를 추가적으로 투입할 경우 추가된 기계 한 대당 생산량은 더 감소하게 된다. 이러한 한계생산체감 현상 때문에 자본투입 증가에 따른 이익이 감소하고 궁극적으로는 0이 되므로 자본투자 증가에 의한 경제성장은 장기적으로는 명확한 한계를 가진다. 서구 국가들의 경우 1970년대 이후에는 이미 자본이 풍부하게 축적되어 자본투입 증가에 따른 성장이 어렵게 되었고 저성장 시대에 접어든 것으로 평가된다(Banerjee & Duflo, 2019;

Goden, 2016). 한국도 산업화 초기에는 자본투입 증가에 따른 생산량 증가가 매우 커서 자본투입을 확대함으로써 경제성장에 박차를 가할 수 있었다. 하지만 현재는 이미 물리적 자본투입이 고도로 이루어진 상황에서 추가적 자본투입에 따른 생산량 증가가 크지 않다. 그래서 지금은 오히려 경제성장 과정에서 축적된 자본이 국내에서 투자처를 찾지 못하고 있는 상황이다(김세직, 2016, 2021).

둘째, 인적자본 증가에 의한 경제성장도 어려워졌다. 인적자본은 노동자의 수나 노동시간의 측면에서의 총노동투입량도 중요하고 또한 노동자 한 사람당 평균적 인적자본의 양(또는 효율성 정도)도 중요하다. 총노동투입량은 출산율 저하에 따른 경제활동연령 인구의 감소로 인해 감소되어 왔다. 서구 국가들의 경우 이를 여성 및 노인들의 경제활동참여 증가나 이민노동자의 증가로 보충해 왔다. 한국의 경우에도 급속한 출산율 저하로 인하여 총노동투입량의 감소 문제가 본격화될 것으로 예상된다. 여성, 노인, 이민자에 의해 어느 정도는 보충되겠지만 전반적인 총노동투입량 감소는 불가피하다.

인적자본에서 총노동투입량과 함께 노동자 1인당 인적자본의 축적 정도가 중요하다. 서구 복지국가들의 경우 과거 보편적 교육정책을 통해 노동자들의 평균 인적자본을 상당히 증가시켰고, 이러한 노동자들의 평균 인적자본의 축적 증가가 전후 복지국가들의 경제성장에 중요한 기여를 하였다. 그런데 이제 보편적 교육정책이 이미 확대된 상황에서 추가적인 교육에 의하여 경제성장에 박차를 가하기는 쉽지 않게 되었다. 한국의 경우에도 1960년대 이후 획일적이지만 보편적인 보통교육을 통하여 대대적으로 인적자본을 확대하였고 이에 기반하여 고도성장을 이룰 수 있었다. 그러나 이제 이러한 획일적 교육만으로는 추가적 경제성장을 기대하기 어렵게 되었다(김세직, 2021).

셋째, 기술진보를 통한 경제성장이 어려워졌다. 앞에서 살펴본 바와 같이 물적자본 및 인적자본의 추가 투입을 통한 경제성장은 이제 한계에 직면했다. 그래서 기술진보 역할의 중요성이 크게 부각되고 있다. 하지만 한국은 과거 서구 기술을 모방하던 단계를 벗어나 이제 세상에 존재하지 않는 새로운 기술을 창조해야 하는 단계에 접어들었다. 기술의 모방은 급속하게 진행될 수 있는 반면, 새로운 기술의 창조는 훨씬 더 느리고 어렵다.

일반적으로 경제학에서는 Solow의 경제성장 모델을 따라 경제성장 중 교육과 자본투자에 의해 설명되지 않는 나머지 부분(즉, 잔차)을 총요소생산성(Total Factor Productivity)으로 명명한다. 이 총요소생산성에는 기술진보가 주요한 영향을 미치는 요인이다. 일정 교육수준을 가진 노동자가 일정한 자본투자하에서 일하더라도 기술진보 수준이 높아지면 총생산량이 증가된다(Banerjee & Duflo, 2019). 기술은 인간이 창출한 지식(konwledge)와 함께 생산의 효율성을 지칭한다(Acemoglu, Laibson, & List, 2018).[7)]

Acemoglu, Laibson과 List(2018)는 생산의 효율성을 다음의 예를 들어 설명한다. 두 사회가 있는데, 모두 교수와 농구선수 두 명의 노동자가 있다. 그런데 A사회에서는 교수가 교육에 종사하고 농구선수는 농구시합에 종사한다. 이에 비해 B사회에서는 교수가 농구시합에 종사하고, 농구선수가 교육에 배치된다. 이 두 경제 중에서 A사회가 생산 효율성이 더 높을 것이다.

서구사회의 경우 1970년대 이후 기술진보의 경제성장에의 기여도가 축소되었다. Goden(2016)은 1890~2014년의 약 100년 동안의 미국의 노동생산성 증가 원인을 교육, 자본 심화, 그리고 총요소생산성의 세 가지 요소로 구분하여 그 기여도를 분석하였다. 지난 100년간을 19세기 말부터 20세기 초까지의 시기, 20세기 초 · 중반의 시기, 그리고 1970년대 이후 20세기 후반의 시기의 세 시기로 구분하여 분석하였다. 그 결과, 시간당 생산량의 연평균 증가율에 있어서, 교육과 자본 심화의 기여도가 지난 100년간의 세 시기 간에 거의 차이가 없었던 반면, 기술진보의

7) 여기서 생산의 효율성은 주어진 양의 물적 및 인적 생산요소와 지식을 가지고 최대한 많은 양의 생산물을 만들어 낼 수 있는 사회적 능력을 말한다. 즉, 보다 효율적인 자원의 배분과 조직화를 통해 더 많은 생산물을 창출하는 능력이다.

기여도는 1970년대 이후에 축소되었다는 것을 발견하였다. Goden은 1970년대 이후의 디지털 혁명이 생산성 향상에 큰 기여를 하지 못했다고 평가하였다.

한국의 경우 1960년대 이후 산업화 초기에는 자본투입에 따른 생산량 증가효과가 커서 자본투입 증가에 의한 경제성장이 이루어졌다. 하지만 그 이후에는 경제성장에 있어서 보편 교육을 통해 형성된 인적자본의 투입이 중요한 역할을 했다. 특히 인적자본을 갖춘 노동력의 존재로 인해 서구 선진국들의 기술을 모방하여 급속한 경제성장을 이룰 수 있었다. 하지만 한국이 세계의 기술 프런티어에 근접해 감에 따라 이제 모방 기술을 이용한 경제성장은 한계에 직면하고 있다. 그래서 이제 모방형 인적자본을 탈피하여 창조형 인적자본 축적을 통한 기술발전이 성장의 추동력으로서 중요하다. 그런데 과거에 이미 선진국에서 이용하고 있던 기술을 모방하는 것은 쉽게 할 수 있었기 때문에 근면하고 성실한 노동력을 이용하여 급속하게 모방형 기술을 형성할 수 있었던 데에 비해, 세상에 존재하지 않는 새로운 기술의 개발은 시간이 많이 걸리고 개발 자체가 쉽지 않다. 그래서 개발도상국으로서 선진국의 기술을 모방하던 시기에는 고속성장이 가능했지만 앞으로 새로운 기술을 창조해야 하는 시기에는 고속성장이 어려워 저성장의 시대로 접어들 것으로 예상된다(김세직, 2021).[8)]

저성장이 뉴노멀이 된 사회에서의 복지는 고도성장기의 복지와는 차이가 있다. 우선, 저성장기에는 재분배에 대한 욕구가 강해진다. 고도성장기에는 경제의 전체 파이가 급속하게 성장하기 때문에 한 개인에 있어서 소득계층 간 횡적인 재분배보다 통시적으로 급속한 성장을 통한 복지 증진 정도가 더 클 수 있다. 그래서 고도성장기에는 재분배 갈등이 상대적으로 약하고 전체의 파이를 키우는 성장에 관심이 더 집중된다.

---

8) 김세직(2016)은 한국 경제가 한국경제가 7~8%의 고도성장을 구가하다가 1990년대 중반 이후 5년마다 1%씩 추락하는 경향을 5년 1% 성장률 하락의 법칙으로 명명하였는데, 1990년대 들어서면서 더 이상 선진 기술이나 지식을 베끼거나 모방하여 습득하는 모방형 인적자본의 축적에 의존하는 성장이 어려워지게 되었기 때문이라고 분석하였다.

하지만 저성장 시기에는 성장을 통한 개인의 복지 욕구 충족이 어려워진다. 저성장기에는 성장을 통한 복지 증진이 어려우므로, 횡적으로 사람들 간의 재분배를 통해서 개인들의 복지 욕구를 충족해야 한다. 그래서 고도성장기와 달리 저성장기에는 개인들 간의 재분배 이슈가 전면적으로 중요해진다.

또한 저성장 시기에는 복지를 위한 추가적 자원의 확보가 어려워져 정부 재정에 대한 압박이 강화된다. 경제성장은 복지정책을 위한 자원을 형성한다. 고도성장기에는 급속한 경제성장으로 인하여 자원의 확보가 용이했기 때문에 정부의 공적인 복지정책의 확대가 용이했다. 자원의 확보가 가능했기 때문에 전국민에 대한 보편적 복지정책을 통한 복지 증진이 가능했다. 급속한 성장을 통해 형성된 경제적 자원이 전국민의 보편적 복지 증진을 위해 사용되고 이를 기반으로 다시 경제성장에 매진하는 성장과 보편적 복지 간의 선순환 과정이 형성될 수 있었다. 서구 복지국가들은 제2차 세계대전 후 경제성장과 보편적 복지가 선순환하는 과정을 경험하였다. 한국도 그동안의 고도성장에 기반하여 복지국가를 형성할 수 있었다.

하지만 저성장 시기에는 정부의 재정 확보가 어려워져 재정압박이 강화된다. 재정압박은 정부 재정 긴축과 공적 복지 축소에 대한 요구를 증가시킨다. 특히 중상층 대상 복지급여의 경우 욕구 측면에서의 필요성이 약하므로 축소 압력을 강하게 받게 된다. 그래서 저성장기에는 보편적 복지보다는 선별적 복지가 실시될 가능성이 크다. 선별적 복지에서는 재원을 부담하는 사람과 급여 수혜자가 분리되어 재분배를 둘러싼 갈등이 커진다. 즉, 저성장 시기에는 재정확보의 어려움으로 인해 선별적 복지와 계층 간 재분배 갈등 심화의 악순환이 야기될 가능성이 크다.

3. 대전환기 복지국가 전략의 기본 방향

이상에서 대전환기에 디지털 기술혁신, 세계질서 변화, 기후변화, 인구구조 변화, 저성장 시대의 도래에 따른 복지에의 영향에 대해 논의하였다. 이러한 다양한 변화 요인들이 복지에 미치는 영향을 종합적으로 정리하는 것이 필요하다. 여기에서는 먼저 앞에서 살펴본 다양한 요인의 변화가 대전환기 시대에 어떤 복지와 관련한 욕구들을 야기하는지를 정리하고, 다음으로 대응을 위한 복지국가 전략의 기본 방향을 제시해 보고자 한다.

1) 대전환기 환경변화에 따른 욕구 변화

첫째, 대전환기의 환경변화는 기본생활보장 욕구를 증가시킨다. 기술변화에 따른 일자리 감소와 불평등 증가는 일상적 · 규칙적 노동에 종사하는 노동자들의 생활불안정 문제를 야기한다. 세계질서 변화는 선진국 내 저숙련 노동자들의 일자리 축소와 함께 이민자 및 소수자들에 대한 사회적 배제의 가능성을 증진시킨다. 기후변화는 식량생산 및 거주 공간의 변화를 초래하여 개인들의 생활의 근간을 뿌리째 흔들 것으로 우려된다. 인구구조 변화는 아동부양과 노인부양의 위기 문제를 야기한다. 저성장은 성장에 의한 욕구 충족을 어렵게 하여 사회적으로 충족되어야 할 복지 욕구를 증가시킨다. 이와 같이 대전환기 환경변화에 따라 새롭게 야기되는 생활불안정과 미충족 욕구들은 정부의 공적 생활보장에 대한 요구를 더욱 증가시키고 있다.

둘째, 대전환기의 환경변화는 기본적 생활보장을 넘어선 개인들의 사회참여와 존중에 대한 욕구를 증가시킨다. 기술혁신, 저성장, 그리고 세계화 등의 환경변화에 따라 증가되고 있는 일자리 소멸의 공포는 과거 노동시장에서 생산의 주역이던 노동자들의 역할 상실에 대한 공포와 결합되어 있다. 특히 선진국 저숙련 노동자들의 극우 포퓰리즘화에는 사회적으로 쓸모없는 노동력으로서 배제되는 상황을 넘어서서 사회에 참여하여 사회의 주인이 되고자 욕구를 기반으로 하고 있다. 환경변화는 단순히 기본생활보장으로 해소되지 않는 개인들의 사회참여활동에 대한 욕구를 발생시킨다.

셋째, 대전환기의 환경변화는 복지국가의 지속가능성에 대한 욕구를 증가시킨다. 대전환기 환경변화 요인들은 복지국가에 대한 욕구를 증진시킴과 동시에 재정적 부담 능력을 축소시킬 것으로 우려된다. 정부의 재정적 부담 능력의 약화는 자원 사용에 있어서의 통제를 요구한다. 그 결과, 복지에 있어서 비필수적인 것으로 간주되는 부분에 대한 축소 압박이 강화될 것이다. 예를 들어, 의료남용의 통제를 위한 조치들, 일부 집단에 대한 과도하게 높은 사회보험급여의 축소, 중상층에 대한 복지급여의 축소 등이 제기될 가능성이 크다.

이와 함께 사회의 지속가능성 확보를 위하여 노동력 재생산 및 인적자본 확충에 대한 투자 욕구가 증가된다. 특히 인구구조적 측면에서 출산율 제고를 위한 출산 및 양육 지원 정책들에 대한 욕구가 증가된다. 그리고 저성장 및 국가 간 경쟁에 대응하여 그 돌파구로서 기술 진보를 위한 인적자본투자 확충에 대한 욕구가 증가된다. 이러한 욕구는 사회의 부담 능력 약화와 결합되어 노인 및 장애인과 같은 비생산적 인구로 간주되는 집단과 아동 및 청년과 같은 미래 생산 인구로 간주되는 집단 간에 한정된 복지자원을 둘러싼 갈등을 야기할 수 있다.

2) 대전환기 환경변화에 대응하는 복지국가 전략

대전환기 환경변화에 대응하는 복지국가 전략은 보편적 기본생활보장과 사회참여 지원을 위한 사회투자 강화 등 두 가지 전략의 결합 방향에서 모색되어야 한다.

(1) 대전환기 복지국가 전략 1: 보편적 기본생활보장 전략

대전환기에 생활불안정에 대응하여 기본생활을 보편적으로 보장하여야 한다. 구체적으로 보편적 기본생활보장은 다음과 같은 방향들에서 추진되어야 한다.

첫째, 적용인구 및 대상위험 측면에서 포괄적이어야 한다. 적용인구 측면에서 위험에 처한 전체 국민을 포괄하여야 한다. 대상 위험 측면에서도 사회적 위험으로 간주되는 모든 주요 위험에 대해 보장을 제공하여야 한다. 그런데 기본소득과 같이 반드시 하나의 제도로만 전 국민을 포괄해야 하는 것은 아니다. 사회보험과 함께 거주 및 연대에 기반한 복지제도들(사회부조, 보편적 수당 등)을 결합하여 모든 주요한 사회 위험에 대응하고 전 국민에 기본적 생활보장을 제공할 수 있다.

둘째, 보편적 기준의 적용이 필요하다. 어떤 위험에 대응하여 집단별로 분립적이고 파편적인 제도들을 적용하기보다는 위험에 처한 전체 국민들에게 표준적 기준을 포괄적으로 적용하는 보편적 제도 체계를 수립하는 것이 바람직하다. 역사적으로 유럽대륙 국가들은 직업집단별로 선별적 보험체계를 수립하였고 영국과 미국 등은 위험에 처한 사람들 중 빈곤층만을 선별하여 제한적으로 생활보장을 제공하였다. 이와 같은 파편적 · 분립적 · 선별적 기준들의 적용은 제도의 적용을 둘러싼 복잡성을 증가시키고 그 과정에서 관료 등의 재량 증가를 야기하고, 사각지대를 발생시키는 등의 다양한 부정적 영향을 발생시켰다. 이러한 점을 감안하여 위험에 처한 사람들에 대해 보편적 기준을 적용하는 복지체계를 수립하는 것이 필요하다.

셋째, 긍정적 차별이 필요하다. 보편적 기준 적용에만 집중하면 추가적 지원이 필요한 집단들이 적절한 보호를 받지 못하게 될 가능성이 있다. 노인, 장애인, 아동, 한부모가구, 빈곤층 등 상대적으로 취약한 집단들에 대해서는 추가적 보호조치가 필수적이다. 이들에 대해서는 보다 관대한 현금급여와 함께 이들의 특수한 욕구에 대응하는 맞춤형의 추가적 복지서비스 지원이 결합되어야 한다.

넷째, 소득비례 사회보험은 검소한 수준으로 제공하는 것이 필요하다. 일반적으로 사회보장에서는 전 국민에 대해 빈곤예방뿐만 아니라 이전 생활수준의 유지를 위해 소득비례 사회보험을 제공한다. 그런데 이전 생활수준은 소득계층에 따라 매우 큰 차이가 있다. 고소득층의 경우에는 이전 생활수준 유지를 위해 매우 높은 수준의 사회보험급여가 필요하다. 그러나 인구 고령화와 저성장 등에 따른 대전환기에 정부의 재정압박을 고려하면 복지지출에 있어서 절제가 불가피하다. 그러므로 사회보험에 있어서 일부 집단의 과도한 급여 추구는 절제되어야 할 것이다. 전 국민에 대한 검소한 수준의 소득비례급여가 적절할 것으로 생각된다.

(2) 대전환기 복지국가 전략 2: 사회참여를 지원하기 위한 사회투자 강화

복지국가는 단순히 개인들을 먹여 주고 재워 주는 기본생활보장에 그치는 것이 아니다. 개인들의 사회참여를 증진하여 자기실현과 존중의 욕구 충족에 기여하고 이를 통해 사회적으로도 미래 지속가능성을 제고할 수 있는 방향으로 복지국가가 구축되어야 한다. 이를 위해 개인들의 역량강화와 자기실현을 지원하는 사회투자 전략이 강화되어야 한다.

첫째, 아동 및 청소년의 건강한 발달을 지원하여 이들의 미래 사회참여 능력을 제고하여야 한다. 건강한 아동 및 청소년의 육성은 사회적 재생산을 위한 필수적 요소이다. 이를 위해 보편적 아동수당의 대상연령을 확대하고, 저소득층 아동의 추가적 소득보장을 위해 자녀장려세제 급여를 인상하여야 한다. 육아휴직급여의 인상을 통해 부모들이 아동양육 시간도 확보할 수 있도록 지원해야 한다. 또한 아동 및 청소년에 대해 보육 및 방과후 돌봄 서비스를 보편적으로 제공하여야 한다.

둘째, 급변하는 기술환경하에서 필요한 기술과 지식을 가지지 못한 성인들에 대해 재훈련 및 교육 기회를 제공해야 한다. 이를 위해서는 보편적인 훈련 및 교육 프로그램과 함께 훈련 및 교육 기간 동안의 생활보장이 중요하다. 실업보험과 국민취업지원제도의 확대 발전을 통해 전 국민이 안정적으로 재훈련 및 교육을 받을 수 있도록 해야 한다.

셋째, 여성 및 중고령층의 경제활동참여를 증진하여야 한다. 인구구조가 경제활동 연령층이 감소하고 고령층이 많아지는 역피라미드형 구조로 전개되고 있다. 이러한 상황에서 지속가능한 사회를 위해서는 여성과 중고령층의 경제활동참여 확대가 필요하다. 여성들이 가정과 일의 균형을 이룰 수 있도록 돌봄의 사회화와 노동환경의 변화가 이루어져야 한다. 또한 중고령층의 경우에도 정년 연장과 노동조건 조정, 그리고 부분노동과 부분복지의 결합 등의 개혁들을 통해 경제활동참여를 증진해야 한다.

참고문헌

고문현(2023). 기후위기. 이상은 외. 대전환기 한국사회: 디지털, 세계질서, 기후, 인구의 변화와 대응. 학지사.

김세직(2016). 한국경제: 성장위기와 구조개혁. 경제논집, 55(1), 3-27.

김세직, 안재빈(2020). 한국 거시경제 진단: 장기성장률 하락의 산업 구조적 배경 분석. 한국재정학회 · 한국경제학회 · 한국국제경제학회 공동 경제정책 학술대회. 코로나 이후 한국경제 이슈와 전망.

김세직(2021). 모방과 창조: 서울대 김세직 교수의 새로운 한국 경제학 강의. 브라이트.

은석(2016). 생태주의와 복지국가는 결합할 수 있는가? 자본포섭형 복지국가에서 성찰적 공동체형 복지국가로의 전환을 위하여. 비판사회정책, 53, 213-245.

이상은(2018). 4차 산업혁명과 사회보장. 사회보장연구, 34(4), 205-227.

이상은(2022a). 사회복지정책론: 기초, 이론, 그리고 분석. 서울: 학지사.

이상은(2022b). 편집인의 글: 한국 사회보장의 국제적 위치와 미래 방향. 사회보장연구, 38(1), 1-3.

Acemoglu, D. (2021). Could We and Should We Reverse (Excessive) Automation? *In O. Blanchard & D. Rodrik* (Eds.), *Combating Inequality: Rethinking Government Role*. Cambridge: The MI Press.

Acemoglu, D., Laibson, D., & List, J. (2018). *Economics, The Second Edition. Pearson*. (손광락, 권남훈, 김원중, 박경로, 정태훈, 홍인기 공역. 2019. 경제학원론. 서울: 시그마프레스).

Banerjee, A., & Duflo, E. (2019). *Good Economics for Hard Times: Better Answers to Our Biggest Problems*. New York: Public Affairs. (김승진 역. 2020. 힘든 시대를 위한 좋은 경제학. 서울: 생각의 힘).

Barr, N. (2004). *Economics of the Welfare State*. (4th ed.). Oxford: Oxford University Press.

Birnbaum, S., Ferrarini, T., Nelson, K., & Palme, J. (2017). *The Generational Welfare Contract: Justice, Institutions and Outcomes*. Cheltenham: Edward Elgar Publishing.

Goden, R. (2016). *The Rise and Fall of American Growth: The U.S. Standard of Living Since the Civil War.* Princeton: Princeton University Press. (이경남 역. 김두얼 감수. 2017. 미국의 성장은 끝났는가: 경제혁명 100년의 회고와 인공지능 시대의 전망. 서울: 생각의 힘).

Iversen, T., & Rehm, P. (2016). *The Market for Creampuffs: Big Data and the Transformation of the Welfare State*. Working Paper.

Lim, S. (2021). Look Up Rather Than Down: Karl Polanyi's Fascism and Radical Right-Wing Populism. *Current Sociology*, First published Online, May 20, 2021(Ahead of Print), 1-19.

Pierson, C. (2021). *The Next Welfare State? UK Welfare After COVID-19.* Bristol: Policy Press.

Thwissen. S., & Rueda, D. (2019). Automation and the Welfare State: Technological Change as a Determinant of Redistribution Preferences. *Comparative Political Studies, 52*(2), 171-208.

제1부

변화

제2장

AI와 노동의 미래: 우려와 이론과 사실[1)]

허재준

1. 서론

'일의 미래'는 현재 세계적 차원에서 진행되고 있는 미래에 관한 중요한 화두 중 하나이다. 자동화(여기서 자동화는 단순히 전통적 컴퓨터, 수치제어기계, 산업용 로봇뿐만 아니라 특히 인공지능을 장착한 컴퓨터, 로봇을 포함한다)가 고용과 임금에 미치는 영향은 여전히 뜨거운 논쟁의 원천이다. 특히 2016년 이후 국내에서는 '4차 산업혁명'이라는 단어와 함께 기술진보와 일의 미래에 관한 담론이 폭발적으로 증가했다. 그 이유는 일자리 사정이 악화된 것과 무관하지 않다. 현실 속에서 일자리가 줄어드는지 여부와는 무관하게 자신이 몸담고 있는 사업의 미래가 불투명하고 자신의 일자리와 관련된 직무변화가 빠른 데다가 새로운 플랫폼이나 과거에는 생각지 못한 새로운 방식으로 일하는 사람이 늘어나고 있기 때문이다.

국내에서 관련 논의는 주로 엄밀한 학술적 연구를 중심으로 활발한 논쟁이 진행되기보다는 미래 연구의 관점에서 교과서 이론을 원용하여 논의한 후 바로 직관적

1) 이 장은『한국경제포럼』에 게재되었던 논문[허재준(2019)의 인공지능과 노동의 미래: 우려와 이론과 사실. **한국경제포럼**, 12(3), 59-92]을 수록한 것이다. 이 논문의 사용을 허락해 준 한국경제포럼 편집위원회에 감사를 드린다.

미래통찰(foresight)에 입각하여 현실적 정책을 모색하는 방식으로 논의가 이루어지고 있다. 엄밀한 실증 연구가 부족한 이유는 자동화나 인공지능의 영향에 관한 연구가 이루어질 적절한 미시 데이터가 현재 존재하지 않은 점도 한 가지 원인으로 보인다[예컨대, 한국노동연구원(KLI)의 사업체 패널의 조사변수는 인사노무관리변수로 되어 있는데 로봇이나 자동화와 같은 기술진보와 관련된 외생변수는 조사되고 있지 않다. 한 설문지를 여러 응답자가 답해야 하는 경우 조사의 어려움이 크고 조사의 품질을 보장하기도 어렵기 때문이다].

표준적 경제학 이론에 따르면 기술진보는 생산요소를 증가시키는 것과 같은 효과를 갖는다. 그리하여 기술진보가 일어나면 노동이 수행하는 모든 업무에서 생산성이 올라가고 노동수요가 증가한다. 하지만 다양한 종류의 노동 혹은 업무를 '동등하게' 더 생산적으로 만드는 생산기술은 현실에 없다. 경제학자들은 기술진보의 효과가 상이한 직무군에 균일하게 나타나지 않다는 사실을 지난 20년간 숙련노동편향적 기술진보(SBTP)라든가 정형노동편향적 기술진보(RBTP) 등의 용어로 표현해 왔다. 하지만 전체적으로 노동수요가 줄지 않을 것이라는 전망을 포기하지는 않았다.

이처럼 기술진보가 일자리를 줄인다는 우려에 대해 회의적 반응을 보여 왔던 경제학계에서도 최근에는 낙관보다는 Brynjofsson과 McAfee(2014)의 '이번에는 다르다'는 우려를 뒷받침하는 연구들이 늘어나고 있다. Acemoglu와 Restrepo(2017)는 로봇 사용이 증가할수록 고용률과 임금이 감소함을 확인하고 Autor와 Salomons(2018)는 고용 총량과 노동시간이 감소하지만 생산성 증가로 시간당 임금은 증가함을 확인하고 있다. Sachs(2018)는 불평등 심화에 대한 처방으로 세대간 이전을 주장하고 있는데 사실 현재의 기술진보가 초래하는 불평등 심화 경향이 지속적이고 시장의 힘에 의해 교정될 수 없음을 전제로 해야 그의 주장을 이해할 수 있다.

Acemoglu와 Restrepo(2019a)는 '업무기반 분석틀(task-based framework)'을 이

용하여 기술이 노동수요와 생산성에 지니는 함의를 다시 고찰한다. 생산에는 업무(task)가 필요하다. 새로운 기술은 현재 수행하고 있는 업무에서 자본과 노동의 생산성을 향상시킨다. 그뿐만 아니라 신기술은 '자본과 노동이 어떤 업무를 담당할 것인가 하는 업무배분'(생산의 업무내용)에도 영향을 미친다. 생산의 업무내용(task contents of production) 변화는 생산성뿐만 아니라 노동수요 변화에 큰 영향을 미친다.

그들은 이처럼 업무내용 변화를 설명할 수 있는 새로운 생산함수를 정의한 후 지난 30년간 미국 경제에서 일어난 변화를 고찰한다. 이를 통해 지난 1987년, 특히 2000년대 이후 미국 노동시장 성과 둔화를 설명하는 요인이 자동화라고 주장한다. 노동을 생산적으로 사용하는 새로운 업무를 창출하는 효과는 미약하고, 노동을 배제하는 자동화에 편향되어 있으면 노동수요 감소가 초래될 수 있는데 지난 30년간 미국에서 일어난 현상이 그렇다는 것이다(1947~2017년간의 '생산의 업무내용 변화' 추이는 이 장 뒷부분의 〈부록 2-1〉 참조).

한편, 기술에 의해 대체되는 일 혹은 직무가 증가함에 따라 '일자리[고용]'가 경제 전체적으로 줄어든다는 증거는 찾기 어렵다. Acemoglu와 Restrepo(2019a)의 실증 작업도 특정 시기에 생산의 업무내용이 노동수요를 줄이는 경향을 보일 수 있다는 점을 보여 주고 있을 뿐 그것이 세기를 넘어서 장기적으로 지속되거나 세계적 차원에서도 공통적으로 지속될 수밖에 없는 현상이라고 말하는 것은 아니다.

사실, 제조업에 한정하더라도 동남아시아 신흥국에서는 지난 20년간 제조업 고용과 고용증가율이 공히 증가했다. 2000~2008년 동남아시아국의 제조업 고용 연평균 증가율은 2.2%였고, 2008~2018년간에는 연평균 2.6%였다(ILO 권역별 산업별 취업자 수 통계). 경제 전체를 고찰 단위로 하면 일자리가 줄어든 것은 오히려 예외적이다. 관찰기간을 달리하면 양극화 대신 중간일자리가 증가한 시기를 식별해 낼 수도 있다. 일반적으로 확인되는 것처럼 보이는 장기적 소득분배 악화 경향도 시간 지평을 확대해 보면, 쿠즈네츠 곡선의 초기 단계에서 일어나는 현상으로 간

주할 수 있다. 시간 지평을 어떻게 획정하느냐에 따라 Piketty(2013)와 다른 해석을 할 수 있는 것이다.

미국과 영국의 고용률을 1세기 이상의 장기에 걸쳐 관찰해 보면 기술발전이 괄목했던 시기에 고용률이 감소했다는 증거는 발견되지 않는다(〈부록 2-2〉 참조). 20세기 내내 고용률은 오히려 지속적으로 상승하였다. 기술진보는 여성의 사회 진출에 용이한 여건을 만들었고 실제 여성의 경제활동 참가율은 20세기에 획기적으로 증가하였다. 지난 200여 년 동안 세 차례의 산업혁명[삶의 곳곳에 영향을 미친 획기적 기술변화]이 있었음에도 일자리는 지속적으로 증가했다. OECD 국가의 노동시장 성과에 대해 엄밀한 구조변화 여부를 허재준(2018)이 진단해 본 바에 의하면, 4차 산업혁명 기술이 현저하게 응용되고 확산되기 시작한 최근에 OECD 국가들에서 기술진보가 일자리를 줄이고 있다는 증거를 발견할 수 없다(〈부록 2-3〉 참조). 그렇다면 일자리가 줄어든다는 우려가 불식되지 않는 이유는 무엇일까?

최근 인공지능으로 대표되는 기술진보를 배경으로 우리가 경험하고 있는 현실은 이론적 견지에서든 사실에 비추어서든 일자리 사정 진단에 세심한 고려와 해석을 요한다. 상황 속에서 바라보는 시각은 모든 상황이 종료된 후 국외자적 관점에서 고찰하는 것과 반드시 일치하리란 보장이 없기 때문이다. 기술이 궁극적으로 일자리를 소멸시키는 것이 아니라면 '내 일자리는 살아남을 수 있을까?'라는 우려가 그치지 않는 배경에 대해 이 장에서는 고용안전성 저하, 일자리 양극화, 기술적 실업 가능성 증대, 소득분배 악화의 네 가지 측면에서 살펴본다. 그리고 그것이 미래의 노동시장을 둘러싼 규범에 관해 시사하는 점과 그 정책적 함의를 제시한다.

2. 고용안전성 저하

일자리가 줄어든다는 우려가 불식되지 않는 이유 중 하나는 고용안전성 저하이다. 비록 일자리 수는 줄어들지 않았더라도 고용불안이 우려의 원인이 될 수 있기 때문이다. 지난 20년간 정형화(routinize)하기 용이한 직무로 이루어진 일자리 중 자동화 비용이 노동자 사용 비용보다 저렴한 직무로 이루어진 일자리들은 감소하였다. 대량생산공장의 자동화는 전형적으로 노동절약적 특성을 띠었다. 한국의 삼성, LG, SK와 같은 기업들의 대표적 공장들은 지난 40년간 매출이 20~30배 늘었지만 종업원 수는 1/5로 줄어들었다.

컴퓨터 가격이 하락하면서 명시적으로 설명할 수 있고 코드화할 수 있는 업무(explicit and codifiable task)는 점차 컴퓨터와 로봇이 대체하고 있다. 특정 업무에서는 오프쇼어링으로 외국 노동자가 국내 노동자를 대체하는 것을 보조하는 기술도 신속히 확산되었다. 과거에는 저직능 일자리로 이루어진 생산시설이 주로 오프쇼어링에 의존하였지만 기술발달로 이제는 중간직능 일자리까지 오프쇼어링에 의존할 수 있게 되었다. 기술진보가 가져온 수송비와 통신비 절감은 오프쇼어링을 촉진한 대표적 요인이다.

미국 은행의 콜센터가 미국 내의 직원뿐만 아니라 인도의 직원을 가동시킴으로써 24시간 서비스를 한다든지, 미국 투자은행 파트너가 뉴욕에서 케이프타운으로 날아가는 동안 인도의 한 사무실에서 투자은행 파트너의 발표 자료를 만들어 보내는 일이 가능해졌다. 이는 바로 기술진보로 통신비용과 수송비용 저렴화, 교육 연수 프로그램의 모듈화와 표준화, 발표자료를 만드는 표준프로그램의 확산 등이 결합해서 나타난 결과이다.

"우리는 우리가 설명할 수 있는 것보다 훨씬 많은 것을 알고 있다(We know more than we can tell)." Polanyi의 역설로 알려진 이 사실 때문에 말로 설명할 수 없는 지식, 즉 암묵지를 필요로 하는 노동을 로봇이 대체하는 데에는 한계를 보이는 것도 사실이다. 하지만 기계학습에 의한 인공지능의 발달은 말로 설명하기 힘든 영역에서도 사람이 할 일을 줄였다. 기계학습에 기초한 인공지능기술 발달 덕택에 불과 3년 전만 해도 가능하지 않았던 보고 듣고 말하는 로봇의 능력이 현저히 개선되었다. 2년 반 전에 나온 스마트폰의 음성인식 능력과 비교해서 요즘 나오는 음성인식 능력, 인공지능 스피커가 듣고 말하는 능력, 네이버나 구글 번역기의 번역 품질, 사진을 묘사하는 능력 등을 보면 경천동지할 만큼 놀랍다.

그렇더라도 과거에 사람이 했던 일을 기계가 온전히 대신하기에는 갈 길이 멀다. 감각능력, 물리적 유연성, 판단과 창의성, 언어능력은 인간 진화의 산물이어서 인간은 손쉽게 하지만 컴퓨터가 손쉽게 하는 영역은 아니다. 여러 논리의 조합을 필요로 하는 추론, 판단, 창의성, 감각능력이 존재한다. 변화는 기계가 잘하는 기능에 의해 지배되기보다는 기계가 잘하지 못하는 기능에 의해 규정된다.

다른 한편에 있는 요리, 청소, 보수 등의 육체노동도 노동의 성격은 다르지만 자동화 가능성에서는 정신노동과 유사한 특성을 지니고 있다. 이들 직업군의 작업은 시각, 청각, 언어적 인지능력과 상호작용, 육체활동을 필요로 한다. 이러한 육체노동에 필요한 물리적 유연성은 인간이 진화과정에서 익힌 암묵지로 사람은 쉽게 하지만 로봇은 이를 잘 하지 못한다. 이들 직업군들의 업무를 수행하기 위해서 고등교육이 필요한 것은 아니지만 이들의 업무를 수행하는 데에도 코드화할 수 없는 암묵지에 기초해서 수행하는 업무도 많다.

뿐만 아니라 기술 발달의 상당수는 인간의 편의성을 위한 것이지 인간의 일을 모두 대체하는 것이 아니다. 또한 인간의 잠재된 욕구는 끊임없이 사람이 할 일을 새로이 만들어 낸다. 여전히 자동화에 의한 대체가 아닌 인공지능과의 협업이 필요한 영역이 다수 존재하고 앞으로도 그러한 현상은 지속될 것이다. 문제는 아직 그런 영역이 20세기 초 대규모 생산 시스템 속에서 노동자를 필요로 했던 것만큼 대규모 노동수요를 발생시키고 있지 않다는 데 있다. 경력이 누적됨에 따라 기량이 증진되며 몸값이 높아지는 중간일자리가 대폭 늘어나고 있는 현상도 잘 관찰되지 않는다. 그리고 가까운 장래에 그럴 것이라는 전망을 아무도 확신하고 공유하고 있지 못하다. 세기에 걸치는 장기 전망까지 그런 것은 아니지만 현재 통상적 직업생애를 고려할 때 기술변화의 충격이 안정화되는데 20~30년 이상의 시간이 걸려야 한다면 사람들은 확신하지 못할 것이다.

비록 일자리는 줄어들지 않았지만 전체 일자리 중 시간제와 임시직 일자리의 증가 또한 고용안전성에 관한 우려를 증가시킨 요인이다. 단기계약이 늘어난 이유 중 하나는 기업의 경영환경이 급속히 변화한 것이다. 지난 15~20년간 OECD 35개국 중 28개국에서 시간제 근로자 비중이 증가했다. 임시직 근로자가 증가한 나라도 32개국 중 20개국에 달한다(허재준, 2018). 시간제 근로자가 모두 고용이 불안한 근로자라고 보기는 힘들다. 하지만 임시직 증가현상과 함께라면 보완적 정보를 제공하는 지표로 활용할 수 있어 보인다.

기간을 정하지 않고 전일제로 일하는 근로자 비중이 점점 감소하고 있다는 징후는 여러 나라에서 확인되고 있다([그림 2-1] 참조). 정홍준과 장희은(2018)은 2018년 현재 특수형태근로종사자 수가 최소 166만 명이라고 확인하고 있다. 이러한 결과는 박호환 등(2011)의 결과에서 제시된 130만 명에 비해 크게 늘어난 수치이다. 정홍준과 장희은(2018)은 종속성이 다소 약한 특고 종사자까지 합하면 최소 221만 명에 이른다고 보고하고 있다. Katz와 Krueger(2016)에 의하면 지난 2005~2015년간 미국에서는 파견 노동, 주문형 노동, 계약노동, 독립계약자, 프리랜서 등 대안적 노동형태(alternative work arrangement)에서 일자리가 많이 창출되고 그 비중이 2005년 10.1%에서 10년 만에 15.8%로 증가하였다. 미국 BLS(Bureau of Labor Statistics, 2018)에 의하면 2017년 5월 기준 총취업자의 13.9%인 약 2,150만 명이 비정규직이거나 대안노동자였다. 유럽의 종속적 자영업자는 취업자의 약 2.9%로 추정되고 있다(ILO, 2017).

비전형적인 근로자들은 과거의 노동법 규제를 벗어나고 있는 반면, 새로운 규제가 마련되지 못하면서 보호의 사각지대에 놓여 있다. 태스크래빗(TaskRabbit)과 같은 플랫폼에서 주문형(on-demand)으로 노무거래를 하는 독립노동자(종속성을 갖고 일하는 1인 자영업자)는 노동법의 보호를 받을 수 있을까, 받는다면 얼마만큼 받아야 할까, 1시간을 일하기 위해 10시간을 기다려야 하는 근로자에게 최저임금을 적용해야 할까, 적용한다면 어떻게 적용해야 할까? 프리랜서형의 독립노동자 중에는 과거의 규범에도 호소할 수 없고, 새로운 규범은 마련되지 않아 상대적 박탈감을 갖는 사람이 많다.

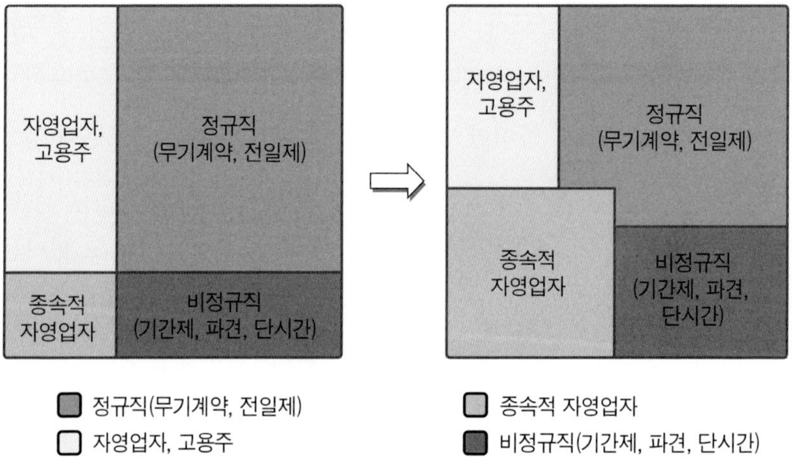

[그림 2-1] 비전통적 고용관계 확산과 고용형태 다양화

주: 종속적 자영업자는 전통적 임금근로자와 달리 자기 책임 아래 독립적으로 일하는 노동시장 참여자이다. 하지만 사업매출의 지배적인 부분을 특정 기업 또는 개인에게 의존한다는 점에서 해당 기업 혹은 개인에게 경제적으로 종속적이다.

3. 일자리 양극화

일자리 세계에 일어난 변화의 특징 중 하나는 지난 20년간 OECD 국가들에서 진행된 중간직능 일자리가 감소하고 고직능 일자리와 저직능 일자리가 증가한 현상(일자리 양극화)이다. 정형화하기 용이한 직무로 이루어진 일자리 중 자동화 비용이 노동자 사용 비용보다 저렴한 직무로 이루어진 일자리 감소의 영향은 주로 중간직능 일자리에 집중되었다. 사무종사자, 기능원, 장치조작원과 같은 중간직능 노동자가 과거에 수행하던 업무를 대체할 수 있는 신기술이 신속히 확산되었다. 지난 20년간 OECD 국가에서 중간직능 일자리가 줄어든 배경에는 이처럼 중간직능 노동자들의 업무를 대신할 수 있는 기술이 활발하게 발달한 사실이 있다.

산업화 국가들에서 관찰된 이러한 일자리 양극화 현상은 숙련 축적과 경력개발을 통해 중산층으로 진입하게 할 일자리의 축소라는 점에서 단순히 소득의 증감을 넘어선 사회적 파급력을 지닌다. 과거에 고등교육은 중간관리직으로 가는 보증서와 같았다. 하지만 지금은 더 이상 고등교육이 중간관리직을 보장하지 않는다. 우리는 중산층 의식이나 중산층 소속감이 사회안정 혹은 사회불안과 관계가 있다는 사실을 안다.

일자리들을 시간당 임금으로 배치해서 자동화 확률과 함께 산포도로 도시해 보면 임금이 낮은 일자리일수록 자동화 확률이 높다([그림 2-2] 참조). 그렇다고 임금이 낮은 일자리가 모두 자동화 확률이 높은 일자리는 아니다. 기술적 가능성에 경제성, 수용성 등이 추가적으로 고려되어야 실제로 자동화가 진행될 것이므로 실제로 저임금노동일수록 가장 먼저 자동화될 것인지는 알 수 없다. 하지만 저임금 일자리일수록 기술적 견지에서는 자동화될 가능성이 더 큼을 알 수 있다. 하지만 대부분의 국가에서 지난 20년간 자동화 추이가 진행되는 과정에서 저임금 일자리 비중은 증가하였다([그림 2-3] 참조).

우리나라는 비교대상 국가 중 중간직능 일자리 감소가 가장 작았다.[2] 그것은 20년간의 관찰기간 중 전반 10년간에는 중간직능 일자리가 대폭 감소했지만 후반 10년간에는 중간직능 일자리가 증가했기 때문이다([그림 2-4] 참조). 이처럼 과거 20년 동안의 추이를 보면 중간일자리가 감소한 현상을 확인할 수 있지만 관찰기간에 따라서 매우 상이한 현상을 확인할 수 있다. 이처럼 관찰기간에 따라 상이한 경

2) 통상적으로 일자리 분류는 두 가지 방식으로 이루어진다. 한 가지 방법은 소득수준에 대한 고려 없이 직업분류의 교육 수준을 고려하여 고, 중, 저 일자리로 나누는 방법이다. 다른 방법은 수백 개의 산업×직업 매트릭스에 의해 각 범주를 정의하고 그 범주의 중위임금값으로 해당 산업×직업 셀의 소득을 대표한 뒤 순서대로 줄을 세워 고, 중, 저 일자리를 분류하는 방법이다. [그림 2-3], [그림 2-4]는 전자의 방법에 의해 도출한 그림이고 [그림 2-5], [그림 2-6]은 후자의 방법에 의해 도출한 그림이다.

향성을 확인할 수 있는데 그것은 양극화가 단순히 기술진보의 일방적 영향뿐만 아니라 세계화에 대한 영향 등 시기에 따라 상이한 요인에 의해 상이한 크기의 영향을 받은 결과일 수 있다.

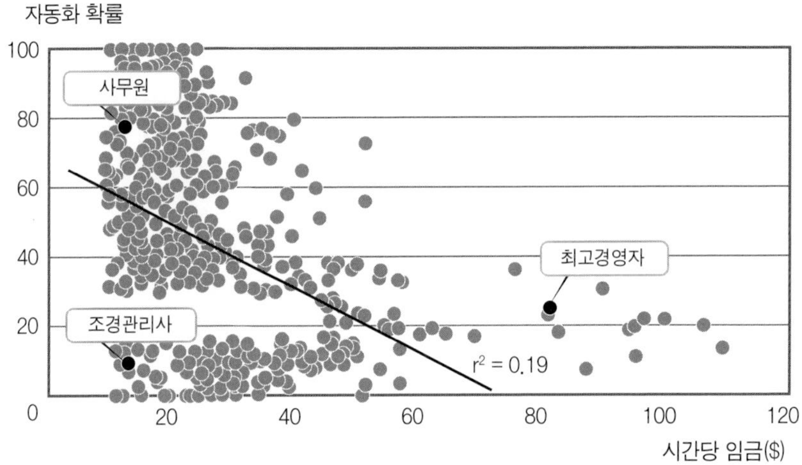

[그림 2-2] 시간당 임금으로 배치한 일자리와 자동화 확률

출처: Chui et al. (2015).

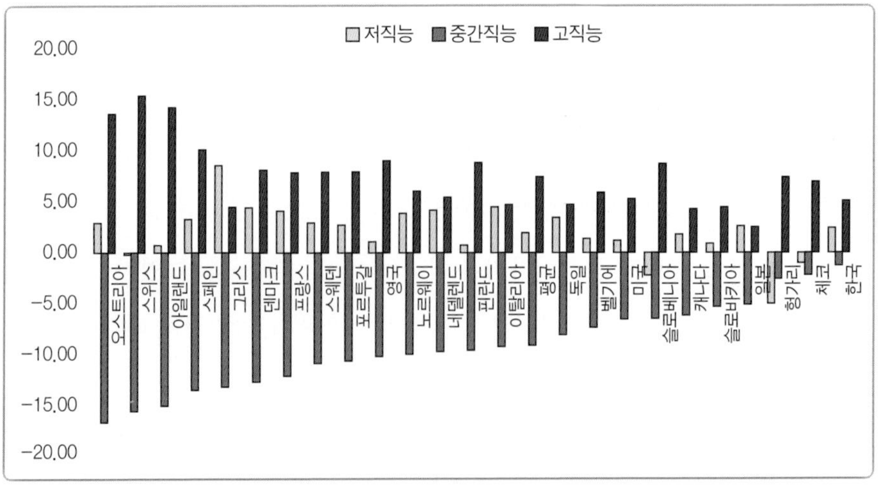

[그림 2-3] 직능별 고용 비중 변화 국제비교 1995~2015(%p)

출처: OECD (2017); 한국은 경제활동인구조사로부터 필자 계산.

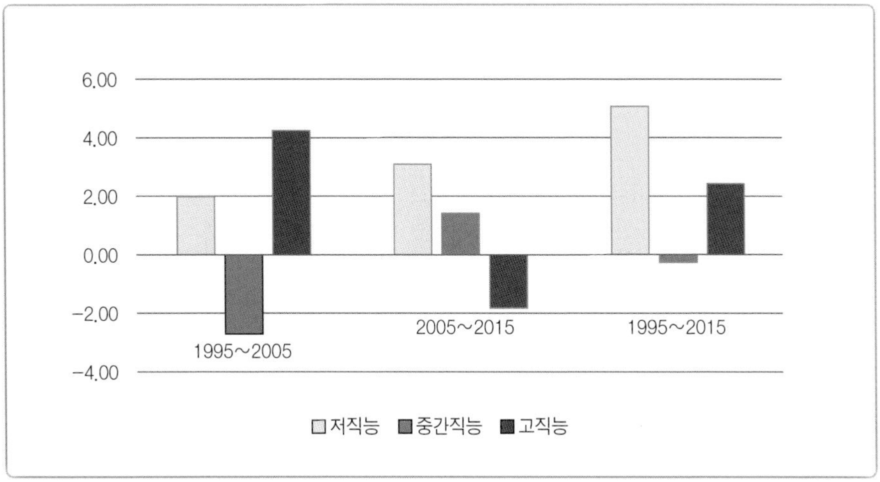

[그림 2-4] 직능별 고용 비중 변화 1995~2015(%p)

주: 1) 고직능: 관리자, (준)전문가, 기술공
2) 중간직능: 사무종사자, 기능원, 장치조작원
3) 저직능: 서비스/판매종사자, 단순노무직
출처: 통계청. 경제활동인구조사 원자료로부터 계산.

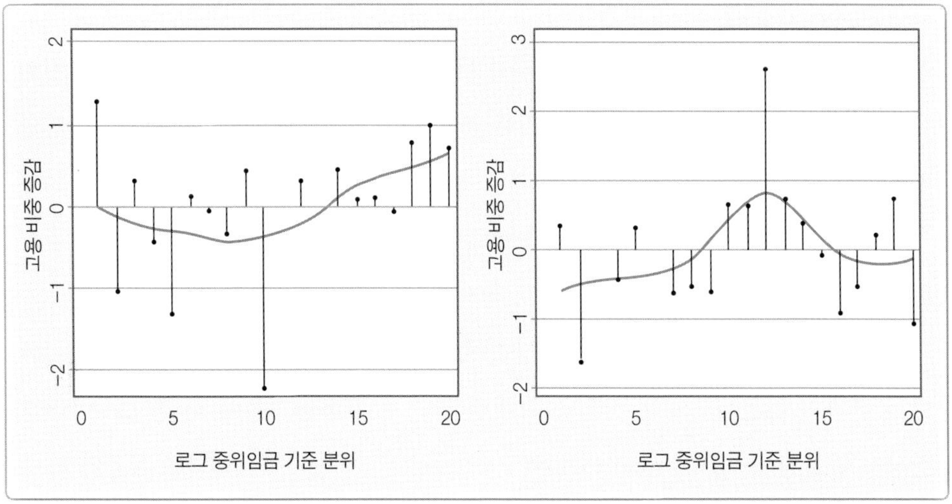

[그림 2-5] 소득수준별 고용 비중 변화: 2000~2008(좌) vs. 2007~2016(우)

출처: 통계청. 경제활동인구조사 부가조사.

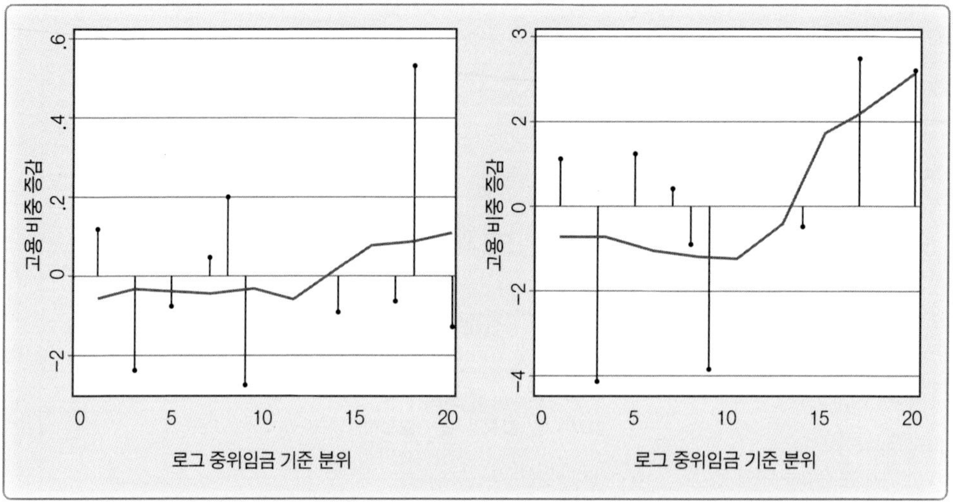

[그림 2-6] 소득수준별 고용 비중 변화: 2015~2016(좌) vs. 2016~2017(우)

출처: 통계청. 경제활동인구조사 부가조사.

소득을 고려한 일자리 분류방식을 택하더라도 마찬가지 결과를 확인할 수 있다. 2000~2016년을 두 시기로 나누어 고찰하면 전반기에는 양극화 경향을 보였지만 후반기에는 중간일자리가 증가하였다([그림 2-5], [그림 2-6] 참조). 단순히 직업범주를 기준으로 분류하든 소득을 고려한 분류방식을 택하든 유사한 결과를 확인할 수 있음을 알 수 있다. 관찰기간에 따라 일자리 양극화는 사실일 수도 있고 그렇지 않을 수도 있으며 고직능 일자리마저도 정체되는 등의 현상을 관찰할 수 있음을 Beaudry 등 (2013)은 미국에 대해서도 확인한 바 있다([그림 2-7] 참조).

사실, 관측기간에 따라 상이한 특성을 포착할 수 있는 것은 단지 일자리 양극화에 국한하지 않는다. 시간 지평을 확대하면 전체 고용증가율에 대해서도 이러한 현상을 관찰할 수 있다. Acemoglu와 Restrepo(2019a)는 지난 30년간 자동화 과정에서 사람이 수행하는 새로운 업무 창출 효과(reinstatement effect)보다 사람이 하는 업무를 자동화가 배제하는 효과(displacement effect)가 더 커서 노동수요가 감소했다고 한다. 하지만 지난 1세기 반 동안의 미국의 고용증가율 추이를 살펴보면 이는 관찰기간에 따라 다르다([그림 2-8] 참조).

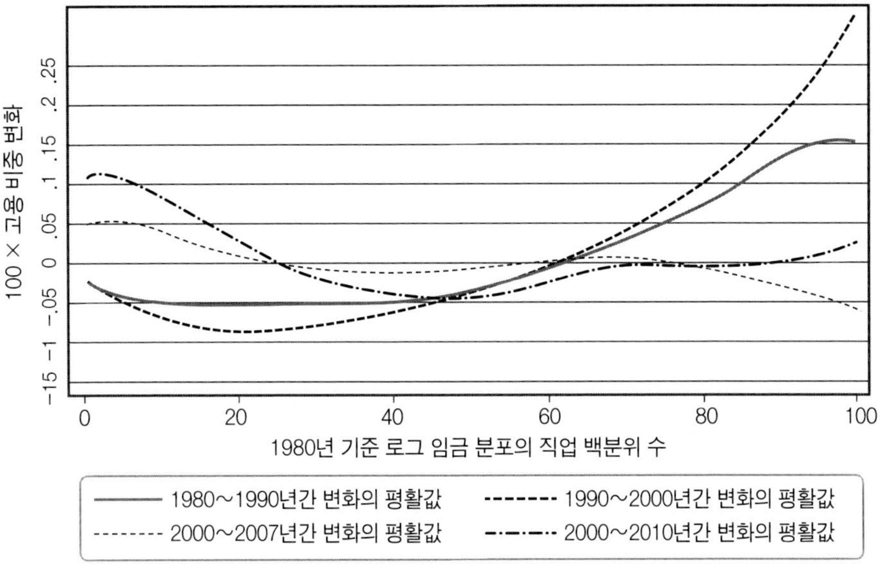

[그림 2-7] 직능별 고용 비중 변화 국제비교 1995~2015(%p)

출처: Beaudry, Green, & Sand (2013).

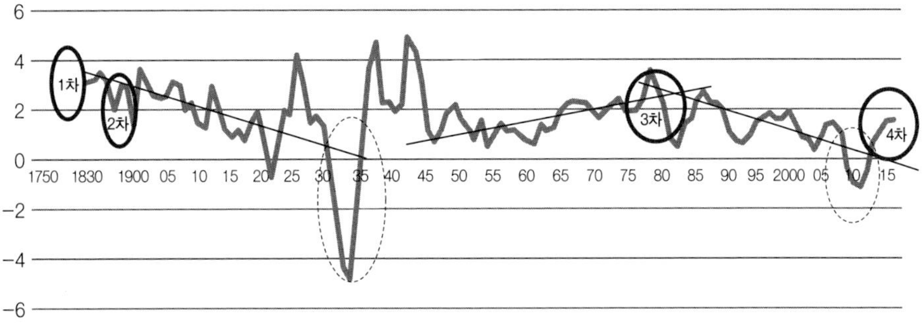

[그림 2-8] 고용증가율과 산업혁명(미국)

출처: Bureau of Labor Statistics, U.S. Department of Labor Historical Statistics of the United States 1789-1957.

4. 기술적 실업 가능성 증대

관측기간에 따른 고용증가율이나 일자리 양극화 경향보다 중요하게 주목해야 할 점이 있다. 상향이동 가능성은 과거보다 줄어들고 격차는 확대되는 추세가 지속되는 가운데 노동 투입을 극적으로 줄인 생산시설을 폭넓게 선보이며 미디어를 장식하고 있다. 테슬라의 캘리포니아 프리몬트 공장에서는 고도로 유연한 로봇 160대가 매주 400대의 차를 조립한다. 1대의 차의 섀시가 조립라인의 한 지점에서 다른 지점으로 이동하면 여러 대의 로봇이 달려들어 협동해서 작업을 진행한다. 로봇팔이 제각기 사용할 공구를 알아서 바꿔 사용하면서 다양한 작업을 수행한다. 예를 들어, 시트를 설치한 뒤 공구를 바꿔서 앞 유리에 접착제를 칠해 필요한 위치에 부착하는 작업과 같이 상이한 작업을 하나의 로봇이 수행한다. 이러한 과정에 사람은 보이지 않는다. 물론 그 과정을 모니터링하고 마지막 단계에서 시트 부착 등 자동차 실내 장식을 하는 과정에는 사람이 개입한다. 지멘스나 포스코의 제조공정에서도 사람을 찾아보기 힘들다. 일관 작업공정 속에서 사람의 개입 없이 자동생산이 진행되기 때문이다.

10년 전에는 존재하지 않던 앱 개발자라는 직업이 1,200만 개나 생겼지만 자동화로 배제된 공장 노동자가 앱 개발자로 전직하기는 어렵다. 경영환경이 급변하고 과거에 비해 기업 부침이 잦아짐에 따라 이러한 현상은 과거보다 빈번해지고 속도도 빨라졌다. 전통산업부문과 신흥산업부문 사이의 직능 혹은 직무 내용 차이가 커서 전통적인 산업에서 이직한 노동자가 새로운 기술을 기초로 성장하는 기업에서 금세 일자리를 구하기는 힘들다. 이로 인해 기술적 실업현상이 관찰된다.[3)]

3) Keynes(1930)는 기술적 실업을 기술진보 속도가 일시적으로 일자리 창출 속도를 능가함으로써 나타나는 실업이라고 정의했다. 필자는 여기서 구산업에서 필요한 숙련을 지닌 노동자가 신산업에서 필요한 숙련을 쉽사리 익힐 수 없음으로써 나타나는 실업을 기술적 실업이라고 부르고 있다. 하지만 일시적 부적응 상태(a temporary phase of maladjustment) 때문에 초래된 현상으로 보는 점에서는 공통적이다.

노동공급 압력으로 임금상승도 제약된다. 일자리 기회가 제약되었다고 느낀 기존 노동자들은 과거에 비해 고용불안을 겪는다. 이로 인해 기술진보가 노동을 대체 내지 배제하는 측면에만 주목하게 되고 기업 차원의 보완효과와 전체 경제 차원의 생산효과를 간과하게 된다.[4] 다른 한편에서는 새로운 노동시장 진입자와 적응력 높은 노동자들이 새로운 사업모델에서 직업기회를 갖고 높은 소득도 누리는 현상은 쉽사리 간과된다.

기술적 실업(technological unemployment)이 생기는 이유는 노동이 동질적이지 않기 때문이고, 고용불안 심리가 확산되는 이유는 모든 사람의 적응력이 무한히 높지 않기 때문이다. 기계의 도입 혹은 자동화는 노동자의 업무(tasks)를 대체하기도 하고 보완하기도 한다. 즉, 어떤 노동자들은 일자리를 잃고 어떤 노동자들은 생산성 향상을 경험한다. 일반적으로 학력이 낮은 사람보다는 학력이 높은 사람이, 나이가 많은 사람보다는 젊은 사람이 새로운 작업환경 변화에 대한 적응력이 높다([그림 2-9] 참조). 상이한 상품이나 서비스를 생산하는 데에 필요한 직업능력 간에 그다지 차이가 없다면 고용이 줄어든 부문에서 나온 노동자는 새로운 수요가 있는 부문에 가서 일하면 된다. 그럴 수 있다면 내가 지금 일하고 있는 기업에서 노동수요가 줄어들더라도 직업을 잃을 염려는 없다. 하지만 현실은 그와 다르다. 그로 인해 기술적 실업이 발생하게 된다.

하지만 한 세대 이상의 시간 지평 속에서 생각해 보면 기술적 실업은 그다지 문제가 되지 않는다. 흔히 젊은 근로자들은 새로 출현한 직업에서 더 잘 관찰된다(비교적 새로운 직업군인 웹디자이너, 앱 개발자, 데이터 과학자 등의 연령 구성을 보면 알 수 있다). 그들은 기술 습득이 쉬운 도시, 직능 개발이 용이한 도시에 밀집하는 경향이

---

4) 여기서 말하는 기술진보가 노동을 대체하는 효과, 보완하는 효과는 표준적 미시경제학 교과서에서 정의하고 있는 것과 같은 의미이다. Acemoglue와 Restrepo(2019a)가 말하는 축출효과(displacement effect), 복직효과(reinstatement effect)는 엄밀한 의미에서는 미시경제학 교과서의 대체효과, 보완효과와는 다르지만, 필자는 이 장의 맥락에서는 유사하다고 보아도 무방하고 그렇게 번역해도 무방하다고 본다. (인공지능)기술 발전과 대체효과, 보완효과, 생산효과 사이의 관계는 [그림 2-15] 참조.

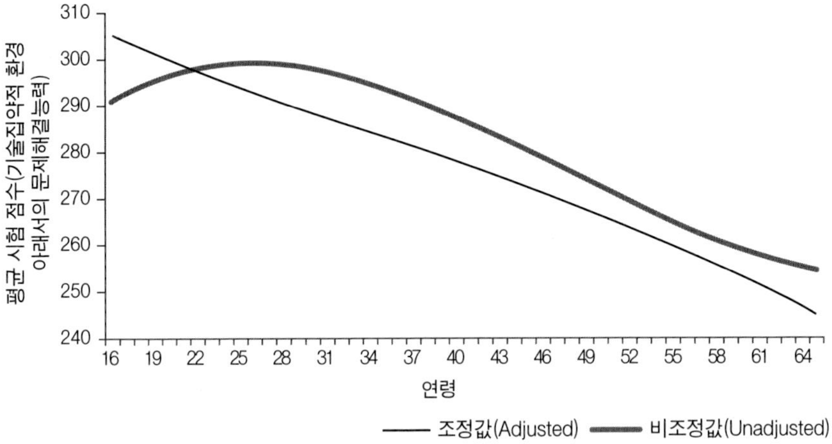

[그림 2-9] 연령-문제해결능력 곡선

자료: Berger & Frey (2017).

있다. 그래서 젊은 노동력이 있는 도시는 일반적으로 혁신적이다(판교나 성수동에 모인 사람들의 연령 구성과 판교와 성수동의 혁신성을 보면 짐작할 수 있다). 이처럼 새로운 세대는 기업이 필요로 하는 직업능력을 갖추어 노동시장에 나오거나 노동시장에서 나와 새로운 형태의 업무에 금새 적응한다. 그러므로 기술적 실업은 한 세대 이상 광범위하게 지속되기는 어렵다. 만일 새로운 기술로 이행하는 시기가 지난 후 실업이 만연한 현상이 있었다면 그것은 젊은 세대가 신기술에 적응하는 것을 막은 정부 실패에 기인했을 것이다. 정부 실패의 가장 유력한 용의자는 많은 경우 '정치'이다.

기술적 실업이 한 세대를 넘어 지속되지 않을 것이라는 점을 뒷받침하는 현상에도 불구하고 기술적 실업의 확대가 일자리 소멸 '우려'를 낳는 강한 요인이 되고 있다는 점에는 주목할 필요가 있다. 공정에 점진적 변화를 가져오기보다는 전혀 새로운 비즈니스 모델로 기존 기업의 도태나 극심한 구조조정을 강요할 수 있는 디지털 기술의 발전은 기술진보의 새로운 차원이다. 경제에서 새로운 일자리가 만들어지는 과정은 본질적으로 산업 구조조정 과정이기도 하다. 산업구조조정 과정은 노동자의 기업 간, 산업 간 이동을 수반한다. 새로운 차원의 기술진보는 제조업 노동자들이 노동이동 과정에서 과거보다 더 어려움을 겪고 그 어려움의 본질이 기술적 실업이라는 점은 일자리가 없어지고 있다는 우려를 낳는 강력한 요인으로 보인다. 확대된 기술적 실업에 효과적으로 대응할 수 있다면 일자리 소멸에 대한 우려도 다소간 줄일 수 있을 것이다.

5. 소득분배 악화

우려를 부추기는 다음 용의자는 소득분배 악화이다. 지난 20년 동안 21개 OECD 국가 중 18개 국가에서 18~65세 지니계수로 측정한 소득분배가 악화되었다([그림 2-10] 참조). 소득분배가 개선된 나라는 헝가리, 멕시코, 터키 정도이다. 이러한 현상은 전통적 지니계수, 90/10분위 비율, 상대빈곤율을 기준으로 고찰하더라도 크게 다르지 않다. 증가일로를 걸어 온 소득불평등, 저임금 상태의 지속은 상대적 박탈감과 함께 일자리에 관한 암울한 전망을 재생산하는 원천 역할을 하고 있다.

여기서 우리는 한 가지를 질문해 볼 수 있다. 지난 20년간 산업 국가들이 겪은 소득분배 악화는 파급효과가 광범위한 범용기술(general purpose technology)이 확산되는 시기의 일반적 현상일까, 디지털 기술 심화에만 관련된 현상일까? 기술변화가 광범위하게 영향을 미치는 성격의 것일수록 기술진보의 초기 국면에서 소득분배가 상당 기간 악화될 수 있으리라고 볼 요인들이 존재한다.

소득분배가 악화되는 이유는 무엇일까? 극심한 변혁의 시기에는 적응력의 차이에 따라 부의 대규모 이동이 이루어진다. 그 이유는 일국의 경제발전 과정을 돌아다보면 어렵지 않게 알 수 있다. 모든 사람이 농업에 종사하며 빈곤하게 살던 어떤 경제에서 한 기업가가 단순작업만으로는 꿈도 꾸지 못했던 도구를 발명해 농사짓는 일에 비할 바 없이 생산성이 높은, 즉 돈을 많이 버는, 공장을 하나 설립한다면 그는 큰 부를 거머쥐게 될 것이다.

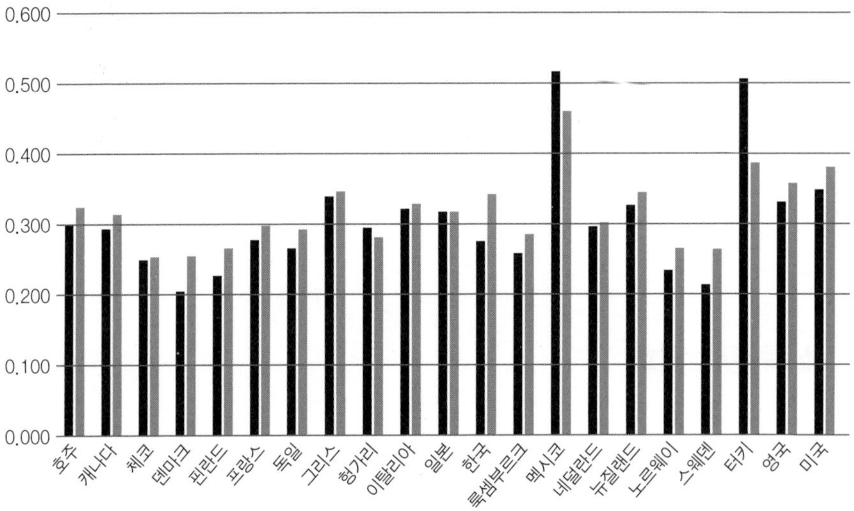

[그림 2-10] OECD 국가의 18~65세 지니계수

출처: OECD database를 이용해 필자 작성; 한국은 KLI 노동통계.

그런 선구적 기업가의 예가 120년 전의 미국에서는 에디슨이었고 60년 전의 한국에서는 정주영, 이병철 회장이었다. 40년 전의 미국에서는 빌 게이츠와 스티브 잡스였으며 20년 전에는 제프 베조스와 래리 페이지였다. 발명한 것이 농기구가 아니라 전기, 전자제품, 조선, 컴퓨터 운영체계, 디지털 기기, 인공지능을 활용한 검색엔진인 것이 달랐을 뿐이다.

그 후 더 많은 수의 기업가가 선구자 기업가를 모방하여 생산성 높은 공장을 설립하기 시작한다. 이러한 일련의 과정을 통해 경제 전체의 소득 수준과 부는 증가한다. 이때 소득분배 측정지표로 농업사회 상태와 산업화 과정을 포착하면 소득분배가 악화된 것으로 나타날 것이다.

한 국가의 제도 발전은 경제 현장의 혁신과정에 비하면 몹시 더디다. 그래서 새롭게 등장한 기업들은 자신을 키우기 위한 활동에 매진한다. 그중 어떤 것은 공정해 보이지도 않고 상식적이지 않은 것도 있을 수 있지만 과거의 규제와 제도로는 그것을 막기 힘들다. 이를 막아야 한다는 문제 제기를 하는 사람들이 없지는 않지만 활발한 경제활동으로 부의 증진에 기여하고 있다는 그 이유만으로 대부분의 사람들과 정부는 이런 상황을 호의적으로 보아 주는 경향이 있다. 설사 개입한다고 하더라도 구두 호소나 매우 미약한 벌칙을 벗어나지 않는다. 가끔씩 대형 스캔들의 형태로 그 부작용이 명백하고 공정성이 심하게 도전받는 경우가 생겨 이를 규제하는 제도를 도입하지만 이미 진행된 소득불평등화 과정을 되돌리지 못한다.

그와 상반되는 경로도 진행된다. 도시화가 충분히 진전되고 더 이상 농촌으로부터 저임금 노동력이 무한정 공급되지 않음에 따라 노동자 중에도 높은 임금을 받는 사람들이 늘어난다. 이러한 현상은 소득불평등을 낮춘다. 하지만 이러한 자연스런 과정만으로 사회불안을 불식시킬 만큼 시장에서 적절한 소득분배가 이루어지지 않으면 과거에 비해 소득불평등은 현저하게 확대되고, 확대된 부의 불평등은 사회불안을 증대시킨다.

이를 배경으로 획기적인 재분배정책을 제안하는 일단의 정치인이 등장한다. 한편으로는 사회불안을 막기 위해, 다른 한편으로는 열악한 상황을 개선하려는 자선심에서 고소득층의 일부도 동조한다. 정치노선이 다른 사람들 사이에서도 여러 동조자들이 나타나기 시작한다. 일련의 과정을 통해 소득불평등화 과정을 현저히 완화시키는 정책이나(예컨대, 독점금지법) 이전소득을 획기적으로 강화하는 정책(예컨대, 소득에 연동해서 지급하는 각종 복지수당)이 도입된다.

산업화 과정을 겪은 나라의 이와 같은 정치경제사적 경험은 발전경제학 교과서에서 쿠즈네츠의 가설로 소개되고 있다. 1950년대와 1960년대에 사이먼 쿠즈네츠(Simon Kuznets)는 경제가 발전함에 따라 처음에는 소득불평등이 증가하다가 산업화가 진전되고 도시가 발달한 후에는 사회의 전반적인 경제적 불평등이 감소한다는 가설을 세웠다. 경제의 초기 발전 단계에는 새로운 투자 기회가 많아 이미 투자할 자본을 갖고 있는 사람들이 자산을 늘릴 기회가 많다. 반면, 농촌에서 이탈하여 도시로 유입된 노동자들의 임금은 낮아 소득 격차가 확대되고 불평등이 심화된다. 경제가 발전하면서 노동자가 더 나은 임금을 받는 일자리를 찾고 복지제도가 발달함에 따라 소득불평등이 줄어든다. 이로 인해 1인당 소득과 경제적 불평등은 역 U자 모양의 관계를 갖게 된다([그림 2-11] 참조).

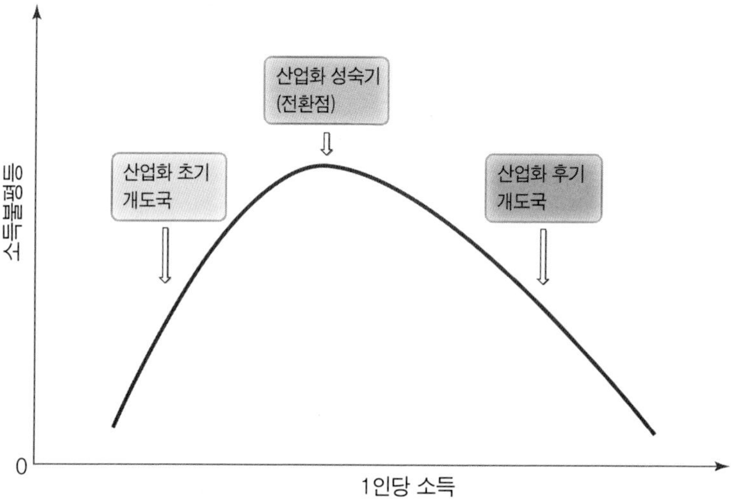

[그림 2-11] 쿠즈네츠 곡선

이후 경제발전 초기에 증가하다가 다시 감소하는 소득불평등 현상을 경제학자들은 '쿠즈네츠 곡선'이라고 부르고 있다. 쿠즈네츠 곡선 안에는 산업화 과정에서 일반적으로 일어난 정치경제학적 과정이 응축되어 있다. 농업사회에서 산업사회로 이행한 국가들은 소득불평등이 증가하는 일련의 기간을 거친 후 소득불평등이 감소하는 기간을 경험했다.

쿠즈네츠 곡선 이후 60년이 흐른 지금, 상위소득자 1% 혹은 10%의 소득비중 추이를 100년 안팎의 장기간에 걸쳐 관찰하면 오히려 U자 형태가 두드러진다. 이를 '피케티 곡선'이라고 부르기로 하자. Piketty(2013)는 역U자 아닌 제대로 된 U자 형태의 소득불평등도 추이에 관한 실증적 증거를 제시하며 경제발전과 소득불평등에 관한 쿠즈네츠 곡선 관계에 강한 의구심을 제기했다.[5] 하지만 쿠즈네츠 곡선

5) Leigh(2007)는 13개국 자료 연구를 통해 최상위 소득비중과 지니계수가 매우 강한 상관관계를 갖는다는 사실을 보이고 있다. 이는 소득상위 1%나 10% 곡선을 소득불평등도 지표로 사용해도 무방함을 의미한다.

관계를 경제발전단계에 따른 소득불평등도 변화곡선이 아니라 범용기술(general purpose technology)이 등장하고 확산되는 데 따른 소득불평등도 변화 추이를 보여주는 곡선으로 간주하면 다른 해석이 가능하다. 즉, 피케티 곡선이 쿠즈네츠 곡선과 상충된다기보다 서로 다른 시기를 고찰하는 데 따른 해석의 차이일 뿐이라고 볼 수 있다.

피케티 곡선을 20세기 초부터 1950~1960년대까지에 한정해서 보면 역U자형 곡선이라고 볼 수 있다. 특히 소득분배자료를 구할 수 없는 19세기 후반의 소득분배 상황이 20세기 초보다 나은 상태가 아니었다면 확연히 19세기 후반부터 20세기 중반까지 산업국가들의 소득분배 추이는 역U자형 곡선을 보일 것이다([그림 2-12], [그림 2-13] 참조).

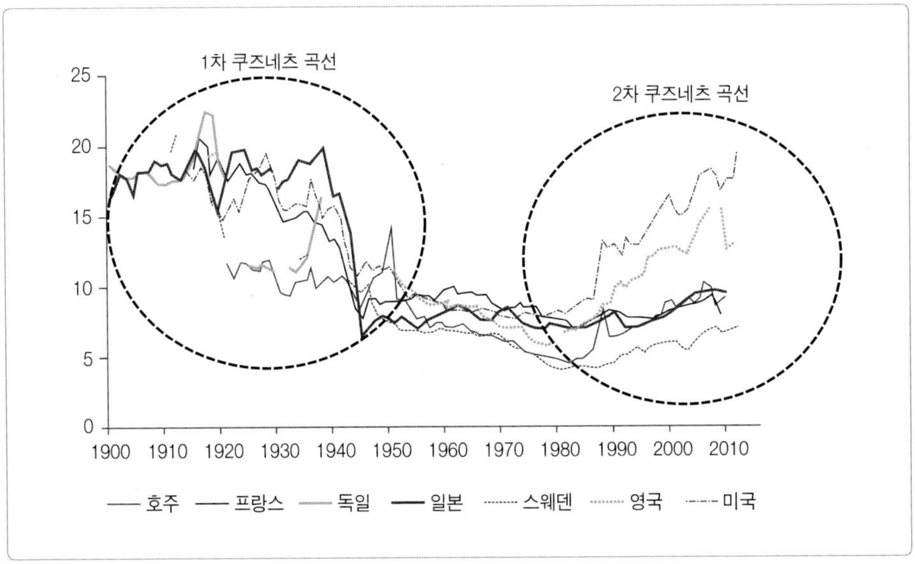

[그림 2-12] 최상위소득자 1%의 소득 비중

출처: The World Wealth and Income Database.

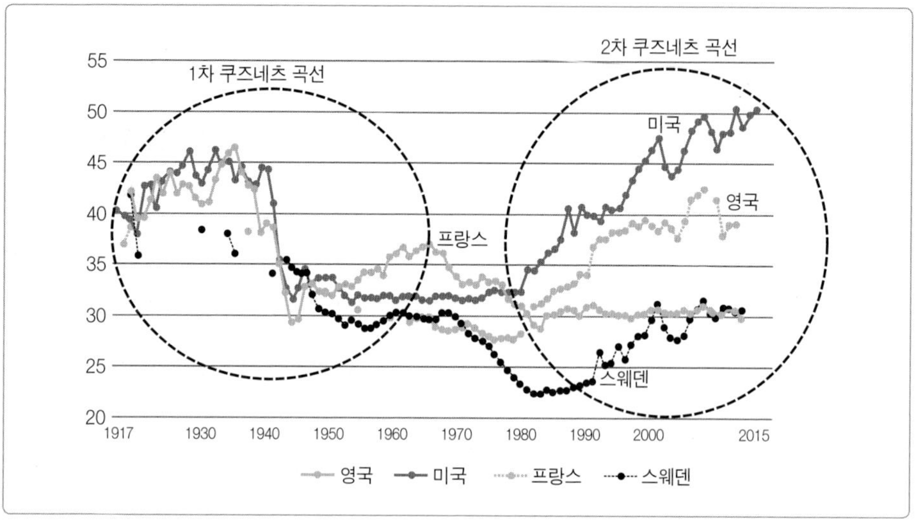

[그림 2-13] 최상위소득자 10%의 소득 비중

출처: 홍민기(2015); https://sites.google.com/site/hminki00/

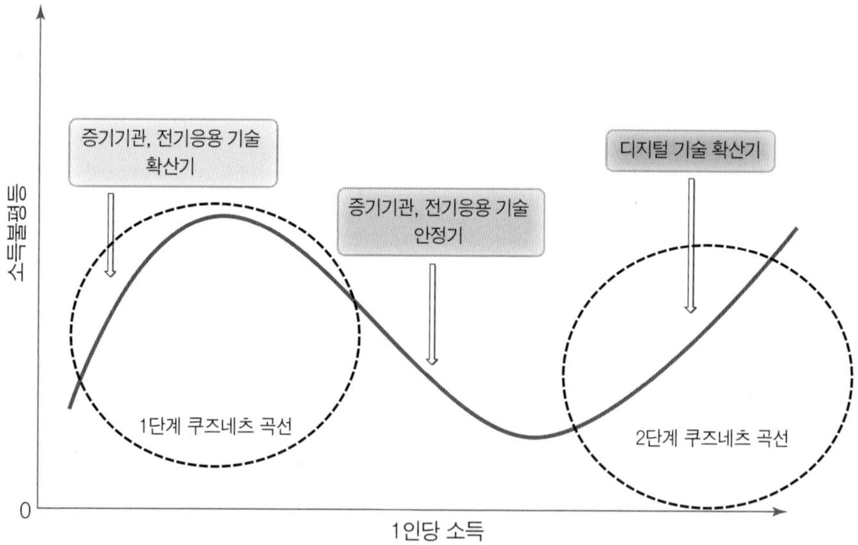

[그림 2-14] 피케티 곡선과 두 개의 쿠즈네츠 곡선

피케티 곡선에서 1970~1980년대 이후만을 분리해서 보면 1970~1980년대는 또 다른 역U자 곡선이 시작되는 시기라고 간주할 수도 있다([그림 2-14] 참조). 1970~1980년대는 범용기술인 디지털 기술이 발달하고 확산되기 시작한 시기, 혹은 클라우스 슈밥이 3차 산업혁명이 시작되었다고 본 시기와 일치한다. 이전의 범용기술이었던 전기와 관련기술이 만들어 낸 초기 불평등 확산 시기가 20세기 초라면 다른 범용기술인 디지털 기술이 만들어 내는 초기 불평등 시기가 1970~1980년대 후부터 지금까지라고 볼 수도 있다. 물론 이러한 시각은 앞으로 적어도 50년 이상의 시간이 흐른 뒤에야 검증될 수 있는 문제이다. 하지만 범용기술이 사회전반에 영향을 미치는 기술이고 기술이 안정화 단계에 이르기 전에 거침없이 확산되는 시기에는 소득분배 상황을 악화시키는 여러 요인들이 작용할 수 있음을 생각하면 피케티 곡선은 두 단계의 쿠즈네츠 곡선이 결합된 시기를 관찰한 결과라고 볼 수 있다.

현재 우리가 경험하고 있는 디지털 기술 심화가 제공하는 새로운 기업활동 기회와 부 축적도 농업사회가 산업사회로 전환되던 시기와 유사하게 소득불평등을 악화시키는 결과를 낳을 수 있다. 새로운 기회에 뛰어난 순발력과 적응력을 갖춘 사람들은 기술변화가 제공하는 사업기회를 다른 사람들보다 눈 밝게 볼 줄 한다. 변화의 초기에 이러한 사람들은 항상 소수이다. 그래서 남다른 부를 축적하고 부의 편중은 당분간 지속된다.

새로운 기술을 활용하는 기업들은 전혀 새로운 방식으로 기업활동을 한다. 그중 어떤 것은 공정해 보이지 않은 것이 있을 수 있지만 과거의 규제와 제도는 그것을 막기 힘들어서 정부도 관찰만 하거나 방관할 뿐 적극적 개입을 하지 못한다. 새로운 부의 원천을 보고 새로운 비즈니스 모델로 도전하는 기업가들을 아직 실현도 하지 않은 미래 결과에 대한 예단만으로 규제당국이 규제할 수는 없기 때문이다. 기존의 법이 금지한 활동이 아니라면, 명확한 범죄 증거 없이는 형사처벌을 할 수 없듯이 명확한 증거 없이는 기업활동에 불이익을 줄 수 없는 것이 자유시장경제의 규범이기 때문이다.

충격적인 사건(scandal)이 발생하기 전에는 적절한 규제 방안이 마땅치 않은 것도 새로운 사업 모델로 기업을 하는 사람이 규제당국의 간섭을 받지 않고 부를 축적하는 또 다른 이유가 된다. 신기한 일이지만 과거에는 적절한 규제 방안을 갖지 못하던 규제당국이지만, 커다란 충격적인 사건이 터지고 그 부작용이 명백하고 공정성이 심하게 도전받았다고 많은 사람이 공감할 즈음에는 이를 규제하는 제도를 도입할 수 있는 조건이 마련된다(미국에 반독점법이 도입된 역사, 주식시장에 각종 규제와 의무가 도입된 역사, 각종 공해병이 발견된 역사는 이러한 사실을 보여 주는 예들이다).

이런 일련의 과정이 진행된 후에야 시장에 진입하는 후발자는 변혁의 초기에 선발자가 누렸던 무규제 내지 규제 부재 상태를 누릴 수 없는데, 물론 그와 반대의 경우도 존재한다. 즉, 이미 복잡해진 산업사회에서 만들어진 여러 가지 규제가 존재한다. 이들 중 어떤 것들은 변모하고 있는 경제상황에서 무의미하기 짝이 없는 과거 규제이다. 이런 과거 규제가 지속된다. 새로운 기업가는 그 규제에 질식해서 성장하지 못하고 고사한다. 초기에 진입한 기업가들 중에는 이런 기업가들도 존재하는데, 후발자는 애초부터 이러한 실패를 극복할 방안을 찾은 후 시장에 진입함으로써 후발자의 이익을 누린다. 하지만 사후적으로 보면 항상 성공한 기업가만 살아남아 있기 때문에 후자의 과정은 그다지 큰 의미를 지니지 못한다.

극심한 변혁의 시기에는 기업가뿐만 아니라 노동자 간 적응력 차이도 소득기회의 극심한 차이로 이어진다. 자동화는 노동자의 업무를 전적으로 대체하기도 하고 보완하기도 한다. 즉, 어떤 노동자들은 일자리를 잃고, 어떤 노동자들은 생산성 향상을 누린다. 자동화가 업무를 보완하는 일자리를 가진 노동자들은 자동화로 생산성이 증가하고 자신도 상승된 소득을 누린다.

경제 전반적으로 일자리가 늘어나더라도 자동화로 배제된 전통산업 노동자가 새로운 산업에서 일자리를 갖는 것이 항상 용이하지는 않다. 불가피하게 일부는 일자리를 찾지 못하거나 예전의 일자리보다 현저하게 소득이 낮은 곳에 불안정한 고용으로 취업한다. 오랜 기간 일하던 곳이 아닌 다른 직장으로 옮길 때 소득 저하를 겪는 일은 일반적 현상이다. 한국은 특히 주된 경력을 쌓았던 회사에서 일하다가 다른 곳으로 전직해야 할 경우 현저하게 낮은 보수를 감수해야 하는 노동시장 특성을 갖고 있다(이를 두고 외부 노동시장이 발달되지 않았다고 한다. 물론 스카웃되어 가는 경우처럼 협상력이 있는 경우는 예외이다).

축소되는 전통산업에서 쫓겨난 노동자들만큼 새로운 산업이 새로운 노동자를 고용하고, 그곳에서 제공하는 일자리의 보수가 전통산업에서 없어진 일자리의 보수 수준과 일치하거나 더 높다면 경제 전체의 소득분배 상황은 악화되지 않을 수 있다. 하지만 현재 진행되고 있는 디지털 기술혁신으로 만들어지고 있는 일자리들은 일부 초고수준의 보수를 얻는 일자리와 나머지 전통적 일자리가 제공하던 보수보다 높지 않은 일반적 일자리로 나뉘어 있어 대다수의 사람들은 과거보다 높지 않은 보수를 주는 일자리 중에서 하나를 골라야 하는 것으로 보인다.

한국에서는 지난 20여 년간 대기업 일자리가 지속적으로 감소하면서[6] 기업규모 간 임금격차가 증가했다.[7] 제조업 일자리는 줄어들고 서비스업 일자리가 늘어

---

6) 한국에서 왜 대기업 일자리가 줄어들고 있는가는 논쟁적 주제이지만, 일부는 기술변화와 관련이 있다. 디지털 기술은 생산과정의 거래비용을 획기적으로 낮추었다. 필요한 때 필요한 만큼 생산하는 주문형(on-demand), 맞춤형 경제가 확대되었다. 이를 통해 생산조직[작업조직]이 가볍고 유연한 조직으로 변화할 기반이 조성되었다. 기존에는 안정적 거래를 위해 위계질서가 필요했던 반면, 이제는 기존에 내부에서 처리하던 기능들을 외부자원을 이용하여 처리하는 편이 거래비용도 적고, 위험도 분산하고, 조직단위도 유연한 조직으로 운영할 수 있는 선택이 되었다. 디지털 기술 발달이 거래비용을 획기적으로 낮춘 이유로는 다음과 같은 점을 들 수 있다.
- 정보가 비경합성을 지니고 있고(non rivalry), 정보를 복제하고 이전하는 한계비용(marginal cost)이 영(零)에 가깝다.
- 컴퓨터 주기억장치의 연산 능력이 기하급수적으로 증진되면서 빅데이터의 신속한 처리가 가능해졌다.
- 인터넷의 발달로 오프라인 경제에서는 상상할 수 없었던 저비용으로 시간과 공간 제약이 없는 동시성(contemporaneity)이 확보되었다.

7) 한국에서는 실질임금이 감소하지 않았다. 미국에서는 저직능 노동자의 임금이 상대적으로 덜 상승한 정도가 아니라 아예 실질임금 자체가 하락했다. 특히 저직능 남성노동자의 실질임금이 유의하게 하락했다. Vance(2016)는 이들을 가장으로 두고 있는 남부 백인 위기 가정의 얘기를 『힐빌리의 노래(Hillbilly Elegy)』라는 책에서 담담하게 전하고 있다. 이들의 불만은 트럼프 당선과 대안적 진실이 횡행하는 정치가 확산된 배경이기도 하다.

났다. 서비스업 종사자의 임금수준은 제조업 종사자의 임금수준보다 낮다. 연공에 따른 생산성 향상도 제조업보다 서비스업이 낮아서 연공에 따른 임금 증가도 제조업보다 서비스업이 낮다.

미국에서는 지난 30년간 중간직능 범주의 일자리는 감소하고 고직능 일자리와 저직능 일자리가 증가했다. 이런 일자리 양극화 현상은 중간직능 노동자가 수행하던 업무에서 노동을 자본으로 대체할 수 있는 신기술이 신속하게 확산되고, 특정 업무를 해외에 외주를 주어서(off-shoring) 외국노동이 국내노동자를 대체하는 일을 가능케 한 기술 발달을 배경으로 하고 있다(Acemoglu & Autor 2010). 자동화는 노동자의 업무를 전적으로 대체해서 일자리를 잃게도 하고, 보완해서 생산성을 높이기도 하는데, 현재 진행되고 있는 경제변화의 내면을 들여다보면 자동화로 인해 초래되는 결과는 당분간 소득분배가 개선되기보다는 악화되는 방향으로 작용하고 있는 것으로 보인다.

기계와 보완적 업무를 수행하는 노동자라고 하더라도 임금이 오르지 않을 수 있다. 생산성 향상이 임금상승으로 이어질지 여부는 노동공급 탄력성에 달려 있기 때문이다. 생산성이 향상되는 노동자라도 노동공급 탄력성이 커서 노동공급이 많다면 생산성 향상만큼 임금이 증가하지 않는다. 또한 A라는 특정 산업 생산물의 수요가 비탄력적이라면 자동화로 제품 생산이 증가하고 가격이 하락하더라도 그 생산물 소비가 크게 늘지 않는다. 소득이 증가할 때에도 그 생산물 수요보다는 다른 생산물 수요가 상대적으로 더 증가한다. 그러므로 자동화가 경제 전반의 생산성을 향상시킬 때 A산업 종사자의 상대소득은 오히려 감소할 수도 있다. A산업 생산물처럼 수요의 소득탄력성이 낮으면 이 산업 종사자가 열심히 일하더라도 소득이 낮아질 것이다.

물론 이러한 상태가 항구적으로 지속되지는 않을 것이다. A산업 생산물과 다른 생산물 수요에서 차이가 드러나고 임금수준도 A산업과 다른 산업 간에 차이가 존재하면, 실제 균형화 과정에서는 A산업 종사자가 다른 산업으로 이동해서 일하고

A산업 종사자가 줄어듦으로써 A산업 종사자와 다른 산업 종사자 간의 상대소득 차이가 없어지게 된다. 하지만 이러한 과정은 단기간에 일어나지 않고 시간을 갖고 천천히 일어난다. 과거나 지금이나 '과도적으로' 기술적 · 마찰적 실업이 존재하는 것이지만 그 기간이 통상적으로 과거에 겪던 기간보다 길어지면 그것은 단순한 기술적 · 마찰적 실업이 아니라 구조적 실업이 된다.

6. 노동시장의 미래와 정책에 대한 시사점

1) 노동시장의 현 상태와 노동의 미래

허재준(2018)이 OECD 국가들을 대상으로 한 실증 연구에 의하면 기술에 의해 대체되는 일[업무]이 증가함에 따라 일자리[고용]가 경제 전체적으로 줄어들고 있다는 증거는 찾기 어렵다. 최근에 자동화가 노동수요를 감소시킨다는 사실을 확인하는 미국 경제학계의 실증 연구도 그 경향이 무한정 지속될 현상이라는 점까지를 확인하는 것은 아니다. 이 장에서는 150년 이상의 장기 시계열 데이터를 통해 고찰하면 영국과 미국의 일자리 수는 고용률 기준으로 10~20%p만큼 증가해 왔음을 확인하였다. 또한 관찰기간을 어떻게 정의하는지에 따라 양극화에 관해서도 상이한 경향성을 확인할 수 있다는 점을 제시하였다.

사실, 기술진보가 기존 업무를 대체하거나 보완하는 효과와 함께 생산성 향상효과를 갖는다는 점을 고려할 때, 증가한 생산성(기존 상품과 서비스의 가격 하락)을 이용하여 끊임없이 사람들이 원하는 새로운 상품과 서비스를 제공하는 기업가가 세상에 더 이상 존재하지 않거나, 혹은 사람들이 더 이상 새로운 상품과 서비스 소비 욕구를 갖지 않는 시대가 오지 않는 한, 기술진보로 인해 사람의 할 일과 일자리가 없어지는 시대는 오기 어렵다(허재준, 2018). 인공지능기술이 이러한 일반적 기술진보와 다른 효과를 가져야 할 이유도 발견하기 어렵다. 이러한 과정은 기술진보가 갖는 인간 직무 대체효과, 보완효과와 함께 새로운 상품과 서비스를 낳는 동태적 생산효과를 생각해 보면 손쉽게 이해할 수 있다([그림 2-15] 참조).

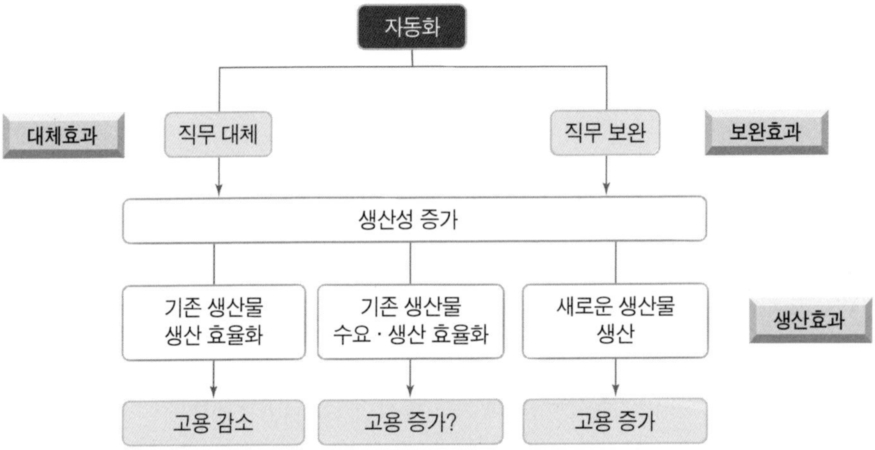

[그림 2-15] 자동화 혹은 인공지능기술 발전이 고용에 미치는 효과

사람들이 기피하는 일, 노동비용이 많이 드는 일, 효율을 높이는 일이 기계화나 자동화의 대상이 되는 현상이 근자에 새로이 부상한 것도 아니다. 높은 생산성은 경제의 건강성을 보여 주는 한 척도이므로 생산성이 증가해서 상품과 서비스 값이 저렴해지면 이를 이용해서 사람들의 잠재된 욕구를 일깨우는 기업가가 나타나기 마련이다. 디지털 전환에 따라 변화하는 노동시장에서 관찰되는 현상 중 하나가 사람들이 일자리 상실에 대해 우려하는 현상이기는 하다. 그렇지만 이상의 추론에 의거해 볼 때 경제 전체적으로 일자리가 줄어들거나 없어지는 것이 인공지능 기술 발달로 인한 변화의 요체이기는 어렵다.

한편, 2011년 이후 OECD 35개국의 고용증가율과 생산성 증가율 추이를 살펴보면 과거에 비해 양자 모두가 둔화된 나라들이 많다. 26개국에서는 고용증가율이 둔화했고 31개국에서는 생산성 증가율이 둔화했다. 그 결과, 31개국에서 성장률이 과거에 비해 둔화했다. 비록 이것이 장기적 관점에서 구조적 변화라고 보기 어렵더라도 일자리 사정 체감도를 떨어트리는 데 기여했을 것이다. 관찰기간에 따라 일자리 양극화나 소득분배의 양상이 다르게 관찰되지만 지난 20년간을 특징짓는 요체는 양극화와 소득분배 악화로 요약할 수 있다. 나아가 급속한 기업환경 변화 속에서 자신이 몸담고 있는 직장의 안정성에 대한 우려가 지속되고, 일자리 기회에서도 단기계약 일자리가 늘어났다. 기존의 노동자 보호규범에 의해 보호받기 힘든 노동계약도 늘어나고 있다. 자신이 수행하는 업무 또한 단절적 변화를 거듭하며, 전통적 중후장대산업에서 안정적인 고소득 일자리에서 일하던 사람들이 현저한 임금 감소를 감수하며 일자리를 옮겨야 하거나 기술적 실업 가능성에 직면하는 경우도 늘고 있다. 이러한 상황 속에서 일자리 여건이 악화되고 있다는 인식이 확산되는 것은 자연스러워 보인다. 더군다나 이러한 현상이 단기간에 불식되지 않고 반 세대나 한 세대 이상은 걸릴 것 같은 전망도 그러한 인식 확산에 일조하고 있다. 우려의 근원이 일자리 감소보다는 이처럼 자신의 일자리와 관련된 직무변화가 빠르고 자신이 몸담고 있는 사업의 미래가 불투명하여 고용불안정을 느낄 만한 요인 확산에 있음을 알 수 있다.

2) 일자리를 위해서 주목해야 할 곳은 생산성

비록 일자리 기회에 관한 우려가 지배적이지만 사실 더 큰 관심을 가져야 할 지점은 고용증가율 둔화보다 생산성 증가율 둔화일 가능성이 높다. 광범위한 영역에서 혁신적 기업가가 과거보다 생산성 높은 활동으로 (단순히 기존 비즈니스를 대체하는 것이 아니라) 새로운 고용을 창출하고 그에 대해 높은 보상을 할 여지가 그만큼 줄어들어 있다는 것을 의미하기 때문이다. 지난 50년간의 한국 경제 발전경험 과정을 살펴보더라도 생산성 증가율이 높았을 때 고용증가율도 높았다. 일자리 증가율 둔화를 걱정한다면 단기적으로 만들어지는 일자리의 수를 세는 산업정책보다 생산성을 높이는 정책을 펴야 장기적으로 일자리도 더욱 증가할 수 있을 것이다.

모든 기술진보가 높은 생산성 향상으로 귀결되는 것은 아니며 노동수요를 증가시키는 것도 아니다. Acemoglu와 Restrepo(2019a, 2019b)는 최근 진행되고 있는 자동화가 과거와는 다른 방식(노동이 수행하는 업무를 배제하는 효과가 노동이 수행하는 업무를 창출하는 효과를 능가하는 현상, 즉 일자리 대체효과가 일자리 창출효과를 능가하는 현상)으로 진행되고 있다고 한다. Brynjolfsson과 McAfee(2014)가 발표되었을 때 미국 경제학자들은 매우 회의적인 반응을 보였지만 이제 상당수 실증 연구들이 정확히 Brynjolfsson과 McAfee에 부합하는 주장으로 회귀했음을 알 수 있다.

이들에 의하면, 현재 확인할 수 있는 다양한 지표들이 보여 주듯 노동수요가 정체되고 노동 몫이 감소하며, 불평등이 증가하고 생산성이 둔화되고 있는 현상들은 노동시장 성과가 낮은 방식으로 현재의 인공지능기술 진보가 이루어지고 있다는 증거이다. 그러므로 그 경제적 효과, 특히 생산성 증가를 가져오는 측면에 주목해서 말한다면 지금 진행되고 있는 기술진보는 현재 선도적 기술 사용자들이 느끼듯 그리 환상적이지 않고 그저 그런 기술진보가 된다. 인공지능기술이 주는 일견 환상적인 인상(impression)과 그것이 현실(reality)에 가져온 영향 사이의 괴리라고나 해야 할까? 이들의 연구가 과거의 기술진보와 마찬가지로 현재 진행되고 있는 자동화가 궁극적으로 노동수요 증가로 귀결되고, 그로 인해 고용과 임금이 증가할 가능성을 배제하는 것은 아니다. 하지만 시장이 자율적 조정 기능을 발휘하여 그러한 상태로 저절로 복귀하지 않을 수 있음을 지적하고 처방이 필요하다고 주장하고 있다.

둔화된 생산성을 다시 향상시키는 것의 중요성은 한국 경제에서 일자리 간 소득 불균형, 이중노동시장 현상과 밀접한 관련이 있다. Acemoglu와 Restrepo(2019a)에 의하면 상대적으로 낮은 임금을 받는 노동을 대체하는 자동화는 생산성 증가 효과도 미미하다. 이러한 이론적 모델과 한국의 중소기업 상황을 염두에 두고 현실을 바라보자. 노동력이 부족한 것이 아니라 낮은 임금을 받고 힘들게 일하고자 하는 사람이 부족한 상황에서는 자동화를 진전시킬 유인이 크고, 이때 자동화는 특히 중소기업에서 생산성 증가와 노동수요 증가가 더디게 진행되게 하는 형태로 진행될 가능성이 높다(신기술의 생산성 효과 저조). 이러한 관점에서 보면 디지털 전환기를 맞아 한국 중소기업들의 생산성 추이가 대기업-중소기업 간 생산성 격차를 더욱 확대하는 방식으로 진행되어 온 현상을 이해할 수 있다.[8] 사실, 노동시장을 분석해 보면 적어도 2010년 즈음까지는 한국의 노동시장 소득불평등 문제가 대기업-중소기업 간 생산성 격차와 밀접하게 관련되어 있음을 확인할 수 있다. 현재 진행되고 있는 디지털 전환과정에 대해 중소기업의 생산성을 상대적으로 더 증대시키는 계기로 삼는 것이 다른 어느 나라에서보다도 한국 경제에 대해 중요한 시사점을 지니는 이니셔티브가 될 것임을 알 수 있다.

3) 노동의 미래를 위한 정책 접근

(1) 경쟁정책, 소비자보호정책

디지털 기술기반 플랫폼으로 전통적 사업에 파괴적 혁신을 가져온 사업자와 전통적 사업자 간의 갈등이 유럽 국가들에서는 우버와 택시기사 간의 갈등으로, 한국에서는 '타다'와 택시기사와의 갈등으로 표면화된 바 있다. 이는 디지털 전환이 가져온 사회갈등의 한 예이자 시작일 뿐이다. 과거의 인허가제도는 소비자 보호를 위한 정보의 비대칭성 극복, 사업자 간 공정경쟁 등의 필요성으로 인해 도입된 것들이다. 그러나 디지털 기술은 정부의 인허가 없이도 디지털 플랫폼을 통해 과거의 인허가제도보다 훨씬 효과적으로 정보의 비대칭성을 극복하는 방안을 제시하고 있다. 현재 각국이 경쟁정책에서 준거점으로 활용하고 있는 독점 규제의 요건이 아마존이나 구글과 같은 새로운 모형의 사업에 대해서 효력을 발휘하지 못하고 있는 것도 사실이다. 그럼에도 불구하고 과거의 규제가 새로운 사업 패러다임에

8) 대기업-중소기업 격차의 현황에 대해서는 OECD(2018)과 허재준(2019) 참조.

부합하도록 쉽사리 바뀌지 못하고 있는 점이 갈등의 요체이다.

이처럼 과거 규제의 근거를 근본적으로 재검토할 필요성을 제기하고 있는 반면, 제반 제도와 관행은 여전히 과거의 유제 안에 머물러 있다. 지금은 운송서비스를 중심으로 한 이해 충돌이 표면화되었지만 마찬가지 이유로 인해 인공지능과 로봇 기반의 법률서비스, 의료서비스에 대해서도 기존의 「변호사법」과 의사의 진료결정권에 기반한 기존 규범에 심대한 도전이 제기될 수 있다.

(2) 노동규범

과거의 유제에 머물러 있는 노동규범 또한 노동시장의 변화에 부응하지 못하여 심각한 도전을 제기하고 있다. 「근로기준법」 등 현행 노동관련법이 다양한 노동계약을 포괄하지 못하는 형태로 되어 있는 반면, 기존의 「근로기준법」을 우회하기 위한 노동계약은 날이 갈수록 다기화하고 있다. 노동기본권 보장의 바탕 위에서 기업과 노동자가 자율적으로 노동규범을 조율할 수 있는 여지를 확충하고, 노동, 경쟁정책, 조세전문가가 공동으로 참여하여 특수형태노동에 관한 조세, 노동규범 원칙을 마련하고 개선해 나가야 한다. 한 노동시장 참여자가 얻는 소득이 근로소득인지 사업소득인지 일관성 있게 구분하지 않는 상태에서 현재와 같은 노동법 꾸러미에 의해 다양화하고 있는 노동계약을 규율하고 사회보장규범을 마련할 수 없다. 또한 노동3권을 '도 아니면 모'의 양자택일 방식으로 전혀 보장해 주지 않거나 모두 보장하는 것만 해법이 아니고 사업소득으로 인정받으면서 단결권과 단체교섭권만을 인정받는 단체의 조직도 가능할 수 있도록 노동시장 규범의 유연성이 마련되어야 한다.

(3) 교육제도

디지털 시대에 노동시장이 요구하는 재능과 직업능력을 제대로 갖추어 주지 못하는 교육에 대해서도 총체적 개혁을 주장하는 목소리가 높다. 하지만 기왕에 확립된 제도의 장점을 그대로 유지한 채 단점만을 극복하는 전지적 관점의 일거 개혁은 가능하지 않거니와 이해 조정도 어렵다. 그러므로 '어썸스쿨' '미래교실네트워크'의 '거꾸로교실' '모두의연구소'와 같은 대안적 학습조직과 연구개발 커뮤니티 등의 사례를 활용하여 대안적 학습과 연구개발 방식이 공식 교육체계 내에서 기존 방식과 함께 경쟁할 수 있게 하는 것이 교육체계에서 변화가 일어나는 단초를 마련하는 계기가 될 것으로 보인다.

(4) 사회보장체계

사회보험을 기반으로 하고 있는 우리나라 사회보장제도에서 빈번한 노동이동과 노동계약 다양화는 사각지대를 노정하고 복지 욕구를 급증시키고 있다. 일반조세에 기반한 이전지출 프로그램을 확충하여 사각지대를 보완하는 방식으로 기존의 사회보험 기반 사회보장제도를 보완하는 한편, 대안적 재원조달 방식(데이터세 등)에 관해 적극적으로 제도 개선을 도모하고 국제적 논의에도 적극적으로 참여해야 할 것이다.

4) 새로운 균형을 모색하는 과정에 관한 역사적 경험

역사적 경험으로부터 우리는 종국에는 현재 진행되고 있는 불균형 강화 경향이 극복될 것이라고 낙관적 견해를 가질 수 있다. 그렇더라도 그러한 전망이 마냥 낙관적일 수만 없는 이유와 우려도 존재한다. 불균형 강화 경향이 극복될 때까지 얼마만한 시간이 흘러야 할지 우리는 알 수 없다. 과도적 불안정 상태에 이르러 파국적 사회갈등이 초래되기 전에 불안정 상태를 파국적이지 않은 방법으로 극복할 수 있을지에 대해서도 우리는 알 수 없다. 모든 것은 오늘의 정책결정자, 과학자, 기술자, 기업가, 노동시장 참여자들이 기울이는 노력의 방향과 정도에 의존해서 결정될 것이라고 말할 수 있을 뿐이다.

19세기 후반과 20세기 전반의 역사적 경험을 보면 그 과정이 순탄하기보다는 매우 폭력적이었다. 역사적 경험에 비추어 보면 현재 진행되고 있는 노동시장과 경제 변화가 장기적으로 지속 가능할 수 있는 체계로 수렴하겠지만 그 과정이 커다란 사회적 비용 지불 없이 순탄하게 이루어지기보다는 지난하고 난폭한 과정일 가능성을 배제할 수 없다. 이러한 종류의 충격은 흔히 경제학자들이 외생변수로 취급하고 시스템 고찰과정에서는 고려하지 않는 요인이다. 근자에 세계경제 무대에서 일어나고 있는 현상이 20세기 초의 경제위기가 어떻게 진행되었는지를 재연하고 있다고 할 정도로 기시감을 주고 있다고 말한다면 과도한 우려일까?

참고문헌

박호환, 권순원, 우창수, 이종수, 김난희, 고진수, 이채영, 조유지(2011). 특수형태 업무종사자 실태조사. 고용노동부.

정흥준, 장희은(2018). 특수형태근로종사자의 규모추정을 위한 기초연구. 한국노동연구원.

허재준(2018). 인공지능경제가 고용에 지니는 시사점과 OECD국가의 노동시장 성과. 한국노동경제학회 하계학술대회 발표논문. (발표일: 2018. 8. 23.)

허재준(2019). 국가 중장기 전략 수립 -노동분야-. 기획재정부, 한국개발연구원.

홍민기(2015). 최상위 소득 비중의 장기 추세(1958~2013년). 경제발전연구, 21(4), 1-34.

Acemoglu, D., & Autor, D. (2010). Skills, Tasks and Technologies: Implications for Employment and Earnings. NBER Working Paper 16082.

Acemoglu, D., & Restrepo, P. (2017). Robots and jobs: Evidence from US labor markets. NBER Working Paper 23285.

Acemoglu, D., & Restrepo, P. (2019a). Automation and New Tasks_ How Technology Displaces and Reinstates Labor. *Journal of Economic Perspectives, 33*(2), 3-30.

Acemoglu, D., & Restrepo, P. (2019b). The Wrong Kind of AI? Artificial Intelligence and the Future of Labor Demand. NBER Working Paper 25682.

Autor, D., & Salomons, A. M. (2018). Is automation labor-displacing? Productivity growth, employment, and the labor share. NBER Working Paper 24871

Beaudry, P., Green, D. A., & Sand, B. M. (2013). The great reversal in the demand for skill and cognitive tasks. NBER Working Paper 18901.

Berger, T., & Frey, C. B. (2017). Future Shocks and Shifts: Challenges for the Global Workforce and Skills Development. EDU/EDPC/RD(2015)20, OECD.

Brynjolfsson, E., & McAfee, A. (2014). *The Second Machine Age: Work, Progress, and Prosperity in a Time of Brilliant Technologies*. W. W Norton & Company. (이한음 역. 2014. 제2의 기계시대. 청림출판).

Bureau of Labor Statistics, United States Department of Labor. (2018). Contingent and Alternative Employment Arrangements Summary. Economic News Release, June 7,

2018. https://www.bls.gov/news.release/conemp.nr0.htm.

Chui, M., Manyika, J., & Miremadi, M. (2015), Four fundamentals of workplace automation. *McKinsey Quarterly, 2016*(1), 50-57.

ILO (2017). *Dependent self-Employment: Trends, challenges and policy responses in the EU.* Geneva: ILO.

Katz, L. F., & Krueger, A. B. (2016). The Rise and Nature of Alternative Work Arrangements in the United States, 1995-2015. NBER Working Paper 22667.

Keynes, J. M. (1930). *Economic possibilities for our grandchildren. In Essays in Persuasion*. New York: W. W. Norton and Co., 1963, 358-373.

Leigh, A. (2007). How Closely Do Top Income Shares Track Other Measures of Inequality. *The Economic Journal, 117*(November), 589-603.

OECD (2017). *Employment Outlook.* Paris: OECD.

OECD (2018). *Economic Survey of Korea.* Paris: OECD.

Piketty, T. (2013). Le capital au XXI siècle, Editions du Seuil. (translated by Arthur Goldhammer, *Capital in the Twenty-First Century.* the President and Fellows of Harvard College, 2014. 장경덕 외 공역. 2014. 21세기 자본. 글항아리).

Sachs, J. D. (2018). R&D, Structural Transformation, and the Distribution of Income. NBER Workshop on the Economics of Articial Intelligence, January 6, 2018.

Vance, J. D. (2016). *Hillbilly Elegy.* New York: Harper Collins Publishers. (김보람 역. 2017. 힐빌리의 노래. 흐름출판).

[통계]

통계청. 경제활동인구조사 부가조사 각 연도 8월.

The Bank of England's collection of historical macroeconomic and financial statistics.

Bureau of Labor Statistics, U. S. Department of Labor Historical Statistics of the United States 1789-1957.

The World Wealth and Income Database. http://wid.world/data/

https://www.ilo.org/ilostat/faces/oracle/webcenter/portalapp/pagehierarchy/Page3.jspx?locale=EN&MBI_ID=33

https://sites.google.com/site/hminki00/

부록

2-1. 생산의 업무내용 변화

[그림 1] 생산의 업무내용 변화 1947~1987, 경제 전체

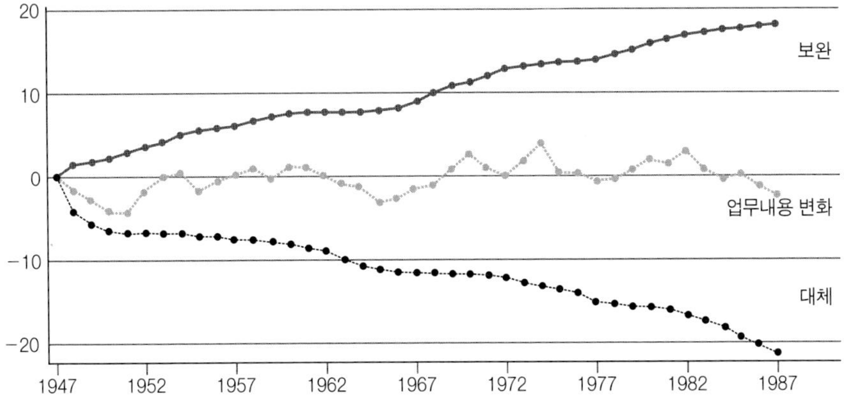

자료: Acemoglu & Restrepo (2019a).

[그림 2] 생산의 업무내용 변화 1947~1987, 제조업

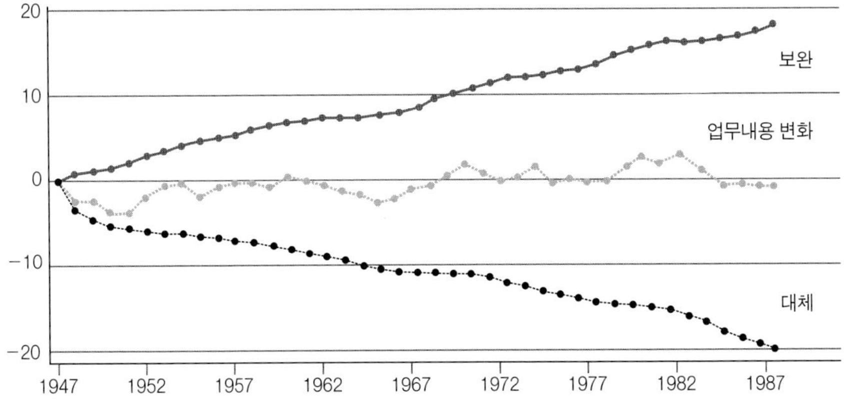

자료: Acemoglu & Restrepo (2019a).

[그림 3] 생산의 업무내용 변화 1987~2017, 경제 전체

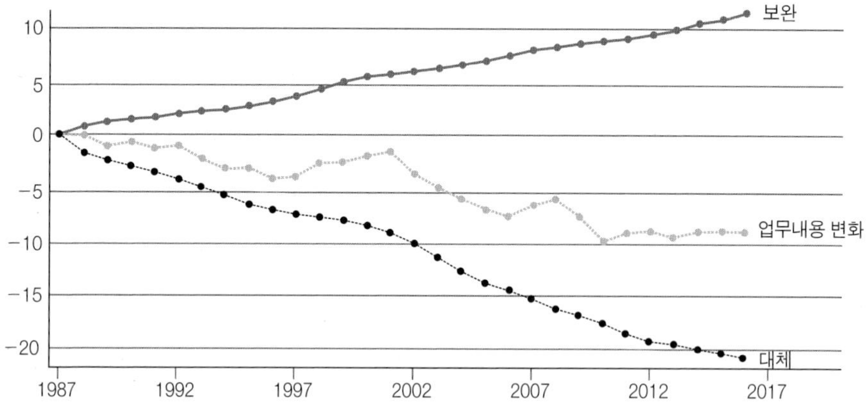

자료: Acemoglu & Restrepo (2019a).

[그림 4] 생산의 업무내용 변화 1987~2017, 제조업

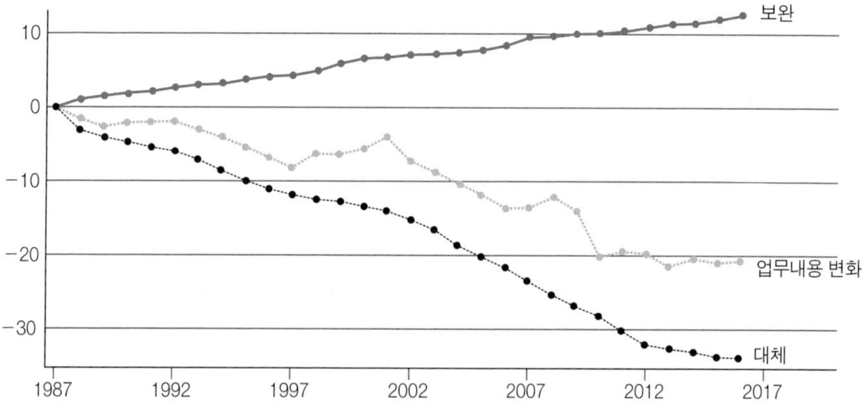

자료: Acemoglu & Restrepo (2019a).

2-2. 고용률과 2, 3, 4차 산업혁명

[그림 5] 고용률과 2,3,4차 산업혁명(미국)

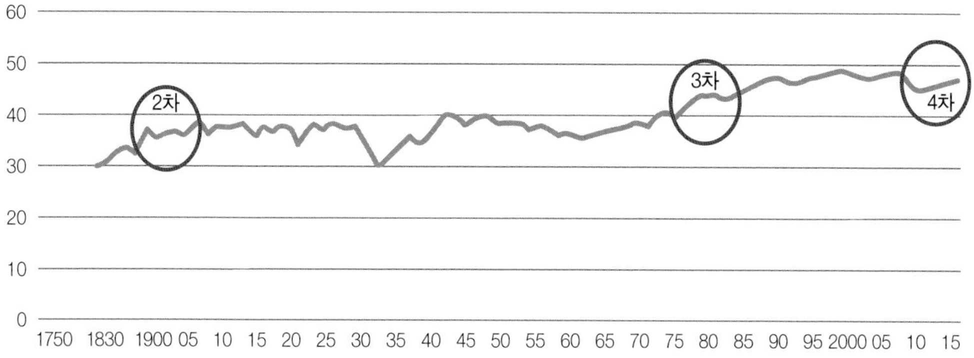

주: 여기서 고용률은 전체 인구 대비 취업자 수 비율
자료: Bureau of Labor Statistics, U.S. Department of Labor Historical Statistics of the United States 1789-1957

[그림 6] 고용률과 2,3,4차 산업혁명(영국)

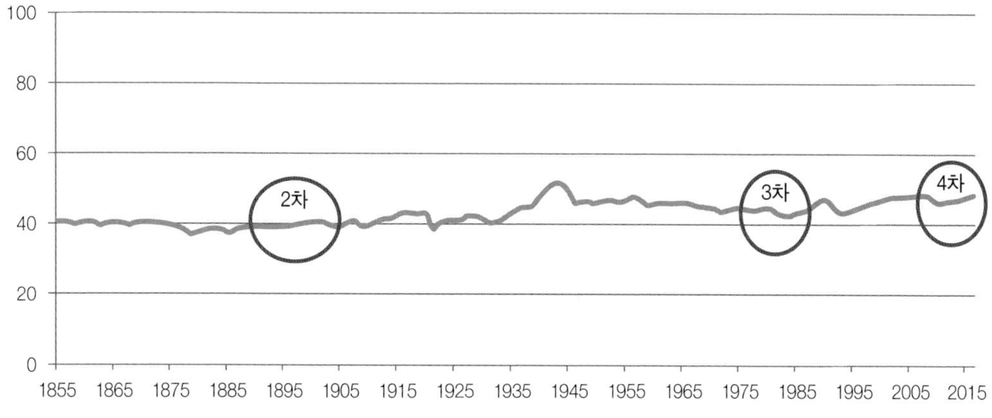

주: 여기서 고용률은 전체 인구 대비 취업자 수 비율
자료: The Bank of England's collection of historical macroeconomic and financial statistics.

2-3. 고용탄력성 변화와 생산성 증가

총 고용(*emp*)과 실질부가가치생산(*gdp*) 사이에 다음과 같은 장기적 관계가 있다는 전제 아래 추정하였다. 여기서 β_1은 장기고용탄력성이다.

$$\ln(emp_t) = (\beta_0) + \beta_1 \ln(gdp_t) + \beta_2 t \qquad \text{식 (1)}$$

인공지능기술이 확산되기 시작한 시기를 2011년 이후로 두고 2011년 전후로 구조변동이 일어났는지를 알아보기 위해서 식 (2)에서 2011년 이후 실질부가가치생산의 계수가 유의하게 달라졌는지 여부를 검정해 보았다.

$$\ln(emp_t) = (\beta_0' + \xi_0 D_t) + (\beta_1' + \xi_1 D_t) \times \ln(gdp_t) + (\beta_2' + \xi_2 D_t) \times t + \epsilon_t \qquad \text{식 (2)}$$

식(2)에서 D_t는 2011년 이후 1의 값을 갖는 더미변수이다. 즉, 고용탄력성은 2010년까지는 β_1, 2011년 이후는 $(\beta_1' + \xi_1)$이다. 여기서 2011년 이후 고용탄력성이 감소했다면 더미변수 D_t의 계수인 ξ_1의 값이 유의하게 0과 다른 음(−)의 값을 가질 것이다. OECD 회원국 중 자료가 가용한 31개국에 대해 식 (2)의 구조변동 검정을 해 본 결과, OECD 국가 중 ξ_1 값이 음의 부호를 띄며 통계적으로 유의한 국가는 캐나다, 체코, 아일랜드, 스페인으로서 이들 4개국만이 2011년 이후 고용탄력성이 유의하게 감소한 나라들이다.

생산성은 식 (2)에서 확정추세변수 t로 측정된다. 시간의 경과에 따라 생산성이 증가하면 고용은 생산(GDP)이 일정할 때 감소하므로 식 (1)에서 추세변수의 계수 값은 음(−)이다. 그러므로 생산성 증가율이 증가했는지 여부를 알아보기 위해서는 추세변수의 계수 β_2'가 2011년 이후 유의하게 달라지고 그 절댓값이 더 커졌는지를 살펴보아야 한다. 이는 ξ_2 값이 음의 부호를 띄며 통계적으로 유의하게 0과 다른지를 검정하는 방식으로 알아볼 수 있다. 2011년 이후 생산성 증가율이 유의하게 증가한 나라(ξ_2 값이 음의 부호를 띄며 통계적으로 유의하게 0과 다른 나라)는 이탈리아와 멕시코 단 두 나라뿐이었다. 즉, 2011년 이후 생산성 증가율이 유의하게 증가함과 동시에 고용탄력성이 유의하게 감소한 나라는 없었다.

제3장

탈세계화와 디지털화 그리고 국제질서의 변화: 한국의 안보 · 대외경제 전략에 대한 영향을 중심으로

이상환

탈세계화와 디지털화는 오늘날 국제사회의 현상을 대표한다. 1990년대 이래 세계화 · 탈냉전의 30년은 끝나가고 2020년대에 국제사회는 탈세계화 · 신냉전의 시대에 접어들었다. 세계화가 가치의 '보편화'를 추구한다면, 탈세계화는 가치의 '진영화'를 지향하고 있다. 따라서 탈세계화는 '진영 내 결속(네트워크화)'과 '진영 간 대결(경쟁 · 갈등)'을 특징으로 한다. 여기서 탈세계화는 신냉전을 초래하는 현상이다. 또한 2020년대에 세계는 4차 산업혁명의 시대를 가속화하고 있다. 문제는 기술혁명의 고도화에 따라 새로운 가치논쟁이 일고 있다는 점이다. 핵심은 기술혁명이 국가경쟁력의 원동력일지라도 이러한 기술혁명이 휴머니즘에 부합해야 하느냐 하는 것이다. 기술가치동맹, 즉 가치공유가 되는 나라와만 핵심기술 협력을 하는 국제관계의 변화, 나아가 국제질서의 개편이 벌어지는 것이 오늘날 국제사회의 모습이다. 미중 패권경쟁 상황 속에서 우리가 취할 수 있는 대안적 선택은 행위규범(원칙) 중심의 전략이라고 할 수 있다. 이는 우리의 외교 원칙을 정립하고 이에 기초한 외교 노선을 대외에 천명하여 지켜 나감으로써 한국의 외교 정체성을 세워 나가는 전략이다. 미중 패권경쟁 상황 속에서 미국이냐 중국이냐가 아니라 사안에 따라 때로는 미국이든 중국이든 둘다든 우리의 원칙에 부합하는 입장에 대해 지지할 수 있는 행위규범 중심의 외교가 중요하다. 가치공유냐 이익공유냐의 기로에서 단기적인 이익공유 우선의 외교 노선보다는 중장기적인 가치공유 우선의 외교 노선이 바람직하다.

1. 서론: 탈세계화와 디지털화

탈세계화와 디지털화는 오늘날 국제사회의 현상을 대표한다. 탈세계화(deglobalization)는 국가 간 상호의존과 통합이 약화되는 과정을 일컬으며, 국가 간 경제관계에서 무역과 투자가 감소하고 국가 간 정치관계에서 통합에 역행하는 현상을 말하는 것으로 세계화의 반대개념이다. 이는 COVID-19, 난민 문제, 미중 패권경쟁 등이 그 주요한 동인이라고 할 수 있다. 이들 중 COVID-19는 2020년 이래 인적 · 물적 자원의 국가 간 자유로운 이동을 제한하는 주요한 원인으로 작동하고 있다. 또한 난민 문제는 유럽 내 이민자에 대한 거부감을 증폭시키는 요인으로 유럽국가들로 하여금 국경 장벽을 높이게 하고 있다. 아울러 미중 패권경쟁은 새로운 이념갈등을 야기하고 새로운 진영논리로 국가들을 이합집산하게 하며 결국 신냉전의 국제질서를 조성하고 있다.

한편, 디지털화(digitalization/digitization)는 디지털 전환, 즉 디지털 기술의 채택이 보편화되는 현상을 말하며, 디지털 정보를 디지털 포맷으로 전환하는 것을 일컫는다. 과학기술혁명(인공지능, 빅데이터, 로봇 등)이 그 주요한 동인이다. 인공지능(AI)은 인간처럼 사고하고 행동하는 컴퓨터를 일컬으며 인간의 지능을 모방하는 기초 지능을 말한다. 빅데이터는 디지털 환경에서 발생하는 대량의 모든 데이터를 지칭하며 데이터에서 가치를 추출하고 결과를 분석하는 기술을 의미한다. 오늘날 데이터를 수집하는 것뿐만 아니라 수많은 데이터 중에서도 필요한 데이터만을 골라 이를 적절하게 활용할 줄 아는 능력이 중요해지고 있다. 빅데이터를 통한 가치창출이 중요해지면서 5V(규모=Volume, 다양성=Variety, 속도=Velocity, 정확성=

Veracity, 가치=Value)가 강조되고 있다. 로봇은 어떠한 작업이나 조작을 자동적으로 수행하는 기계장치로 산업용 로봇과 지능형 로봇 등으로 나뉜다. 로봇은 사람 대신 또는 사람과 함께 일을 하는 장치이다.

2020년대에 국제사회는 탈세계화 · 신냉전의 시대에 접어들었다. 여기서 가치의 진영화란 구냉전 구도의 경우 정치적 이념으로서 민주주의 대 전체(권위)주의, 경제적 이념으로서 자본주의 대 공산주의를 말한다. 하지만 신냉전 구도는 정치적 이념 대결구도는 사실상 그대로이나 경제적 이념 대결구도는 시장자본주의 대 국가(관료)자본주의로 그 양상이 변모되어 왔다. 향후 '탈신냉전(Post New Cold War)' '재세계화(reglobalization)'의 시대가 돌아올지는 두고 볼 일이다.

또한 2020년대에 세계는 4차 산업혁명의 시대를 가속화하고 있다. 인류는 농업혁명, 상업혁명, 산업혁명, 정보혁명, 바이오혁명 등을 거쳐 왔다. 18세기 이후의 시기를 모두 산업혁명의 시대로 규정하면, 1차 산업혁명(18세기)은 18세기 중반에 시작되었고 이는 '기계 혁명'으로 불리운다. 증기기관이 발명되고 가내수공업 중심의 생산체제가 공장 생산체제로 변화되었다. 2차 산업혁명(19~20세기 초 · 중반)은 전기의 발명과 더불어 '에너지 혁명'으로 대량생산체제가 가능해졌다. 3차 산업혁명(1970년대 이후)은 정보통신기술(ICT)의 발전으로 인한 '디지털혁명'을 일컬으며 이를 통해 정보화 · 자동화 시스템이 마련되었다. 4차 산업혁명(2010년대 후반 이후)은 '초연결(hyper-connected: 인터넷 플랫폼, 스마트 디바이스로 인해 상호 간 네트워킹 강화, 인터넷과 연결된 사물의 수 증가), 초지능화(hyper-intelligent: 인공지능과 빅데이터의 연계 및 융합으로 인해 기술 및 산업구조 고도화, 딥러닝 등) 및 융복합 혁명(개별 단일 기술이 아닌 다양한 기술의 혁신과 융합에서 촉발)을 통칭한다.

문제는 기술혁명의 고도화에 따라 새로운 가치논쟁이 일고 있다는 것이다. 핵심논쟁은 기술혁명이 국가경쟁력의 원동력일지라도 이러한 기술혁명이 휴머니즘에 부합해야 하느냐 하는 것이다. 오늘날의 기술혁명이 기술가치혁명이라고 불리는 것도 이 때문이다. 예를 들어, 안면인식기술의 발전은 편리함을 추구하는 현대인을 위한 문명의 이기이나 이를 감시 도구로 활용하면 문명의 흉기가 될 수 있다. 따라서 기술혁명은 인간 중심의 인본주의(humanism)에 기초해야 하는 것이다. 하지만 국제사회에는 국가경쟁력 제고를 위해 국가윤리를 등한시하는 국가가 존재하고 만약 그 국가가 패권국가라면 인류의 발전을 위협하는 상황을 조성할 수 있다. 그러다 보니 기술가치동맹, 즉 가치공유가 되는 나라와만 핵심기술 협력을 하는 국제관계의 변화, 나아가 국제질서의 개편이 벌어지는 것이 오늘날 국제사회의 모습이다.

2. 탈세계화와 국제관계의 변화

1) 탈냉전과 세계화 30년

냉전의 종식과 함께 1990년대 세계화 시대가 도래했다. 이념갈등에 따른 국가 간 장벽이 붕괴하고 경제적 실리에 근거한 국제관계의 보편화가 이뤄진 것이다. 당시 이러한 국제사회의 변화를 후쿠야마(Francis Fukuyama)는 이데올로기의 종언, 즉 21세기는 자유민주주의와 자본주의가 지배하는 시대가 되리라 전망했다. 하지만 1990년대 말 이후 2000년대에 반세계주의(anti-globalism)가 부상했고 세계화에 소외된 국가들과 세계화가 초래한 국내외적 부정적인 결과들, 즉 빈부격차의 심화 등을 경험한 세력들이 세계화에 대해 반발하기 시작했다. 예를 들어, 2008년 글로벌 금융위기와 함께 대두된 월가의 탐욕스러운 금융자본주의와 경제적 불평등에 분노하면서 시작된 '월스트리트 점령(Occupy Wall Street)' 운동이 이에 해당한다.

역사상 탈세계화 현상이 부각된 시기는 대공황을 겪은 1930년대와 글로벌 금융위기 이후 무역침체기인 2010년대이다. 1930년대와 2010년대의 탈세계화 현상을 가져오기 전에 국제사회는 세계화 규범에 충실하고자 한 시대(1850~1914년/1990~2010년)를 각각 경험했다. 세계화가 자유무역주의와 함께한다면, 탈세계화는 보호무역주의와 함께 간다고 볼 수 있다.

1930년대의 탈세계화 양상과 2010년대의 탈세계화 양상은 성격상 차이가 있다. 1930년대에는 민주주의 국가들이 자유무역주의를 지키려 했고, 자급자족에 의존하려는 전체주의 독재국가들이 탈세계화 현상을 주도했다. 2010년대 이래 현재 상황은 민주주의 국가들이 이를 주도하고 있다. 미국 트럼프 대통령의 '미국 우선주의(America First)'와 영국의 '브렉시트(Brexit)' 움직임이 국제사회를 탈세계화 과정으로 몰고 갔다. 그 경제적 동인은 보호무역주의와 경기침체이고, 정치적 동인은 상이한 가치추구라고 할 수 있다.

세계화 수준을 파악하는 대표적인 지표는 스위스경제연구소(KOF Swiss Economic Institute)가 발표하는 세계화지수(kofglobalization index)이다. 그 지표에 의하면 세계화 수준은 1990년 이후 글로벌 금융위기 직전인 2007년까지 급속히 증가했고, 2008년 경제대불황 이래 처음으로 2015년에 세계화 수준이 감소했다. 이는 세계화 측면 중 경제적 세계화에 있어서의 쇠퇴에 기인한 것이다. 당해 연도에 정치적 세계화는 오히려 개선되었고 사회적 세계화는 정체상태였다. 2015년 이후

〈표 3-1〉 세계화지수(연도별세계평균치)

1990	43.6	2001	53.3	2012	60.9
1991	43.7	2002	53.4	2013	61.2
1992	44.7	2003	54.4	2014	61.8
1993	45.8	2004	55.5	2015	61.7
1994	46.8	2005	56.4	2016	61.9
1995	48.1	2006	57.5	2017	62.1
1996	48.3	2007	58.8	2018	61.2
1997	49.3	2008	59.3	2019	62.0
1998	50.3	2009	59.6	2020	61.8
1999	51.3	2010	60.1	2021	61.5
2000	52.5	2011	60.5		

2021년까지는 세계화 흐름이 상승과 하락을 반복하며 사실상 정체상태이다(이상환, 2020d, 2022a).

2) COVID-19 문제와 탈세계화

인간안보에서 새로이 부각되고 있는 의제인 감염병 문제는 21세기에 들어 국제사회의 주요한 갈등요인이다. 21세기 최초의 국제적 감염병인 사스(SARS)는 국제사회에 감염병의 공포를 알리는 신호탄이었고, 이어 발생한 조류독감(AI)은 감염병 문제를 국제사회 내 최대 관심사의 하나로 부각시켰다. 신종플루(Influenza A), 에볼라바이러스(Ebola Virus), 메르스(MERS), 그리고 현재 진행 중인 COVID-19에 이르기까지 감염병의 만연은 국제사회에 해결해야 할 과제를 남겼다. 이러한 흐름 속에 앞으로 더 심한 감염병이 등장하게 될 것이라는 예측이 오늘날 국제사회의 우려를 증폭시키고 있다(이상환, 2020a, 2020b).

COVID-19로 인해 국제사회는 심각한 인명피해는 물론 많은 정치적 · 경제적 · 사회문화적 피해를 경험했다. 이는 국가 간 인적 · 물적 이동의 제한에 따른 갈등을 유발했다. 과거에 국가들은 월경질병의 확산방지에 대하여 국내적 방역정책으로 충분하다고 생각했다. 세계화는 국가 간 감염병의 급속한 전파를 야기하고, 탈세계화는 이에 대한 반향인 것이다. 세계화 시대에 국내적 · 제한적 방역조치는 한계점에 도달했다. 감염병 문제를 해결하기 위해 보건인식의 개선이 요망된다.

보건 관련 인식은 공중보건(public health)에서 국제보건(international health)으로, 나아가 글로벌 보건(global health)으로 진화한 것이다. 특히 감염병 문제에 대한 인식은 이제 더 이상 주권 문제가 아니라 인권 문제임을 다시금 인식하고 있다. 따라서 국제사회는 국가안보보다는 인간안보 차원에서 이를 다루어야 한다. 이를 해결하기 위한 노력도 선진국이 개도국을 돕는 시혜적 · 수직적 레짐(보건레짐)이 아니라 서로 돕는 호혜적 · 수평적 레짐(감염병레짐)을 통해서 가능하다고 할 수 있다(이상환, 2020a, 2020b).

3) 난민 문제와 탈세계화

'난민(refugee)'이란 종교적 · 인종적 · 정치적 이유 등으로 인해 박해 및 전쟁 상황을 피해 자신의 거주지를 떠날 수밖에 없는 사람들을 말한다. 더 나은 삶 또는 기회를 찾아 거주지를 떠나는 '이주민(migrant)'과는 구별된다. 2021년 기준, 종교적 박해, 분쟁, 폭력 혹은 인권침해의 결과 8,400만 명 이상의 비정주민이 발생했고, 이는 2020년 대비 160만 명이 증가한 것이다. 이들 중 2,660만 명이 난민으로 역대 최대이다.

최근 중동과 아프리카로부터의 대규모 난민 유입으로 유럽 국가들 내에서 반이민 정서, 이슬람 혐오증, 난민 문제의 안보화 경향 등이 커지고 있다. 이는 탈세계화 현상을 초래해 왔다. 난민에 대한 외면은 단기적으로는 자국의 사회안정을 도모할 수 있겠지만, 장기적으로는 더욱 복잡하고 위험한 상황을 자초할 수 있다. 난민 문제가 안보위협이 될 수 있다는 인식하에 난민보호가 필요하다는 인식변화가 요망되는 것이다.

EU는 쉥겐협정(Schengen Agreement)[1]에 따라 공동국경과 역내 자유로운 이동을 추구하고, 더블린협약(Dublin Convention)[2]에 따라 난민정책에 대한 최소한의 회원

---

1) 쉥겐협정은 유럽 각국이 공통의 출입국 관리 정책을 통해 국가 간의 통행에 있어 제한이 없게 하고자 한 협정이다. 이는 독일, 프랑스, 벨기에, 네덜란드, 룩셈부르크 5개국이 1985년 룩셈부르크의 쉥겐에서 조인하였다. 대부분의 EU 가입국과 비가입국인 EFTA 가입국 아이슬란드, 노르웨이, 스위스, 리히텐슈타인 등이 협정에 서명하였다. 쉥겐협정 가입국들은 국경 검사소 및 검문소를 철거하고, 공통의 쉥겐 사증을 사용하여 가입국에 입국할 수 있다.

2) 더블린협약은 유럽으로 유입되는 난민에 대한 협약으로, 1997년 발효되었다. 이는 유럽으로 유입되는 난민의 망명 처리에 대한 조약으로, 1990년 유럽 12개국이 아일랜드의 더블린에서 체결했다. 이에 따르면 난민들은 처음 입국한 유럽 국가에서 난민 자격 심사를 받아야 하고, 다른 유럽 국가로 다시 이동하여 난민 자격 신청을 할 경우 처음 입국한 국가로 이송된다. 이는 난민 신청의 중복을 금지하여 심사의 효율성을 높이고 망명 신청을 받은 국가가 난민 보호책임을 회피할 수 없도록 하기 위함이다.

국 의무를 규정하면서도 난민 수용의 부담을 개별 회원국이 지도록 한다. 열린사회 유럽이 난민 문제와 COVID-19로 내부 갈등을 경험하면서 닫힌 사회로 이행할런지 모르는 상황이다(이상환, 2020c).

3. 디지털화와 국제관계의 변화

1) 탈냉전과 디지털화 30년

세계는 이미 5G, 인공지능이나 빅데이터와 같은 첨단기술의 성장에 주목하기 시작했고, 미국은 과학기술력 우위를 통해 패권국으로서의 지위를 유지함으로써 자국의 영향력을 강화하고자 해 왔다. 중국의 경우도 '기술'을 '중화민족의 위대한 부흥'을 실현하기 위한 수단으로 간주하고, 미중 패권경쟁에서 기술의 주도권을 확보하는 것이 가장 중요하다고 본다. 양국 간 기술 패권경쟁이 심화되고 있는 것이 오늘날의 현실이다.

미국과 중국은 국가의 가장 중요한 전략의 하나로서 기술혁신을 강조하고 과학기술력 제고를 위해 노력하고 있다. 최근 수년 동안 중국의 기술력 부상은 국제무대의 주목을 받아 왔으며, 이는 미국의 관점에서 미국 기술 패권에 대한 무시할 수 없는 도전요인으로 인식되어 왔다. 미국과 중국 간 첨단기술의 안보화를 둘러싼 경쟁이 심화되고 있다. 예를 들어, 인공지능기술은 민군 겸용(兼用)이라는 특징을 지니고 있으며, 첨단기술개발을 성공하면 국가안보에 있어서 우위를 차지하게 된다. 이는 전 산업영역에서 응용이 가능하기 때문에 기술의 안보화 우려가 제기된다.

2) COVID-19 문제와 디지털화

COVID-19의 장기화로 인한 사회경제적 비용 증가를 만회(경기부양 등)하고자 각국은 선도적으로 디지털 분야의 기술발전정책을 추진하고자 한다. 4차 산업혁명과 함께 비대면 경제확산은 디지털 혁신을 가속화하여 금융서비스 산업의 핀테크화와 디지털 화폐주도권 경쟁을 촉발할 가능성이 크다. 미국과 중국은 상대의 기술력 부상을 제지하는 한편, 자국의 4차 산업발전을 위해 다양한 정책을 추진 중이다.

향후 국제정치경제질서의 변화과정은 기술 패권 경쟁과 정확히 그 맥락을 같이하며, 주요국(미국, 중국, 일본, EU 등)은 4차 산업기술 육성을 위한 다양한 산업 정책 및 제도(인프라)를 마련 중이다. 전 세계적으로 COVID-19라는 전례 없는 위기를 맞이하여 패권국 미국과 중국의 위기관리 능력이 시험대에 오르고 있다. COVID-19로 미국과 중국이 봉쇄조치를 취하면서 '탈동조화'와 함께 '탈세계화'도 나타나고 있으며 이는 '글로벌 가치사슬(global value chain)'에도 영향을 미치고 있다. 4차 산업혁명 시대에서 미중 패권 경쟁은 군사력이나 경제력보다는 '기술력'을 토대로 이루어지고 있다. 세계경제는 이미 빅데이터나 인공지능 같은 첨단기술의 성장에 의존하기 시작한 것이다.

3) 가치공유 문제와 디지털화

과학기술경쟁과 표준경쟁이 뒤섞인 가운데, 세계는 신냉전의 늪으로 빠져들고 있다. 예를 들어, 미국이 화웨이를 제재하자 중국이 '화웨이 지지국'을 규합하여 미국에 대항하고 있다. 차세대 기술과 표준을 누가 선점하느냐가 이 패권경쟁 성패의 관건이 될 것이다. 세계 각국에 '어느 편이냐'를 묻고 있는 미국과 중국에 대해 세계 각국이 줄서기에 나서면서 소위 냉전기적 '철의 장막(iron curtain)'이 전 세계에 드리워질 가능성이 커지고 있다. 이제 미국을 중심으로 한 서구세력의 선택은 중국식 과학기술혁명을 따르거나 아니면 가치추구가 다른 중국을 국제사회에서 배제하는 것이다. 문제는 그러기에는 중국이 갖고 있는 잠재력이 크고 그 파급효과가 적지 않아서 쉽게 성공할지는 미지수이다(이상환, 2020d).

가치구현 충돌상황에서 미국이 중국을 견제하는 대표적인 방식은 '표준전쟁(standard war)'이다. 각종 표준설정에서 중국의 참여를 배제함으로써 자연스레 시장에서 도태시킨다는 것이다. 미국은 중국이 인공지능 · 빅데이터 시대에 감시사회를 구축하고 있다고 비난하고, 지금까지의 중국식 기술혁명을 지식재산권 탈취라는 범죄행위로 폄훼하면서 중국 정부의 민주주의 질서 위협 등을 비판하고 있다. 중국이 인공지능기술에서 앞서 나가고 있는데, 이는 중국이 인권 · 개인정보보호 문제를 등한히 하기 때문이라는 것이다. 이에 서구국가들은 인권 가치를 공유하지 않는 나라를 빼고 경제표준을 만드는 '표준전쟁'으로 대응하고 있다. 지금 국제사회는 새로운 양 진영(Global North와 Global South)으로 재편되고 있다.

4. 탈세계화와 디지털화 시대의 국제관계

1) 신냉전의 국제질서

신냉전은 탈냉전기 패권경쟁의 산물이고 중국의 급부상과 이에 따른 새로운 가치충돌의 결과이다. 탈냉전기 도래 이후 세계는 중국의 급부상을 목격해 왔고 중국위협론과 기회론이라는 상반된 시각에서 이를 전망한다. 결국 서구의 시각은 중국위협론으로 기울어졌다. 그 이유는 일인지배체제 강화, 홍콩 민주화운동 진압, 양안 문제 등이다.

하지만 오늘날의 상황은 구냉전과는 사뭇 다르다. 당시는 미소 간 그리고 제1세계와 제2세계 간 '이익의 공유(shared interests)'가 미미했다. 탈냉전을 경험한 지금은 강대국 간, 즉 경쟁국가 간 이익의 공유가 적지 않다. 경제적 상호의존이라는 구조적 제약이 극단적인 선택을 억지하는 상황이다. 가치공유 우선 국가들이 중국의 반인권적 · 비민주적 행태를 비판하며 사고와 행태의 변화를 요구하고 있음에도 불구하고, 그들은 이익훼손을 걱정하며 역학구도의 변화에 주목하기도 한다.

가치공유를 우선하면서 중국을 사고가 다른 위협세력으로 보고 이를 견제하려는 서구 강대국과, 일단 먹고 살기 위해 중국의 가치추구가 어떻든 이익을 극대화하기 위해 중국에 편승하는 아시아와 아프리카의 약소국 간 대결구도로 국제사회는 이합집산하는 양상이다. 신냉전은 가치우선 국가군과 이익우선 국가군 간 갈등구조를 형성하고 있다. 국가 간 이해관계가 복잡하다 보니 가치공유에 따른 결속력이 일부 강대국을 제외하면 한계가 있다고 할 수 있다.

미국, 일본, 중국 및 러시아 등 강대국들의 가치외교는 국제사회에서 오늘날 발현되고 있는 '정체성의 정치'의 맥락에서 자유주의 대(對) 대항 자유주의라는 형태로 '가치의 충돌' 또는 '가치의 진영화' 현상을 초래한다. 오늘날 형성되고 있는 가치의 진영화는 민족 · 국가는 물론 인종, 지역, 문명, 종교, 종파에 근거한 배타적인 집단정체성의 정치가 자유주의와 이에 대항하는 가치의 대립으로 표출되고 있으며, 과거 냉전기와 같은 공고화된 두 진영 간 대립이기보다는, 상이한 정체성에 따라 대립과 갈등이 여러 전선에서 복합적으로 표출되는 양상을 보인다(이상환, 2020b, 2020c, 2020d, 2022a).

새로운 냉전시대에 걸맞은 이념대결은 어떠한 구도인가? 경제적인 맥락에서 보면, 미국을 중심으로 한 시장자본주의(시장자율성 우선) 대 중국을 중심으로 한 국가관료자본주의(국가개입 우선)가 그것이다. 정치적인 맥락에서 보면, 미국을 축으로 한 민주주의(다당제, 법치주의) 대 중국을 축으로 한 권위주의(일당지배, 인치주의)를 말한다. 경제적인 측면에서는 과거 냉전과 다른 양상이나 정치적인 측면에서는 그 성격이 유사하다. 서구국가들이 딜레마에 빠지는 이유는 인공지능, 빅데이터 시대에 중국의 기술혁명이 반인권적 · 반윤리적 문제가 있음에도 불구하고 국가경쟁력을 갖게 된 것 때문이다(이상환, 2022a).

2) 안보-통상 연계의 국제관계

과거 냉전기 미소 관계를 소련의 농산물 작황과 연계하여 설명한 연구에 의하면, 소련에서 흉년이 들면 양국 간 관계가 호전되고 풍년이 들면 악화되는 상관관계가 있음을 알 수 있다. 즉, 흉년이 드는 해에는 소련이 당시 서방국가들로부터 곡물수입을 해야 하고 이를 위해 서방국가들과의 우호적인 관계 유지가 요구되기 때문이다. 이와 관련하여, 안보-통상 연계이론은 냉전적 양극체제하의 동맹 내 국가들 사이에서 자유무역의 실현은 보다 가능하며 탈냉전적 다극체제하의 이질적인 동맹 사이에서 보호무역이 있음직하다는 점에서 국가 간의 안보적 상호의존도의 견지에 국제통상 관계를 분석한다. 국가 간 쌍무적인 정치군사적 협력과 갈등이 양자 간 무역관계와 관련되어 있다고 주장한다. 동맹 국가에 대해서 일국은 자유무역정책을 구현하기 쉬우며 보다 협력적인 통상외교를 펼칠 가능성이 크다. 안보적인 고려가 통상관계에 작용하는 것이다(이상환, 2022a).

미국을 중심으로 한 반중국연대는 안보적 측면에서 쿼드(QUAD)[3]와 인태전략(Indo-Pacific Strategy), 경제적 측면에서 인도 · 태평양 경제프레임워크(Indo-Pacific Economic Framework: IPEF)[4]를 추진하고 있다. 이들 안보동맹과 경제동맹

3) 4자 안보 대화(Quadrilateral Security Dialogue)는 미국과 인도-태평양 지역 핵심 동맹국인 일본, 인도, 호주를 포함한 4개국이 국제안보를 주제로 가지는 정기적 정상 회담이다. 쿼드는 미국이 주도하는 '자유롭고 열린 인도 · 태평양(Free and Open Indo-Pacific: FOIP)' 전략의 일환으로 창설되었다. 사실상 중국의 '일대일로(一帶一路)' 전략을 견제하기 위한 성격이 강하다.

4) 미국 주도로 출범(2022. 5. 23.)한 인도-태평양 지역의 경제 안보 플랫폼으로, 관세 인하, 부분적인 규제 철폐를 추구하는 FTA보다 더 범위가 넓은 경제협력체를 지향한다. 이를 통해 미국은 무역 촉진, 디지털 경제와 기술 표준 정립, 공급망 회복력 달성, 탈탄소화와 청정 에너지 발전, 인프라 구축, 노동 표준화 등 여섯 가지 주요 분야에서 합의를 이루고자 한다. 인도-태평양 지역 내 파트너 국가들과 미래 산업과 산업 정책의 국제 표준을 정하고자 한다. 인도-태평양 지역에서 중국의 영향력 확대를 차단하고 견제하기 위한 경제적 연대의 성격을 가지고 있다. 회원국은 미국(반도체 설계 및 생산 장비를 주력으로 담당/반도체용 원자재 공급도 담당), 일본(소재와 장비를 주력으로 담당), 인도(값싼 인건비를 토대로 탈중국하는 반도체 공장들을 유입시켜 반도체 생산 공정 담당), 한국(메모리 반도체, 파운드리를 주력으로 담당), 호주/뉴질랜드(반도체용 원자재 공급 담당), 동남아시아 회원국들(반도체를 상업용으로 후처리하는 것을 주력으로 담당), 피지(중국이 남태평양으로 세력 확장하는 것을 저지하기 위해 참여시킨 열네 번째 회원국) 등이다. 한편, 대만은 IPEF 참가를 희망하지만 사실상 미국은 거부하고 있다.

의 회원국이 중복된다는 측면에서 안보와 통상 이슈가 국제관계에서 긴밀히 연계되어 있음을 알 수 있다.

3) 가치-이익 연계의 국제관계

COVID-19는 새로운 국제관계를 초래했다. 국제사회의 새로운 흐름인 탈세계화와 디지털화를 촉진했고 새로운 가치논쟁을 유발했다. 즉, 친인권민주화(민주주의) 대 반인권민주화(전체주의), 시장자본주의 대 국가(관료)자본주의라는 대결 구도를 낳은 것이다. 1990년대 초 이데올로기의 종언을 말하며 21세기는 자유민주주의와 시장자본주의가 풍미할 것이라 예견했던 후쿠야마는 2018년 영국의 메거진인 『New Statesman』과의 인터뷰에서 "사회주의가 돌아와야 한다(Socialism ought to comeback)."고 강변했다. 이는 최근 자유민주주의 국가에서 지나친 형평성 요구가 효율성, 나아가 자유를 훼손하고 있다는 우려를 역설적으로 대변한 것이다.

오늘날 신냉전의 국제질서는 가치의 진영화를 특징으로 하며 진영 내 네트워크화와 진영 간 대결로 점철된다. 미국 중심 네트워크 대 중국 중심 네트워크의 대결구도가 자리를 잡아 가고 있다. 여기서 미국의 진영 내 네트워크화란 가치공유를 전제로 한 이익공유를 의미하고, 이는 이익공유를 우선하며 가치공유를 등한시하는 중국의 진영 내 네트워크화와 상충된다. 미국연대는 자유롭고 열린 인도·태평양(FOIP) 전략, 4자 안보 대화(QUAD), 인도·태평양 경제프레임워크(IPEF)를 기반으로 하고, 중국연대는 일대일로(BRI: Belt and Road Initiative) 전략, 상하이협력기구(SCO: Shanghai Cooperation Organisation), 아시아인프라투자은행(AIIB: Asian Infrastructure Investment Bank), 역내포괄적경제동반자협정(RCEP: Regional Comprehensive Economic Partnership)에 기초하고 있다(이상환, 2022b).

5. 신냉전 국제질서와 한국의 안보 · 경제

1) 미중 패권경쟁과 한국 안보

미국 진영의 안보 네트워크화는 유럽의 나토(NATO, 북대서양조약기구)와 아시아의 쿼드(QUAD, 4자 안보 대화)로 대변된다. 유럽에서 구소련의 위협을 봉쇄하기 위해 형성된 나토가 구냉전기 집단방위기구에서 탈냉전기 집단안보기구로 성격 변화를 거쳤다면, 쿼드는 오늘날 아시아에서 급부상한 중국의 위협을 견제하기 위해 형성된 것으로 미국, 일본, 호주, 인도 4자 안보 대화를 일컫는다. 2022년 6월 말 스페인 마드리드에서 열린 나토 정상회의는 나토 회원국 30개국 외에 아시아의 한국, 일본, 호주, 뉴질랜드가 초청국으로 참석하여 별도의 회담을 가졌다. 이러한 유럽의 나토와 아시아의 쿼드의 연결은 러시아와 중국을 안보적으로 견제하는 안보동맹이 구축됨을 의미한다.

한편, 이러한 안보동맹은 정치적 민주주의 국가 동맹인 D-10(한국 포함)과 정보동맹인 Five Eyes를 확대한 Seven Eyes(한국 포함) 논의와 연계된다. 앞에 언급한 쿼드를 확대한 QUAD+에도 한국을 포함할 것이 논의된 바 있다. 결국 한국은 지난 6월 나토 정상회의에서 자유진영의 안보동맹에 편입됨을 공고히 했다. 한-미-일 삼각동맹의 복원과 나토와의 공조 합의는 이를 잘 보여 준다.

미국 바이든 행정부는 지난해 출범 후 동맹 중심 국제주의, 다자주의 · 규범주의, 바텀업(bottom-up) 의사결정을 표방하며 한국 정부로 하여금 반중국 연대 가입을 압박해 왔다.[5] 또한 바이든 대통령은 대 북한 전략에 있어서 트럼프 대통령과는 달리 단계적 해법과 실무회담 방식을 선호한다. 문재인 정부와는 확연히 다르게 윤석열 정부는 바이든 미 행정부와 협력하며 한미동맹을 한 차원 높게 강화하고 있

5) 트럼프 대 바이든, 미국 외교전략의 변화를 살펴보면 다음 〈표 3-2〉와 같다.

다. 미국에 대한 편승 전략이 중국을 자극하여 위협을 증가시킬 수도 있으나 우방의 전제조건이 이익공유보다는 가치공유라는 점에서 보면 당연한 귀결이 아닌가 여겨진다.

2) 미중 패권경쟁과 한국 경제

2020년대 미중 패권경쟁 상황에서 글로벌 공급망, 군사협력 등에서 미국 편에 서라는 미국의 대 한국 압박은 더욱 거세지고 있고, 한편 한중 수교 30주년을 맞이하는 한중 관계에서 한국의 신정부 출범 이후 미중 전략적 경쟁의 주요 현안과 관련해 중국으로부터의 요구와 압박이 점차 강해질 것으로 전망된다. 미국이 주도하는 탈중국 및 일부 첨단산업에서의 중국 배제 상황하에서 향후 한국은 중국과의 경제협력을 모색해야 하는 시기에 직면하고 있다.

COVID-19 발발과 기후변화 위기를 계기로 경제와 안보에 핵심적인 품목의 과도한 중국 의존도를 자각한 미국은 최근 탈중국화를 위한 공급망 재편에 사활을 걸고 있다. 미국 정부는 그간 중국의 첨단기술 탈취, 불공정경쟁, 인권과 민주주의 가치 훼손에 단호히 반대 입장을 취해 왔고, 이는 초당적 지지를 얻어 왔다. 이와 더불어 미국의 국제사회 리더로의 복귀와 동맹 복원을 기치로 내건 바이든 대통령

〈표 3-2〉 미국 외교 전략의 변화

트럼프	바이든
미국 우선 자국주의	동맹 중심 국제주의
양자주의/협상주의	다자주의/규범주의
톱다운 의사결정(big deal)	바텀업 의사결정(step by step)
가치의 진영화(1단계)	진영 내 네트워크화(2단계)
친 이스라엘, 반 이란	대 이스라엘 관계 현상유지, 대 이란 관계 개선
대북 빅딜/정상회담 방식	대북 단계적 해법/실무회담 방식
대한 방위비 증액 압박	대한 반중국 연대 가입 압박

의 집권을 계기로 공급망 재편을 위한 우방과의 공조 협력에도 속도가 붙기 시작했다. 특히 미국의 공급망 강화 4대 핵심 품목 중 희토류를 제외한 3개 품목에서 협력이 가능한 유일한 나라인 한국은 미국의 긴요한 협력 파트너로 부상하고 있다(이상환, 2021a, 2021b).

오늘날 미중 패권경쟁 상황에서 경제안보의 핵심 산업은 첨단소재(반도체, 배터리), 바이오(혁신신약, CDMO), 그린(수소밸류체인, 환경솔루션), 디지털(DT/AI, 플랫폼) 등이다. 이들 중 반도체와 배터리 산업이 부각되고 있다. 반도체는 디지털 전환의 핵심 품목으로 경제안보와 직결되며 미국의 칩4(Fab4; 미국+일본+한국+대만) 동참을 요구받고 있다. 미국의 대 중국 반도체 제재와 첨단기술의 탈동조화가 진행 중인데 이러한 글로벌 반도체 공급망 재편은 우리에게는 도전이자 기회이기도 하다. 국가경쟁력 제고를 위한 첨단 반도체 기술의 개발과 보호가 강조되는 시점이다.

또한 배터리 산업은 2025년에 메모리반도체 산업을 추월할 전망이며, 전기차 전환의 가속화는 배터리 관련 핵심광물(리튬, 코발트, 니켈, 망간, 흑연, 희토류 등)의 수요 폭증을 유발하게 된다. 따라서 배터리 산업은 배터리 기술경쟁과 핵심광물 쟁탈전을 동시에 초래하며 진행된다. 오늘날 중국은 원자재 50%, 소재 60%, 배터리 제조 80%를 장악하고 있다. 최근 배터리 원자재 공급 부족 및 가격 급상승으로 칠레, 아르헨티나, 볼리비아에서의 미중 리튬 확보경쟁이 심화되고, 코발트 생산량의 70%를 차지하는 콩고민주공화국에서의 코발트 광산은 중국 지배가 본격화되고 있다. 이에 미국은 한국 배터리 3사와 공조하여 미국 전기차 제조사와의 배터리 동맹을 구축 중이다.

지금 'COVID-19 책임론'을 이유로 미국은 중국을 세계에서 고립시키기 위한 가치전쟁을 벌이고 있다. 트럼프 대통령이 언급한 경제번영네트워크(Economic Prosperity Network: EPN)는 친미 경제블록 구상이고 동맹을 중심으로 글로벌 공급망을 재편해 중국 생산기지를 무력화하며 중국과의 첨단산업경쟁에서 중국의 '기술굴기'를 차단하고자 하는 구상이다. 그 결과, 애플사 등 중국에 간 미국 기업들이 리쇼어링(reshoring, 본국회귀)을 단행하려 하고 안 되면 니어쇼어링(near-shoring, 인접국가로 이전)이라도 해야 한다는 얘기가 나온다. 이러한 미국 기업의 '탈중국' 움직임에 대해 중국은 자본의 회수라는 '탈월가'로 대응하고 있다(이상환, 2022a; Hwang, Willemain, & Lee, 2020).

미국 경제와 통상을 책임지는 '투톱'인 레이몬도(Gina Raimondo) 상무장관과 타이(Katherine Tai) 무역대표부(USTR) 대표는 '인도 · 태평양 경제프레임워크(IPEF)' 구상을 지난해 언급했고, 이에 미국의 포괄적 · 점진적 환태평양경제동반자협정(CPTPP) 복귀를 주장해 온 일본은 불만의 목소리를 내며 미국의 주장은 현시점에서 현실성이 부족하다고 평가절하하기도 했다. 하지만 지난 5월 IPEF는 공식 출범을 했고, 이에 우리나라는 개방적 지역주의(open regionalism)의 기본원칙을 견지하면서 동아시아 지역 차원에서 자유무역질서를 강화하기 위한 외교적 노력을 지속해 왔다(이상환, 2021b, 2022a).

현재 우리나라는 한중일 FTA 등을 추진하고, 아세안, 인도, 칠레 등과는 기존 FTA를 업그레이드 하는 협상을 진행 중이다. 한중 FTA의 경우 서비스 · 투자 후속 협상을 진행 중이다. 2003년 'FTA 추진 로드맵'에서 우리나라는 무역과 투자 부문의 개방이라는 낮은 수준의 통합으로부터 서비스 및 규범을 포함하는 높은 수준의 통합을 추진하기로 한 바 있다. FTA는 경제적 측면뿐만 아니라 회원국 간의 외교안보적 측면에서 중요한 의미가 있다.

현재 CPTPP[6]의 발효는 전반적으로 역외국인 한국 경제에 부정적 효과를 유발하고 있다. CPTPP 회원국 간의 무역창출 효과와 무역전환 효과의 발생으로 인해 역내국 간의 무역은 증가하나 한국의 CPTPP 회원국에 대한 수출은 감소할 것이 예상된다. 일본이 한국의 FTA 기체결국들과 FTA를 체결해 나감에 따라, 한국이 그

---

6) RCEP와 CPTPP를 비교하면 다음 〈표 3-3〉와 같다.

들 시장에서 누렸던 시장 선점효과가 줄어들고, 추후 한국이 CPTPP의 2차 회원국으로 가입 신청할 경우 기존 회원국들은 더 높은 시장개방을 요구할 가능성이 크므로 한국은 현재 가입 신청 중인 중국, 대만과 연대할 필요가 있다. 2022년은 중일 국교정상화 50주년이자 한중 수교 30주년이다. 일본 입장에서는 하반기 중국 공산당 20차 당 대회 이후에 이들 국가의 CPTPP 가입을 순차적으로 결정할 것으로 보인다. 중국이 CPTPP 가입에 성공할지는 아직 미지수이나 CPTPP가 요구하는 높은 수준의 개방과 경제 정책의 투명성 등을 충족하기가 쉽지는 않을 것이다. 특히 한국의 CPTPP 가입과 경제협력은 한일 관계 개선 없이 제한적일 것이다.

6. 결론: 향후 국제질서에 대한 전망과 한국의 대응 방향

미중 간 세력전이 양상과 중일 간 세력전이 양상이 진행되고 있다. 문제는 이러한 이중적 세력전이 상황에서 어떠한 결과가 발생하느냐 하는 점이다. 첫 번째 시나리오는 세계질서의 안정성이 동북아 지역질서의 불안정성을 억지(deterrence)하

〈표 3-3〉 RCEP와 CPTPP 비교

구분	RCEP	CPTPP
공식협상 개시	2013년 5월	2010년 3월
협상 타결	2020년 11월 (2022년 1월 발효)	2018년 3월 (2018년 12월 발효)
세계 GDP / 교역 비중	29% / 25%	13% / 14%
협상 범위	관세 철폐 치중	관세 + 비관세장벽 철폐
자유화 수준	낮은 수준의 무역자유화 (상품 분야 최대 92% 관세 철폐)	높은 수준의 무역자유화 (상품 분야 95~100% 관세 철폐)
회원국	15개국 (한국, 중국, 일본, 호주, 뉴질랜드, ASEAN-10)	11개국 (일본, 호주, 뉴질랜드, 캐나다, 멕시코, 칠레, 페루, 브루나이, 말레이시아, 싱가포르, 베트남)
공통 회원국	일본, 호주, 뉴질랜드, 브루나이, 싱가포르, 베트남, 말레이시아	

여 중일 간의 관계를 관리하는 경우이다. 이러한 상황하에서 미국, 중국, 일본은 현상유지 정책을 택하게 될 것이고 동북아 질서는 안정적인 모습을 보일 것이다. 두 번째 시나리오는 동북아 지역질서의 불안정성이 세계질서의 안정성을 압도하여 동북아 지역의 패권경쟁이 가속화되고 중일 간 무력충돌이 발생하는 경우이다. 이러한 상황하에서 미국이 어떠한 외교정책을 취할지, 일본에 대해 어떠한 입장을 견지할지 문제이다. 세 번째 시나리오는 세계질서와 동북아 지역질서의 불안정성이 동시에 발생하여 파국을 맞이하는 경우이다. 즉, 중국이 세계질서 속에서 그리고 동북아 지역질서 속에서 동시에 현상타파 세력으로서의 자세를 취할 경우 미국이 어떠한 외교적 자세를 취하느냐가 향후 국제질서를 전망하는 데 중요한 판단기준이 된다(이상환, 2015, 2017, 2022a; 김기수, 2009; 김상준, 2013; 박홍서, 2008; Gates, Lee, & Hwang, 2021; Lee, 2015).

여기서 우리의 선택은 편승(bandwagoning), 균형(balancing), 헤징(hedging) 등이 있다. 편승 전략의 경우 미국이냐 중국이냐 하는 고민이 있게 되고 이는 앞에 언급한 가치공유를 우선하느냐 아니면 향후 (경제적) 이익공유를 우선하느냐에 따라 다른 선택이 가능하다. 균형 전략의 경우 우리의 역량이 양국의 입장에 휘둘리지 않고 조정자로서의 역할을 할 수 있느냐가 관건이다. 헤징 전략은 약소국 전략이자 방관적 수세 전략으로서 위험분산을 통해 상황을 회피하는 전략인데, 일견 가장 현명해 보이나 결국 우리의 역량에 따라 그 성공 가능성이 달라진다(강택구, 2008; 김우상, 2000; 김태운, 2009; Lemke & Reed, 1996).

하지만 편승, 균형, 헤징 모두 행위자 중심의 외교전략에 해당한다. 중견국인 우리나라의 경우 강대국의 틈바구니에서 그들의 외교적 입장을 파악하고 우리의 활로를 모색하는 방식의 태도를 취하게 된다. 예를 들어, 미중 패권경쟁 상황하에서 미국이냐 중국이냐 하는 선택 상황을 스스로 야기하고 선택을 하지 않은 국가로부터 보복을 초래하기 쉬운 상황을 맞이하게 된다. 여기서 우리가 취할 수 있는 대안적 선택은 행위규범(원칙) 중심의 전략이라고 할 수 있다. 이는 우리의 외교원칙을 정립하고 이에 기초한 외교 노선을 대외에 천명하여 지켜 나감으로써 한국의 외교 정체성을 세워 나가는 전략인 것이다. 미중 패권경쟁 상황 속에서 미국이냐 중국이냐가 아니라 사안에 따라 때로는 미국이든 중국이든 둘다든 우리의 원칙에 부합하는 입장에 대해 지지할 수 있는 행위규범 중심의 외교가 중요하다. 예를 들어, 상쇄(offset) 전략은 특정 사안에서 다수 국가의 지지를 받는 제도, 즉 국제적 규범을 제시하는 가치의 중재자로서의 지위를 얻는 방식으로, 즉 양극단적 이견과 패권적 이해관계를 상쇄시키는 의견수렴 과정을 주도함으로써 우리나라가 리더십을 발휘하는 것을 말한다(이상환, 2022a; Mearsheimer, 2001).

이를 위해서는 우리의 외교원칙을 대외에 천명하는 방식이 요청된다. 예를 들어, 2045 한국의 외교독트린이 필요하다. 역사상 한국 대통령의 외교독트린을 말하자면 다음과 같다[7](이상환, 2022a). 우선, 독트린은 아니나 독립 후 최초의 독트린으로 평가될 수 있는 것은 이승만 정부의 한미상호방위조약 체결을 들 수 있다. 이는 독립 후 한국이 자유진영의 일원으로 국제체제에 편입됨을 의미한다. 한국의 외교노선을 전 세계에 선언한 것이나 다름없다.

사실상 첫 번째 한국의 외교독트린으로 평가될 수 있는 것은 1973년에 발표된 6.23 평화통일외교정책선언이다. 이는 미국의 닉슨독트린 이후 데탕트 시대의 도래와 함께 적대적 남북한 관계를 개선하고자 하는 한국 정부의 의지의 표현이었다. 하지만 당시 박정희 대통령을 비롯한 참모들이 적극적으로 교착 상황인 남북

---

7) 1945년 독립 후 한국의 외교독트린을 언급하면 다음 〈표 3-4〉와 같다.

〈표 3-4〉 한국의 외교독트린 역사

대통령	주요 외교선언
이승만, 1953. 10. 1.	한미상호방위조약 체결
박정희, 1973. 6. 23.	평화통일외교정책선언
노태우, 1988. 7. 7.	북방외교정책 선언
노무현, 2005. 2-3.	동북아균형자론

관계를 풀어 보고 공산권 국가와의 관계 개선을 추진하겠다는 태도 변화를 보였다기에는 한계가 있다. 이러한 한계에도 불구하고 남북한 외교경쟁의 위기 상황에서 나온 6 · 23 선언이 한국 외교의 체질 개선의 계기가 되었고, 중장기적으로는 한국 외교정책의 전환점으로 작용했다고 할 수 있다(신종대, 2019).

이후 탈냉전기의 도래와 더불어 노태우 정부는 구(舊)사회주의권 국가와의 국교 정상화와 경제교류를 천명하는 북방외교정책 선언을 했다. 이는 미소 냉전 갈등 구도가 와해된 후 동서체제의 붕괴와 함께 양 진영 간 교류 협력이 활성화된 것과 때를 같이한다. 이는 1988년 서울 하계올림픽게임 개최, 1991년 한국의 유엔가입 등으로 이어지며 한국 외교에 한 획을 긋는 큰 사건이었다.

한편, 한국 외교는 21세기 초 노무현 정부의 등장과 함께 새로운 지평을 열어 갔다. 동북아의 평화번영과 동북아 중심국가를 지향하는 노무현 정부가 출범하면서 내놓은 대북정책과 외교전략의 특징은 크게 두 가지다. 하나는 화해 · 협력 단계와 평화체제 구축 단계 등을 설정한 김대중 정부의 햇볕정책의 기조와 방향을 계승하면서 화해 · 협력을 넘어서는 평화와 번영이라는 목표를 설정한 것이다. 다른 하나는 남북협력의 범위를 한반도에서 동북아 공간으로 확장하며, 평화의 문제도 한반도를 넘어 동북아시아 차원의 냉전 해체로 확대하는 것이다. 한반도의 냉전 해소 등 남북한 평화번영정책이 동북아 중심국가(동북아경제중심)론과 연계되어 있음을 알 수 있다. 이는 한반도 냉전 해소 및 남북 화해 · 협력을 그 자체로서뿐 아니라 한반도와 동북아시아 차원의 지역협력, 나아가 다자안보적 질서를 통해 발전시켜 나가겠다는 것이다. 2005년 2월의 동북아균형자론은 노대통령의 외교독트린으로 6자회담을 통한 평화적 · 외교적인 북핵문제 해결, 한국의 주도적 역할에 대한 동의, 북한의 핵포기와 미국의 대북 안전보장 제공 등을 내용으로 한다. 노무현 구상은 핵문제 해결의 주도적 역할을 통해 한반도 평화를 핵심요소로 하는 '평화와 번영의 동북아시대'를 열어 가겠다는 것이었다. 노무현 정부의 자주국방이 박정희식과 어떻게 구별되는지 분명치 않은 것과 마찬가지로 선진경제론이 박정희식 근대화와 어떻게 차별화되는지 의문이다(강태호, 2006).

2020년대는 한국 외교의 분기점이 되어야 한다. 가치공유냐 이익공유냐의 기로에서 단기적인 이익공유 우선의 외교 노선보다는 중장기적인 가치공유 우선의 외교 노선이 바람직하다. 우방이란 가치공유를 전제로 이익공유를 추구하는 파트너인 것이다. 그렇다고 가치공유가 안 되는 국가를 우방에서 배제한다기보다 가치공유가 이뤄지도록 유도함으로써 포용하는 외교적 입장을 견지해야 한다. 2020년대는 그러한 과정이 될 것이며 불안정한 양상을 띨 것이다. 신냉전의 국제질서 속에서 우리의 외교원칙(안보는 민주주의, 경제는 자본주의 가치공유에 부합하는 국가와 함께함)을 정립하고 이에 부합하는 외교전략을 수행하는 것이 요구된다.

참고문헌

강태호(2006). 변화하는 한미관계와 노무현독트린의 운명. 창작과 비평, 34(3), 170-187.

강택구(2008). 동아시아 지역 내 강대국간 경쟁과 세력전이: 21세기 중국의 대일정책. 국제정치논총, 48(2), 7-31.

김기수(2009). 미 · 중 경제, 구조적 상호의존 관계: 미국은 중국의 자본에… 중국은 미국의 시장에. Chindia Journal, 29(1), 31-33.

김상준(2013). 지역과 헤게모니: 미국 헤게모니의 쇠락과 일본의 지역주의 전략 변화를 중심으로. 국제정치논총, 53(1), 119-150.

김우상(2000). 미 · 중관계의 미래와 동아시아 안보질서 전망. 국제정치논총, 40(4), 7-26.

김태운(2009). 미 · 중간 세력전이 가능성과 동북아 안보협력질서. 아시아연구, 12(1), 33-53.

박홍서(2008). 중국의 부상과 탈냉전기 중 · 미 양국의 대한반도 동맹전략: 동맹전이 이론의 시각에서. 한국정치학회보, 42(1), 300-317.

신종대(2019). 남북한 외교경쟁과 '6 · 23 선언'. 현대북한연구. 22(3), 200-231.

이상환(2015). 세계질서와 동북아 지역질서의 안정성에 대한 전망: 세력전이 시각을 중심으로. 정치정보연구, 18(1), 1-23.

이상환(2017). 북한 핵무기 개발과 한국의 외교전략: 미국 신행정부의 대외정책에 대한 대응을 중심으로. 정치정보연구, 20(1), 121-141.

이상환(2020a). 감염병의 국제관계: 21세기 국제사회의 보건 갈등과 협력. JPI 정책포럼, 231, 1-26.

이상환(2020b). 포스트 코로나: 국제정치질서의 변화와 한국의 대응방안. 한국사회과학협의회 소식, 24, 8-10.

이상환(2020c). 세계화와 탈세계화: 민족주의, 보호무역주의의 확산과 글로벌 거버넌스. 외교, 135, 91-105.

이상환(2020d). Post COVID-19 시대의 국제정치: 탈세계화, 디지털화 그리고 신냉전 질서의 도래. 정치정보연구, 23(3), 151-168.

이상환(2021a). 국제정치경제: 시각과 쟁점. 서울: 박영사.

이상환(2021b). 미국-중국 간 통화 패권경쟁과 국제정치경제질서 전망. 정치정보연구,

24(3), 25-49.

이상환(2022a). 국제관계개론. 서울: 박영사.

이상환(2022b). 포스트 코로나19 시대의 미 · 중 패권 경쟁: 가치공유냐? 이익공유냐? 아태연구, 29(3), 5-34.

Gates, S., Lee. S.-H., & Hwang, W. (2021). The challenge facing middle powers: South Korea and India in the era of power competition between the United States and China. *International Area Studies Review, 24*(2), 57-59.

Hwang, W., Willemain, R., & Lee, S. H. (2020). Trilateral Trade and Taking a Side Between the US and China. *Korean Journal of Defense Analysis, 32*(4), 601-623.

Lee, S. H. (2015). Global and regional orders in the 21st century in terms of multi-layered power transition theory: The cases of US-China and China-Japan relations. *International Area Studies Review, 18*(3), 266-279.

Lemke, D. & Reed, W. (1996). Regime Types and Status Quo Evaluations. *International Interactions, 22*(2), 143-164.

Mearsheimer, J. J. (2001). *The Tragedy of Great Politics*. New York: W. W. Norton.

제4장

기후위기와 대응 방안

고문현

1. 서론

지구상의 모든 생물은 주어진 자연 생태에 적응하고 그것을 이용하여 생존 · 번식하고 있다. 이와 같이 주어진 자연 생태계는 태양, 대기, 기후, 토지, 물과 그러한 존재하에서 생존 · 번식할 수 있는 동식물과 미생물의 분포를 말하는 것이며 이들은 각각 일정한 기능을 가지고 동시에 상호 규칙적인 관계성을 유지하고 에너지와 원소의 이동을 통해서 질서 있는 생태계(ecosystem)를 구성하고 있다. 인류도 이 생태계에서 벗어나서는 생존할 수 없으며, 인류의 역사는 풍부한 생태계를 기반으로 하여 이것을 최대한으로 이용하고 발전해 왔다.

그러나 자연환경을 과학기술의 부작용을 고려하지 않고 과도하게 이용한 결과, 급격한 기후변화를 초래하게 되었고 기후변화는 해수면의 상승, 수자원 공급, 식량 생산, 자연재해 등 지구환경과 인간 생태계의 다양한 분야에 영향을 주게 되었다. 지구온난화가 생태계에 미치는 온도변화의 폭에 따라 크게 차이가 난다. 지구 기후체계는 빙하기와 간빙기를 반복해 왔다. 그리고 그 변화의 폭도 ±6℃ 정도로 작지 않았다.

그런데 기후변화에 관한 정부 간 협의체(Intergovernmental Panel on Climate Change; 이하 'IPPC'로 약칭) 등 기후 전문가들이 예측하고 있는 인위적 요인에 의한 기후변화 전망은 매우 심각한 양상을 보인다. 지구 역사상 그리고 인간이 지구에 출현한 이래 이같이 급격한 온난화 현상은 흔치 않았다. 특히 현재보다 2~3℃를 넘는 온난한 기후시대를 우리는 겪어 보지 못했다. 그 영향이 어느 정도인지 정확하게 예측하기가 어렵다. 이와 같이 향후 지구온난화에 따른 기후변화 현상이 심화되면 보다 다양하고 심각한 지구환경의 물리적인 변화가 예상되고 있다. 그리고 그 물리적인 변화는 다시 인간생활과 밀접하게 관련된 식량 등 자원 문제와 함께 COVID-19와 같은 질병 등의 사회 문제를 악화시킬 가능성이 있다.

기후위기는 인류의 지속성 여부가 걸린 인류 공동의 문제이다. 기후체계는 지구의 공공재라고 할 수 있으므로 국제적인 정책과 제도에 대한 합의와 이것을 각 국가 차원에서 구현하고자 하는 노력이 잘 조화되고 결합될 수 있는 방향을 찾아야 한다.

자연환경을 이용하는 과정에서 급속한 과학기술의 발전은 자연자원의 이용을 더욱 대규모로 촉진시켰고 한정된 자연환경으로부터 편익을 얻기 위하여 자연환경을 무질서하게 이용한 결과, 자연환경이 비가역적으로 파괴되었다. 이러한 자연환경 파괴를 더욱 가속화시킨 것은 경제개발에 따른 도시화 인구 증가, 생활수준 향상으로 인한 대량생산, 대량구매, 대량소비(3M) 과정에서 매연, 오수, 유독가스, 유독 폐기물이 자연생태계의 정화능력을 초과하여 배출되어 환경을 오염시키고 있는 것이다.

그 결과는 생태계의 균형이 파괴되고 자연의 생산력은 저하되어 생물의 멸종, 자원의 고갈, 농수산물의 폐사, 산림파괴, 자연재해 증가 등으로 나타나며, 현대 경제가 지향하는 이와 같은 현상이 지속되고 확대될 때에는 인류 생존에 중대한 위협이 될 것으로 전망된다. 자연환경은 인류가 생존하기 위한 기반이며 자원이므로 지속가능한 발전을 위해서는 자연환경을 더욱더 잘 보전하여야 하므로 자연자원의 무리한 이용은 허용되어서는 아니 된다.

또한 그러한 행위가 일시적인 편익을 가져온다 할지라도 지속 가능한 보전 대책이 따르지 않는다면 편익 이상의 피해를 초래할 것이라는 자연이 인류에게 주는 메시지에 귀를 기울여야 한다. 인류가 직면하고 있는 위험은 자연의 힘으로부터 생겨난 것이 아니다. 그것은 인류 스스로 초래한 것이다. 오늘날 환경 문제는 인간이 가해자이면서 동시에 피해자가 될 수도 있다는 점에 그 심각성이 있다.

여기에서는 먼저 기후변화와 지구환경을 살펴본 후에, 기후변화 문제의 특성, 국제사회의 기후변화 대응 방안, 기후변화와 안보, 지속가능한 발전의 개념 등의 순으로 살펴보고자 한다.

2. 기후변화와 지구환경

1) 기후변화의 개설

기후변화 현상은 이제 인류 문명의 장래를 결정할 수 있는 중요한 사안이 되고 있다. 그런데 이렇게 심각한 문제의 해결을 위하여 1992년 리우회의에서 기후변화협약이 채택된 이래 국제사회는 끊임없이 지구온난화를 극복할 수 있는 방안을 모색하여 왔다.

이러한 노력에도 불구하고 여전히 선진국과 개도국은 책임 문제로 다투고 있고, 학자들 간에도 견해가 갈리며, 산업계도 각기 다른 생각을 하고 있다. 정부 관료나 정치인들도 모두 기후변화와 환경 문제를 중시한다고는 하지만 구체적인 행동은 미흡하다.

근본적인 문제는 어떻게 하는 것이 진정 기후위기를 극복하는 것인지에 대해 우리가 잘 알고 있지 못하다는 것이다. 기후위기의 발생원인, 그 영향 그리고 이에 대한 대책 등에 대한 논란은 여전히 매우 무성하다. 그리고 그 논의들이 제대로 정리되지 못하고 있을뿐더러 기후변화의 특수성 때문에 실효성 있는 대응 방안이 강구되고 있지 못하고 있다. 즉, 다양한 학문분야가 관련되어 있는 데다가 수많은 집단의 이해관계를 조정해야 하는 정치성이라는 기후변화에 대한 논의의 특수성 때문이다. 기후변화 문제 대응에는 다양한 주체의 첨예한 이해관계가 걸려 있고, 관련된 논의의 참여 구조 또한 복잡할 수밖에 없다.

그렇다면 우리가 기후변화 문제에 현명하게 대응하기 위해서 취할 수 있는 방안에는 무엇이 있을까? 가장 중요한 것은 지금의 기후변화 현상과 그 영향 그리고 대응 방안들에 대해 보다 정확한 정보를 모으고 분석하는 것이다. 보다 정확한 지구기후조율체계 분석, 기후변화 관련 정보의 수집과 분석, 기후변화 예측 모델과 대응정책 등으로 기후변화 현상을 정확하게 알고 행동하는 것이다.

그런데 불확실성과 비가역성이 높고 그 영향이 광범위한 기후변화 문제를 완벽하게 파악해 행동에 옮기는 것은 극히 어렵다. 그래서 비록 정보는 조금 부족하더라도 실천을 미뤄서는 안 된다는 주장이 강한 설득력과 실질적인 당위성을 가진다. 이러한 관점에서 인간활동에 의한 기후변화로부터 지구를 구하고자 다양한 의견이 등장하고 있다.

지구온난화의 진행을 막기 위해서는 지구 기후조율체계에 대한 이해를 바탕으로 온난화를 초래하는 요인을 제거하여야 한다. 여기에는 크게 다음의 네 가지 방향에서 대안이 제시되고 있다.

첫째, 기후조율체계에 직접적으로 개입하는 공학적인 방법이다. 지구 공학적인 기법(ego-engineering or earth system engineering and management)으로 온실효과와 영향을 줄이는 방법이 여기에 해당한다. 대표적인 방법이 태양에너지의 유입을 차단하는 방안이다. 태양으로부터 유입되는 에너지의 양이 줄어들면 이산화탄소 농도가 높아져도 지구온난화의 진행은 약화될 것이기 때문이다.

둘째, 대기 중에 배출되는 온실가스를 직접 줄이는 것이다. 이산화탄소를 줄이기 위해서 화석연료 이용 시 발생하는 이산화탄소를 포집하여 저장하는 것이다

(Carbon Capture and Storage: CCS).[1] CCS 기술은 온실가스 배출량을 대규모로 감축(국제에너지지구, 2015년 기준, 15% 감축)할 수 있어서 주목을 받아 왔다. 최근 수소에너지와 관련하여 이산화탄소를 배출하는 기술을 사용할 경우에 CCS 기술이 요긴하게 활용될 수 있어서 주목을 받고 있고, 더 나아가 포집된 이산화탄소를 산업체나 의약품, 건강식품 등으로 활용(Carbon Dioxide Capture, Utilization: CCU, 다음 세 번째 방향과도 관련됨)할 수 있어서 더욱더 주목을 받고 있는 기술이다. 이산화탄소 이외의 온실가스도 이러한 방법으로 배출을 저감할 수 있을 것이다.

셋째, 탄소를 흡수해 주는 지구환경 능력을 활용하는 방안이다. 바다생물들과 산림은 광합성을 통해서 이산화탄소를 흡수하여 저장해 준다. 이들 생물활동을 촉진시켜서 대기 중 이산화탄소를 대량 제거하는 방법이다.

넷째, 경제활동에 따른 이산화탄소 배출을 줄이는 방법이다. 에너지원 그 자체를 바꾸거나 에너지를 적게 쓰는 방안이 있을 수 있다. 이 방법이 현재 기후변화 대응 정책의 근간이 되고 있다.

(1) 기상현상과 기후

전 세계적으로 기상현상과 기후변화 연구는 기온이나 강수량과 같은 물리적 변수의 변화뿐만이 아니라 21세기 최대의 화두인 지구환경(물, 토양, 산림, 대기, 생태계 등) 변화에 대한 전 지구와 국가 전략적 대응에 목표를 두고 진행되고 있다. 그리고 기후 문제는 독립적인 쟁점이 아니라 인류가 직면한 인구 증가와 에너지 문제에 긴밀하게 연결된다. 우리가 일반적으로 감지할 수 있는 평균적인 기후변화가 아니라 인간의 삶에 큰 영향을 줄 수 있는 홍수, 가뭄, 폭염, 한파와 같은 극한 현상이다.

최근 들어 호우와 가뭄, 폭염과 한파와 같은 서로 상반된 극한 현상이 전 지구적으로 자주 발생할 것으로 전망되고 있다. 이는 우리 몸이 심한 감기에 걸리면 발열

1) 고문현(2021), 통합환경법제정에 관한 연구-가칭 「이산화탄소 저장 등에 관한 법률」안 제정을 중심으로- 집문당, 202-205; 고문현, 류권홍(2015). 기후변화대응을 위한 에너지 · 자원법. 숭실대학교출판국, 201-208 참조.

과 오한을 오가면서 몸이 안정을 찾아가는 것처럼, 온실가스 증가로 인해 지구가 충격을 받게 되면 새로운 기후로 변하는 과정에서 극한 기후의 발생 횟수가 늘어나기 때문이다.

가장 큰 피해를 일으키는 변화는 물 순환과 관련되어 있다. 전 지구 평균기온이 1℃ 상승하면 대기 중 수증기 함유량이 증가하여 강수량이 약 1.5% 늘어나지만, 이 강수량의 증가는 시간과 공간에 따라 고르게 나타나지 않는다. 일반적으로 온난화에 의해 물 순환이 강화되어 현재 비가 많이 오는 지역에서는 더욱 많은 비가 내리고 이에 따라 호우의 가능성이 더욱 증가된다. 그러나 강수의 패턴 변화는 지역과 계절에 따라 상당히 다를 것으로 예상된다.

또한 습한 지역과 건조한 지역 간의 차이는 전체적으로 커질 것이며 극지방으로 올라갈수록 나타나는 고위도 육지의 강한 온난화가 대규모 대기 순환을 변경할 수 있고 이에 따라 강수 패턴이 광범위하게 이동될 수 있다. 전 지구적으로 많은 강수량을 동반한 몬순(Monsoon)이 발생할 것이며, 그 지속 기간도 길어질 가능성이 높다. 호우는 더욱 강하고 자주 발생될 것이며 이는 물 자원 관리 및 홍수 조절에 중요한 영향을 미칠 수 있다.

강수량이 증가할 것으로 예상되는 고위도에서는 건조한 기간이 줄어들 것이고, 아열대와 낮은 중위도 사이에서는 건조한 기간이 길어질 가능성이 있다. 가뭄은 아프리카, 유럽, 대부분의 북미 대륙 내부, 특히 미국 남서 지역에서 증가할 것으로 예상된다. 이러한 기후 관측 자료 분석은 수십 년 지속되는 장기간 가뭄이 온난화를 초래할 가능성이 증가할 수 있음을 보여 준다.

날씨는 우리 생활에 직접적으로 영향을 미치기도 하지만, 농업, 에너지, 수자원, 물류, 수송, 산업에 영향을 미쳐 세계경제에도 큰 영향을 초래한다. 또한 계절에 따라 매일매일 변동이 지속되지만, 특정 패턴과 극한 기후의 빈도는 지구온난화의 영향을 받으며, 태풍의 발생 빈도는 크게 변화되지 않을 것이지만, 강한 태풍이 발생할 가능성이 증가된다. 중위도 폭풍 진로가 극쪽으로 이동할 것으로 전망하고 중요한 대규모 기후 현상(예: 엘리뇨와 라니냐 등)이 지속되지만 강도, 빈도 및 발생 위치와 같은 특성 변화가 있을 수 있다.

기후변화의 크기 · 빈도와 함께 기후변화의 속도 역시 중요한데, 이는 기상, 기후변화의 생태계가 적응하는 시간이 필요하기 때문이다. 오늘날의 기후변화 속도는 자연적으로 변화가 가장 컸던 빙하기 말보다 30배 빠르다. 온난화로 인하여 다음 세기 전 지구의 평균 기온이 2~4℃ 상승하면, 이는 기후가 인간 활동으로 변화되는 속도가 자연속도의 20~40배에 달한다는 것을 의미한다. 이때 10배의 속도도 거의 상상할 수 없는 가속화다. 그것은 마치 우리가 시속 100km로 고속도로를 달렸는데 갑자기 엑셀과 브레이크가 말을 안 들어 시속 1,000km로 질주하게 되는 것과 마찬가지이다. 시속 1,000km 주행의 경우 그 속도에 도달하기 전에 인류는 지구에 생존할 수 없게 될 것이다.

(2) 기후변화 시나리오

지속가능한 기후변화 시나리오란 최근 발생하는 기후변화의 발생원인이나 그 영향에 대한 주류 이론에 의문을 제기하는 주장이라고 정의할 수 있다. 이들 주장 가운데 기후변화에 관한 주류 이론의 한계와 불확실성을 짚는 것도 있지만, 그 근거가 미약하여 학계로부터 타당성을 인정받지 못하는 경우가 대부분이다.

기후변화에 대한 주류 이론은 인간활동으로 인해 지구가 더워진다는 관측과 증거들을 일컫는다. 이는 지난 한 세기 동안 수많은 과학자의 노력에 의한 것으로 한두 명의 전문가들이 만들어 낸 것이 아니다. 이러한 주류의 연구결과를 평가한 2007년 IPCC 제4차 평가보고서에는 지구 기후시스템의 온난화는 명백하며, 20세기 후반에 나타난 온난화의 원인은 이산화탄소 등 온실가스 증가일 가능성이 매우 높다고 보고하고 있다. 2021년 8월 9일 공개된 IPCC 제6차 평가보고서(Assessment Report, AR 6) 중 제1실무그룹(WG, 현재까지 일어난 기후변화 양상과 미래 기후변화 시나리오 제시) 보고서에 따르면 현재 지구의 평균온도가 산업화 이전보다 이미

1.09℃ 상승했으며, 대기 중 평균 이산화탄소 농도는 410ppm으로 200만 년 만에 최고 수준으로 높아졌다. IPCC는 2022년 2월 14~27일 개최된 제55차 총회에서 기후변화 영향, 적응, 취약성에 관한 IPCC 제6차 평가보고서, 제2실무그룹(WG) 보고서 및 정책결정자를 위한 요약본(Summary for Policymakers: SPM)을 승인하였다. 제55차 총회에서 승인된 제6차 제2실무그룹(WG) 평가보고서는 2014년 발표된 제5차 평가보고서 대비 광범위하고 풍부한 과학적 근거를 바탕으로 과거부터 현재까지의 기후변화 영향을 평가하고, 미래의 기후변화 위기 예측 결과를 제시하고 있다.

이 IPCC 보고서에 따르면, 현 추세대로 탄소 배출이 진행될 경우, 길어도 20년 안에 파리협정(Paris Agreement)에 따른 기온상승 제한 목표치이자 돌이킬 수 없는 기후재앙의 임계치인 1.5℃에 이를 가능성이 높다는 암울한 전망을 제시하였다. 이러한 전망으로 인해 기후재앙을 초래하여 생태계를 파괴하고 인류의 생존을 위협하는 온실가스 감축을 위해 기술개발의 중요성을 강조한 빌 게이츠(Bill Gates)의 최근 저서 『기후재앙을 피하는 법(How To Avoid A Climate Disaster)』(2021)이 더욱 더 의미심장하게 와 닿고 있다.

또한 세계 온실가스 배출을 감축하지 않으면, 21세기 말까지 지구의 평균기온 변화는 20세기에 나타난 변화보다 커서 자연생태계 및 사회경제에 심각한 영향을 미칠 수 있다고 예상한다. 그러므로 필연적으로 발생하는 지구온난화로 인한 피해를 줄이기 위한 적응조치와 온난화의 크기를 줄이기 위한 온실가스 감축이 상호 보완적으로 추진되어야 한다고 주장하고 있다.

이러한 주류의 과학적 의견에 반대되는 기후변화 회의론은 그 주장하는 내용에 따라 네 가지 유형으로 구분할 수 있다.[2)]

첫 번째 유형은 '기후변화(온난화)가 일어나지 않는다'고 주장하는 그룹이다.[3)] 이

2) 이승은, 고문현(2021). 기후변화와 환경의 미래(pp. 21-25). 21세기북스.

3) IPCC (2011b). The Scientific Basis Contribution of Working Group I to Third Assessment, Report of the

들은 대체로 기온이 상승하지 않은 일부 기간이나 지역의 시계열 자료를 제시하면서 온난화가 나타나지 않는다고 주장한다. 또한 일부 지역에서 기온이 상승하는 중요한 원인은 도시화 효과라고 주장한다. 그러나 이 주장은 2007년 IPCC 보고서는 기후변화로 인해 기온상승뿐만 아니라 해수면 상승, 해수 온도 상승, 빙하와 적설의 감소 등을 온난화의 명백한 증거로 제시한 바 있다. 『회의적 환경주의자(The skeptical environmentalists)』의 저자 비외른 롬보르(Bjørn Lomborg)도 2007년 발간한 『쿨 잇(Cool It)』에서 온난화가 일어나고 있다는 것을 인정했다(Lomborg, 2008).

두 번째 유형은 온난화가 발생하는 것을 부정하지는 않으나 '온난화의 원인이 자연적인 원인(태양활동, 변동성)에 있다'고 주장하는 경우이다. 이 경우 과거의 기후변화(빙하기와 간빙기 등)가 자연적 원인으로 발생하였으며, 매우 큰 폭으로 진행되었다는 것을 강조한다. 과거에 자연적으로 기후변화가 일어났으므로 현재 발생하는 온난화도 자연적 원인에 의한 것이라는 주장이며, 가장 중요한 원인으로는 태양에너지의 변화, 우주선(cosmic ray) 이론 등을 들고 있다.

그러나 태양에너지가 20세기 전반에는 증가하였지만 후반에는 거의 변화가 없다는 것이 관측되고 있다. 즉, 20세기 후반에 나타난 온난화는 태양에너지가 변하지 않았는데도 계속 상승하였으므로 단순히 태양에너지만으로 온난화 현상을 설명할 수 없다.

최근에는 대기 상층에 우주선이 증가하면 공기분자를 이온화하여 구름이 증가하고 따라서 온도가 내려간다고 우주선 가설을 주장한다. 이와 반대로 우주선이 도달하는 양이 줄어들면 구름이 감소하여 온도가 올라간다고 한다. 우주선 이론은 처음에는 우주선의 변화와 기온변화가 매우 밀접하게 변하는 자료를 제시하여 어느 정도 과학적 객관성을 제시하는 것처럼 보였으나 추가적 관측이 이루어지면서 상관계수가 크게 감소하여 우주선이 기후변화에 미치는 영향에 대한 신뢰가 약해

IPCC.

졌다.

세 번째 유형은 '인위적 원인으로 온난화가 발생하지만 그 영향이 긍정적이다'라고 보는 것이다. 예를 들면, 겨울의 온도가 올라가면 난방에너지 사용이 감소하고, 추위로 인한 사망자가 줄어들기 때문에 온난화는 좋은 것이라고 주장한다. 한대지방에서 온도가 상승하면 식물의 생장기간이 늘어나서 식량생산이나 숲의 면적이 늘어나서 전체적으로 부정적 영향보다 긍정적 영향이 더 크다는 것을 강조한다.

그러나 현재 발생하는 온난화의 문제는 변화 자체보다는 온난화의 속도가 빠르다는 것이 가장 큰 위협이다. 100년 동안 4℃가 상승한다면 이는 수백만 년 동안 가장 빠른 속도라고 할 수 있으며 이로 인해 생물종의 멸종이 가속화되고, 홍수와 가뭄과 같은 재해가 빈발하여 사회경제적으로 심각한 영향을 미칠 수 있다. 그러나 온난화와 그 영향이 부정적이라는 것을 부정하지는 않으나, 온실가스 감축의 경제적인 부담이 커 감축보다는 개발도상국에서 발생하는 문제를 해결하는 것이 중요하다고 주장하기도 한다.

마지막 유형은 '과학적 불확실성'을 강조하는 그룹이다. 이 유형의 전문가들은 기후시스템 내의 피드백 현상에 대한 과학적 이해가 미흡하고, 기후변화를 예측하는데 사용하는 지구시스템 모델의 한계를 지적한다. 그러나 IPCC 보고서에서 활용한 모델의 결과는 10여 개국의 전문연구기관에서 실험한 결과를 종합한 것으로 온난화 자체에 대한 불확실성보다는 온난화의 크기에 대한 불확실성을 평가하고 있다. 앞으로 온난화의 크기는 모델이 진보함에 따라 어느 정도 달라질 수 있으나 모든 모델에서 온실가스의 농도에 따라 온난화가 커진다는 결과를 보여 준다는 사실이 의미하는 바가 크다.

회의론자들이 말하는 '과학자들 사이에 20세기 후반에 발생한 지구온난화의 원인에 대한 일치된 의견이 없다'는 주장(Giorgi & Jones, 2013)은 근거가 약하다. IPCC 보고서는 현재까지 밝혀진 과학적 근거(학술지, 연구보고서)를 기반으로 수천 명의 전문가들이 공개적이고 투명하게 평가한 결과이며, 이는 인간 활동으로 인한 기후변화가 일어나고 있다는 공감대가 형성되었다는 것을 의미한다. IPCC 보고서는 막대한 양의 자료에 근거하나, 기후변화에 대한 일부 회의론자들의 반론은 전문 학술지 논문 등 과학적인 근거가 미흡한 것으로 판단된다. 물론 기후변화의 불확실성은 완전히 해소된 것이 아니므로 앞으로도 과학적 불확실성을 해소하기 위한 지속적인 노력과 관심이 요구된다.

2) 기후변화의 영향

기후변화는 자연생태계는 물론 인간의 건강, 주거환경, 농업, 축산 및 산업 활동 등 사회경제적인 차원까지 광범위하게 영향을 주고 있다. 기후변화가 초래하는 물리적 환경변화는 기온 및 강수량의 급격한 변화를 시작으로 국지적 강수량 분포의 변화, 지역 식생의 변화, 해수 온도와 해수면 상승 및 지진의 잦은 발생 등이 있으며 이로 인해 지역에 따라 다양한 손실과 이익이 발생한다(이승은, 고문현, 2021).

현재는 기후변화가 지역적으로 어떻게 진행될 것인지, 어떤 영향을 미칠 것인지에 대해서는 아직 불확실성이 존재하며 결론을 내리기가 어려우나 지금까지 연구 결과를 보면 기후변화, 지구온난화가 환경에 미치는 영향은 매우 크다.

IPCC 제5차 평가보고서는 해수면 상승으로 인해 21세기에는 연안 저지대가 가장 큰 피해를 입을 것이고 홍수, 침식 등의 영향을 받게 될 것이라고 예측하고 있다. 육지 생태계에서는 평균 온도의 상승과 강수량의 증가로 식물 및 동물들의 분포 변화와 종 구성의 변화가 나타날 것으로 파악되고 있다. 해양 생태계에서는 전세계적으로 종의 재분배가 발생할 것이고 특히 토착종이 큰 영향을 받을 것으로 추정하고 있다(IPCC, 2011b: 117).

최근 이슈로 떠오르는 식량안보의 측면에서는 열대 지역이 특히 악영향을 받을 것이며, 모든 식량 생산이 기후변화로 인한 영향을 받을 것으로 전망하고 있다. 계속 증가하는 도시 지역은 기후변화로 인해 영향을 받을 수 있는 다양한 위험 요소가 존재하는 지역으로 회복 탄력성을 높이고 지속가능한 개발을 꾀하는 것이 중요할 것으로 파악하고 있다. 한편, 농촌 지역은 수자원의 공급 및 수요, 수질에 대한 시스템 변화가 발생할 것이며, 이로 인해 식량안보에도 영향을 미칠 것으로 추정된다.

보건 분야는 현재부터 미래까지 지속적으로 영향을 받을 것으로 추정되며, 특히 개발도상국에서 피해가 클 것으로 예측된다. 국가별 · 지역별 차이에서 발생하는 형평성 문제로 지역 간의 갈등이 초래될 수 있어, 이에 대한 국제적 대응이 필요할 것으로 예측할 수 있다.

기후변화의 영향은 연안, 육지 및 해양 생태계, 식량안보, 농업, 보건, 경제 등의 다양한 부문까지 미친다. 부문별 영향을 종합하여 현재 가치로 환산하면 지구 기온의 상승과 시간 경과에 따라 연간 순 비용이 증가할 것이 분명하며 이를 통해 기후변화 영향이 커질수록 관련 비용이 더욱 증가할 것으로 예측한다.

(1) 기후변화의 생태계적 영향

향후 지구온난화에 따른 기후변화 현상이 심화될 경우 보다 다양하고 심각한 지구환경의 물리적인 변화가 예상되고 있다. 그 물리적인 변화는 인간생활과 관계된 식량 등 자원 문제와 함께 질병 등의 사회 문제를 악화시킬 가능성이 있다. 지구온난화는 인간생활에 필요한 각종 자원의 수급에도 적지 않은 위협이 되고 있으며 이러한 기후변화에 따른 영향은 기온 상승의 범위에 따라 달라질 것이다.

지구온난화에 따른 영향 중 인류가 가장 먼저 체감하게 될 것은 물 수급 문제이다. 극지방 및 내륙지방의 고지대에 형성된 빙하는 겨울철에 얼고, 봄철이 되면 녹아내려 저지대의 곳곳에 물을 공급해 준다. 그런데 지구온난화에 따라 빙하가 줄어들게 되면 봄철 이후 저지대의 물 공급원은 줄거나 사라지게 된다. 이는 내륙 빙하에 의존하는 지역(인도 및 중국 일부, 남아메리카 안데스산맥, 아프리카 킬리만자로 등)의 물 부족을 심화시켜 저지대의 농업, 목축 및 생활용수 공급을 어렵게 할 것이다(국립환경과학원, 2013: 127).

극지방의 빙하 해빙은 또한 해수면 상승을 통해 해안지역의 침수를 초래한다. 이와 함께 기후변화에 따른 집중호우, 폭설, 한파 및 열파 등 기후 변동성 증가는 일부 지역에서는 홍수 리스크를 높이고, 나른 지역에서는 물의 공급을 감소시킨다. 생태계는 기후변화에 특히 취약하다. 기온이 2℃ 상승할 때 생물종의 약 15~40%가 잠재적 멸종에 처할 수 있다. 이산화탄소 농도 증가에 따라 유발되는 해양 산성화는 어류의 서식환경을 악화시킴으로써 바다 생태계에 심각한 영향을 미치게 된다.

기후변화의 영향은 지역적으로 고르게 나타나지 않는다. 지구온난화는 현재 선진국 지역보다 평균적으로 더 더우며, 큰 강우 변동을 겪고 있는 개도국에 상대적으로 더 큰 위협으로 다가올 것이다. 특히 농업은 기후에 민감해, 농업의존도가 높은 이들 개도국들에게는 더 심각한 영향을 주며 빈곤을 감소시키는 데에도 장애요인이 될 것이다. 불충분한 보건대책과 열악한 공공서비스는 이러한 영향을 더욱 심화시킬 것이다(환경부, 2015b: 45).

지구온난화에 따른 기온 상승 수준도 기후변화 영향의 발생 범위와 정도에 있어서 큰 폭의 차이를 가져올 것이라는 예측이다. 이미 경험하고 있는 1℃ 미만의 평균온도 상승에도 잦은 폭설, 한파, 폭염, 가뭄 등 빈번한 이상기후 현상이 발생하고 있다. 소규모의 기후변화는 일부 지역, 일정 분야에는 긍정적인 영향을 줄 수도 있다. 예를 들면, 캐나다, 러시아, 스칸디나비아와 같은 고위도 지역은 2~3℃의 기온 상승이 농업부문의 생산량 증가와 한파에 의한 사망(Winter mortality)을 줄이고, 난방 수요 절감 및 관광 증대 등의 이익을 가져올 수 있다. 그러나 이러한 지역에서도 온난화가 빠르게 전개될 경우에는 사회적 인프라, 주민의 보건 · 위생, 생태계의 건강성 등에 부정적인 영향을 줄 것이다.

지구의 유기적이고 복합적인 생명유지 메커니즘을 고려할 때 실제로 발생할 물리적 · 생태적 영향에 대한 인류의 지식에는 한계가 있다. 예를 들어, 지구 기온 상승은 먹이사슬의 가장 밑바닥에 있는 미생물의 서식환경에 영향을 미치고, 이는 차

상위의 먹이사슬 단계에 있는 곤충류 등의 종류와 개체수의 변화를 초래할 것이다. 그리고 곤충류의 변화는 농업 및 여타 분야에도 막대한 영향을 주게 마련이다. 이러한 먹이사슬 구조 내에서 발생하는 복잡하고 연쇄적인 영향 구조에 대해 명확히 아는 것은 현재로서는 대단히 어려운 일이다.

(2) 기후변화의 사회경제적 영향

지구온난화는 이러한 지구환경 서비스를 직접적으로 악화시키거나, 환경서비스의 매개기능을 무력화시켜 지구의 운영기제(mechanism)를 제대로 수행할 수 없도록 교란한다. 이러한 지구기능의 약화는 필연적으로 인간의 정주생활, 산업구조, 인류와 생태계의 건강성 등 경제의 다양한 분야에 직·간접적인 영향을 미치게 될 것이다(Miller, 2016).

첫째, 기후변화는 물 수급에 부정적인 영향을 미쳐 곡물 수확량의 감소를 가져올 것이다. 이는 특히 아프리카 지역에서 심하게 나타날 것으로 예상된다. 중위도에서 고위도 지역은 2~3℃ 상승에서는 곡물 수확량이 증가하나 4℃ 이상의 평균기온 상승에는 식량 생산이 심각하게 감소할 것으로 예상된다.

둘째, 기후변화는 에너지 수급에 영향을 미치게 될 것이다. 겨울철의 난방 연료 사용은 감소하는 반면, 여름철 냉방 수요는 증가할 것이다. 난방은 1차 에너지를 다량 소비하는 반면, 냉방은 2차 에너지인 전력을 사용한다는 점을 감안할 때 에너지 공급 구조에도 변화가 있을 수 있다. 이와 같은 에너지 사용 증가는 다시 대기오염물질의 배출 증가와 산성 강하물(산성비) 증가를 초래할 것이다.

셋째, 기후변화는 인구 이동의 가속화를 가져올 것이다. 저지대 연안지역의 침수에 따라 고지대 내륙지역으로의 인구 이동이 발생할 것이다. 특히 3℃ 이상 상승의 경우 미국 뉴욕 등 해안 대도시 등이 타격을 받고 대규모의 인구 이동을 초래할 가능성도 있다. 이를 막기 위한 댐과 제방 설치 증가는 추가적인 사회기반시설 설치에 따른 이용부담 증가를 가져온다. 가뭄에 시달리는 농촌지역 주민들이 도시로 이동할 가능성도 크다. 경작 문제에 따른 인구 이동이 발생할 경우 식량 수급 문제를 가져올 우려도 있다.

넷째, 기후변화는 수송부문에도 영향을 미치게 된다. 지역적 강수량 및 하천 유량 변화는 선박 수송에 영향을 미친다. 도로, 교량, 제방 등 인프라에 대한 수요도 바뀔 것이다. 또한 기후변화에 따라 산업부문과 도시가 재배치될 경우 수송부문의 추가적 투자가 필요해질 것이다.

다섯째, 기후변화는 산업구조의 변화를 가져올 것이다. 해수면 상승과 가뭄으로 인한 수자원 부족은 농림업의 재배치를 가져올 것이다. 관광 · 위락 산업도 직접적인 영향을 받게 될 것이다. 반면, 일부 지역에서는 이러한 산업에 긍정적인 영향을 받게 된다. 기후변화가 심화되면 대응정책이 강화될 것이다. 이러한 정책의 영향도 산업부문별로 차등적으로 나타날 것이다. 철강, 알루미늄 등 1차 금속 제조업, 시멘트 제조업 등 에너지 집약적인 산업은 부정적인 영향을 받을 것이다. 반면, 태양광, 풍력, 지열 등 신재생에너지 관련 산업과 연료전지 산업, 이산화탄소 포집 및 저장(CCS), 에너지 효율성 관련 산업 및 기술 등은 긍정적인 영향을 받을 것이다.

끝으로, 기후변화의 물리적 · 생태적 영향은 건강과 질병 문제로도 연결된다. 심한 홍수, 가뭄, 폭풍우 등으로 이상기후 현상이 늘어나면 개도국 등 위생조건이 좋지 않은 국가를 중심으로 질병 확산에 취약한 조건이 형성될 수 있다. 기후변화는 식량과 식수 사정을 악화시켜서 영양실조와 불안전한 식수 공급에 노출되는 인구를 증가시킬 수 있다. 이렇게 되면 염수와 말라리아모기의 내륙 침투가 심화돼 국민 건강에 위협을 초래할 수 있다.

〈표 4-1〉 기후변화가 지구환경에 미치는 영향의 주요 사례

기온, 기상	• 지난 100년 동안 지구 평균기온은 0.74℃ 상승, 1990년대는 관측사상 가장 온난했던 10년, 2010년은 2005년과 더불어 가장 더운 해로 기록 • 기온이 30℃ 이상인 혹서일수가 1991년 33일에서 2000년 53일로 증가(한국) • 집중적인 강우 현상, 폭설 등 기상이변 증가, 한파, 서리일수는 감소, 열파 발

	생빈도 증가, 태풍 · 허리케인 강도는 증가 • 2013년 8월 한국 등 이상고온현상 지속
빙하, 강우, 홍수	• 1850~1980년대 알프스산맥의 빙하면적은 약 3분의 1, 부피는 절반이 줄었으며 2003년도 폭염으로 인해 알프스 빙하가 10% 감소 • 강우형태 변화로 북반구는 습해지고 남반구는 건조해짐 • 1975년~2001년까지 유럽에서 218번의 홍수가 발생한 것으로 기록됨. 연간 홍수 발생수는 뚜렷하게 증가 • 남극의 전례 없는 얼음 감소, 남극 서부 빙상에서 얼음 감소의 규모는 1996년과 2006년 사이에 60% 커진 것으로 추산(유엔환경계획, 2009) • 2010년 호주 · 파키스탄(홍수), 러시아(폭염), 서유럽 · 북미(폭설) • 2011년 미국 미시시피강, 중국 중남부, 태국(홍수), 필리핀(태풍)
해양	• 1961년부터 2003년 사이에 해수면이 연평균 1.3mm씩 상승하여 총 7.7cm 상승, 1993년에서 2003년 사이는 연평균 3.1mm 상승하여 상승 폭 증가 • 해수면 상승으로 해안지역 침식 – 방글라데시는 지난 30년간 3m 상승하여 영토의 많은 부분이 침수되었음 • 동물성 플랑크톤이 최대 1,000km 북상함 • 산호지역의 백화현상과 근해의 적조 발생 증가(한국)
생물다양성, 새의 생존	• 지난 36년 동안(1970~2006) 지구상에 서식하는 생물종의 31%(열대지역 59%, 청정해역 41%)가 멸종됨(UN 생물다양성협약 3차 보고서, 2010) • 아마존 정글 30% 감소가 기후변화의 직접적인 원인(UN 생물다양성협약 3차 보고서, 2010) • 향후 세계적으로 다수의 종이 멸종할 것이라고 전망. 열대성 종이 북상하는 등 종 분포가 상당히 영향 받음 • 겨울을 나는 다양한 조류 종의 생존율은 지난 수십 년간 상승하였음 • 가뭄과 고온으로 산림 병해충 피해지역 확대
식물 생장 시기, 작물 수확량	• 생육가능 최저온도 대상지역 확대로 주요 작물 주산지 및 작물별 생산성 변화–경작 면적 북쪽으로 확장 • 기후변화는 작물의 수확량에 큰 영향을 주지 않음. 주로 생산기술 발전으로 수확량이 증가 • 아열대 병해충 영향지역 확대 및 가축 전염병 발생 증대 • 기후변화에 따라 국제 곡물 수급구조 불안 및 곡물가 지속 상승 – 쌀 787%, 콩 557%, 밀 307%, 옥수수 232% 상승(2000년 대비 2008년 8월 기준)

인간 건강과 매개 질병	• 2003년 유럽 150년만의 최악의 폭염으로 약 3만 5000명 사망 • 더위로 인해 2만 명 이상 초과 사망(특히 노령인구)이 발생 • 진드기, 매개 뇌염 발생, 렙토스피라, 말라리아 등 열대성 질병이 증가 추세 • 기후변화로 인해 꽃가루 계절 장기화 및 꽃가루 알레르기 증상 심화 – 미국의 경우, 알레르기 및 천식으로 발생되는 비용은 직접적인 의료비용, 노동손실, 생산성 저하 등을 합쳐 연 320억 달러 추산(국가기후변화적응대책, 2010) • 2010년 7월 러시아 폭염으로 1주간 300명 사망

출처: 환경부(2015a).

(3) 지구 기온 상승의 수준별 영향

저널리스트인 마크 라이너스(Mark Lynas)는 그의 저서 『6도의 멸종(Six Degrees)』에서 지구평균기온이 1℃에서 6℃까지 상승할 때 나타날 수 있는 시나리오를 기존 문헌의 종합적인 정리와 분석을 통해 체계화하였다.[4)]

그는 지구 평균기온이 1℃ 상승하면 만년빙이 사라지고 사막화가 심화되면서 기상이변 현상이 더욱 빈번하게 나타날 것이라 한다. 바로 현재 우리가 경험하고 있는 것이다.

지구 평균기온이 2℃ 상승하면 대가뭄과 대홍수가 닥치고, 북극의 빙하가 녹으면서 북극항로가 개척된다. 가까운 미래에 닥칠 수 있는 상황이다.

3℃ 상승은 아마존의 사막화와 뉴욕의 침수로 대변된다. 해안지역의 침수는 민족의 대이동을 초래한다(Stefan & Schellnhunber, 2008).

4℃ 상승은 시베리아의 영구동토층을 녹게 하고, 남극의 얼음을 사라지게 한다.

영구동토층에 갇혀 있던 메탄이 분출하면서 지구 기온은 5℃ 상승한다. 5℃ 상승은 살아남은 사람들 사이에 식량과 물을 확보하기 위한 투쟁을 유발한다. 해저에 갇혀 있던 메탄 하이브레이트가 분출하면서 지구 기온은 6℃ 더 올라가고 해양사면 붕괴로 쓰나미가 발생한다. 평균기온이 6℃ 상승하면 인류를 포함한 모든 동식

4) 마크 라이너스 리포트 2008.

물이 멸종하게 된다.

(4) 환경위기와 안보

기후변화는 화석 에너지, 특히 석유의 고갈 문제와 관련되어 있을 뿐만 아니라 식량 및 식수 문제와 직결된 것이기 때문에, 단순히 폭염과 가뭄, 태풍과 홍수, 해수면 상승으로 인한 환경난민의 문제만이 아니라 석유와 식량, 식수를 확보하기 위한 지역적 및 국제적 갈등과 전쟁의 원인이 되고 있다.

미국은 안보적 관점에서 기후변화에 대응하기 위해 2009년 CIA 안에 기후변화센터를 설립해 사막화와 해수면 고도 상승, 기후난민 발생 등의 영향을 분석하고 있다. 미 국방부는 2003년 발간한 '돌발적인 기후변화 시나리오가 미국 안보에 미치는 영향'이라는 보고서에서 급격한 기온변화가 일어난 상황에 대한 영향을 다루었다.[5] "유럽은 아프리카와 중동으로부터 밀려 들어오는 기후난민 때문에, 아시아는 심각한 식량과 물 부족 위기 때문에 내부적으로 큰 혼란에 빠져 곳곳에서 분열과 갈등이 만연할 것이다."라고 분석하였다. 즉, 기후재앙으로 식량난, 식수난, 에너지난 등이 겹친 혼란이 지구 곳곳에서 일어날 것으로 예측하고 이에 따른 강력한 '안보 태세'를 강조하였다.

사회심리학자 하랄트 벨처(Harald Welzer)는 『기후전쟁(Klimakriege)』에서 아프리카 수단에서 벌어진 악명 높은 인종청소가 피상적으로 보면 아랍계와 아프리카계 간의 종족 갈등이지만, 그 이면은 기후변화로 인한 생존 갈등에 의한 것이라고 주장하였다.[6] 기후변화 피해가 나타나기 시작한 1970년대 초반부터 유목 문화를 가진 아랍계와 정착농업 문화에 속한 아프리카계 사이에는 식수원과 목초지를 차지하기 위한 종족 간 긴장이 고조되고 있었다. 그러던 중 만성화된 식량난과 식수난이 서로 다른 사회문화적 갈등과 접목되면서 종족과 종교라는 허울을 뒤집어 쓴 최

5) 국제환경 동향 미국 EP 기후안보, CIA 보고서, 2003, p. 16.
6) 앞 보고서, p. 124.

악의 분쟁이 탄생한 것이다.

또 다른 예로, 세계 3대 곡물 수출국이었던 러시아는 2010년의 가뭄으로 식량 수출 금지 조치를 취하였다. 이에 따라 전 세계적으로 식량 가격이 폭등하였고, 민주적 체계가 취약한 북아프리카와 중동 국가에서는 폭동과 시위에 의해 기존 정권이 무너지는 사태가 연속적으로 일어났다. 이는 기후변화가 기존 갈등 요인과 사회 변화를 만나 어떻게 전화되는지를 단적으로 보여 주는 사례들이다.

안보와 관련된 또 다른 하나의 주제는 기후변화와 에너지 안보와의 상관관계이다. 석탄, 석유, 천연가스 등 3대 주요 에너지원은 모두 화석연료이다. 이들은 대량으로 온실가스를 발생시킨다. 우리가 화석연료에 대한 의존도를 줄이지 않는 한 기후변화를 완화시킬 가능성은 전혀 없다. 지금 주요 국가들은 화석연료가 고갈됐을 때를 대비해 에너지원 확보 쟁탈전을 벌이고 있다. 영국 상원의원인 기든스(Giddens)는『기후변화의 정치학(The Politics of Climate Change)』에서 에너지 자원을 둘러싼 국가 간 분쟁은 역사에서 이미 수없이 확인할 수 있는데, 이러한 '에너지 안보전쟁'이 기후변화로 인해 증폭될 수도 있다고 전망하였다.[7)]

오늘날의 농업 생산성은 기계화와 더불어 비료와 농약의 대량 투입으로 인해 석유에 기반하고 있다. 1980년대 말 북한은 소련과 중국으로부터 값싼 연료 공급이 중단되고 국제 에너지 가격 수준으로 연료를 수입하게 되자 큰 충격을 받았다. 북한의 경직된 경제체제에서 에너지 가격 상승으로 인한 식량 생산 감소를 대처할 능력이 없었기 때문이다. 이 상황에서 1995년 홍수로 인해 급류가 표토를 쓸어 가고 그 자리에 돌과 나무가 덮쳐 논 경작지 40% 이상이 불모지가 되었고, 이후 극심한 기아 사태가 일어났다. 이처럼 화석연료 부족에 따른 에너지 가격 상승, 이로 인한 농업 생산성 저하, 여기에 기후변화로 인한 식량 생산 감소는 국가를 위기로 몰고 갈 수 있다.

---

7) World Commission and Environment and Development, 11차 기후 에너지안보 보고서, pp. 5-47.

유엔식량농업기구(FAO)가 2009년에 발간한 '2050년 인류 생존' 보고서에서 올해 70억을 돌파한 세계 인구가 2050년이 되면 91억 명으로 34% 늘어나고, 1인당 소비도 증가해 이를 먹여 살리려면 식량 생산이 70% 이상 증가해야 할 것으로 전망하였다(박영숙, 2018: 226). 그리고 전 세계적인 산업화와 도시화로 화석연료 에너지 사용량을 감소시키기는 어려울 것으로 예상되고 있다. 이처럼 취약한 지구환경하에서 기후변화로 인한 식량 부족과 난민 발생, 그리고 화석연료 확보와 저감 정책을 둘러싼 국가 간의 갈등은 더욱 증가할 것이다.

오늘날의 국가안보는 더 이상 영토 범위나 무기 기반의 위협에 한정되지 않는다. 한국은 식량 자급률이 27%, 에너지 자급률은 3%에 불과해 기후변화에 매우 취약한 나라이다. 그러므로 기후변화의 직간접적 영향으로 발생하는 안보 위협에 대한 보다 높은 이해가 필요하고, 이에 대응할 수 있는 국가 전략 기반 체계가 필요하다.

3. 기후변화 문제의 특성

1) 개설

지구의 기온은 대기 중에 존재하는 온실가스의 농도에 의해 커다란 영향을 받는다. 온실가스는 지구를 온화하게 유지해 준다는 다소의 장점도 있지만, 인간 활동으로 인해 대기에 축적되는 온실가스는 온실효과를 일으키고 이 온실가스는 기후변화, 더 나아가 기후재앙을 초래한다(박덕영, 최승필, 고문현, 2019: 3). 기후변화 대응을 위한 방법은 기후변화를 일으키는 온실가스를 포함한 원인물질의 '감축(mitigation)'과 이미 진행되고 있는 기후변화에 인류가 효과적으로 '적응(adaptation)'하는 것이다. 기후변화의 감축과 적응은 상호 보완 가능하며 기후변화의 위험을 크게 줄일 수 있다.

기후변화 적응은 선택이 아닌 필수이고 기후 변동과 변화에 적응하는 기회만 존속된다. 기후변화 적응은 실제 그리고 예측되는 기후에 대응하여 자연과 인간 시스템을 조정하는 것이다. 온실가스 배출이 현저히 줄어들더라도 향후 최소 수십 년은 과거에 배출한 온실가스로 지구온난화가 지속될 것이다. 이러한 기후변화 적응을 위한 정책 개발은 기후변화로 인한 영향과 취약성을 평가하여 적절한 대응 대책을 마련하는데 최소한 5~10년 정도의 시간이 필요하므로 시급한 상황이다. 기후변화로 인한 악영향이 나타나기 전에 취약계층을 보호하고 사회적 통합을 이루는 적응 대책이 필요하다(고재경, 김희선, 2013).

2) 기후변화 문제의 특성

(1) 기후변화의 불확실성

기후변화 문제의 특성을 논할 때 가장 먼저 지적할 수 있는 것은 불확실성(uncertainty)이다. 기후변화는 발생원인이나 대응정책 및 처방의 효과에 높은 불확실성이 존재한다. 물론 세상 대부분의 일들이 적지 않은 불확실성을 지니고 있다. 하지만 기후변화 현상처럼 그 원인과 결과에 대해 과학적 확실성에 근거해 설명할 수 없는 사안은 별로 많지 않을 것이다. 기후변화 현상에 대한 높은 불확실성은 지구 기후 및 환경체계가 가지는 난해성과 복합성 그리고 역동성 탓이다.

지구가 점차 더워지고 있는지 아닌지 그리고 더워지고 있다면 그 원인이 인간의 경제활동 탓인지 아니면 단순한 자연현상인지 등의 여러 의문들이 여전히 과학적인 추가 연구를 통하여 보다 더 정확히 밝혀져야 할 숙제로 남아 있다. 뿐만 아니라 인위적인 기후변화의 강도와 그 영향에 대해서도 여러 가지 의견과 의심이 존재하고 있는 실정이다. 지구 기후체계의 작동원리에 대한 이해가 완전하지 않고, 장래의 경제 및 사회 그리고 기술 발전의 방향과 내용에 대한 예측이 어렵기 때문이다.

기후변화에 대응하는 정책의 효과나 경제성에 대해서도 확실히 알기 어렵다. 기후변화를 초래하는 메커니즘에 대한 명확한 이해가 부족하고 개개의 요소들이 차지하는 영향력의 비중에 대한 정확한 평가가 어려운 상황에서는 기후변화 감축 노력의 성과에 대해 확신할 수는 없다는 것이다. 완화와 감축 등 다양한 기후변화 대응 정책방안들의 효과에 대해서도 여전히 의문이 남아 있다(신상철 외, 2010: 162; 이승은, 고문현, 2021: 74-75).

(2) 기후변화 현상의 비가역성

기후변화 문제의 두 번째 특성으로 기후변화 현상의 비가역성을 들 수 있다.

기후변화 현상은 기후체계가 변경되었을 경우에는 이것을 다시 원상으로 돌릴 수 없다는 점에서 우려가 높다. 일단 지구 평균온도가 일정 수준으로 올라가면 그것을 다시 내릴 수 있는 방법이 없다. 지역의 기후체계도 마찬가지다. 만일 우리나라의 기후가 현재의 온대 기후에서 아열대 기후로 변할 경우 이것을 다시 온대 기후로 되돌릴 수 있는 방법은 없다. 물론 막대한 비용을 지불한다면 기후변화로 인한 피해를 일부 복구하거나 복원할 수는 있을 것이지만 그것도 복잡한 기후 메커니즘을 생각할 때 한계가 있다(정회성, 2013).

그래서 일단 변화된 기후체계 그 자체는 장기간 지속될 수밖에 없는 비가역적인 변화(an irreversible change)가 될 것이다. 장기적인 관점에서 보면 지구 기후는 빙하기와 간빙기를 반복해 왔기 때문에 지구 기후가 항상 안정적이라고 할 수는 없다. 항상 변해 왔고 우리는 그 변화에 적응하면서 문명을 발전시켜 왔다. 그렇지만 지금 우리가 우려하는 인간 활동에 의한 기후변화가 빠른 속도로, 그리고 큰 폭으로 일어났을 경우에 발생하는 광범위하고 장기적인 영향을 줄일 수 있는 방법은 거의 없다고 볼 수 있다(이승은, 고문현, 2021: 75-76).

(3) 이해관계의 첨예함과 복잡성

기후변화 문제의 또 다른 특성으로 이해관계의 복잡성을 들 수 있다. 기후변화 문제에 대해서는 국가 간, 특히 선진국과 개발도상국 그리고 산유국과 비산유국, 석유 의존도가 높은 국가와 낮은 국가 간에 첨예한 대립이 있다.

특히 경제개발이 절실한 개발도상국은 역사적인 책임을 들어 선진국의 의무를 강조한다. 반면, 미국 등 일부 선진국은 개발도상국의 참여 없이는 온실가스 감축 노력에 동참할 수 없다고 주장한다. 현재 중국, 인도 등 개발도상국의 온실가스 배출량은 절대량은 물론 증가속도도 매우 빠르기 때문에 이들의 배출량 증가속도가 현 추세를 유지한다면, 설령 선진국이 감축 노력을 강화하더라도 그 효과가 반감될 수밖에 없다는 주장이다.

국가 내에서도 이해관계가 심하게 갈린다. 환경단체와 에너지를 다량 소비하는 산업 간의 이해는 일치할 수 없을 것이다. 환경정책 당국과 산업 및 에너지 정책 당국 간의 갈등도 첨예하다. 산업계 내부에서도 이해관계에 따라 의견이 크게 달라진다. 석탄, 석유 등 전통 에너지 산업과 원자력, 재생에너지 산업 간의 이해관계는 크게 엇갈린다(이승은, 고문현, 2021: 76).

(4) 원인행위자와 피해자 간의 불일치성

기후변화 문제의 또 다른 특성으로 원인행위자와 피해자 간의 불일치를 들 수 있다. 인간 활동에 의한 지구온난화 주장을 수용한다면 그 온난화에 직접적인 영향을 준 개인, 집단, 국가와 그로 인해 지구 기온이 상승해서 발생한 피해를 입은 개인, 집단, 국가가 크게 다르다는 것이다.

우선, 온실가스 배출에 있어 국가 간의 차이가 크다. 기후변화의 직접적인 원인은 석탄, 석유 등 화석연료의 사용과 과다한 자연생태계 훼손이다. 그리고 역사적으로 볼 때 이는 대부분 고소득 국가인 서구 선진국들에게 책임이 있다. 하지만 기후변화에 따른 피해는 저소득 국가들이 압도적으로 많이 당하고 있다. 기후변화에 가장 취약한 나라는 농업에 대한 의존성이 높은 개발도상국들이기 때문에 앞으로 예상되는 기후변화 피해도 개발도상국에 집중될 가능성이 높다.

국가 내에서는 에너지 소비량이 많은 고소득 계층보다 빈곤층, 노인, 어린이, 여성 등 사회적으로나 경제적으로 취약한 계층에게 기후변화의 피해가 집중될 수 있다. 이들은 대부분 기후변화에 보다 취약한 지역에 살고 있을 뿐만 아니라 태풍, 폭우, 폭설, 해일 등의 기후변화 피해에 대응할 수 있는 능력도 부족하다. 기후변화가 초래할 수 있는 전염병, 폭염(열대야) 등 환경보건 문제 그리고 에너지 문제, 식량 문제 등 사회경제적 변화에 대한 대응에 있어서도 이들은 상대적으로 취약하다(이승은, 고문현, 2021: 76-77).

(5) 기후변화 문제의 윤리성

마지막으로, 기후변화 문제는 여타 환경 문제와 마찬가지로 매우 강력한 윤리적인 특성을 지니고 있다. 앞에서 언급한 기후변화를 야기하는 자와 그 변화에 따른 피해자가 서로 다르다는 점에서 윤리성은 더욱 부각된다. 기후변화 문제의 윤리성은 환경정의(environment justice) 관점에서 세 가지 차원을 살펴볼 수 있다. 즉, 국가 간의 환경정의 문제, 국가 내 계층 간의 환경정의 문제, 그리고 세대 간의 환경정의 문제이다.

기후변화에 대한 역사적 책임이 큰 선진국과 역사적 책임이 상대적으로 덜한 개발도상국 간의 윤리적인 문제는 익히 알려져 있다. 윤리성의 관점에서 볼 때 심각한 것은 기후변화에 따른 피해가 차별적으로 발생한다는 점이다. 기후변화를 유발한 책임은 대량소비의 주체인 선진국과 부유층에게 있다고 할 것이다. 그러나 그 피해는 개도국과 빈민층에 집중되는 경향이 있다. 뿐만 아니라 기후변화의 원인은 현세대가 제공하고 있지만 기후변화에 따른 피해는 미래세대, 특히 미래의 개도국 빈곤층이 보다 심하게 겪을 가능성이 높다. 이렇듯 기후변화 문제는 다차원적인 윤리성 문제를 지니고 있어 기후정의론(climate justice)을 주장하는 학자도 있다(이승은, 고문현, 2021: 77-78).

3) 기후변화 대응에 대한 접근방향

(1) 예방적인 접근

기후변화 현상과 정책에는 높은 불확실성이 존재한다. 그리고 일단 기후변화가 심각하게 발생하였을 때 원래대로 되돌릴 수 없는 비가역성도 함께 지니고 있다. 어떤 원인에 의해서든지 일단 기후가 크게 변하면 인위적으로 그것을 원래 상태로 되돌릴 수가 없다. 기후변화에 대한 확실하고 과학적인 근거가 부족하다고 행동을 유보하였을 경우 돌이킬 수 없는 상황을 야기할 수 있다는 의미이다.

그래서 기후변화 문제를 대할 때는 그것이 발생하지 않도록 하는 예방적인 접근이 중요하다. 기후변화협약은 기후변화 문제에 대응하는 원칙으로 사전예방원칙(precautionary principle)을 제안하고 있다. '후회보다는 안전한 관리'를 하자는 것이다.

사전예방원칙은 잠재적인 환경위험이 심각하다고 판단될 때, 비록 과학적인 확실성이 부족하더라도 즉각 대응행동을 취해야 한다는 것이다. 사전예방원칙은 불확실하지만 일단 발생할 경우 그 피해가 워낙 대규모일 가능성이 크기 때문에 미리 대비하는 것이 경제적이고 효과적인 경우에 적용되어야 한다(이승은, 고문현, 2021: 78-79).

(2) 융합적인 접근

정책적 측면이든 과학적 측면이든 기후변화 문제는 매우 복잡하고 논쟁의 여지가 많다. 지구상의 삶은 에너지에서 출발한다. 좀 더 구체적으로 말하자면 태양에너지로부터 시작되는 화학작용에서 시작한다고 할 것이다. 그런데 에너지 생산과 이용은 자연과학적인 관점이 복합적으로 작용하는 매우 중요한 사회적 작용이다. 물리화학적인 현상인 지구상의 에너지 흐름은 인간사회의 정치 · 경제적인 특성과 변수에 의해 그 규모와 내용이 크게 좌우되기 때문이다.

그러므로 기후변화 문제에 잘 대응하기 위해서는 물리학, 화학, 생물학, 지질학, 지리학, 자연공학 등의 자연과학적인 분석과 인구학, 정치학, 사회학, 심리학, 윤리학, 경제학 등 사회과학적인 분석을 아우르는 융합적인 접근방법이 필요하다. 각종 기후변화 관련 자료, 예를 들어 장기적인 천체 활동 주기 변화, 해류 흐름의 변화, 신재생에너지 기술개발의 속도, 온실가스에 대한 지구 생태계와 해양의 흡수능력 변화, 열대우림의 상실지역, 태양 발열량의 변화, 지구온난화에 따른 지구 대기의 활동변화 등 다양한 변수를 정확하게 이해하고 측정하려는 노력이 요구된다(이승은, 고문현, 2021: 79-80).

(3) 국내와 국제 정책의 조화

지구 기후 조율체계는 지구공공재(global public goods)라고 할 수 있다. 그런데 이 같은 지구공공재를 훼손하고 파괴하는 책임은 국가, 집단, 계층 등에 따라 다르다. 무엇보다도 그동안 화석연료를 여유 있게 쓰면서 경제성장을 이룩하였던 선진국 그리고 산업사회의 물질적인 풍요를 누렸던 부유계층의 책임이 크다. 하지만 우리 모두의 생존기반인 지구공공재 보전을 위한 노력에는 지구인 모두가 동참하여야 할 것이다. 그러므로 오염원인자의 책임을 강하게 묻되 모두가 함께 노력하자는 '공통의 차별화된 공동책임(Common But Differentiated Responsibility: CBDR)' 원칙이 등장하였다.

기후변화 문제는 인류문명의 지속성 여부가 걸린 인류 공동의 문제이면서도 개별국가의 경제발전이 걸린 문제이기도 하다. 기후체계는 지구공공재라고 할 수 있으므로 개별 국가의 입장에서는 무임승차 하고자 하는 동기가 강하게 작용할 수 있다. 하지만 기후변화 대응정책은 개별 국가의 구체적인 실천 없이는 성과를 달성할 수 없다. 그래서 국제사회의 선택, 특정한 제도나 절차 요구, 특정 기구의 설립 등으로 함께 행동하자는 협상을 하게 된다. 즉, 국제적인 정책과 제도에 대한 합의와 이것을 개별 국가 차원에서 구현하고자 하는 노력이 잘 조화되고 결합될 수 있는 방향을 찾아야 한다는 것이다(이승은, 고문현, 2021: 80-81).

4) 지구온난화 대응 방안

우리가 기후변화 문제에 현명하게 대응하기 위해서 취할 수 있는 방안에는 무엇이 있을까? 가장 중요한 것은 지금의 기후변화 현상과 그 영향 그리고 대응 방안들에 대해 보다 정확한 정보를 모으고 분석하는 것이다. 보다 정확한 지구 기후조율체계 분석, 기후변화 관련 정보의 수집과 분석, 기후변화 예측모델과 대응정책 등으로 기후변화 현상을 정확하게 알고 행동하는 것이다. 그런데 불확실성과 비가역성이 높고 그 영향이 광범위한 기후변화 문제를 완벽하게 파악하여 행동에 옮기는 것은 극히 어렵다(The World Watch Institute, 2007).

그래서 비록 정보는 조금 부족하더라도 실천을 미루어서는 안 된다는 주장이 강한 설득력과 실질적인 당위성을 가진다. 이러한 관점에서 인간 활동에 의한 기후변화로부터 지구를 구하고자 다양한 의견들이 제시되고 있다. 지구온난화의 진행을 막기 위해서는 지구 기후조율체계에 대한 이해를 바탕으로 온난화를 초래하는 요인을 제거하고 치유하여야 한다. 여기에는 크게 다음의 네 가지 방향(기후조율체계에 직접적으로 개입하는 공학적인 방법, 대기 중에 배출되는 온실가스를 직접 줄이는 것, 이산화탄소를 흡수해 주는 지구환경 능력을 활용하는 방안, 경제활동에 따른 이산화탄소 배출을 줄이는 방법)에서 대안이 제시되고 있는데 여기에 대하여는 제2장에서 이미 살펴보았다.

5) 기후변화 적응의 중요성

기후변화는 이제 실제 상황이다. 우리는 현재 일어나고 있는 기후변화에 따른 피해를 최소화하기 위해서 그리고 앞으로 발생할 수 있는 기후변화에 탄력성 있게 대응할 수 있도록 대비하여야 한다. 수억 년의 지구 생물진화의 역사를 보면 끊임없이 변화하는 기후와 환경 변화에 잘 적응하는 생물종만이 살아남고 종 차원의 번영을 유지할 수 있다. 인류문명도 결국 끊임없이 변해 가는 지구의 기후와 환경에 적응하기 위한 노력과 함께 발전되어 왔다 할 수 있다(이승은, 고문현, 2021: 83).

더욱이 우리가 당장 대기 중에 배출되는 이산화탄소의 양을 감축한다 하더라도 지구온난화 현상은 당분간 계속될 것이다. 이는 이산화탄소가 매우 안정적인 분자구조를 가지고 있어 과거 및 현재 생성된 이산화탄소가 앞으로 오랜 기간 동안 대기 중에 남아 온난화 효과를 나타내기 때문이다. 그러므로 기후변화가 초래할 많은 문제들을 예측하고 여기에 적응할 수 있도록 우리 미래를 만들어 가는 것이 매우 중요하다.

적응이란 실재 또는 예상되는 기후변화와 그 영향에 대응하여 생태적 · 사회적 · 경제적 체제를 조정하는 것을 말한다(Richardson et al., 2011). 적응은 기후변화와 관련된 잠재적인 피해를 완화하기 위해 또는 이와 관련된 기회로부터 이득을 얻기 위해 과정 · 관행 · 구조에 변화를 주는 것을 뜻한다.

적응정책은 기후변동 폭이 커지게 되면 결국 임계치를 넘는 재난상황이 발생하게 되므로 그 피해를 최소화하기 위한 기반을 미리 마련하는 것을 의미한다. 적응정책의 핵심은 현재 기후변화 취약성뿐만 아니라 장래 발생할지도 모르는 중장기적 시각에서의 불확실성을 최소화하는 것이다(이승은, 고문현, 2021: 83-84).

개별 국가의 관점에서 볼 때는 범지구적 효과를 갖는 기후변화 완화 정책보다 지역 특화적 대책이 되는 적응정책이 선호될 수 있다. 국제사회가 온실가스 감축협상의 타결에 성공하지 못하거나, 타결에 성공했더라도 그 감축량이 충분하지 못하였을 경우, 그리고 타결되었더라도 그 집행이 효과적으로 이루어지지 못할 경우, 개별 국가의 경우 기후변화에 따른 피해를 직접 받게 되므로 이를 사전에 예방한다는 차원에서 적응정책이 우선 추진될 수 있다.

또한 합리적으로 적응정책을 수립하여 시행한다면 기후변화 효과의 불확실성을 상대적으로 줄일 수 있기 때문에 매몰비용(sunk costs)이 감축정책을 강화할 때보다 적게 발생할 수 있다(이승은, 고문현, 2021: 84).

4. 국제사회의 기후변화 대응 방안

1) 개설

기후변화 문제는 매우 복잡한 국제적인 정치, 경제, 그리고 기술적인 요소가 개입되어 있다. 그리고 환경에 대한 철학과 가치관에 따라 매우 다른 관점에서 다른 결론을 내릴 수 있는 문제이기도 하다. 과학적인 연구결과에 대한 신뢰도에 따라서 다른 입장을 취할 수도 있다. 그러나 기본적으로 국제사회의 기후변화 문제에 대한 논의는 다음과 같은 몇 가지 의제를 중심으로 진행되고 있다(권오상, 2020).

첫째, 지구 평균온도의 상승(또는 대기 중의 온실가스 농도)을 얼마로 억제해야 하느냐 하는 문제이다. '공유비전'이라는 표현을 쓰기도 하는데 지구 온도 상승을 어느 선에서 억제해야 안전한가, 즉 지구온난화 억제의 정책 허용치를 어느 정도로 설정해야 하는가에 대한 논의이다. 온도 상승 허용치를 너무 낮게 의욕적으로 잡으면 막대한 경제적 비용과 희생을 각오해야 할 것이다. 반면, 너무 느슨하게 높게 잡으면 기후변화 위험을 제어할 수 없을 것이다.

둘째, 온실가스를 누가, 얼마만큼, 언제까지 감축해야 하느냐는 문제이다. 이른바 감축행동에 관한 것이다. 지구 평균온도의 상승허용치(또는 대기 중의 온실가스 최대 농도치)에 대해 합의를 이루었다 하더라도 누가 어떻게 그 목표치를 달성하느냐 하는 것은 별개의 논의과제이기 때문이다. 우선, 중점관리 대상이 되는 온실가스의 종류에 대한 국제적 합의는 이루어졌다. 그러나 온실가스 배출원을 누가 얼마나 감축하느냐, 온실가스 흡수원인 산림 등을 복원하는 것 또는 삼림 벌채에 대해서는 어떻게 대응해야 하느냐 등의 문제도 충분히 검토되어야 한다. 이러한 문제에 대해서 각국이 모두 스스로 처한 자연적 · 사회경제적 상황에 따라 서로 다른 입장을 갖고 있기 때문에 합의에 도달하기가 쉽지 않다.

셋째, 기후변화 문제 해결을 위해 개발도상국의 협력을 이끌어 내기 위한 방안에 관한 것이다. 기후변화 문제는 선진국의 노력만으로는 극복할 수 없다는 데 모든 국가가 공감하고 있다. 중국, 인도, 브라질 등 신흥개도국의 온실가스 배출량이 빠른 속도로 증가하고 있으며, 중국의 경우 최근 세계 최대의 배출국이 되었기 때문이다. 그래서 기후변화협약은 '공통의 차별화된 책임'과 '사전예방원칙'을 강조하고 있다. 개도국 참여 문제는 주로 후진국이 기후변화 문제 대응에 동참하도록 하기 위해서 선진국이 무엇을 어떻게 지원하느냐에 논의가 집중되고 있다. 후진국의 감축과 적응을 용이하게 하기 위한 재정적 · 기술적 지원 문제가 주요 쟁점이다.

끝으로, 각국의 이행상황을 검토하고 기후변화에 대한 영향을 재평가해서 정책을 새롭게 수립하는 문제이다. 감축 목표와 대상에 대해 국제사회가 합의하더라도 개별 국가가 이를 잘 준수할 것이라는 보장은 없다. 따라서 어떤 국가가 자신이 감축해야 할 목표량을 달성했는지를 판단하고, 그렇지 못했을 경우 이행을 강제할 수 있는 제재수단이 있어야 한다(이영철, 2009: 198; 이승은, 고문현, 2021: 45-47).

2) 파리협정 채택과 신기후 체제의 출범

(1) 파리협정의 주요 내용

파리협정은 제21차 유엔기후변화협약(UNFCCC) 당사국총회 결정문(1/COP. 21)을 통해 최종 채택되었다. 파리협정은 UNFCCC 이행을 강화하기 위하여 채택되었으며, 이는 파리협정 제2조와 결정문 1항에 잘 나타나 있다. 파리협정은 크게 목적(제2조), 국가적 결정기여(제3조), 온실가스 감축(제4~6조), 기후변화 영향에 대한 적응(제7~8조), 재원(제9조), 기술(제10조), 역량강화(제11~12조), 투명성(제13조), 전 지구적 이행점검(제14조), 이행 및 의무준수(제15조), 총회, 사무국 및 산하기구(제16~19조), 의사결정(제22~25조), 탈퇴 등 기타(제26~29조) 등으로 이루어져 있다.

전문, 6개 장 140개 항으로 이루어진 총회 결정문은 파리협정의 채택 후속조치, 각국이 제출한 '의도된 국가적 결정기여(INDCs)'의 후속조치, 협정발효를 위한 준비작업, 2020 이전의 기후행동 강화작업, 비정부 행위자들의 역할, 예산 및 행정사항에 대해 다루고 있다. 유럽연합을 포함한 196개 협약 당사자들은 총회 결정문을 통해 지난 4년간의 신기후 체제 공식 협상기구였던 '더반 특별 작업반(ADP)'의 임무를 종료하고 협정 이행 준비를 위한 '파리협정 특별 작업반(APA)'을 출범시켜 첫 회의를 2016년 기후변화협약 부속기구 회의(SBI, SBSTA)[8]와 동시에 개최하기로 합의하였다.[9]

(2) 파리협정의 목적

파리협정의 목적은 제2조에 세 가지로 규정되어 있다. 첫째, 산업화 이전 대비 지구 평균기온 상승 폭을 2℃보다 훨씬 낮게 억제하고, 기후변화의 위험과 충격을 상당히 줄일 수 있는 1.5℃ 상승의 억제를 위한 노력도 계속 추구하는 것이다. 둘째, 기후변화의 부정적 영향에 적응하고 기후 복원력과 온실가스 저배출형 개발을 촉진하는 능력을 강화하는 것이다. 셋째, 재원의 흐름을 온실가스 저배출과 기후 탄력적 개발을 위한 경로와 부합되도록 하는 것이다. 모든 국가는 이러한 목적을 지닌 협정을 이행할 때 형평성, 공통의 차별화된 책임과 각국의 능력 원칙,[10] 서로 다른 국가별 여건[11]을 반영해야 한다.

파리협정의 목적 중 특히 산업화 이전 대비 평균기온 상승 목표를 어떻게 설정할

---

8) 이행부속기구(Subsidiary Body for Implementation: SBI)와 과학 기술자문 부속기구(Subsidiary Body for Scientific and Technological Advice: SBSTA)로 구성된 2개의 부속기구회의는 매년 두 차례 개최되고 협약을 효과적으로 이행하기 위한 기술적 사항을 논의한다.

9) 여기에 대하여 자세한 것은 박덕영, 최승필, 고문현(2019). **기후변화에 대한 법적 대응**, 박영사, pp. 50-57 참조.

10) common but differentiated responsibilities and respective capabilities: 협약에 명시되어 있는 문구로, 기후변화 대응을 위해 모든 국가들이 공동으로 대응해 나가야 하나, 각국이 서로 다른 역사적 책임과 능력을 지니고 있으므로 이를 고려해야 한다는 원칙이다.

11) different national circumstances: COP20 결정문을 통해 규정된 문구이며, 각국의 서로 다른 능력뿐 아니라 제반 국가별 여건도 고려 대상으로 포함한다는 의미에서 의의가 있다.

것인가는 협상 최종 순간까지 난제로 남아 있었다. 1.5℃ 목표를 주장하는 태평양 도서국 대표들의 입장과 1,5℃ 목표에 대한 과학적 근거와 국제적 공감대가 부족하다는 점을 내세우면서 강력한 반대 입장을 펼친 사우디 등 중동 산유국들의 입장이 서로 대립하였다. 이 과정에서 태평양 군소도서국 입장을 지속적으로 대변해 오던 토니 드 브룸(Tony de Brum) 마셜제도 외교장관의 활약이 두드러졌다.

토니 장관은 비공식 각료회의 등을 통해 친분관계를 돈독히 해 왔던 유럽연합, 미국, 브라질, 멕시코 등 100여 개국 대표들이 참가하는 그룹을 결성하여 평균기온 상승 폭을 '2℃보다 훨씬 낮게', 1.5℃ 목표달성 노력을 추구한다는 합의를 이끌어 냈다. 나아가 1.5℃ 목표의 영향에 대한 특별보고서를 2018년 당사국 총회에 제출하였다.

(3) 온실가스 감축과 기후변화에 대한 적응

신기후 체제하의 기후행동은 온실가스 감축과 기후변화에 대한 적응으로 이루어진다. 개도국들은 지금 당장 전 세계 온실가스 배출량이 줄어든다 해도 이미 배출된 온실가스로 인한 기후변화는 불가피하며 이에 적응하기 위한 각국의 기후행동이 필요하다는 입장을 지속적으로 개진해 왔다. 개도국들의 이러한 요구는 2007년 COP13의 발리 행동계획(Bali Action Plan)에 반영되었으며 2010년 COP16에서 칸쿤 적응체제(Cancun Adaptation Framework) 수립으로 연결되었다. 2011년 COP17 결정에 따라 적응은 신기후 체제의 6개 핵심요소 중의 하나로 감축과 함께 기후행동의 한 축을 담당하게 되었다.

신기후 체제 협상과정에서 많은 개도국은 적응을 감축과 동등한 비중으로 다루어 줄 것을 요구했으며 일부 강경 개도국들은 감축과 적응의 법적 동등성까지 주장하였다. 선진국들은 적응을 감축과 동등한 정도의 정치적 비중을 부여하기로 양해하고 적응의 목적을 협정 제2조에 감축 및 재원분야 목적과 함께 병기하였다. 적응 조항인 협정 제7조는 적응의 전 지구적 목표를 능력 강화, 회복력 강화, 기후변화에 대한 취약성 축소(제1항)로 설정하고 이를 위한 각 당사국의 의무와 역할을 규정하였다.

각 당사국은 국가 적응계획을 수립, 이행하고 이와 관련한 정보를 정기적으로 제출하고 갱신해야 하며 각국의 적응보고서는 감축과 마찬가지로 사무국이 운영하는 공공 등록부에 게재하여 관리된다. 적응은 5년마다 실행되는 전 지구적 이행의 점검 대상이 된다. 개도국은 적응계획을 수립하여 이행하는 과정에서 선진국의 지원을 받을 수 있다.

파리협정 제2조에 나타난 손실과 피해는 비록 독립적 조항으로 합의되었으나 적응활동과 불가분의 관계에 있다. 초강력 태풍이나 허리케인과 같이 단기적으로 나타나는 극단적 기후재해와 해수면 상승과 같은 장기적 기후변화 현상에 따라 발생하는 손실과 피해 문제를 신기후 체제하에서 어떻게 다룰 것인지에 대해 국가 그룹별로 극명한 입장 차이를 보였다. 잦은 기상재해를 겪은 국가들과 해수면 상승에 취약한 군소도서국들의 책임과 보상을 요구하면서 이에 관한 사항들을 항구적으로 다룰 수 있도록 파리협정에 관련 조항을 신설할 것을 제의하였다. 선진국들은 손실과 피해에 대한 논의가 궁극적으로 온실가스 배출의 역사적 책임과 연계되어 개도국들로부터 막대한 재정 지원 요구가 거세질 것을 우려하여 파리협정에 손실과 피해 관련 조항이 포함되는 것을 적극적으로 반대했다(김찬우, 2016: 47).

손실과 피해 조항의 포함 여부가 파리협정의 합의도출 여부를 좌우할 정도로 비중이 커지게 되었다. 위기감을 느낀 선진국-개도국들은 협상의 공식채널이 아닌 각료급 비공식 협의체에서 수차례 의견을 나눈 후, 손실과 피해를 파리협정에 별도 조항으로 신설하되 동 조항의 이행이 어떠한 책임 또는 보상의 토대가 되지 않는다는 것을 총회결정문에 명기하는 선에서 타협을 이끌어 냈다. 손실과 피해 조항이 적응조항과 별도로 규정되게 된 배경에는 이 논의를 둘러싼 의견대립이 적응분야 작업진전을 더디게 할 우려가 있다는 중도 그룹 국가들의 입장이 반영되었다.

(4) 기후행동에 대한 투명성

신기후 체제하에서 각 국가별 기후행동 방식을 상향식으로 합의할 때 함께 수반되는 논의가 국가 간 기후행동에 대한 신뢰확보 문제였다. 이러한 차원에서 측정, 보고, 검증으로 대표되는 투명성 체제 논의가 협상의 핵심 의제로 부상하였다. 투명성이란 각국이 온실가스 감축과 적응으로 대표되는 기후행동을 충실히 이행하고, 기후행동 강화를 위한 재원-기술-역량배양 지원을 충분히 제공, 활용하는지 점검하는 일련의 과정을 의미한다. 선진국들은 모든 국가가 자국이 제출한 기후행동 목표를 성실히 이행하고 관련 정보를 충분히 제공하고 있는지를 점검하는 공동의 단일 투명성 체제를 수립하기 위한 제안을 하면서 협상 관철에 많은 노력을 기울였다. 반면, 개도국들은 2010년 칸쿤 회의에서 채택된 기존의 투명성 체제가 선진국-개도국의 차별화 방안을 반영하고 있다고 주장하면서, 신기후 체제하에서도 선진국과 개도국이 서로 다른 투명성 체제의 적용을 받아야 한다고 주장하였다.

선진국-개도국 간 이견으로 협상과정에서 선진국들이 제안하였던 '공동의(common)' 혹은 '단일화된(unified)' 투명성 체제는 파리협정에 반영되지 못했다. 중립적인 표현의 '강화된(enhanced)' 투명성 체제구축에 합의하고, 개도국들의 역량을 고려하여 체제 내에 유연성을 부여하는 원칙적인 내용이 합의되었다. 총회결정문을 통해 개도국에는 보고 빈도-수준-범위 등에 유연성을 부여하도록 합의했지만 보다 세부적인 투명성 절차는 제1차 파리협정 당사국회의에서 채택하였다. 따라서 2016년부터 진행되는 후속협상에서 보다 강화된 투명성 체제가 모든 당사국에 적용될 수 있도록 어떠한 유연성을 반영해 나갈 것인지가 초미의 관심사이다.

(5) 앞으로의 과제

2015년 파리협정의 타결로 기후변화 문제는 새로운 전기를 맞고 있다. 선진국과 개도국이 같이 참여하여 온실가스의 배출량을 줄이고 지구 평균기온의 상승을 산업화 이전 대비 2℃ 이내로 유지하되 온도 상승을 1.5℃ 이하로 억제하기 위한 노력에 국제사회가 합의한 것이다. 그러나 기후변화 문제의 해결을 위해 앞으로 가야 할 길이 여전히 멀다. 기후변화에 대응하는 국제사회의 전체 합의를 이끌어 내는 데만 43년이란 세월이 흘렀다.

기후변화의 원인에 대한 연구프로그램을 진행할 것을 세계기상기구(WMO)에 처음으로 권고한 것이 1972년 스톡홀름회의였고 이에 따라 IPCC가 설치된 것이 1988년이었으며 IPCC 제1차 보고서가 나온 것이 1990년이다. 그리고 교토의정서로 선진국 간의 합의가 그나마 1997년에 이루어졌고, 이후 전 세계가 동참하는 합의는 2015년에서야 이루어졌다. 그동안 온실가스의 배출은 지속적으로 증가하였고 기후변화 완화를 위하여 부담해야 할 비용은 급속히 증가하였다. 자발적 감축을 전제로 하는 파리협정의 이행이 얼마나 효과적으로 시간지연을 최소화하면서 전개될지는 시간을 더 두고 관찰해야 할 것이다.

기후변화에 대한 적절한 대응이 지연되는 또 다른 중요한 이유는 기후변화정책 역시 다른 정책과 우선순위 경쟁을 하고 거기에서 살아남아야 하기 때문이다. 예를 들어, 기후변화에 대응하는 중요한 정책으로 신재생연료와 교통수단에 대한 연구와 새로운 시스템으로 전환이 강하게 요구되고 있다. 그러나 화석연료에 의존하고 있는 현재의 에너지와 교통 시스템은 새로운 시스템으로의 급속한 전환에 강하게 저항하고 있으며 이러한 저항은 새로운 변화로의 진전을 지연시키거나 좌절시킨다. 그렇기 때문에 녹색가치, 녹색이념, 녹색민주주의만으로는 충분하지 않으며, 자원을 동원하여 기존의 이해관계를 변화시키고 효율적이고 민주적인 환경 거버넌스를 추진할 수 있는 제도가 필요한 것이다.

기후변화에 대응하는 다원적 거버넌스 형태는 기본적으로 두 가지가 있다. 하나는 정부가 중심적인 주체가 되어 행정단위(시, 도, 국가)별로 다르게 추진하는 다차원적 거버넌스 시스템이며, 다른 하나는 다양한 사회적 조직의 형태로 존재하는 공중과 사적 부분에서의 네트워크에 의해 지배되는 다원적 거버넌스 시스템이다. 연방모델과 레짐모델은 하향식 거버넌스로 전자에 해당하고, 세계민주주의 모델(세계사회포럼 등)은 상향식 네트워크로 후자에 해당한다.

따라서 크게 두 가지 형태의 거버넌스가 존재하는데 교토의정서나 파리협정과 같이 각 국가별로 그리고 지방정부에서 수행되는 공식적인 거버넌스 형태와, 매우 느슨한 비공식조직으로 사회운동, 자발적인 조직, 단일목적의 압력단체, 사기업, 연구기관, 지방정부 등이 서로 연결된 네트워크 거버넌스 형태이다. 이 두 형태의 거버넌스 사이에서 지방 차원에서는 기후변화를 완화하고 적응하기 위한 노하우와 경험을 공유하는 수평적 · 초국가적 네트워크가 점차 증가하고 있다.

이 네트워크의 참여자들은 기후변화에 대한 해결책을 찾으며 공식조직과 비공식 조직 사이에서 초국가적 영역을 만들어 내고 있다. 기후변화 거버넌스에서 국내외의 네트워크는 이제 일상적인 현상이 되고 있다. 이 네트워크에서 지방정부와 도시 파트너들은 여러 가지의 새로운 기회를 가지게 된다. 예를 들면, 기후변화 완화를 위한 창조적인 프로그램을 시행한 도시는 그 이름을 세계에 알릴 수 있으며, 이러한 기회는 기업의 투자를 유인하여 도시의 경제발전을 가져오는 새로운 기회로도 연결된다. 지방정부는 중앙정부를 거치지 않고 곧바로 다른 지방정부나 조직들과 네트워크하면서 새로운 기회를 만들고 있다. 기후변화 적응과 완화정책을 위한 중요한 기반이 되어 나갈 것이다.

초국적기업, 과학집단, NGO, 사회운동 등은 초국가적 거버넌스를 형성하는 중요한 구성원이 될 것이다. 지금 당장 모든 문제를 해결할 수 있는 완벽한 거버넌스 시스템은 아직 없으며 당분간은 다소 혼란스럽고 서로 중첩된 거버넌스 시스템으로 기후변화에 대응해 나가야 할 것이다. 그리고 정부의 공식적 조직과 제도는 비공식적 조직(자발적 조직, 사회운동, 환경협회, NGO)의 중요성을 인식하고 이들과의 네트워크를 강화하는 것이 매우 중요하다. 두 거버넌스 시스템은 상호 보완적인 관계 속에서 기후변화에 더 적절하게 대응할 수 있기 때문이다.

기후변화 문제에 대응하는 거버넌스 시스템을 시민사회 중심의 네트워크 형태로 가져가는 것이 적절하다는 주장은 환경 문제와 같은 복잡한 난제들을 풀어 나가는 데 국가기구로는 한계가 있으므로 준 국가적 메커니즘을 이용하는 것이 유용하다는 주장과 연결된다. 예를 들면, 생태적 근대화를 주장하는 학자들은 현재의 정치행정체계는 사후적으로 반응하도록 되어 있는데 생태 문제에 사후적으로 반응하거나 시행착오적으로 대응할 때 그 피해는 너무도 크며 비가역적인 경우가 많아 환경 문제에 대한 접근 틀은 사후형에서 사전형으로 바뀌어야 한다고 주장한다(문태훈, 2010). 그런데 사전 반응형 정치행정체계에서는 국가에 의존해서도, 시장 기구에 전적으로 의존해서도 안 된다고 주장한다(문태훈, 2010). 국가의 역할은 인정하되 최소한도로 국가기구를 축소시키는 것에 초점을 두어야 한다는 주장이다. 나머지 역할과 기능은 국가와 시장 이외의 사회영역에 유사 정치기구와 유사 시장 기구를 통해 수렴되도록 하는 것이 바람직하다는 것이다.

이것은 국가의 조정기능을 새로 결정한다는 것을 의미한다. 국가 밖의 준 국가적 제도와 같은 탈중심화된 대화 메커니즘을 창출하자는 것이다. 중앙 국가는 자신의 역할을 전략적 과제로 한정하고 분권화된 행위자들을 세부적 조정자의 역할로 특화해 나간다는 것이다. 이것은 사회적 장기계획의 구상 및 문제해결의 방향설정에서 사회의 개입을 강화하는 것을 의미한다. 사회적 개입은 사회적 조정능력의 강화를 전제로 한다. 이러한 준 국가적 메커니즘은 사회적 조정 작용 또는 과정이 정례화되는 기제를 지칭한다. 이러한 역할분담에 의하면 환경 문제에서 중앙 국가는 생태적으로 최소한도의 설정과 전략적 구조조정 기능을 갖는 것이고, 분권화된 행위자들은 국민국가적 기본조건들과 여기서 규정한 최소한도를 넘어서는 어떤 것을 만들어 내는 역할을 담당하게 된다.

이러한 예는 우리나라에서도 여러 곳에서 관찰된다. 지속가능발전위원회의 성립, 지방의제21의 추진을 총괄적으로 협의해 나간 지속가능발전협의회의 형성, 지방의제21을 추진하기 위한 지방자치단체의 지방의제21 사무국의 등장, 지속가능발전협의회가 중심이 되어 전개되는 그린 스타트 운동들은 대부분 준 국가적 제도로 국가의 전략적인 방향하에 세부적 조정과 변화의 역할을 담당한 조직들이다.

자발적인 시민참여, 시민과 연계된 준 국가적 조직들이 점차 사회적 조정자로서의 역할을 증대시키는 모습들도 관찰할 수 있다. 기후변화협약과 같은 국제협약은 기후변화 완화를 위해 따라야 할 최소한도의 설정과 전략적 구조조성 기능을 갖고, 분권화된 국가, 도시, NGO와 이들 간의 네트워크들이 여기서 규정한 최소한도를 넘어서는 어떤 것을 만들어 내는 역할을 담당하는 구조를 생각할 수 있다.

여기서 도시나 지방정부는 국가적 이해관계로부터 훨씬 더 자유롭고 유연하게 중심역할을 할 수 있다. 도시는 이미 세계적 네트워크 속에서 작동하는 네트워크 도시로 발전해 나가고 있다. 독창적인 아이디어와 실행으로 기후변화에 성공적으로 대응하는 도시는 세계적인 관심을 얻을 수 있으며 세계적 기업으로부터 좋은 투자를 유치하는 기회를 가지며 관광객을 유인하기도 한다. 네트워킹된 도시가 중심이 되어 국가, 기업, NGO들과 긴밀히 연계하면서 국제협약 이상의 성과를 이끌어 내는 것은 물론 간단하지는 않겠으나 세계민주주의 모델, 네트워크 모델과 병행하여 기후변화에 대응하는 또 다른 중요한 보완과 대안이 될 수 있을 것이다(이승은, 고문현, 2021: 60-70).

5. 기후변화와 안보

1) 에너지 안보

에너지는 인간의 생존에 필수적인 냉·난방, 조명, 취사, 이동 등이 가능하도록 열, 빛, 동력을 제공하며 동시에 각종 원자재 및 중간재를 최종 소비재로 변환시켜 주는 기능을 하는 서비스를 말한다. 에너지를 확보하는 것은 국민의 삶의 질을 향상시킬 뿐만 아니라 지속적인 국가 경제활동과도 밀접한 관련이 있다. 경제활동을 영위하기 위한 필수재인 에너지를 공급 중단 없이 적정한 가격으로 이용할 수 있는 능력을 에너지 안보(energy security)라고 한다(Pascual & Elkind, 2009).

국내 연간 에너지 소비량은 세계에서 10위 안에 들어갈 정도로 많지만 국내에 공급되는 에너지 중에서 국내 생산 비중보다 외국으로부터 수입되는 비중이 높아 에너지 공급 차질과 에너지 가격 변동에 대비할 수 있는 정책 수단을 마련하는 것은 정부의 주요 정책 과제 중 하나이다.

1970년대의 석유위기 시기에 에너지 안보에 대한 중요성이 부각되기 시작했는데 전통적인 에너지 안보는 석유비축이나 에너지 자국 생산 비율 향상을 의미한다. 이후 환경에 대한 관심이 증가하면서 동일한 부가가치를 생산하기 위하여 더 적은 에너지를 사용하는 에너지 효율 향상도 에너지 안보의 한 요인으로 검토하고 있다.[12)]

최근 정보화가 진행되면서 생산도구의 동력원이 전기에너지에 의존하는 바가 커지자 전력계통의 신뢰도도 에너지 안보 차원으로 보고 있다. 에너지 안보와 관련된 국내 지표의 변화 추세와 현황을 살펴보는 것은 국내 에너지 수급 시스템의 취약점을 발견하여 에너지 가격의 급등이나 공급 차단과 같은 문제가 발생하더라도 그 경제적 충격을 완화할 수 있게 하는 정책 수단을 발굴하는 데 도움이 될 수 있다(이승은, 고문현, 2021: 85-86).

(1) 에너지 안보의 개념과 관련법

다양한 기관에서 에너지 안보에 대한 정의를 내린 바가 있다. 미국 에너지 정보청(EIA)은 에너지 안보를 "적정 가격으로 중단 없이 에너지를 이용할 수 있는 가용성(the uninterrupted availability of energy sources at an affordable price)"으로 정의

12) 미국의 「에너지 자립 및 안보법(Energy Independence and Security Act of 2007)」은 법률명에서 '에너지 안보'를 명시적으로 표현하고 있는데, 동법률은 에너지 효율 향상 제도인 CAFE(Corporate Average Fuel Economy Standards)와 재생에너지 연료를 이용하도록 하는 RFS(Renewable Fuel Standard) 등을 규정하고 있다. 이로써 에너지 이용 효율 향상과 신재생에너지 이용이 에너지 안보의 한 구성요소임을 간접적으로 알 수 있다.

했다.[13] 에너지 안보는 장기적으로 경제개발과 지속가능발전이 조화될 수 있는 공급체계를 구축하기 위한 투자이고 단기적으로는 갑작스러운 수급 불균형에 대응할 수 있는 능력이라고 할 수 있다.

세계에너지협의회(World Energy Council)가 2017년에 발간한『에너지 트릴레마 지수(World Energy Trilemma Index)』에서는 에너지 안보를 "국내외로부터 1차 에너지 공급에서 효과적인 관리, 에너지 기반 신뢰성, 그리고 현재 및 미래의 에너지 수요를 충족시킬 수 있는 능력"이라고 정의하고 있다(World Energy Council, 2018).

국제에너지기구(IEA)가 진행한 유럽의 사례연구에서 전력시스템 안보(electricity security)로 정한 요소는 ① 연료 공급에 대한 안보, ② 발전 설비의 적정성, ③ 상황 인식 및 복구 능력과 같은 시스템 운용이다(Wittenstein et al., 2016: 154).

이러한 정의에도 불구하고 에너지 안보의 수준을 평가할 구체적인 지표가 확고하게 정립되어 있지는 않다. 에너지 안보를 세분화하여 각국의 에너지 안보 수준을 평가한 대표적인 사례[14]가 미국 상공회의소의 에너지 다소비국에 대한 에너지 안보 수준의 평가인데, 이 평가는 ① 세계 연료상황(세항 6개), ② 연료 수입(세항 5개), ③ 에너지 지출(세항 3개), ④ 가격 및 시장변동성(세항 4개), ⑤ 에너지단위(세항 3개), ⑥ 전력부문 관련(세항 2개), ⑦ 수송부문(세항 2개), ⑧ 환경(세항 2개) 등 8개 부문 29개 세항으로 구성되어 있다(이승은, 고문현, 2021: 86-87).

(2) 에너지 안보 관련 국내 법률

에너지 안보에 대한 국내 법률은 「저탄소 녹색성장 기본법」 등이다. 동법 제39조 '에너지정책 등의 기본원칙' 제6호[15]에서 에너지 안보의 실행방안으로 국외 에너지

13) http://www.iea.org/topics/energysecurity/ (2022. 10. 15. 검색)

14) 미국 상공회의소가 2018년에 에너지 다소비국의 에너지 안보 수준(2016년 기준)을 평가한 결과, 25개 에너지 다소비 국가 중 대한민국은 23위를 기록하였는데, 국내 에너지 안보 수준이 낮은 것은 미국 상공회의소에서 사용한 에너지 안보 지표 중에서 에너지 보존량과 국내 생산량이 낮은 것이 주요 원인이다.

15) 제39조(에너지정책 등의 기본원칙) 6. 국외 에너지자원 확보, 에너지의 수입 다변화, 에너지 비축 등을 통하여 에너지를 안정적으로 공급함으로써 에너지에 관한 국가안보를 강화한다.

자원 확보, 에너지의 수입 다변화, 에너지 비축을 명시했다.

동법은 에너지 안보에 대한 일부 실현 수단에 대해서는 기술하고 있으나 '에너지 안보'의 구체적인 개념을 정의하고 있지는 않다. 「저탄소 녹색성장 기본법」 제39조에서 에너지 안보의 실행방안으로 제시한 국외 에너지자원 확보는 「해외자원개발사업법」에, 석유비축은 「석유 및 석유대체연료 사업법」[16]과 「한국석유공사법」[17]에, 석탄비축은 「석탄산업법」[18]에, 천연가스비축은 「도시가스사업법」[19]에 각각 규정하고 있다.

「저탄소 녹색성장 기본법」 제41조 제3항은 '에너지기본계획'에 포함되어야 할 사항을 규정[20]하고 있는데, 이 중 에너지 안보와 직접적인 관련이 있는 내용은 제2호의 에너지의 안정적 확보, 도입 · 공급 및 관리를 위한 대책에 관한 사항, 제3호의 에너지 수요 목표, 에너지원 구성, 에너지 절약 및 에너지 이용효율 향상에 관한 사항, 제5호의 에너지 안전관리를 위한 대책에 관한 사항, 제6호의 부존 에너지자원 개발 및 이용에 관한 사항이 있다.

최근 에너지 안보의 중요한 요소로 평가받고 있는 전력시스템의 신뢰도는 「전기

---

16) 「석유 및 석유대체연료 사업법」 제15조~제17조

17) 「한국석유공사법」 제16조 제2호

18) 「석탄산업법」 제28조

19) 「도시가스사업법」 제10조의10

20) 제41조(에너지기본계획의 수립)

① 정부는 에너지정책의 기본원칙에 따라 20년을 계획기간으로 하는 에너지기본계획(이하 이 조에서 "에너지기본계획"이라 한다)을 5년마다 수립 · 시행하여야 한다.

② 에너지기본계획을 수립하거나 변경하는 경우에는 「에너지법」 제9조에 따른 에너지위원회의 심의를 거친 다음, 위원회와 국무회의의 심의를 거쳐야 한다. 다만, 대통령령으로 정하는 경미한 사항을 변경하는 경우에는 그러하지 아니하다.

③ 에너지기본계획에는 다음 각 호의 사항이 포함되어야 한다.

1. 국내외 에너지 수요와 공급의 추이 및 전망에 관한 사항
2. 에너지의 안정적 확보, 도입 · 공급 및 관리를 위한 대책에 관한 사항
3. 에너지 수요 목표, 에너지원 구성, 에너지 절약 및 에너지 이용효율 향상에 관한 사항
4. 신 · 재생에너지 등 환경친화적 에너지의 공급 및 사용을 위한 대책에 관한 사항
5. 에너지 안전관리를 위한 대책에 관한 사항
6. 에너지 관련 기술개발 및 보급, 전문인력 양성, 국제협력, 부존 에너지자원 개발 및 이용, 에너지 복지 등에 관한 사항

사업법」 제27조의2에 규정되어 있다.[21] 「전기사업법」 제27조의2에 따른 「전력계통 신뢰도 및 전기품질 유지기준」(산업통상자원부 고시 제2018-104호) 제2조 제2호에서 신뢰도를 "전력계통을 구성하는 제반 설비 및 운영체계 등이 주어진 조건에서 의도된 기능을 적정하게 수행할 수 있는 정도"로, "정상 상태 또는 정상 고장 발생 시 소비자가 필요로 하는 전력수요를 공급해 줄 수 있는 적정성과 예기치 못한 비정상 고장 시 계통이 붕괴되지 않고 견디어 낼 수 있는 안정성"으로 정의하고 있다(이승은, 고문현, 2021: 86-87).

(3) 에너지 안보 관련 지표 현황

에너지 안보 수준을 판단할 수 있는 대표적 지표는 1차 에너지 공급량, 최종에너지 소비량, 에너지 전환율, 에너지 수입액, 에너지 수입의존도, 석유의존도 등이다(이승은, 고문현, 2021: 89-94).

① 1차 에너지 공급 및 최종에너지 소비

석탄, 석유, 천연가스가 가진 열량을 전기와 열로 전환하는 과정에서 에너지 손실[22]이 발생하는데, 순수하게 최종에너지로 전환되는 에너지 전환율은 2000년 77.7%에서 2010년에는 74.2%까지 하락하였다가 2017년에는 77.2%로 반등하였다.

에너지 전환율이 100%가 되지 않는 이유는 석탄 및 석유 제품을 직접 이용하지

---

21) 제27조의2(전력계통의 신뢰도 유지)

① 산업통상자원부장관은 전력계통의 신뢰도 유지를 위한 기준을 정하여 고시하여야 한다.

② 한국전력거래소 및 전기사업자는 제1항에서 정한 기준에 따라 전력계통의 신뢰도를 유지하여야 한다.

③ 산업통상자원부장관은 대통령령으로 정하는 바에 따라 전력계통의 신뢰도 유지 여부에 관한 감시 · 평가 및 조사 등(이하 "전력계통 신뢰도 관리"라 한다)을 실시하고 그 결과를 공개하여야 한다. 〈개정 2015. 5. 18.〉

④ 산업통상자원부장관은 전력계통 신뢰도 관리를 위하여 필요한 때에는 한국전력거래소 및 전기사업자에게 자료의 제출을 요구할 수 있다. 이 경우 자료 제출을 요구받은 자는 특별한 사유가 없으면 이에 따라야 한다.

⑤ 산업통상자원부장관은 전력계통의 신뢰도가 제1항에서 정한 기준에 적합하게 유지되지 아니하여 전기사용자의 이익을 해친다고 인정하는 경우에는 전기위원회의 심의를 거쳐 한국전력거래소 및 전기사업자에게 필요한 조치를 할 것을 명할 수 있다. 〈신설 2015. 5. 18.〉

22) 이것을 엔트로피(entropy)라 한다.

않고 전환에너지인 전기 및 열을 소비하면서 손실되는 에너지가 발생하기 때문이다. 고유가 시기였던 2010년 전후 기간 동안 에너지 전환율이 2000년 초반 또는 2017년보다 낮은 74.2%에서 75% 수준을 보인 것은 당시의 1차 에너지 가격이 높아 1차 에너지를 직접 사용하지 않고 상대적으로 가격이 낮은 전기와 같은 전환에너지를 소비한 결과이다.

2017년의 국내 에너지 수입액은 1,095억 달러로 추정되며 동년의 에너지 수입의존도[23)]는 94% 이상으로 대외의존도가 매우 높은 국가이다. 이는 국내 에너지 자립 및 확보의 중요성이 다른 국가보다도 높다는 것을 의미한다.

다만, 전체 1차 에너지 공급량 중 석유(비에너지 포함) 공급 비중을 의미하는 석유의존도는 지속적으로 완화되고 있어 2000년에 52%이던 것이 2017년 기준 40% 이하 수준으로 하락하였다. 동력원으로 사용되고 에너지 및 LPG의 공급 비중은 2000년 35.5%에서 2017년 19.4%로 약 16.1%p 감소하였으며 사용량도 6,839만 TOE(Tonnage of Oil Equivalent, 석유환산톤: 에너지의 양을 나타내는 단위)에서 5,841만 TOE로 공급량 자체가 감소하였다. 특히 신재생에너지 발전 비중은 2001년 0.8%에 불과했으나 2010년 1.7%, 2015년 3.7%, 2020년 5.8%, 2021년 7.5% 등 수직 상승세를 보이고 있다. 부생가스와 폐기물에너지가 각각 2019년 10월, 2020년 1월 이후 신재생에너지에서 기타로 분류체계가 바뀐 점을 고려하면 증가 속도가 매우 가파른 것으로 관측된다(이재호, 2022).

② 에너지 수입 비중

에너지 수입액이 전체 수입액에서 차지하는 비중은 한 국가의 무역 구조가 에너지 수입이라는 외부 요인에 의하여 얼마나 좌우될 수 있는가를 보여 준다.

석유, 석유제품, 천연가스, 석탄의 순으로 수입액 비중이 높다. 원유와 천연가스 가격은 상호 연동되어 있어서 원유 가격이 변화하면 이에 후행하여 천연가스 가격

23) 1차 에너지소비에서 수입에너지가 차지하는 비중을 말한다.

에 원유 가격 변동분이 반영되었다. 반면에 석탄 가격은 원유 가격과 연동되어 있지 않으며, 원유 및 천연가스 가격이 상승하더라도 일정 부분 석탄을 사용하면 에너지 수입액 상승을 억제할 수 있다.

2000년의 에너지원 수입액을 100으로 하였을 때 전체 에너지 수입액은 2017년 기준 300 이상으로 증가하였으며 석탄류 수입액은 6배 이상 증가하여 가장 높은 증가율을 보이고 있고, 천연가스 수입액도 2000년에 비해 4배 가까운 규모로 증가하였다.

③ 에너지원단위

한 국가의 경제구조와 에너지 사용의 효율을 살펴보고자 할 때는 에너지원단위(energy intensity) 지표를 사용한다. 에너지원단위는 1차 에너지 공급량을 총부가가치(GDP)로 나눈 값을 말하며, 이는 특정 시점에 GDP를 산출하기 위하여 투입된 에너지의 양을 의미한다. 에너지원단위가 낮을수록 보다 적은 에너지로 보다 많은 부가가치를 산출한다는 것을 의미하고, 산업화된 국가 중에서도 철강 및 자동차와 같은 에너지 다소비 산업의 비중이 큰 국가일수록 에너지원단위가 높다. 에너지 탄성치는 국내총생산의 증가분에 대한 1차 에너지 소비량의 증가분의 비를 의미한다. 탄성치가 클수록 부가가치 증가에 따라 에너지 소비가 상대적으로 크게 증가하는 것을 의미한다.

〈표 4-2〉에서 보는 바와 같이 2000년 이후 에너지원단위(TOE/백만 원)가 지속적으로 개선되고 있다. 2000년에는 0.235였던 원단위가 2010년에는 0.209로 개선되었으며 2014년에 원단위가 2 이하로 개선되어 2017년 현재 약 0.194를 기록하였다. 이는 GDP 백만 원을 생산하기 위하여 2000년에는 0.235TOE의 에너지가 소비되었으나 2017년에는 0.194TOE의 에너지가 소비된 것으로 17년 동안에 동일한 GDP를 생산하기 위하여 매년 연평균 1.12%의 에너지원단위 개선이 이루어졌다는 것을 의미한다.

〈표 4-2〉 에너지 소비 원단위와 에너지탄성치[24)]

연도	에너지원단위 (TOE/백만 원)	에너지탄성치 △TPES/△GDP
2000	0.235	0.715
2005	0.221	0.97
2010	0.209	1.298
2013	0.203	0.200
2014	0.198	0.286
2015	0.196	0.582
2016	0.195	0.833
2017	0.194	0.704

출처: 에너지경제연구원(2018).

④ 에너지 전환 효율

전력에서의 에너지 전환 효율을 나타내는 발전단 열효율이 2000년 이후 개선되지 못하고 40% 내외에서 정체되어 있다. 열효율이란 연료가 가지고 있는 열량 중 전력으로 전환되는 비율을 의미하는데, 열효율이 40% 내외라는 것은 100kcal의 열량을 투입하면 이 중에서 약 40kcal가 전기로 전환된다는 것을 의미한다. 열효율이 높을수록 같은 양의 전력을 생산할 때 더 적은 연료 사용이 가능한데, 2000년 이후 약 40% 내외에서 열효율은 정체되어 있다.

발전단 열효율은 투입 열량 대비 소내 소비전력량[25)]을 포함한 전력량의 열효율을 의미[26)]하고, 송전단 열효율은 투입 열량 대비 소내 소비전력량[27)]을 제외한 전력량의 열효율을 의미하는데, 발전단 열효율과 송전단 열효율 차이가 2013년에 1.61%p로 최소치를 나타낸 후 이후에 이보다 높은 값을 기록하여 발전단과 송전

24) GDP는 2010년 기준임
25) 발전소 내부의 기기 등을 동작시키기 위하여 사용되는 전력량을 말한다.
26) 열효율은 투입 열량 대비 소내 소비전력량을 포함한 전력량의 열효율을 의미한다.
27) 발전소 내부의 기기 등을 동작시키기 위하여 사용되는 전력량을 말한다.

단 열효율 격차가 개선되지 않고 있다.

2015년의 발전단 열효율과 송전단 열효율 차이가 2.3%p였으며, 1.87%p(2016년) 및 1.92%p(2017년)의 차이를 보이고 있다. 〈표 4-3〉에서 확인할 수 있듯이 2013년 이후 발전단 열효율과 송전단 열효율의 차이가 지속적으로 증가하는 것은 발전설비를 효율적으로 사용하고 있지 못하고 발전소에서 낭비되는 전력량이 증가하고 있음을 의미한다.

〈표 4-3〉 전력 시스템 열효율

연도	발전단 열효율	송전단 열효율	차이
2000	39.45	37.64	1.87%p
2005	40.70	38.98	1.72%p
2010	40.83	39.14	1.69%p
2013	39.55	37.94	1.61%p
2014	41.25	39.50	1.75%p
2015	40.92	38.62	2.30%p
2016	39.79	37.92	1.87%p
2017	39.82	37.90	1.92%p

출처: 한국전력공사(2018).

⑤ 비축 및 설비 여유

석유비축은 고전적 의미에서 에너지 안보의 핵심적 전략이다. 2017년의 석유비축량은 9,600만 배럴로 역대 최고치를 기록하고 있으며 비축일 수로는 2015년에 137일분이 최고 기록이다.[28]

한편, 2017년 10월 감사원은 '주요 원자재 비축 관리 실태' 감사 결과 보고서에서 석유비축량 산정을 위하여 사용되는 기준으로 국제에너지기구가 사용하는 '일소비량'을 기준으로 적용하지 않고 원유에는 '1차수입량'을, 석유제품에는 '일소비량'을

28) http;//www.etoday.co.kr/news/section/newsview.php?TM (2019. 3. 16. 검색)

적용하였을 뿐만 아니라 전망치 산정에 사용되는 소비량에 국내 소비가 아닌 국제 벙커링의 소비량과 비에너지유인 납사의 소비량을 포함시켜 석유비축 수요를 과대하게 전망하고 실제 과다 비축하였다고 지적하였다(감사원, 2017).

⑥ 연료의 수입선 다변화 정도

에너지의 공급 중단 등 물량 충격의 위험도를 평가하는 데에는 주로 연료 수입선 다변화 정도의 척도인 HHI 지수를 사용하였다. 〈표 4-4〉에서 보는 바와 같이 LNG의 수입선 다변화 정도는 2000년도에 비하여 개선되고 있다. 다만, 코킹용 석탄의 수입선 다변화 정도는 개선되고 있지 못하고 있는데, 이는 코킹용 석탄이 지역적으로 다양하게 분포되어 있지 않기 때문에 도입선 다변화가 연료용 석탄보다 어려운 것으로 보였다. LNG의 수입선 다변화 정도는 일본에 비하여 낮은 수준이다.[29)]

〈표 4-4〉 전력 시스템 열효율

구분		2013	2014	2015	2016
원유	대한민국	–	1,569	1,524	1,539
LNG	대한민국	–	1,793	1,793	1,936
코킹용 석탄	대한민국	3,292	3,194	4,472	4,123
연료용 유연탄	대한민국	2,852	2,909	3,117	2,781

출처: IEA, Oil Information 2017, 2018; IEA, Natural Gas Information 2017, 2018; IEA, Coal Information 2017, 2018의 자료를 이용하여 정리함.

(4) 시사점 및 개선과제

에너지 안보 능력을 강화하기 위한 에너지 수급체계를 균형 있게 유지 · 관리하는 것은 정부의 중요 정책 중 하나이므로 에너지 위기 대응 매뉴얼에 대한 점검이 필요하다. 에너지는 식량 및 물과 더불어 인간 생존에 필수적 요소이며 적정한 가

29) https://ko.tradingeconomis.com.japan. 일본석탄수입 경제지표 (2018. 1. 13. 검색)

격으로 에너지를 공급하는 것은 수출 주도 경제구조에서 상품 가격 경쟁력을 유지하는 데 일조하였다. 에너지 공급의 해외의존도가 높은 국내 여건상 국제 에너지 시장의 공급선 변화 또는 가격 인상이 국내 경제에 미치는 영향이 크므로 정부는 국제 에너지 시장의 동향을 지속적으로 예의주시하여 가격 급등이나 에너지 공급 중단 사태 등의 위험 발생 시 이의 충격을 최소화할 수 있는 대응 매뉴얼을 점검할 필요가 있다(이승은, 고문현, 2021: 94-97).

에너지 안보와 관련된 여러 지표들의 추세를 살펴보면 에너지원의 다양성, 수입선 다변화, 그리고 에너지원단위는 지속적으로 개선되어 가고 있지만, LNG 수입국의 다변화 전략과 에너지탄성치의 개선이 요구된다. 1차 에너지 소비 시 다양한 연료가 이용되면서 에너지원의 이용 편중 현상이 개선되고, 원유의 수입선 다변화 정도도 2000년 이후 지속적으로 개선되고 있지만, LNG의 주 수입원은 중동 지역이므로 LNG 장기계약 만료 시 다변화 노력이 요구된다. 에너지원단위도 개선되어 에너지 이용 효율이 향상되고 있으나 2015년 이후 부가가치 증가에 필요한 에너지의 증가분을 나타내는 에너지탄성치는 다시 높아지고 있어 이에 대한 요인 분석이 필요하다.

에너지 안보와 관련된 지표에서 전력, 석유비축, 에너지원 구성의 다양성과 관련하여 다음과 같은 개선과제를 도출하였다.

첫째, 전력 및 천연가스와 같은 네트워크 에너지는 저장할 수 없다는 특징[30]이 있어 네트워크 에너지의 효율적 관리가 중요해졌다. 국내 발전원의 다양성은 증가되어 가고 있지만, 복합화력 발전기 등 효율이 높은 발전기가 최근 건설 · 가동되고 있음에도 불구하고 열효율 향상이 이루어지고 있지 않아 이에 대한 원인을 찾아야 한다. 1차 에너지의 해외의존도가 높은 상황에서 열효율이 향상된다면 절약되는 에너지의 양만큼 수입을 줄일 수 있을 뿐만 아니라 발전설비 및 천연가스 저장 설비에 대한 투자도 줄일 수 있다. 국내의 천연가스 기화 생산 능력은 여유가 있는 것

30) 액화천연가스(LNG)의 저장은 임시적인 저장이며, 이러한 측면에서 천연가스의 물리적 생성원리는 석유와 유사하지만 경제적 성격은 전력과 유사하다.

으로 보이나, 동절기의 난방 및 발전용으로 사용되는 급작스러운 수요 증가를 대비한 기화 생산능력의 적정성을 검토해야 할 것이다.

둘째, 전통적으로 석유비축은 에너지 안보의 중요한 정책 수단이므로 국제기준에 부합되는 기준으로 비축량을 재산정하여야 할 필요가 있다. 2017년 감사원이 지적한 원유 및 석유제품 비축에 대한 문제점을 시정하여 지정학적 위험과 경제성이 조화된 적정 원유 비축량을 재산정하여 합리적 비축계획을 수립할 필요가 있다. 정부의 임의적이고 자의적인 비축량 산정을 미연에 방지하고 국가의 존망과 직결되는 에너지 안보를 확립하기 위하여 「석유 및 석유대체연료 사업법」에 비축기준을 명시하는 방안을 마련할 필요가 있다.

셋째, 석유, 천연가스, 전력 등의 가격 변화에 시간차가 발생하여 가격 인상의 충격을 일부 완화할 수 있으므로 석탄, 석유, 천연가스 등 에너지원에 대한 적절한 포트폴리오를 구성하여 외부 충격을 내부적으로 흡수할 수 있는 전략을 마련할 필요가 있다. 2010년대 고유가 시기의 경험에서와 같이 원유 가격이 인상되더라도 석탄, 천연가스, 전력 등으로 가격 충격을 일부 분산시킬 수 있다.

넷째, 제4차 산업혁명이라는 시대적 과제에 부응하기 위하여 전력망 운용의 신뢰도를 높일 필요가 있다. 제4차 산업혁명의 동력원은 전기이며 정전(blackout)과 같은 사고[31)]가 발생하지 않도록 관련 설비 및 기술에 대한 투자가 지속적으로 이루어져야 할 것이다. 적정한 공급예비력의 확보뿐만 아니라 전력시스템을 감시하고 문제 발생 시 이에 대한 조치를 자동적으로 취할 수 있는 원격제어 시스템을 도입하여야 할 것이다.

산업구조의 변화와 에너지 이용 효율화, 전기를 기반으로 하는 정보통신산업의 성장, 제조업의 자동화 등을 대비한 에너지 수급체계 등이 「저탄소 녹색성장 기본

31) 합리적이고 균형적인 에너지 정책을 수립하지 않으면 대한민국에 블랙아웃사태가 우려된다고 지적하고 있다. 여기에 대한 자세한 내용은 최연혜(2018). **대한민국 블랙아웃-독일의 경고: 탈원전의 재앙-**. 서울: 비봉출판사, pp. 286-292 참조.

법」 제41조[32]에 따른 국가 에너지기본계획에 충분히 반영되어야 할 것이다.

2) 농업 생산기술의 안보

기후변화로 위협받고 있는 식량위기를 극복하기 위해서는 농작 면적을 일정 규모 이상으로 지속적으로 확보해야 한다. 기후변화에 잘 적응하는 우수한 품종과 생산기술을 아무리 개발해도 이를 생산할 수 있는 농경지 면적이 확보되지 않는다면 국민들이 필요로 하는 신선하고 안전한 농산물을 안정적으로 공급할 수 없기 때문이다. 아울러 농경지를 효율적으로 활용해서 재해위험도를 분산시키는 것도 필요하다(이승은, 고문현, 2021: 97-100).

농업생산성은 기상환경, 토양환경 그리고 종자와 종묘의 우수성에 따라 결정된다. 유엔은 중국에서 경작지 감소와 농업인구 감소, 지나친 비료 사용, 사막화로 인한 토질 악화로 인한 식량부족을 경고한 바 있다. 2014년 식량자급률이 24%에 불과한 우리도 깊이 새겨야 할 내용이다.

농산물을 안정적으로 생산하기 위해서는 먼저 농업지대별로 주기적인 농업기상정보를 웹서비스하고 이를 시기별 작물생육 정보와 연계하여 작황을 예측하는 체계를 강화해야 한다. 농촌진흥청은 2010년 3월부터 월 3회씩 전국 21개 농업지대별 온도, 강수량, 일조시간 등의 농업기상 정보를 농업정책, 농업연구, 농촌지도, 농업행정 분야 전문가에게 제공하고 있다. 이 정보는 기상청의 기상예보자료와 연계하여 농산물 생산량 전망의 정확도 향상에 기여하고 있다.

이상저온에 의한 피해를 최소화하려면 안전 한계 재배지 이하에서 농작물을 재배하여 서리 및 한파 내습에 대비해야 한다. 또한 보온커튼을 이용한 하우스 보온과 난방에너지 효율 향상에도 주의하여야 한다. 이상고온이 내습하면 지열 등을 이용한 냉난방에너지 절감에 노력해야 하며, 고온기 가축의 번식률과 증체율 개선을 위해서

32) 각주 20번 참조

는 환풍 시설, 빗물 등을 활용한 축사냉각시설 등 가축 사양설비의 개선도 필요하다.

일조시간 부족에 대응하기 위해서는 농가보급형 인공조명 장치의 개발과 보급이 필요하며 LED를 이용한 인공 조명장치에 대한 작물생육 촉진효과가 농가에 보급되기 위해서는 조명 장치의 경제성 확보가 시급한 과제로 대두되고 있다.

가뭄 대비 측면에서는 지금까지 지하관정을 이용하여 농업용수를 확보하여 왔으나, 지하수 고갈로 인한 폐쇄공이 증가하고 있고, 지하수 양정 깊이도 깊어지고 있는 만큼 더 이상의 지하관정사업의 확장보다는 정화된 생활하수와 같은 대체용수를 확보하는 것이 필요하다. 또한 시설 구조물을 이용하여 집수된 빗물을 용수로 사용하는 기반 구축과 더불어 산간지 빗물을 이용한 경사지 밭 용수 자급체계 구축, 논과 같은 오목형 녹색국토를 이용한 지하수를 보충하는 기술의 개발과 정책적 지원이 필요하다.

농업은 날짜와 기후변화에 그대로 노출되어 생산량이 변동되는 산업이기에 농산물 생산자나 농산물 소비자 모두 기후변화에 취약한 경제구조를 갖고 있다. 기후변화를 일으키는 온실가스의 발생을 최소화하면서도 인간의 생존에 필수적인 농산물을 안정적으로 확보하기 위해서는 우리 스스로의 노력을 재점검하는 자세가 필요하다. 기후변화라는 불확실한 미래를 대비하는 길은 과학의 발전과 개발된 기술의 상용화에 달려 있다. 농업기술을 개발하고 이를 산업화와 연계시켜 나가는 우리의 대응 자세에 따라 기후변화의 위기요소를 최소화하는 한편, 기후변화의 기회요소는 한층 강하게 활용할 수 있는 것이다.

기후변화시대 농업의 경제력을 향상시키기 위해서는 농산물의 생산성을 향상시키는 기술에 머물기보다는 1차 산업인 농산물 생산, 2차 산업인 농산물 가공, 3차 산업인 향토자원을 이용한 체험 프로그램, 농산물 유통, 판매 등 서비스업이 어우러지는 6차 산업의 활성화가 필요하다. 또한 기후변화시대에 국민들에게 저탄소 농축산물을 안정적으로 생산하고 공급하기 위해서는 관련된 전방산업과 후방산업의 발전이 수반되어야 한다.

특히 식량의존도가 OECD 국가 중에서 제일 높은 나라가 한국인데 코로나 등과 같이 외국과의 교역이 어려운 돌발적 상황에 대비하기 위하여 식량안보의 중요성을 아무리 강조하여도 지나치지 않다고 할 것이다. 쌀과 계란만 자족하는 구조는 매우 위험하므로 한국의 선진화된 진단 키트를 외국에 갖다 주면서 식량을 확보하는 방안을 심각하게 고려할 필요가 있다. 이 기회에 식량의 자족경제를 위하여 근본적인 패러다임 전환이 필요하다. 이를 위하여 새로운 Business Unusual을 모색할 필요가 있다.

3) 생물다양성의 보존

생물종의 지역적 멸종률은 산림벌채의 비율과 같은 속도로 진행된다. 일단 고립되고 나면 숲 분할 지역은 규모와 상관없이 아주 높은 비율로 생물종을 잃어버린다. 현재와 같은 산림벌채가 지속된다면 머지않아 지구는 대량 멸종의 시대로 접어들게 될 것이다(이승은, 고문현, 2021: 100-102).

그러므로 생물다양성 보전을 위해서는 산림파괴를 방지하는 것이 급선무이다. 특히 생물종 다양성이 높은 열대우림의 보전이 중요하다. 산림이 전용되는 것을 막고 산림파괴로 인한 이산화탄소 배출을 줄여 생물종 다양성을 보전해야 한다.

그리고 황폐화된 지역과 방목장을 다시 녹화해야 한다. 따라서 나무를 심고 가꾸는 노력을 배가해야 한다. 이를 통해 보전림 지대를 형성하여 관리하는 것이다. 최근 COVID-19로 인하여 공장이 조업을 중단하고 사람들의 왕래가 끊어지자 대기오염과 수질오염이 급격하게 줄어들고 미세먼지의 발생량이 많이 감소하여 이탈리아 베네치아의 운하가 관광객 없이 물고기와 새들이 노니는 물로 변한 것은 생물다양성을 위해 우리에게 시사하는 바가 매우 크다.

생물다양성과 생태계가 복원력을 가지도록 관심을 가져야 한다. 개별 종들이 살아갈 수 있는 환경조건을 유지해 주기 위해 조각 난 자연을 생태적인 관점에서 다시 연계시키도록 한다. 온난화 진행에 따라 기존의 많은 보호구역에서 생물종이 떠날 가능성이 있다. 장차 생물종이 이주할 안전한 피난처가 필요하며 이를 위해서는 자연의 연계가 필요하다.

그러므로 생물 통로에 위치한 산림과 목초지를 재건한다. 생물다양성을 확보하기 위해 붕괴한 자연서식지와 보호지역을 연결하고, 생물들이 적절한 지역과 먹이 그리고 물에 접근할 수 있도록 생태 통로 조성사업을 한다. 동서 연계보다는 남북 연계 그리고 고도에 따른 연계가 중요해질 것이다. 그리고 생태계에 대한 다른 스트레스를 줄여 더워지는 지구에서 일어나는 변화가 확대되지 않도록 한다. 개별종의 예상되는 구역이동을 모델링하여 생태계의 적응 방안을 모색한다. 생물종 멸종을 막기 위해서는 생물 서식지를 잘 보전하고 생물종을 체계적으로 보호하는 것이 중요하다.

특히 먹이사슬의 위쪽에 있는 포식자의 멸종을 막도록 하는 것이 중요하다. 멸종위기에 처한 동물, 즉 침팬지, 오랑우탄, 해마, 상어, 바다거북, 팬더, 캥거루, 치타, 곰, 고래, 코뿔소, 코끼리, 코알라, 북극곰, 사자, 표범, 야생마, 얼룩말, 호랑이 등의 보호활동에 중점을 두어야 한다. 보호종인 대형동물의 자연서식지가 보전되면 여타 생물의 서식환경은 저절로 보전되기 때문이다.

현재 지구상에서 가장 심각하게 멸종위기에 처한 동물 종은 안데스산맥의 열대기후 지역, 캘리포니아, 남서부 오스트레일리아, 남아프리카 등의 고유한 서식지에서 서식하는 동물로서, 서식지 밖의 환경에 적응하지 못하는 종들이다. 따라서 이들 동물 서식지를 잘 보호함으로써 우리는 이 동물들을 지킬 수 있다. 즉, 이들 지역을 동물보호지역으로 지정하여 철저하게 보전, 관리한다면 이들 동물의 멸종을 막을 수 있을 것이다.

생물종, 특히 대형 동물의 멸종을 막기 위해 세계야생동물기금(World Wild Life Fund: WWF)은 야생동물 입양프로그램을 마련하여 운영하고 있다. 40종의 상징적인 동물이 그 대상인데 우리는 입양할 수 있는 동물을 선택할 수 있다. 입양이 결정되면 그 동물의 공식 증명서, 컬러 사진, 동물 종에 관한 상태 정보 등을 입양인(후

원자)에게 제공한다. 물론 실제로 기르는 것은 아니다. 어린이와 성인을 막론하고 그들에게 입양 동물을 선물하는 일은 입양한 동물의 미래를 보호하고 그들이 현재 처해 있는 긴박한 상황에 대해 경각심을 높여 주고 있다. 이러한 야생동물 입양프로그램은 안정된 기후의 숲과 정글지역을 보존하기 위한 구체적인 행동 방안의 하나가 될 수 있다.

4) 기후난민 증대의 안보

미래의 기후변화를 정확하게 예측할 수 있는 능력은 기후변화에 적응하기 위한 필수 전제조건이다. 기후변화 예측기술은 두 가지 관점을 지니고 있다(이승은, 고문현, 2021: 102-103). 첫째는 기후변화가 무엇에 의해 생기는지, 그런 환경을 만드는 것이 무엇인지를 규명하는 것이다. 둘째는 관측과 추적을 통해 미래에는 기후변화가 어떻게 진행될 것인지를 알아내는 기술이다. 기후모델링 기술과 기후변화 원인 규명 기술, 기후변화 관측 및 감시 기술, 기후변화 예측 기술 등으로 구분된다.

급격한 기후변화에 대응하기 위해 국토를 기후와 환경 취약성에 따라서 보전하고 이용하고 관리하는 것이 필요하다. 해수면 상승과 홍수로 인한 피해를 예방하기 위해서 얕은 바닷가와 강변을 매립하여 건물을 짓는 것을 삼가야 한다. 넓은 습지를 보전하여 홍수에 대비하는 방법도 있다. 우리 삶의 터전인 국토를 이용하는 방식이 크게 변해야 할 것이다.

기후변화로 일어날 수 있는 각종 자연재해 현상, 즉 집중호우, 침수, 강풍 등으로부터 안전성을 확보하기 위해 강변이나 연안 지역의 완충지대 조성에 보다 적극적인 관심이 필요하다. 특히 연안도시의 경우에는 해수면 상승과 해일 발생에 따른 취약성을 정확하게 파악해서 도시계획에 반영해야 한다. 지구온난화는 이상고온, 열대야 등으로 건강에 영향을 줄 수 있다. 적절한 도시 녹지 조성과 바람길 고려 등의 중요성이 더욱 높아질 것이다(이영철, 2009).

"유럽은 아프리카와 중동으로부터 밀려오는 기후난민 때문에, 아시아는 심각한 식량과 물 부족 위기 때문에 내부적으로 큰 혼란에 빠져 곳곳에서 분열과 갈등이 만연할 것이다."라고 분석하였다(야마모토 료이치, 2007). 즉, 기후재앙으로 식량난, 식수난, 에너지난 등이 겹친 혼란이 지구 곳곳에서 일어날 것으로 예측하고 이에 따른 강력한 '안보 태세'를 강조하였다.

5) 수자원 안보

향후 기후변화로 가뭄이 심해질 것을 대비해서 물을 절약하고 재활용하는 기술이 많이 개발되어야 한다. 특히 수년간 계속되는 가뭄에 대비하기 위해서는 지하수를 충전하고 보전하는 것이 매우 중요하다. 저수지나 댐은 더운 날씨가 계속되면 증발하여 버리기 때문에 장기간 계속되는 가뭄에는 크게 도움이 되지 않을 수도 있다(이승은, 고문현, 2021: 103-104).

여기에 중요한 기술로는 누수 방지 및 저감 기술과 하수 제어용 기술이 있다. 누수 방지 및 저감 기술은 노후화된 상수도관 망에서 발생할 수 있는 누수를 진단하고 원인을 찾아내 이를 보수하기 위한 설계 및 유지 관리를 하는 기술이다. 하수 재이용 기술은 수 처리 및 수질관리를 통해 하수로부터 생활용수, 공업용수, 농업용수 등으로 사용이 가능한 수자원을 확보하는 것이다.

그래서 우리는 대체 수자원을 확보하는 기술을 개발해야 한다. 대체 수자원 기술로는 용수 절약, 하수 재이용, 빗물 이용, 해수 담수화, 해양 심층수 개발, 누수방지 등의 기술이 있다.

해수 담수화 기술은 해수로부터 염도를 제거해 민물화하는 것으로 증발법, 역삼투법, 전기투석법 등이 있다. 빗물 이용 기술은 도시지역 및 물 부족 지역에서 건축물의 지붕, 도로 및 기타 물이 스며들지 않는 지표면에 내린 빗물을 모아 활용하는 것을 말한다. 지역에 따라서는 인공강우를 이용할 수 있다. 인공강우는 제4차 산업혁명의 대명사인 드론을 통하여 비 씨(Cloud Seed)를 뿌려 특정 지역에 비를 내리게 하는 기술이다.

또한 대체 수자원을 개발하는 것만큼 지하수를 충전하고 보전하는 것도 매우 중요하다. 지하수는 충적층 지하수와 암반 지하수가 있다. 충적층 지하수는 하천 활동에 의해 자갈, 모래, 진흙 따위가 쌓여 이루어진 굳지 않는 퇴적층을 말한다. 암반 지하수는 충적층 지하수에 비해 지표수의 수량이나 수질 변화에 큰 영향을 받지 않는다. 그렇기 때문에 지하수 충전이나 유동 속도가 느려 일단 오염되면 원상회복이 어렵다.

6) 건강 · 보건환경의 안보

기후변화는 궁극적으로 인간사회, 즉 사람에 영향을 미치는 것으로 나타난다. 그리고 사망, 질병 등 직접적인 영향으로 이어질 수도 있다. 그러므로 기후변화가 건강에 미치는 영향을 평가하고 취약요인이 무엇인지 파악한다는 것은 이에 따른 적응 및 저감을 위한 정책적 · 기술적 수단 개발에 주요한 관건이 된다(이승은, 고문현, 2021: 105-106).

기후변화에 따라 건강에 영향을 미칠 수 있는 요인은 사회적 · 경제적 · 환경적으로 매우 다양하다. 따라서 기후변화가 건강에 영향을 미치는 과정 그리고 각종 매개변수 간의 복잡한 인과관계에 대한 체계적인 연구를 통하여 기후변화가 건강에 미치는 영향 평가체계를 구축함과 동시에 적응대책이 강구되어야 한다.

또한 기후변화 시대의 환경보건 관리에는 곤충과 미생물의 번성을 막는 노력이 필요하다. 특히 병원균을 매개하는 곤충의 번식을 막아야 한다. 이를 위해서는 주변 환경을 청결하게 하고 쓰레기 관리에 철저해야 하며 질병에 내성이 높아져야 한다. 따라서 골고루 먹고 규칙적으로 운동하며 긍정적으로 생각하고 잠을 잘 자는 사람이 건강해져 질병에 내성이 높아진다.

인류 역사를 보면 가축 전염병이 인간 전염병이 되어 막대한 인명피해를 주었던 사례가 많다. 페스트, 콜레라, 독감 등의 경우도 인간이 동물을 가축화하면서 동물 고유의 전염병이 인간 전염병으로 변형된 것이다. 기후변화시대의 건강보호를 위해서는 가축 사육환경을 개선하여 가축의 전염병 발생을 사전에 예방하고 통제하는 것도 중요한 과제이다. 최근 문제가 되고 있는 사스, 조류독감, 구제역 등은 닭, 오리, 돼지, 소 등의 불결하고 조밀한 사육환경과 관련성이 깊다 할 것이다. 현재 문제가 되고 있는 COVID-19는 바이러스가 일깨운 기후위기와 생물다양성에 대하여 생태적 전환(Ecological Turn; from 'environment-friendly' to 'eco-centered'; From Homo sapiens to Homo symbious)을 하라는 의미 있는 시사점을 주고 있다(최재천, 2020).

6. 지속가능한 발전의 개념

지속가능발전에 대한 개념이 1992년 리우회의를 통해 국제사회의 핵심 규범으로 정착되게 된 결정적인 계기를 마련한 것은 '브룬트란트 위원회'가 1987년에 제출한 환경과 개발에 관한 세계위원회(World Commission on Environment and Development: WCED) 보고서인 '우리 공동의 미래'이다. 이 보고서에서는 지속가능발전을 '미래세대의 필요를 충족시킬 수 있는 능력에 손상을 주지 않으면서 현세대의 필요를 충족시키는 발전'이라는 다소 추상적인 표현으로 정의하고 있다. 여기에서 지속가능발전은 필요의 개념(the concept of needs)과 한계의 이념(the idea of limitation)이라는 두 가지 핵심 개념을 포함한다(이승은, 고문현, 2021: 163-170).

첫째, 필요의 개념은 전 세계 가난한 사람들의 기본적인 필요를 의미하며, 둘째, 한계는 현재와 미래의 필요를 충족시키는 환경의 수용능력의 한계를 의미한다. 이 개념은 환경보호와 경제발전이라는 두 축의 균형과 조화로운 발전 속에서 세대 내의 형평성, 세대 간 형평성과 더불어 장기적으로 지속가능한 발전, 즉 사회 · 경제적인 지속가능성과 생태적인 지속가능성을 모두 충족시켜야 한다는 것이다. 아울러 삶의 질과 인간의 기본적 욕구(basic needs)가 충족될 수 있는 사회가 구현되어야 한다는 입장이다.

이 두 가지 조건이 충족되었을 때 경제성장도 지속적으로 이루어질 수 있다는 것이다. 왜냐하면 사회적 빈곤과 환경악화가 경제성장으로 인해 초래될 수 있는 부작용이므로 이를 해소하고 지속적인 경제성장을 이루기 위해서는 상호 밀접하게 영향을 미치는 경제와 환경, 사회에 대한 고려를 동시에 해야 한다는 것이다.

또한 그 한계는 자연환경의 생태적 한계가 아니라 현세대와 미래세대의 욕구를 만족시켜 주는 환경의 능력에 대해 사회조직과 기술의 상태가 보여 주는 한계다. 즉, 지식이 쌓여 기술이 발달하면 자연자원의 용량을 늘릴 수는 있지만, 기술정책이 자연자원에 접근하는 현재의 방법을 바꾸는 데 주의를 기울이지 않으면 생태적 지속가능성은 보장되지 않는다.

이 때문에 환경과 개발에 관한 세계위원회(WCED)에 의하면 생태적 지속가능성은 현재 자연자원에 접근하는 기술의 사용방법, 부의 불평등 분배 등 사회조직의 한계가 바뀌지 않고는 이룰 수 없다. 따라서 지속가능발전은 고정된 상태가 아니라 자연자원의 착취, 투자의 방향, 기술발전의 방향, 제도의 변화가 현재와 미래의 욕구에 일치하는 방향으로 변동해 가는 과정이다. 이 때문에 지속가능발전은 최종적으로 정치적 의지에 달려 있다.

이와 같은 맥락에서 볼 때 WCED의 지속가능발전 개념에 대한 입장은 인간의 욕구 충족을 위한 경제발전은 자연자원의 이용을 통해 가능한데, 현세대가 너무 이어졌다. 유엔환경계획(UNEP)은 지속가능발전을 지구의 환경 용량 내에서 삶의 질을 향상시키는 개발로 정의하면서 가난한 사람들이 주로 환경을 파괴하므로 이들을 도와야 하며, 자연자원의 사용이 가능한 범위 내에서의 자기의존적인 발전, 경제성장이 환경을 파괴해서는 안 되고 그렇다고 해서 생산을 줄여서도 안 되며, 건강, 식량의 자급자족, 적절한 기술(Appropriate Technology) 사용, 깨끗한 물과 주택 등 인간중심적인 그러면서도 환경과 사회적 형평성이 고려되는 개념으로 의미를 부여하고 있다.

자치단체 국제환경협의회(ICLEI)에서는 '기본적인 환경적 · 경제적 · 사회적 서비스를 이러한 서비스가 토대로 하고 있는 시스템의 존립가능성을 위협하지 않는 범위 내에서 모든 이에게 제공해 주는 발전'으로 정의하고 있다. 세계은행(World Bank)은 지속가능발전을 '경제성장, 빈곤문제의 해결, 건전한 환경관리가 병행되는 것'으로 정의를 내리고 있다. OECD에서는 '경제정책과 환경정책의 통합'이라고 정의하고 상호 간의 연계, 경제 · 사회 발전과 함께 환경보전을 조화시켜 현세대와 미래세대의 삶의 질을 향상시키려는 의지의 표현이라고 설명한다.

이와 같이 지속가능발전의 개념은 1992년 리우회의를 통해 환경과 경제가 조화된 발전이라는 개념 정의로 인해 환경과 경제 중심의 논의가 많았으나 2002년 남아프리카공화국 요하네스버그에서 개최된 지속가능한 발전에 관한 세계정상회의(WSSD)에서 사회분야가 추가됨으로써 경제, 환경, 사회의 균형 있고 조화로운 발전으로 자리매김이 되고 있다.

즉, 지속가능발전의 개념은 환경보호라는 소극적 주제에 머물러 있는 개념이 아니라 사회통합과 형평성, 환경보호, 인간의 욕구를 충족시키는 경제성장이라는 3대 요소를 축으로 삼는 포괄적이고 미래지향적인 인류의 보편적 발전이념으로 이해할 수 있다. 아울러 인간을 둘러싸고 있는 사회와 환경의 발전을 강조하고 국가 간 관계에서도 윈-윈(Win-Win)을 추구하는 탈국가적 발전양식을 상정하고 있으며, 사회 중심적이고 민주적이며 시민 참여적 요소를 깊게 내포하고 있다.

그러나 아직까지도 지속가능발전의 개념에는 일정한 한계가 있는 것으로 지적되고 있다. 큰 맥락에서 환경과 경제를 통합하고 사회형평성을 도모하는 발전으로 그려지고 있지만 교시적 이념형 모형(Heuristic Ideal Type)으로 내용이 추상적이고 모호하며, 현세대와 미래세대 간 배분원칙, 경제와 환경을 통합하는 매개변수와 이를 측정하는 기준, 그리고 과학적 불확실성 등 다양한 요소로 인해 명쾌한 개념 정립이 쉽지 않다는 것이다.

지속가능발전을 보는 시각은 행복지수와 같이 주관적인 요소가 커서 국가별, 지역별, 그리고 개개인이 직면해 있는 여건에 대한 인식을 통해 정립되는 만큼 도덕성과 사회정의에 기초한 의미 분석이 필요하다. 이처럼 지속가능발전의 개념에 대해 논란이 있는 것은 사실이지만, 인간의 복지, 즉 인간의 자연자원에 대한 절대적 의존과 경제발전에 대한 보편적인 욕구를 전제로 하는 개념이라는 점에 대해서는 합의가 이루어지고 있다.

앞에서 지속가능발전 논의의 전개과정, 개념 등을 살펴보는 과정에서 보았듯이 지속가능발전은 현실적인 상황과 필요에 의해 다양한 시각으로 표현될 수 있으므로 지속가능발전이 추구하는 가치에 대해 세계적 합의가 이루어지기는 어렵다. 그러나 다양한 사회적 목표들을 조정하는 틀(framework)로서 지속가능발전이 이용될 수 있다. 이러한 측면에서 지속가능발전에 대한 개념적 한계를 규정할 수 있는 핵심 개념이나 원칙에 대한 논의가 필요하다.

7. 결론

개럿 하딘(Garrett Hardin)의 『공유지의 비극(Tragedy of the Commons)』이 나온 지 50년, 브룬트란트 보고서 발표 후 30년, 리우회의 개최 30년이 지난 오늘까지 지속가능발전 이념이 각국의 정책과 인류 공동의 행동으로 확고하게 뿌리 내리지 못한 것은 '과학적 엄밀성'과 '통합성' 그리고 '사전주의' 원칙에 대한 이러한 태도의 차이에 기인한다. 그러나 이러한 태도의 차이가 과학을 엄밀하게 해석하려는 학문적 동기에서 비롯되기보다는 현실 이익을 옹호하기 위해 과학을 최대한 유리하게 해석하려는 이기적 동기의 노력 때문이라고 할 수 있다.

이러한 이유에서 이제는 우리나라에서도 기후변화 문제에 대해 소극적이고 방어적인 태도로 일관해 온 정책 결정 논란에 대해 여러 분야의 과학자들과 전문가들이 적극적으로 참여하기보다 진지한 논의를 벌여 합의를 도출할 때가 왔다(이승은, 고문현, 2021: 271).

현재 인류가 직면하고 있는 기후 및 환경에 대한 위험은 자연의 힘으로부터 생겨난 것이 아니다. 그것은 인류 스스로 만든 힘에서 비롯된 것이며 인류 자신으로부터 유래하고 있다. 오늘날 환경 문제는 인간이 가해자이면서 동시에 피해자가 될 수도 있다는 점에 그 심각성이 있다고 할 수 있다. 기후 및 환경 문제는 21세기를 살아가는 우리가 오랫동안 고민하면서 풀어 가야 할 중대한 과제임은 틀림이 없다. 그러나 그 해결책을 찾는 것은 결코 쉽지 않다. 하지만 기후 및 환경 문제는 결코 피할 수 없으며 반드시 해결해야 할 문제이기도 하다. 이러한 문제를 해결하기 위한 접근방법의 하나로 '환경윤리'(자연과 인간의 형평성, 세대 내의 형평성, 세대 간의 형평성)를 확립하도록 하여야 할 것이다.

여기에서 살펴본 기후위기와 대응 방안이 우리 사회의 최대 문제인 기후 및 환경 문제를 해결하여 고라니에게 가스마스크를 파는 최악의 상황을 피하고(고문현, 2020), 투발루가 바닷속으로 완전히 가라앉지 않도록 하는 데 타산지석으로 기여할 수 있기를 희구한다.

참고문헌

감사원(2017). 주요 원자재 비축 관리 실태, 2017. 10.

고문현(2020). "고라니에게 가스마스크를 파는 뉴 노멀 상황 피하자". 경기일보(2020년 6월 14일). http://www.kyeonggi.com/news/articleView.html?idxno=2297346

고문현(2021). 통합환경법 제정에 관한 연구: 가칭 「이산화탄소 저장 등에 관한 법률」안 제정을 중심으로. 서울: 집문당.

고문현, 류권홍(2015). 기후변화대응을 위한 에너지·자원법. 서울: 숭실대학교출판국.

고재경, 김희선(2013). 기후변화 완화와 적응 통합에 관한 시론적 연구. 환경정책, 21(1), 29-58.

국립환경과학원(2013). 지구온난화에 따른 한반도 영향평가 및 적응전략 기술개발, p. 127.

권오상(2020). 환경경제학. 서울: 박영사.

권원태(2011). IPCC 5차 평가보고서 대응을 위한 기후변화 시나리오 보고서 2011. 국립기상연구소.

김찬우(2016). 포스트 2012 기후변화 현상, 개정판. 에코리브르, 47.

문태훈(2010). 환경문제를 개선을 위한 공공 접근방법의 확대: 필요성과 가능성 그리고 과제. 한국행정논집, 22(3), 799-820.

박덕영, 최승필, 고문현(2019). 기후변화에 대한 법적 대응: 유엔기후체제, 국내법 및 통상법의 관점에서. 서울: 박영사.

박영숙(2018). 세계미래보고서 2050, p. 226.

신상철, 김용건, 한정희, 박하얀(2010). 기후변화 대응을 위한 탄소세 도입방안. 녹색성장연구보고서, 2010(0), 1-199.

야마모토 료이치(2007). 지구온난화 충격 리포트. (김은하 역. 2007. 서울: 미디어윌)

에너지경제연구원(2018). 에너지통계월보. 2018년 2월 자료, Vol. 34-05, 28.

이승은, 고문현(2021). 기후변화와 환경의 미래. 서울: 21세기북스.

이영철(2009). 세상을 바꿀 한국의 27가지 녹색기술. 녹색성장위원회 편. 서울: 영진닷컴.

이재호(2022). 탄소중립골든타임(pp. 75-80). 석탄출판.

정회성(2013). 기후변화의 사회경제적 영향과 정책적 대응. 한국과학기술연구원 주최, 기후변화가 한반도에 미치는 영향에 관한 심포지움, III. 경제와 산업 및 에너지, 2013, 29-59.

최연혜(2018). 대한민국 블랙아웃-독일의 경고: 탈원전의 재앙. 서울: 비봉출판사.

최재천(2020). 아낌없이 주는 나무: 바이러스가 일깨운 기후위기와 생물다양성. 환경재단, 제7기 4차 산업혁명 리더십과정.

한국전력공사(2018). 한국전력통계 2017년.

환경부(2015a). 국가 기후변화 적응대책(2015~2020).

환경부(2015b). 신기후 체제에 대비한 기후변화의 미래.

Gates, B. (2021). *How To Avoid A Climate Disaster.* New York: Penguin Random House LLC.

Giorgi, F., & Jones, C. (2013). 2013 Report to JSC-31 on the first year of activities of the TFRCD, JSC-31/Doc, 4, pp. 5-13.

IPCC (2001). *Climate Change 2001: The Scientific Basis*. Cambridge: Cambridge University Press.

IPCC (2011a). IPCC 제5차 평가보고서 기후변화 대응을 위한 시나리오 보고서.

IPCC (2011b). The Scientific Basis Contribution of Working Group I to Third Assessment, Report of the IPCC.

IPCC (2021). 제6차 평가보고서(Assessment Report, AR 6) 중 제1 실무그룹(WG) 보고서.

Miller, G. T., Jr. (2016). *Sustaining the Earth: An Integrated Approach* (2nd ed.). Belmont: Wadsworth Publishing Company.

Pascual, C., & Elkind, J. (2009). *Energy Security: Economics, Politics, Strategies, and Implications*. Washington DC: Brookings Institution Press.

Richardson, K., Steffen, W., & Liverman, D. (2011). *Climate Change: Global Risks, Challenges and Decisions.* New York: Cambridge University Press.

Stefan, R., & Schellnhunber, H. (2008), Der Klimawandel, Munich: verlag C. H. Beck. (한윤진 역. 2008. 미친 기후를 이해하는 짧지만 충분한 보고서. 도솔출판사)

The World Bank (2010). *Development and Climate Change: World Development Report 2010*, Washington DC: The World Bank.

The World Watch Institute (2007). *Vital Signs 2007-2008: The Trends that are Shaping Our Future.* New York: W. W. Norton & Company.

Wittenstein, M., Scott, J., & Razali, N. M. M. (2016). Case Studies on Cross-Border Electricity Security in Europe, Insight Series 2016, IEA. 154.

World Energy Council (2018). World Energy Trilemma Index 2018.

Lomborg, B. (2008). *Cool it*. (김기응 역. 2008. 쿨잇. 경기: 살림).

IEA. Oil Information 2017.

IEA. Oil Information 2018.

IEA. Natural Gas Information 2017.

IEA. Natural Gas Information 2018.

IEA, Coal Information 2017.

IEA, Coal Information 2018.

제5장

인구고령화의 사회적 영향과 대응 방향

이삼식

이 장은 먼저 인구고령화의 개념과 이행단계 및 주요 관점을 기술한다. 이어서 인구고령화에 따른 사회적 영향을 대표적인 5개 영역으로 나누어 전개한다. 교육영역에서는 학령인구 감소에 따른 학교 수급 불균형, 국방영역에서는 병력자원 부족, 고용영역에서는 노동력 부족, 사회보장영역에서는 부양부담 증가, 그리고 지방영역에서는 지방소멸을 다룬다. 영역별로 인구학적 상황, 사회적 파급효과의 특성과 전망, 대응 방향을 설명한다.

1. 서론

1) '노인' 연령기준과 고령화 개념

1956년부터 유엔(United Nations)은 65세 이상 인구를 '노인'으로 부르기 시작하였다. 이러한 '노인' 연령기준의 근거는 연금 수령 개시 연령에서 유래한다. 1871년 독일 통일을 완성한 독일제국의 총리 비스마르크(Otto von Bismarck)는 1889년 생산직 근로자연금제도(Alters-und Invalidenversicherung)를 세계 최초로 도입하였다. 연금급여의 수급 자격은 처음에 30년 이상 보험료를 납부하고 70세에 도달한 사람들에게 부여되었다. 당시 독일인의 평균수명이 49세에 불과하여, 연금 수급 개시 연령이 너무 늦다는 주장이 제기되었다. 이에 따라 연금 수급 개시 연령은 1916년에 65세로 조정되었다. 이때부터 '노인'의 연령기준은 65세로 통용되었다.

인간의 기대수명은 의료기술 발달과 보건 수준 향상에 힘입어 지속해서 상승하고 있다. 한편, 저출산 현상[1]이 장기간 지속되면서 생산가능인구가 감소하고 있다. 이러한 인구변화에 따라 '노인'의 연령기준을 '65세'에서 상향 조정하여야 한다는 주장이 제기되고 있다. 최고령 국가인 일본에서는 유엔이 정한 '65세' 노인 연령기준이 기대수명의 변화에 맞지 않는다는 판단을 하여 새로운 연령기준을 도입하고 있다. 일본 정부는 2018년 고령사회대책대강에서 "65세 이상을 일률적으로 '고령자'로 보는 일반적 경향은 현상에 비추어 보면 현실적이지 않다. 70세나 그 이후로도 개개인의 의욕 · 능력에 따른 힘을 발휘할 수 있는 시대가 도래하고 있다."고 제시하고 있다. 우리나라도 제4차 저출산 · 고령사회기본계획(2021~2025) 등을 통해 새로운 '노인' 연령기준을 검토한 바 있다.

그럼에도 불구하고, 아직 국제사회에서는 인구를 유소년인구(0~14세), 생산가능인구(15~64세) 및 노인인구(65세 이상)로 구분하고 있다. 한편, 노인인구는 전기고령인구(65~74세)와 후기고령인구(75세 이상)로 세분된다. 고령화는 총인구 중 노인인구의 비율이 높아지는 인구 현상을 지칭한다. 노인인구 비율이 7%에 도달하면 고령화사회, 14%에 도달하면 고령사회, 20%에 도달하면 초고령사회로 불린다.

2) 인구고령화 단계

우리나라 합계출산율(15~19세 가임기 여성 1명이 낳은 자녀 수 평균)은 1960년 6.0명

1) 저출산 현상(syndrome of low fertility)은 여성 1명이 가임기(15~49세) 동안 낳은 평균 자녀 수를 의미하는 합계출산율이 2.1명 미만에서 장기간 지속되는 현상을 일컫는다(한국인구학회, 2016).

에서 1983년 2.06명으로 떨어져 저출산사회(합계출산율 2.1명 미만)로 급격하게 전환하였다. 합계출산율은 1998년에 1.48명인데 처음으로 1.5명 미만으로 낮아졌으며, 2017년 1.05명, 2019년 0.92명, 2021년 0.81명으로 더욱 낮아졌다(통계청, 2022). 저출산 현상의 지속으로 생산가능인구는 2019년 3,763만 명을 정점으로 그리고 총인구는 2020년 5,184만 명을 정점으로 감소하기 시작한 반면, 노인인구는 2049년 1,901만 명까지 증가할 전망이다(통계청, 2021b).

우리나라 고령화는 세 단계로 구분된다. '초기 고령화'는 2020년까지로 노인인구가 증가하고 총인구도 증가하여 고령화가 완만하게 높아지는 단계이다. 이 단계에서 고령화사회(2000년)와 고령사회(2018)에 각각 진입한 바 있다. '중기 고령화'는 2021년부터 2049년까지로 노인인구는 증가하나 총인구는 감소하여 고령화가 가속화되는 단계이다. 마지막으로, '후기 고령화'는 2050년부터 2069년 기간으로 노인인구가 감소하나 총인구보다 감소율이 낮아 고령화 속도가 둔화하는 단계이다.

고령화 단계에 따라 노인인구 비율(고령화 수준)은 1960년 2.9%에서 2020년 15.7%로 높아졌으며, 이후 2049년에 39.8%, 2069년에 46.4%로 높아질 전망이다.

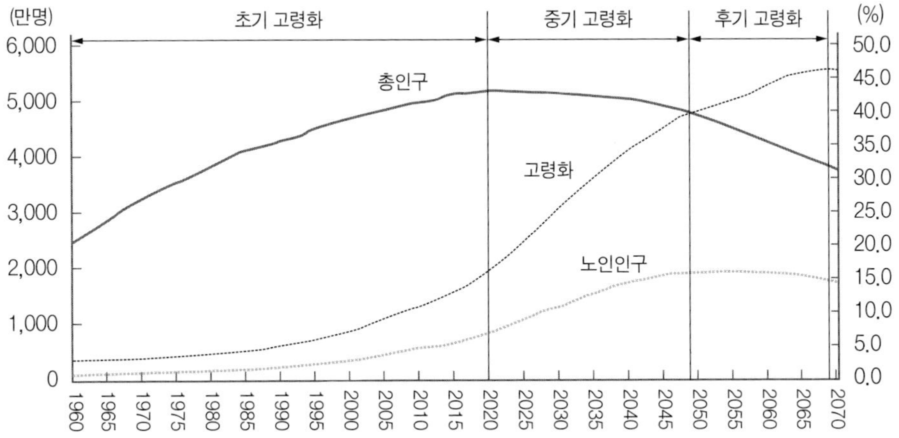

[그림 5-1] 우리나라 고령화 단계

출처: 통계청(2021b) 자료를 이용하여 집필자가 분류함.

이후 고령화는 다소 낮아지나 그 속도는 아주 완만해질 전망이다(통계청, 2021b).

3) 고령화의 사회적 충격

고령화에 따른 사회적 충격은 생산가능인구 감소와 거대한 인구집단인 베이비붐 세대의 노년층으로의 진입과 밀접한 관련이 있다. 서구사회와 일본의 베이비붐 세대는 2000년대 전후부터 본격적인 고령화 과정을 거쳤으나, 우리나라 베이비붐 세대는 2020년대부터 고령화 과정을 겪을 것이다. 구체적으로 1차 베이비붐 세대(1955~1963년 출생 인구)는 2023년까지 그리고 2차 베이비붐 세대(1968~1974년 출생 인구)는 2034년까지 모두 정년(60세)퇴직을 맞이할 것이다. 이어서 1차 베이비붐 세대는 2027년까지 그리고 2차 베이비붐세대는 2038년까지 모두 생산가능인구에서 이탈하여 노년층으로 진입한다. 더 나아가 1차 베이비붐 세대는 2037년까지 그리고 2차 베이비붐 세대는 2048년까지 모두 후기 고령층(75세 이상)에 진입한다. 이와 같은 베이비붐 세대의 고령화는 세대효과와 연령효과의 상호작용을 통해 우리 사회 전반에 다양한 영향을 미칠 것이다.

고령화가 사회에 미치는 충격은 고령화 단계별로 상이하게 나타난다. 초기 고령화 단계에서는 고령화 수준이 상대적으로 낮아 주로 취약계층 중심의 노인복지가 중요한 사회과제이다. 중기 고령화 단계에서는 생산가능인구가 본격적으로 감소하여, 학교공급 과잉, 노동력 부족, 병력자원 부족, 지방인구 감소 등이 중요한 사회과제로 등장한다. 이와 동시에 베이비붐 세대가 노년층에 진입하고 후기 고령층 인구 비중이 높아지면서 사회보장 부담도 중요한 사회과제가 된다. 베이비붐 세대가 본격적으로 사망하는 후기 고령화 단계에서는 돌봄, 요양, 호스피스 등이 보다 심각한 사회과제가 된다.

2. 교육에 미치는 영향

1) 학령인구 전망

통계청(2021b)의 장래인구추계에 따르면, 초등학교 학령인구(6~11세)는 2020년 272만 명에서 2070년에 109만 명으로, 중학교 학령인구(12~14세)는 136만 명에서 56만 명으로, 고등학교 학령인구(15~17세)는 139만 명에서 62만 명, 그리고 대학 학령인구(18~21세)는 241만 명에서 101만 명으로 각각 감소할 전망이다.

〈표 5-1〉 학령인구 변화

(단위: 만 명)

구분	2000년	2010년	2020년	2030년	2040년	2050년	2060년	2070년
초등(6~11세)	407	328	272	159	181	169	137	109
중학(12~14세)	187	199	136	115	77	93	78	56
고등(15~17세)	217	208	139	132	70	95	82	62
대학(18~21세)	328	260	241	187	118	124	120	101

출처: 통계청(2021b).

2) 사회적 파급효과

2021년 기준 학교당 평균 학생 수가 유지되어야 한다고 가정하면, 필요한 학교 수는 급격히 줄어들 것으로 추정된다. 학령인구 감소로 공급이 초과되는 초등학교는 2050년 기준으로 약 2,300개교이며, 중학교는 약 1,000개교, 고등학교는 약 690개교, 전문대는 약 60개교, 대학교는 90개교로 각각 추정된다.

〈표 5-2〉 학교급별 공급초과 학교 수 전망

(단위: 학교)

구분	2021년 학교 수	공급초과 학교 수				
		2030년	2040년	2050년	2060년	2070년
초등학교	6,157	2,549	2,047	2,333	3,053	3,687
중학교	3,245	536	1,424	1,062	1,401	1,922
고등학교	2,375	34	1,132	691	930	1,273
전문대	134	23	64	61	63	74
대학교	200	34	96	90	94	111

주: 공급초과 학교 수는 집필자가 추정
출처: 2021년 학교 수는 한국교육개발원(2021).

학생들이 아주 적은 학교들은 폐교 과정을 거칠 것이다. 폐교의 증가는 교육 기회와 교육의 질에 심각한 부정적인 영향을 미친다. 예로, 과소학급은 학생의 사회화 등 성장 발달에 부정적 영향을 미친다. 교사 수도 감소하게 되는데, 과목별 전문교육이 곤란하여 교육의 질이 낮아지게 된다. 폐교 지역의 학생들은 멀리 떨어진 다른 지역의 학교로 통학하거나 가족 전체가 삶의 터전을 떠나 다른 지역으로 이사하는 등 심리적 및 물리적 부담이 발생한다. 적절한 학생 수를 확보하지 못한 지방대학에서는 심각한 경영부실이 나타나 고등교육의 질이 훼손될 우려가 있다. 지방대학이 더 이상 버티지 못하고 폐교되는 경우 지역경제도 큰 타격을 입게 된다.

특히 인구 감소가 심한 농촌이나 소도시에서 폐교가 더 빠르게 증가하고 있어 지역 간 교육 기회의 불균형이 심각해진다. 그로 인해 가족이 교육을 위하여 수도권 등 대도시로 이주하면서 지방소멸과 수도권 인구집중 등의 현상들이 초래되기도 한다.

3) 대응 방향

학생 수 감소에 대응하는 방법으로 폐교 증가 억제와 과소 학교나 과소 학급에 따른 교육의 질 저하 방지를 들 수 있다. 우선, 폐교를 최대한 억제하기 위하여 다양한 방법을 고려한다. 지방 소재 대학들은 학령인구 감소와 수도권 선호 경향의 영향으로 정원을 충족하기 어렵다. 이에 정부는 지방대학을 유지하기 위하여 수도권과 지방 간 대학 정원 감축 비율을 달리 적용하고 있다. 그러나 학령인구가 계속 감소하고 있는 상황에서는 정원 감축 방식만으로 대학의 부실 경영 위험을 근본적으로 해결하는 데 한계가 있다. 이와 관련해서 대규모 학생들이 필요한 4년제 종합대학을 지양하고, 대신 지역 특성에 적합하면서 미래 유망산업과 관련한 단과대학 중심의 특성화대학으로 전환할 필요가 있다.

학제를 개편하는 방법도 있다. 현재 우리나라 학제는 일제강점기에 도입한 6-3-3-4제가 유지되고 있다. 경제협력개발기구(OECD) 회원국들의 학제를 보면, 우리나라와 같은 학제를 운용하고 있는 국가들은 일본, 그리스, 사이프러스 등 소수에 불과하다(Baïdak et al., 2020). 미국의 사례로 1960년대와 1970년대에 베이비붐 세대가 초등학교에 입학하면서 초등학교 대신 초등학교 6학년과 고등학교 저학년(7~8학년)을 합하여 중학교를 신설한 바 있으나, 1980년대에 들어 중학교는 학업보다 사회화 강조를 위한 학교라는 관점에서 새로운 유형의 학년 구성, 즉 K~8학년 학교에 대한 재조명을 불러일으켰다(양성관, 2006). 우리나라도 학령인구 감소, 중학교 개념 등을 고려하여 6-3-3-4제를 8-4-4제 등으로 개편하는 것을 고려해 볼 수 있다.

과소 학교나 과소 학급으로 인한 교육의 질적 저하를 방지하기 위한 방법으로 학교통합운영제와 통합수업제를 고려할 수 있다. 학교통합운영제는 서로 인접한 초등학교, 중학교 및 고등학교를 통합하여 교장과 교감을 1명씩만 두고, 행정직원들이 초 · 중 · 고 운영 업무를 공통으로 수행한다. 초 · 중 · 고 담당 교사들 간 교차수업을 허용하여 교사 수가 제한된 상황에서도 과목별 전담 교사를 확보할 수 있다. 기존부터 농촌 공동화 대응 차원에서 초 · 중 통합운영학교가 1998년부터 운영되기 시작하였으며, 최근에는 대규모 아파트 내에서도 도시형 통합운영학교가 생기고 있다(정미경 외, 2021).

통합수업제는 학생 수가 급격하게 줄어든 지역 내 여러 학교의 동일 학년 학생들이 매주 일정 요일에 한 학교에 모여 함께 수업을 받는 형태이다. 일정한 수의 학생들이 모여서 수업을 받아야 사회화 발달, 협력, 지역통합 등의 교육목적을 효과적으로 달성될 수 있는 사회, 도덕 등의 과목에 적용할 수 있다.

3. 국방에 미치는 영향

1) 국방자원 전망

현행 「병역법」에 따라 병역의무자는 19세가 되는 해에 병역판정검사를 받는다는 점에서 19세 남성인구 규모는 기본적인 국방자원이 된다. 통계청(2021b)의 장래인구추계 결과에 따르면, 19세 남성인구는 2020년 32만 명에서 2030년 25만 명, 2040년 14만 명 등으로 빠르게 감소할 전망이다.

2) 사회적 파급효과

실제 현역병으로 복무하는 가용 병력자원은 복무기간(18개월), 현역 판정 비율, 간부 비율, 병역판정검사 전 불용 비율, 고령 및 국적상실 비율, 징병검사 시 보충역 및 불요 자원 비율, 병역처분자원 비율, '국방개혁 2.0 기본계획'(2018년 7월 27일 발표)에 따른 상근예비역 및 전환 · 대체복무 소요 등을 고려하여 추정할 수 있다. 추정 결과, 가용 병력자원은 2020년 53.1만 명에서 2030년 41.6만 명, 2040년 23.7만 명 등으로 감소할 전망이다. '2022~2026년 국방중기계획'에서 목표로 삼고 있는 상비병력 규모 50만 명(국방부, 2021)과 비교해 보면, 부족 병력자원은 2030년 8.4만 명, 2040년 26만 명으로 추정된다. 이러한 병력자원의 부족은 국가 안보에 위협이 된다.

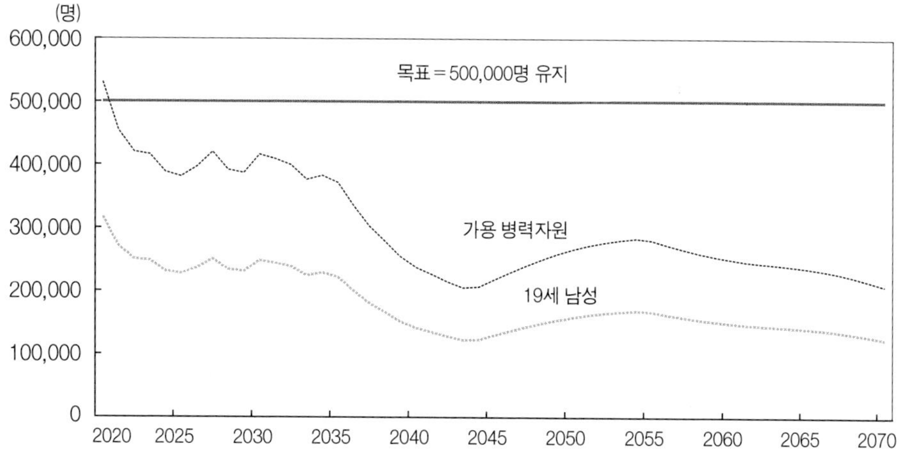

[그림 5-2] 19세 남성 인구 및 가용 병력자원 변화 전망

주: 필자에 의해 추정
출처: 19세 남성 수는 통계청(2021b).

3) 대응 방향

병력자원 부족에 대응하기 위하여 모병제 도입을 고려할 수 있다. 모병제는 강제 징병하지 않고 본인의 의지로 군대에 입대한 자원자들로만 군대를 유지하는 병역 제도이다. 그러나 군 복무를 꺼려 하는 일반적인 경향을 고려하면, 모병제로 필요한 병력자원을 확보할 수 없다는 우려가 있다. 경비 등을 위한 병력을 대체할 수 있는 첨단기술의 무기를 도입하여 병력자원 부족에 대응하는 방법이 있다. 이와 관련해서 현행 징병제를 유지하되 첨단무기를 운용할 수 있는 기술을 보유한 병력자원은 모병제를 통해 확보하는 방법을 고려할 수 있다. 평화 시에는 전적으로 모병제를 통해 필요한 병력자원 확보가 가능할 것이다.

4. 고용에 미치는 영향

1) 생산가능인구 전망

저출산 현상의 장기간 지속으로 노동력의 공급원인 생산가능인구는 2019년부터 감소하기 시작하였다. 총인구 중 생산가능인구가 차지하는 비율은 이미 2014년 73.4%를 정점으로 낮아졌으며, 절대 규모는 2019년에 3,763만 명을 정점으로 감소하기 시작하여 2038년부터 3천만 명대가 붕괴되고, 2062년부터 2천만 명대가 붕괴될 전망이다. 생산가능인구는 2067년 1,811만 명으로 처음으로 노인인구보다 적어질 것이다.

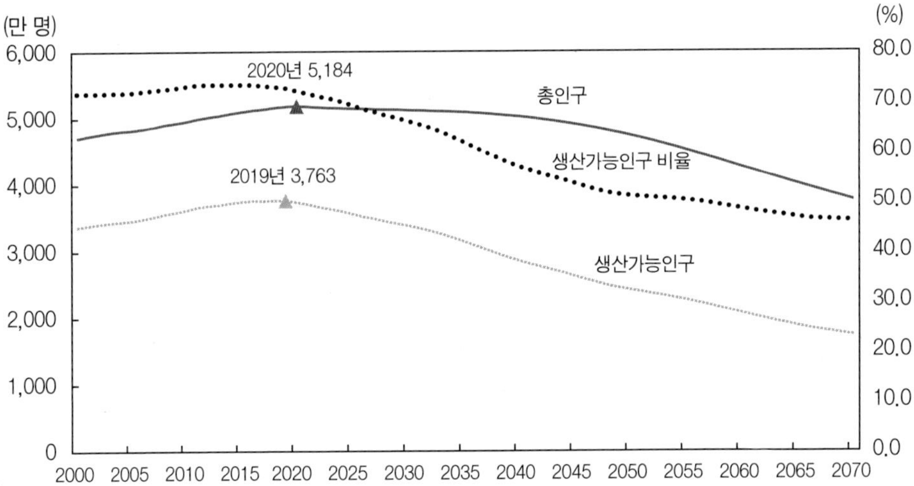

[그림 5-3] 생산가능인구(15~64세) 규모 및 총인구 대비 비율 변화

출처: 통계청(2021b).

2) 사회적 파급효과

생산가능인구 감소는 장기간 저출산 현상의 영향으로 신규 진입 규모가 줄어드는 동시에 대규모 베이비붐 세대가 노년층으로 빠져나가기 때문에 발생한다. 일본이나 미국 등에서는 베이비붐(baby-boom) 직후 출산율이 큰 폭으로 낮아진 영향으로 베이비붐 세대와 직후 세대 간 인구 규모 차이가 크지 않으며, 이에 따라 베이비붐 세대 은퇴 즉시 노동력 부족이 나타났다(김준영, 2011; Tang et al., 2012). 이와 달리 우리나라에서는 1차 베이비붐 세대보다 2차 베이비붐 세대가 더 많다. 그 영향으로 1차 베이비붐 세대의 정년퇴직이 시작되었음에도 불구하고 노동력 부족 현상이 발생하지 않는다. 그러나 2차 베이비붐 세대의 정년퇴직이 본격화되는 2030년대부터는 노동력 부족 현상이 나타날 전망이다. 2031~2040년 기간에 17.8만 명의 노동력 부족이 발생하고, 2041~2050년 기간에는 부족 규모가 20.8만 명으로 더 커질 전망이다(이삼식 외, 2018).

3) 대응 방향

생산가능인구를 적정 수준에서 유지하기 위한 방법은 출산율 증가와 더불어 잠재 인력으로서 여성이나 노인인구의 경제활동 참여를 높이거나 외국인 노동력을 유입시키는 방법들이 있다.

우리나라 여성의 학력 수준은 매우 높으나 고용률은 OECD 회원국 중 아주 낮은 편에 속한다. 2020년 기준 여성 고용률은 회원국 대부분 60% 이상이며, 특히 스웨덴, 핀란드, 덴마크, 영국, 독일, 스위스, 뉴질랜드, 일본 등은 70% 이상이다. 이에 반해 우리나라는 56.7%에 불과하다(OECD, 2021a). 여성 고용률을 높이기 위해 여성 노동에 대한 인식 제고, 제도 및 여건 개선이 중요하다. 구체적으로 여성 일자리 확대, 일 · 생활 양립 서비스 공급 확대, 임금 등 남녀 간 차별 해소 등이 필요하다.

일 · 생활 양립 서비스로 출산전후휴가, 육아휴직, 돌봄 휴가, 보육 서비스, 근로시간 유연화 등이 있다. 남녀 간 차별 방지를 위해 독일에서는 「임금구조투명성촉진법(Entgelttransparenzgesets)」에 따라 200인 이상 사업장에 고용된 개인은 임금결정 기준 · 절차, 청구자 · 비교대상자의 임금, 회사의 성별 월평균 임금 등의 정보 공개 청구가 가능하다. 일본에서는 「여성활약추진법」에 따라 사업주는 여성 채용 비율, 남녀 간 근속연수 차이, 여성 관리직 비율, 노동시간 등을 분석한 후 여성 활약 추진을 위한 수치 목표를 담은 행동계획을 수립하여 후생노동성에 제출하여야 한다.

우리나라 노인고용률은 2020년 34.1%로 OECD 회원국 중 가장 높다. 그러나 노무직, 배달 아르바이트 등의 노동시장 주변에 머무르고 있어 소득수준이 낮아 노인빈곤율이 아주 높다. 55~64세 취업 유경험자 중 정년퇴직 비율은 7.5%에 불과하며, 대부분 권고사직, 명예퇴직, 정리해고, 사업 부진 등으로 인해 주된 일자리를 그만두었다(통계청, 2021b). 따라서 현행 60세 정년제가 준수되도록 하며, 향후 노동력 부족에 대응하여 65세 등으로 정년을 연장할 필요가 있다. 선진국들은 이미 정년을 연장하거나 정년을 폐지하는 제도를 도입하였다. 일본, 독일, 프랑스 등에서는 정년을 65세 등으로 연장하였으며, 앞으로도 계속 연장할 계획이다. 일본은 2013년에 60세에서 65세로 정년을 늘리기로 한 뒤, 3년마다 1년씩 늘려 2025년에 65세가 되도록 단계적으로 연장하고 있다. 정년을 연장하기 위해서는 연령에 따라 임금 수준을 높이는 연공서열식 임금체계를 개편하고, 근로자의 노화에 따른 위험을 방지하기 위하여 작업장 등 근로환경을 고령 친화적으로 개선하며, 일과 여가 또는 휴식 간 양립이 가능하도록 일하는 방식을 다양화하는 등 사전적인 노력이 필요하다. 근로자 개인들이 오랫동안 주된 일자리에서 노동생산성이 유지될 수 있도록 직업훈련, 평생교육 등을 통해 고용가능성(employability)을 높이는 일-학습체계가 구축되어야 한다.

〈표 5-3〉 일부 국가의 정년

국가	정년		고령화 수준 (2020년)
	정년(연도)	미래계획(연도)	
한국	60세(2016)	–	15.7%
일본	남성 63세, 여성 65세(2021)[1]	2025년까지 65세	28.4%
프랑스	62~67세(2018)	65~67세(2023)	20.8%
독일	65.75세(2021)	67세(2029)	21.7%
스웨덴	65세(2021)		20.3%
덴마크	66.5세(2021)	67세(2022)[2]	20.2%
영국	66세(2019)	67세(2028), 68(2037)	18.7%
미국	62~66, 67(2018)	67세(2023)	16.6%

주: 1) 2021년부터 70세 고용노력 의무화
2) 덴마크는 2030년 이후에는 평균수명의 증가에 따라 5년마다 최대 1세씩 증가 계획
출처: https://en.wikipedia.org/wiki/Retirement_age.
United Nations, Department of Economic and Social Affairs, Population Division (2019).

노동력 부족 시대에 외국인 인력을 필요로 하는 상황은 크게 두 가지이다. 하나는 여성, 고령자 등 잠재 인력의 활용에도 불구하고 노동력 부족이 지속되는 경우이다. 다른 하나는 총량적으로 노동력이 부족하지 않으나 업종에 따라서는 내국인의 기피로 노동력이 부족한 경우이다. 어떠한 경우라도 외국인 인력의 양적 수요에만 한정하지 않고, 효율성을 높이고 안전사고, 범죄 등을 방지하기 위하여 질적 수준까지 고려한 균형적인 수급 전략이 중요하다. 비교적 업무강도가 높지 않은 분야는 고령 인력들이 감당할 수 있다는 점에서 우수인력 중심의 외국인 인력을 확보하는 데 중점을 둘 필요가 있다. 결국 외국인 인력 수급계획은 노동력 부족 시기, 부족 분야, 부족 규모 등을 종합적으로 고려하여 수립하여야 한다.

5. 사회보장에 미치는 영향

1) 노년부양비 전망

인구학적으로 부양부담은 생산가능인구 대비 노인인구의 비율인 노년부양비로 산정된다. 우리나라 노년부양비는 2020년 21.8로 규모 측면에서 생산가능인구 100명이 약 22명의 노인인구를 부양한다는 의미를 가진다. 이후 급격한 고령화로 노년부양비는 2030년에 38.6, 2040년에 60.5, 2050년 78.6, 2060년 90.4, 2070년 100.6으로 높아질 전망이다(통계청, 2021b). 2070년에는 생산가능인구 1명이 노인인구 1명을 부양하는 수준에 이른다.

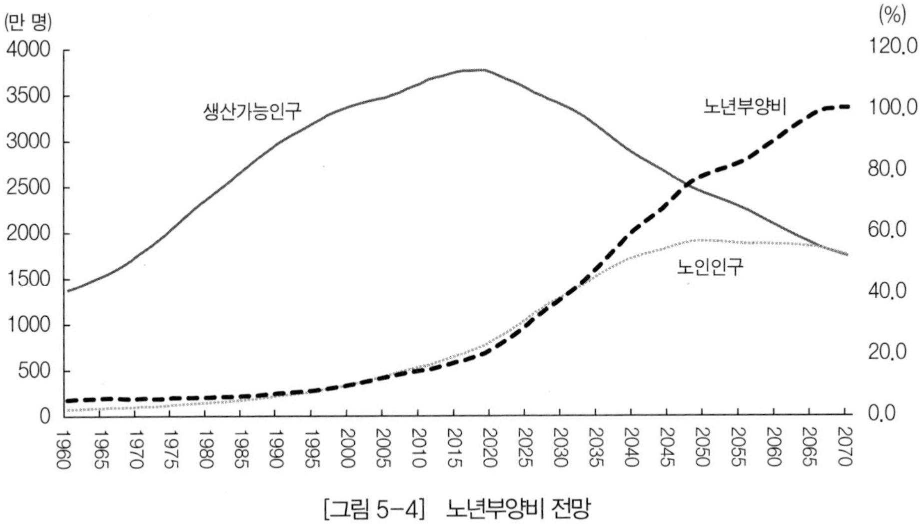

[그림 5-4] 노년부양비 전망

출처: 통계청(2021b).

2) 사회적 파급효과

실질적인 부양부담은 사회보장 부담 수준으로 측정된다. 노인인구의 소득보장을 위한 대표적인 제도는 국민연금(1988년 실시), 공무원연금(1960년 도입), 군인연금(1963년 도입), 사학연금(1974년 도입) 등 4대 공적연금과 기초연금(2008년 도입)이 있다. 건강보장을 위한 제도로는 건강보험과 장기요양보험이 있다.

국민연금 재정추계위원회, 제도발전위원회, 기금운용발전위원회(2018)가 실시한 제4차 재정추계 결과에 의하면, 국민연금은 급격한 고령화의 영향으로 2042년에 당기 재정수지(보험료 수입-보험료 지출)가 적자로 전환하며, 2057년에 적립 기금이 소진될 전망이다. 국회예산정책처의 자체 연금 모형을 통해 전망한 결과(박명호 외, 2020)에 따르면, 사학연금은 2033년에 재정수지가 적자로 전환되어 2048년에 적립금이 소진될 것으로 전망되었다. 공무원연금과 군인연금은 1993년과 1973년부터 재정수지 적자를 국가보전금으로 충당하고 있으며, 재정수지 적자(GDP 대비 비율)는 공무원연금의 경우 2020년 0.11%에서 2090년 0.78%로 그리고 군인연금의 경우 0.10%에서 0.16%로 커질 것으로 추정되었다(박명호 외, 2020).

기존의 기초노령연금으로부터 전환된 기초연금은 국민연금의 사각지대 및 낮은 소득 대체 수준 등을 보완하기 위한 제도이다. 기초연금은 2022년 기준 65세 이상 인구 중 소득 하위 70% 이하면 25~30만 원을 지급하고 있다. 4대 공적연금(국민연금, 공무원연금, 군인연금, 사학연금)은 의무적으로 일정 기간 이상 보험료를 납입하는 것을 전제하는 반면, 기초연금은 노인이 되면 보험료 납부 없이 소득인정 금액이 선정기준액 이하인 노인에게 일정 액수를 지급하는 제도이다. 즉, 기초연금은 재정에 의해서만 운영되므로 노인인구의 증가에 따라 재원을 충당하기 위한 국가부채가 계속 증가할 우려가 있다(강성호, 2022).

인간은 노화 진행에 따라 면역력이 약화하면서 육체적 및 정신적 질병이나 장애를 가지게 된다. 따라서 노인인구, 특히 후기 고령인구(75세 이상)의 증가로 의료 치료와 장기요양에 소요되는 비용 부담이 증가할 것이다. 대표적으로 건강보험 통계에 따르면, 전체 진료비 중 노인진료비가 차지하는 비율은 2004년 21.9%에서 2020년 42.8%로 높아졌으며, 앞으로도 고령화에 따라 빠르게 높아질 것이다.

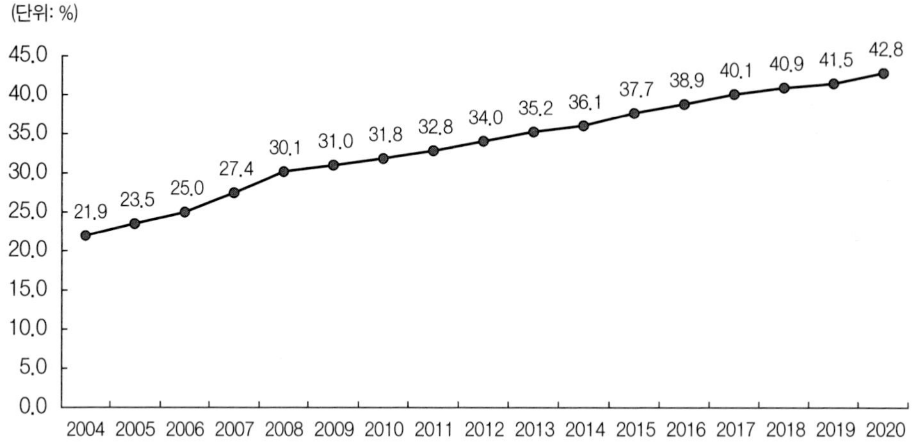

[그림 5-5] 건강보험 전체 진료비 중 노인진료비 비율

출처: 국민건강보험공단, 건강보험심사평가원. 건강보험통계. KOSIS.(2022. 5. 5. 18:03 인출).

3) 대응 방향

역사적으로 연금개혁을 시도하다가 정권이 교체되기도 하였다. 독일에서 게르하르트 슈뢰더 총리가 노동유연화와 연금개혁을 추진하다가 실각하였다. 프랑스에서는 니콜라 사르코지 대통령이 연금 수령 연령을 60세에서 62세로 상향했으나 재선에 실패하였다. 우리나라도 국민연금 재정의 안정화를 위해 1998년과 2007년 두 차례 제도를 개혁한 바 있다. 공무원연금의 경우 2009년 개혁을 통해 보험료율을 2010년 6.3%에서 2012년 7%로 그리고 2015년 개혁을 통해 2016년 8%에서 2020년 9.0%로 인상하였다. 그 후에는 정치적 부담으로 인하여 공적연금개혁이 중단된 상태이다.

연금개혁이 지연되는 동안에도 인구는 계속 고령화되어 세대 간 부양부담의 재분배가 더욱 어려워지고 있다. 우리나라 국민연금의 소득대체율/보험료율 배율은 3.5배로, OECD 회원국의 평균(2.3배)에 비해 높다(OECD, 2021b).[2] 따라서 연금 재

2) 우리나라 수준은 덴마크(6.3), 미국(3.7배), 캐나다(3.7배), 호주(3.3배) 등에 비해 낮거나 유사하나, 네덜란드

정 안정화를 위해서는 보험료 부담(보험료율)을 높이는 방안, 급여 수준(소득대체율)을 낮추는 방안, 또는 두 방안을 동시에 추진하는 방안들을 고려해야 한다.

연금개혁이 미루어지는 주된 이유는 사회적 합의가 어렵기 때문이다. 이와 관련해서 OECD 20여 회원국에서 자동조정장치를 도입하였다(OECD, 2019). 이는 급여 수준과 수급 연령을 기대여명에 연동시키거나 연금 수급자 수와 기여자 수의 비율을 고려하여 급여 수준이 결정되도록 하는 장치이다. 우리나라도 이해관계로 연금개혁이 계속 지연되고 있는 점을 고려할 때 자동조정장치 도입을 검토할 필요가 있다.

일본 등에서와 같이 국민연금과 직역연금을 통합하여 공적연금을 일원화하는 방안도 모색할 필요가 있다. 일본에서는 2018년까지 후생 연금 목표 보험료율을 18.3%로 통일하는 등 1980년대부터 30년간 지속해서 공적연금 일원화 작업을 추진하였다.

국민연금의 낮은 소득대체율을 보완하기 위하여 사적연금을 활성화할 필요가 있다. OECD 21개 회원국은 강제적, 준 강제적 또는 자동 가입 형태의 사적연금을 도입하였는데, 가입률은 생산가능인구 중 70.2%에 이른다(OECD, 2021b).[3] 우리나라의 사적연금은 주로 퇴직금으로 가입률이 17.0%에 불과하다(강성호, 2022).

건강보험 재정을 안정화하는 방법으로 주치의제도를 도입하는 방안을 고려할 수 있다. 주치의제도는 예방 중심의 지역의료를 확립하고 동시에 과도한 진료로 인한 급여비의 불필요한 지출을 최소화할 수 있다.

(2.8), 스웨덴(2.4배), 독일(2.2배), 일본(1.8배) 등에 비해 높다(OECD, 2021b).

3) 특히 덴마크(91.9%), 네덜란드(88%), 스웨덴(100%) 등이 높다.

6. 지방에 미치는 영향

1) 지방인구 전망

행정안전부의 주민등록인구 통계에 따르면, 총인구는 2021년부터 감소하기 시작하였으나 많은 지역의 인구는 이미 오래전부터 감소하였다. 2000~2010년 기간에 전국 228개 기초자치단체 중 58.3%에서 인구가 감소하였다. 인구 감소 기초자치단체는 2010~2020년 기간에 더욱 증가하여 69.7%에 이르렀다. 인구가 상당 수준 고갈된 영향으로 인구감소율이 15% 이상으로 높은 기초자치단체는 오히려 줄어들었다.

〈표 5-4〉 기초자치단체 인구증가율

(단위: 개, %)

인구증가율	2000~2010년		2010~2020년	
	기초자치단체(개)	구성비(%)	기초자치단체(개)	구성비(%)
0% 이상	95	41.7	69	30.3
-5% 이상 ~ 0% 미만	22	9.6	46	20.2
-10% 이상 ~ -5% 미만	34	14.9	61	26.8
-15% 이상 ~ -10% 미만	29	12.7	41	18.0
-20% 이상 ~ -15% 미만	30	13.2	8	3.5
-20% 이상	18	7.9	3	1.3
계	228	100.0	228	100.0

출처: 행정안전부. 주민등록인구현황, KOSIS. (2022.5.5. 18:03 인출).

2) 사회적 파급효과

인구 감소 지역은 수요 감소로 경제적 · 사회적 · 물리적 환경이 축소된다. 지역

내 소비 감소로 다양한 사회 · 문화 및 체육 활동, 쇼핑 등이 감소하면서 상점, 병 · 의원, 교육기관, 문화시설 등이 문을 닫거나 다른 지역으로 떠나게 된다. 생활 편익 시설이 낙후되고, 서비스의 질이 낮아지고, 일자리 감소 등으로 지역경제가 침체하여 남아 있는 젊은 층마저 다른 지역으로 떠나게 된다.

이에 따라 주거, 산업 및 상업 건물의 과잉 공급 현상이 발생하고, 그로 인해 유지 · 관리 · 보수가 제대로 되지 않은 폐점 상가, 버려진 산업부지와 공장, 허물어져 가는 주택들이 증가한다. 남아 있는 공공시설 및 사회인프라도 운영 적자가 커지면서 유지 · 보수가 원활하게 이루어지지 못하여 서비스 질이 낮아진다(이삼식 외, 2018).

지방소멸은 지역 인구가 줄어들고, 남아 있는 인구 대부분은 노인인구로 이들마저 사망하면서 인구가 더욱 줄어든다는 의미를 가진다. 소멸과정에 있는 지역의 노인들은 사회적 인프라와 서비스 공급 수준이 감소하여 삶에 큰 불편을 느낀다. 대중교통 수요 감소에 따른 대중교통체계 붕괴로 다른 지역 병 · 의원 등을 이용할 수 없어 생존까지 위협받는다. 독일과 일본의 예로서 소멸지역의 고령층은 인근 상점들이 사라져 경제적 문제가 없는 데도 신선한 식료품을 쉽게 구할 수 없어 영양실조에 걸리게 되는 이른바 식품 사막(food desert)을 겪게 된다(이삼식 외, 2017).

지방재정도 열악해져 지역발전이 어려워진다. 새로운 투자를 유인하지 못하여 지역은 경기침체와 구조적 위기가 더욱 심각해진다. 상점이나 학교 폐쇄로 지역사회 소속감과 정체성이 상실되고, 행정 사각지대의 발생, 관리비용의 증가 등으로 지역공동체 및 자치기반이 붕괴된다(이삼식 외, 2018). 결국 인구절벽 문제에 적절하게 대처하지 못한 지역의 미래는 암울할 수밖에 없다.

3) 대응 방향

정부는 2020년에 「국가균형발전 특별법」을 개정하여 인구 감소로 인한 지역소멸이 우려되는 시 · 군 · 구를 인구감소지역으로 정하고 있다. 그 기준으로 법적 고려 사항과의 부합성, 통계자료의 객관성, 인구 감소 현상을 설명하는 대표성 등을 검토한 후 연평균 인구증감률, 인구밀도, 청년 순이동률, 주간인구, 고령화 비율, 유소년 비율, 조출생률, 재정자립도 등 8개 지표에 기반하여 산정한 인구감소지수를 활용하였다(행정안전부, 2021). 인구감소지역은 서울특별시를 제외한 기초자치단체들을 대상으로 5년 주기로 지정한다. 이렇게 선정된 인구감소지역은 2021년 1월 기준 89개 기초자치단체이다. 인구감소대응사업은 지방소멸 대응 기금과 국고보조금 등의 재원을 이용하여 패키지 형태로 2022년부터 지원한다(행정안전부, 2021). 지방소멸 대응 기금은 매년 1조 원씩 10년간 인구감소지역에 집중적으로 투입하여 일자리 창출, 청년인구 유입, 생활인구 확대 등 다양한 인구활력 증진사업에 지원한다. 이와 관련해서 지역이 주도하여 인구 감소 및 지방소멸 문제에 효과적으로 대응하고, 국가는 행 · 재정적으로 지원하기 위한 제도적 기반으로서 「인구감소지역 지원 특별법」을 2022년 6월 10일(2023년 1월 1일 시행) 공포하였다.

중앙정부에서 수립하는 정책들은 전국을 대상으로 하는 포괄적이며 총체적인 가이드라인이기 때문에 전국 모든 지역에 적합할 수 없다. 성장과 개발을 통해 외부로부터 인구 유입을 기대하는 외부 수요의존형에서 인구가 감소하여 축소된 상태로도 주민들이 편안하고 행복하게 살 수 있는 방향으로 패러다임의 전환이 필요하다. 이를 위해 지역의 상황을 종합적으로 반영한 맞춤형 지역발전 비전과 전략을 설정한다. 구체적으로 역사, 문화, 자연경관 등 고유한 잠재 자산을 발굴하고, 이러한 지역 가치를 바탕으로 지역 경쟁력을 살린다. 주민들의 수요를 파악하여 삶의 질이 훼손되지 않은 정주 여건을 마련한다.

지방소멸 대응 전략은 지역의 인구고령화 수준과 연동하여 수립할 필요가 있다. 출생아 수가 어느 정도 유지되고 있거나 고령화 수준이 상대적으로 낮은 지역에서는 젊은 층의 정주화를 위하여 고용을 창출하고, 보육, 교육, 병 · 의원, 문화, 시장 등의 생활 인프라를 유지 내지 확충하는 노력을 기울인다. 중장년층의 삶의 질을 높이기 위한 일자리 창출, 여가생활 등에 관한 정책적 노력도 병행되어야 한다. 그 일환으로 첨단산업 등을 인구 감소가 심각한 지역에 배치한다.

출생아 수가 더욱 줄어들고 고령화가 심화된 지역에서는 노인인구의 사망자 수가 증가하여 인구 감소 폭이 더욱 커진다. 젊은 층 인구 대부분이 사라지고 노인 1인 혹은 부부 가구들만이 넓은 지역에 분산하여 거주한다. 과거와 같이 풍부한 인구를 기대할 수 없으므로, 인구가 적게 거주하면서 행복하게 살아가는 지역으로 전환한다. 이를 위해 군이나 소도시의 읍 · 면 · 동사무소 소재지를 거점으로 노년층(주로 후기 고령층)의 거주지를 집단화하여 생활 인프라(보건의료, 교육, 문화, 쇼핑 등)를 집중화하는 등 주민 복지를 위한 기반을 공고화한다. 이와 더불어 농업 노동력 부족을 고려하여 농지 등을 대규모화와 기계영농화 등으로 변환하여 거점에서 출퇴근하여 경영하는 새로운 형태의 시스템으로 전환한다(이삼식 외, 2018).

거의 인구가 사라져 공동화 현상이 본격화되는 지역에서는 택지 등을 중심으로 생활 인프라(보건의료, 교육, 문화, 쇼핑 등)를 집중 배치하는 특정 소지역(거점)을 보다 확산한다(이삼식 외, 2018). 이를 통해 각종 기초적인 서비스를 효율적으로 전달하여 개인과 가족의 삶의 질이 손상되지 않도록 한다.

참고문헌

강성호(2022). 연금개혁과 공사연금 역할분담. 한국사회복지협의회 제2차 사회안전망 4.0 포럼.

국방부(2021). 2022~2026년 국방중기계획.

국민건강보험공단, 건강보험심사평가원. 건강보험통계. KOSIS. (2022. 5. 5. 18:03 인출).

국민연금 재정추계위원회, 제도발전위원회, 기금운용발전위원회(2018). 2018년 재정계산 결과를 바탕으로 한 국민연금제도개선 방향에 관한 공청회 자료.

김준영(2011). 일본의 베이비붐세대의 은퇴와 고령자 고용확보 조치에 관한 연구: 한국에의 시사점. **한일경상논집**, 50, 3-34.

박명호, 박연서, 유희수, 이미연, 이진우(2020). 4대 공적연금 장기 재정전망과 시사점. **예산정책연구**, 9(3), 131-162.

양성관(2006). 미국 학제의 변천: 초 · 중등교육의 수업연한을 중심으로. **비교교육연구**, 16(4), 57-84.

이삼식, 석재은, 이희연, 이상돈, 엄애선, 송기민, 최효진, 주수인(2018). 대한민국 중장기 인구정책 방향. 보건복지부 · 한양대학교 고령사회연구원.

이삼식, 엄애선, 김태헌(2017). 장래 가구 변동에 대응한 가족-지역사회-시민단체간 파트너쉽 구축 방안 모색. 한양대학교 고령사회연구원.

정미경, 이상은, 박상완, 민윤경(2021). 초 · 중 통합운영학교의 미래지향적 교육과정 실행 모형 탐색. **교육과정연구**, 39(1), 65-92.

통계청(2021a). 경제활동인구조사 고령층 부가조사 결과.

통계청(2021b). 장래인구추계: 2020~2070년.

통계청(2022). 인구동향조사. 통계청

한국교육개발원(2021). 교육기본통계.

한국인구학회(2016). **인구대사전**. 통계청.

행정안전부(2021). 보도자료(2021. 10. 18일자).

행정안전부. 주민등록인구현황, KOSIS. (2022. 5. 5. 18:03 인출).

Baïdak, N., Sicurella, A., & Matti Riiheläinen, J. (2020). *The Structure of the European*

Education Systems, 2020/21: Schematic Diagrams. Eurydice-Facts and Figures. Education, Audiovisual and Culture Executive Agency, European Commission.

OECD (2019). Pension at a Glance 2019.

OECD (2021a). Employment Outlook 2021.

OECD (2021b). Pension at a Glance 2021.

Tang, T. L., Cunningham, P. H., Frauman, E., Ivy, M. I., & Perry T. L. (2012). Attitudes and occupational commitment among public personnel: differences between baby boomers and gen-Xers. *Public Personnel Management, 41*(2), 327-360.

United Nations, Department of Economic and Social Affairs, Population Division (2019). World Population Prospects 2019: Highlights. ST/ESA/SER.A/423.

https://en.wikipedia.org/wiki/Retirement_age

제2부

대응

제6장

디지털화와 혁신 전략

이준배

디지털화는 업무 프로세스의 개선, 지식과 서비스 중심 경제구조로의 전환을 통해 우리나라의 생산성 향상과 신성장 경로 창출에 기여할 것으로 기대되고 있다. 디지털화된 경제의 대리변수로서 정보통신기술(Information and Communication Technologies: ICT) 산업에 주목해 보면, 우리나라의 ICT 산업은 지난 20년간 경제성장에 높은 기여를 해 왔으며, ICT 제품과 서비스를 집약적으로 활용하는 산업들도 성장률이 높았던 것을 알 수 있다. 과거 우리나라는 유망 산업을 선정하고 집중적으로 지원함으로써 산업국가로 전환한 역사적 경험을 가지고 있다. 다만, 우리나라 경제가 디지털화를 통해 혁신 국가로 도약하기 위해서는 기존의 산업화 전략과는 차별화된 접근이 요구된다.

1. 서론: 디지털화의 개념

COVID-19를 계기로 디지털 기술을 활용한 배달앱이나 재택근무 등이 일상생활에 깊게 침투하면서, 디지털 기술의 적용과 확산을 통해 사회와 기업의 혁신을 추구하는 '디지털 전환'이 화두로 떠오르고 있다. 디지털 전환은 일반적으로 '디지털 기술을 사회 전반에 적용하여 전통적인 사회구조를 혁신시키는 것' 또는 '기업에서 정보통신기술(ICT)을 구축, 활용하여 전통적인 운영방식과 서비스를 혁신하는 것'으로 정의된다.[1] 즉, '디지털화'는 단순히 '기술의 대체'뿐만 아니라 기술을 활용할 수 있도록 업무 프로세스와 조직구조가 변화, 재설계되는 과정을 동반하며, '과거와의 단절' '혁신과 창조'의 의미도 포괄한다. 유사한 개념으로 '4차 산업혁명'이나 '데이터 경제' 등은 공통적으로 디지털 기술의 발전과 적용을 통해 지식이 가치 창출의 핵심적인 요인으로 등장하고, 과학적이고 합리적인 의사결정의 규준으로 자리 잡는 경제와 사회를 전제하고 있다.

2. 디지털화의 거시경제적 계측

거시경제적인 측면에서 '디지털화'는 경제와 산업 각 영역의 '디지털화'된 활동들이 강화되는 현상으로 이해할 수 있다. OECD(2020b)에서는 '디지털 경제(Digital Economy)'를 "디지털 기술이 체화된 제품과 서비스의 생산 및 소비활동"으로 정의하는데, 해당 개념은 ICT 제품 및 서비스, 디지털 콘텐츠, 그리고 인공지능 · 데이터 기술이 접목된 온라인 플랫폼 서비스 등을 생산하는 활동[핵심(core) 영역], 그리고 전통적인 산업과 경제활동임에도 해당 제품과 서비스에 높게 의존하거나 그로 인해 유의미하게 가치가 제고되는 활동[광의의(broad) 영역] 등으로 나누어 파악할 수 있다. 마찬가지로 OECD에서는 경제 각 부문별 디지털화의 이질성을 파악하기 위해서 국제표준산업분류(ISIC, 4차 개정)에 따른 38개 산업의 '디지털 집약도(Digital Intensity)'를 4분위로 나누어 제시하고 있다(Calvino et al., 2018). '디지털 집약도'를 계산하기 위해서는 각 국가의 국민계정 자료 중 산업 전체의 자본재 구입

---

1) 이호영 외(2021). 디지털 대전환 메가트렌드 연구 총괄보고서. KISDI 정책연구.

(총고정자본형성, Gross Fixed Capital Formation: GFCF) 중 소프트웨어와 ICT 제품의 비중, 산업의 중간투입재 구입 지출 중 ICT 제품과 서비스의 비중 등을 사용하며, 그 외 미시적 통계자료인 산업별 로봇사용률, 온라인 매출 비중, 고용 중 ICT 직업군 비중 등도 활용된다.

〈표 6-1〉은 Calvino 등(2018)에서 몇몇 OECD 국가들(미국, 영국, 호주, 오스트리아, 덴마크, 핀란드, 프랑스, 이탈리아, 일본, 네덜란드, 노르웨이, 스웨덴)의 국민계정 자료를 기준으로 도출한 산업별 디지털 집약도이다. 이 분류에 따르면 고(high) 디지털 집약 산업으로는 ICT 서비스, 통신업, 금융·보험업, 연구개발업 등, 중-고(medium-high) 디지털 집약 산업으로는 도소매업, 출판/방송업, 예술업 등, 중-저(medium-low) 디지털 집약 산업으로는 화학물질 및 화학제품제조업, 교육서비스업 등, 마지막으로 저(low) 디지털 집약 산업으로는 농업, 광업, 숙박 및 음식점업 등이 각각 속한다. 저자들은 산업별 디지털 집약도를 4분위로 나누어 제시하였으며, 해당 분류는 OECD STAN(STructural ANalysis Database) 데이터 구성체계에도

[그림 6-1] OECD STAN 데이터세트에서 제공하는 산업분류 예시

출처: OECD STAN Database.

적용되는데, OECD 통계자료에서는 각 국가별 · 산업별 디지털 집약도에 따른 산업활동 동향을 조회할 수 있다. 구체적으로는 산업별 디지털 집약도에 따른 산출, 부가가치, 노동 투입, 투자와 자본형성에 관련된 자료가 제공된다.

〈표 6-1〉 산업별 디지털 집약도 분류(4분위수)

산업	국제표준산업분류(4차)	4분위수 디지털 집약도
농업, 임업 및 어업	01~03	저
광업	05~09	저
음식료품 및 담배제조업	10~12	저
섬유 및 가죽제품제조업	13~15	중-저
목재, 종이, 인쇄 및 복제업	16~18	중-고
코크스, 연탄 및 석유정제품제조업	19	중-저
화학물질 및 화학제품제조업	20	중-저
의료용물질 및 의약품제조업	21	중-저
고무제품 및 플라스틱제품제조업	22~23	중-저
1차 금속 및 금속가공업	24~25	중-저
컴퓨터, 전자 및 광학기기 제조업	26	중-고
전기제품제조업	27	중-고
기계제조업	28	중-고
운송장비제조업	29~30	고
가구 및 기타제품제조업	31~33	중-고
전기, 가스, 증기 및 공기조절공급업	35	저
수도, 폐기물 및 재활용서비스업	36~39	저
건설업	41~43	저
도매 및 소매업	45~47	중-고
운송 및 창고업	49~53	저
숙박 및 음식점업	55~56	저
출판, 영상, 방송업	58~60	중-고

통신업	61	고
IT서비스 및 정보서비스업	62~63	고
금융 및 보험업	64~66	고
부동산업	68	저
법률 및 회계업	69~71	고
전문, 과학 및 기술서비스업	72	고
광고, 시장조사업	73~75	고
사업지원서비스업	77~82	고
공공행정 및 국방	84	중-고
교육서비스업	85	중-저
보건 및 사회복지서비스업	86	중-저
요양 및 사회활동업	87~88	중-저
예술, 예능 및 레크리에이션업	90~93	중-고
기타 서비스업	94~96	고

출처: Calvino et al. (2018): 이준배, 윤성욱, 장재영(2021)에서 재인용.

3. 우리나라 디지털화의 주요 지표

상기 통계자료를 비롯한 주요 지표를 통해 우리나라 디지털화의 진전 상황을 진단해 보도록 한다. [그림 6-2]는 앞서 제시한 Calvino 등(2018)의 '산업별 디지털 집약도 분류'에 따라 산업별 부가가치(GDP)의 디지털 집약도 비중을 국가별로 제시한 도표이다. 이에 따르면 2017년 기준 전 세계에서 고 디지털 산업의 부가가치 비중이 가장 높은 국가는 룩셈부르크이며, 고 디지털 산업의 GDP 비중이 45.9%에 달하는 것으로 나타나고 있다. 우리나라의 경우 고 디지털 산업의 GDP 비중은 약 22.6%(2018)로 OECD 국가들 중 중위수준에 위치하며, 고 · 중-고 디지털 산업의 GDP 비중은 약 53%로 나타나고 있다. 우리나라의 고 디지털 산업 비중은 미국의 비중(27.5%)과 비교할 때 약 82% 정도의 수준이다.

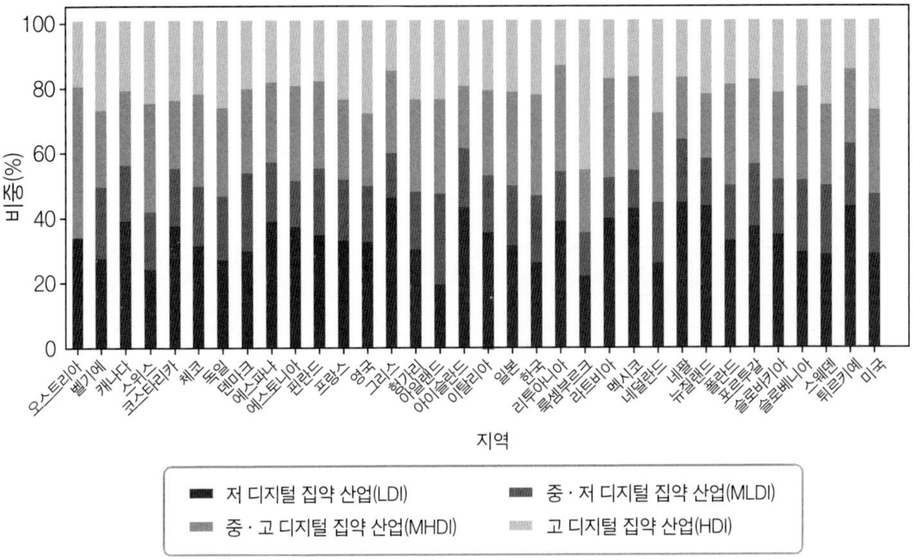

[그림 6-2] 산업별 디지털 집약도에 따른 부가가치 비중(2017)

출처: OECD STAN Data 분석; 이준배, 윤성욱, 장재영(2022).

〈표 6-2〉 고 디지털 집약 산업의 GDP 비중에 따른 OECD 국가 분류(5분위수)

5분위수	국가
1분위	룩셈부르크(45.92), 영국(28.3), 네덜란드(28.15), 미국(27.28), 벨기에(26.89), 독일(26.61), 스웨덴(25.57)
2분위	스위스(25.11), 코스타리카(24.35), 아일랜드(24.22), 프랑스(24.22), 헝가리(23.73), 뉴질랜드(22.60), 한국(22.46),
3분위	체코(22.17), 슬로바키아(22.01), 일본(21.86), 캐나다(21.26), 이탈리아(21.21), 덴마크(20.47)
4분위	슬로베니아(20.28), 아이슬란드(19.98), 오스트리아(19.79), 폴란드(19.58), 에스토니아(19.53), 스페인(18.66), 핀란드(18.17)
5분위	포르투갈(17.92), 라트비아(17.62), 노르웨이(17.24), 멕시코(16.91), 그리스(14.97), 튀르키예(14.64), 리투아니아(13.82)

( ): 고 디지털 집중 산업의 GDP 비중. 단, 본 데이터는 2017년 기준

출처: OECD STAN Data 분석; 김정언, 이준배, 장재영(2022).

우리나라의 경우 OECD 여타 국가와 비교할 때 디지털 집약 산업(고 디지털, 중-고 디지털)의 고용 비중이 낮게 나타나고 있다. 특히 2010년에서 2018년까지 우리나라 GDP에서 고 · 중-고 디지털 산업의 비중이 53.2%에서 54.2%로 상승하는 동안, 해당 산업의 고용 비중은 49%에서 48.4%로 오히려 감소하였다. 이는 미국, 영국, 독일 등 주요국들이 전체 산업에서 디지털 집약 산업의 고용 비중이 52% 이상을 차지하는 것과도 대조적이다.

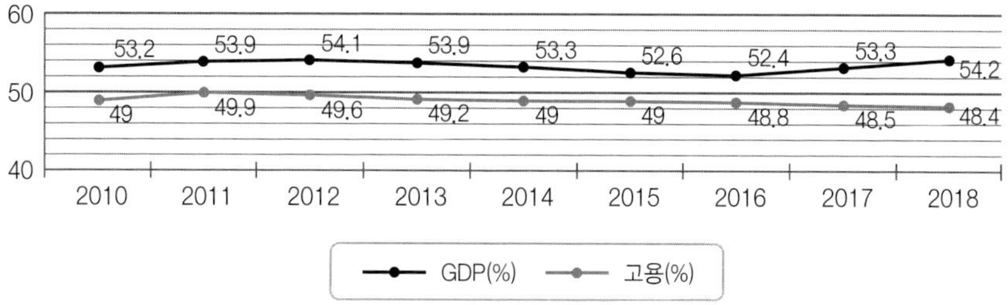

[그림 6-3] 우리나라 디지털 집약 산업의 고용과 GDP 비중 추이(2010~2018)

〈표 6-3〉 디지털 집약 산업의 GDP 및 고용 비중 OECD 국가 간 비교

국가	GDP 비중	고용 비중	국가	GDP 비중	고용 비중
네덜란드	55.47	56.72	아일랜드	52.89	48.31
룩셈부르크	64.88	54.58	이탈리아	47.47	48.16
벨기에	50.92	53.54	핀란드	45.40	48.13
헝가리	52.25	53.48	덴마크	46.67	47.81
독일	53.79	52.86	라트비아	48.27	47.51
미국	53.48	52.50	스웨덴	50.30	46.35
영국	50.49	52.38	리투아니아	46.25	46.24
슬로바키아	48.93	52.35	폴란드	50.34	45.23
프랑스	48.60	52.03	그리스	40.95	44.92
캐나다	44.43	50.91	포르투갈	43.93	44.81
스페인	43.31	50.36	멕시코	45.99	44.65

체코	50.86	50.33	노르웨이	36.38	43.25
오스트리아	47.05	50.24	아이슬란드	39.20	42.47
스위스	58.53	50.17	일본	50.50	–
슬로베니아	48.77	49.02	코스타리카	45.02	–
에스토니아	48.92	49.00	뉴질랜드	41.98	–
한국	53.27	48.48	튀르키예	38.72	–

출처: 김정언, 이준배, 장재영(2022).

ICT 산업은 디지털 경제의 주요 투입물인 ICT 제품과 서비스를 생산하는 부문으로서 디지털 경제의 핵심(core) 영역으로 분류된다. ICT 산업의 산출물은 우리나라의 수출에서 35%의 비중을 차지하며, 특히 반도체를 비롯한 전자부품 산업은 우리나라의 주력 산업으로, 과거 20년 동안 경제성장에 높은 기여를 하였다. KISDI의 ICT 산업 중장기 전망(이학기 외, 2021)에 의하면 2021년 기준 우리나라의 ICT 수출액은 2,276억 달러로 나타나며, 코로나19로 인한 전자기기 및 ICT 제품 서비스 수요 증가로 2022년에도 전년 대비 7.2% 증가한 2,439억 달러의 수출액을 달성할 것으로 예측된다. ICT 수출은 전자부품, 컴퓨터 및 주변기기, 통신 및 방송기기, 영상 및 음향기기, 정보통신응용기반 기기로 나누어 집계되는데, 2022년 기준 반도체를 비롯한 전자부품의 비중이 70%를 넘는 것으로 나타나고 있다.

〈표 6-4〉 우리나라 ICT 수출액의 부문별 구성(단위: 억 달러)

2022년 총액	전자부품	컴퓨터 및 주변기기	통신 및 방송기기	영상 및 음향기기	정보통신응용 기반 기기
2,439	1,781	189	181	19	284

출처: 이학기 외(2021).

그럼에도 불구하고, 우리나라의 ICT 부문에 대한 투자는 선도국가 대비 높지 않게 나타나는데, 이는 디지털 정책의 진척도 진단을 위해 제시되는 OECD Going

Digital Toolkit 통계의 'GDP 대비 ICT 투자 비중(ICT Investment as a Percentage of GDP)' 지표에서 우리나라가 OECD 평균을 하회하는 수치를 기록한 점에서 잘 나타난다.[2] OECD 국민계정 자료에서 추출한 주요국의 GDP 대비 ICT 투자 비중은 〈표 6-5〉와 같으며, Toolkit 통계에 의하면 해당 항목에서 우리나라의 수치는 이탈리아보다는 높고 이스라엘, 네덜란드보다는 낮은 수준이다.

〈표 6-5〉 주요국 ICT 투자 비중

국가	GDP 대비 ICT 투자	총고정자본형성(GFCF) 대비 ICT 투자
미국(2020)	7.1%	33.7%
프랑스(2020 잠정)	6.5%	28.4%
오스트리아(2019)	6.3%	25.6%
체코(2019)	6.0%	23.0%
벨기에(2019)	5.7%	23.6%
이스라엘(2020)	5.6%	27.4%
네덜란드(2020)	5.5%	25.6%
이탈리아(2020)	3.8%	21.7%

출처: OECD System of National Accounts (SNA) 자료에서 계산

4. 우리나라 경제 혁신 전략의 고려사항

앞서 살펴본 바와 같이 디지털화 또는 디지털 전환은 경제의 체질 개선 그리고 고부가가치 산업으로의 전환을 통한 국민 생활수준의 향상과 밀접한 관련이 있다. 디지털화는 경제 내에서 디지털 제품과 서비스를 활용하는 경제활동이 증가하는 것으로 정의 내릴 수 있으며, 디지털 집약 산업의 부가가치와 고용 비중, ICT 제품

2) 출처: OECD going digital toolkit. https://goingdigital.oecd.org (2022. 12. 5. 검색).

과 서비스에 대한 투자 등의 지표로 계측이 가능하다.

이 때문에 디지털 전환은 민간 기업과 조직의 효율성 향상과 고객 접점 강화뿐만 아니라, 국가 경쟁력 강화와 글로벌 가치사슬에서의 우위 선점 차원에서 정책적 노력과 투자가 기울여지고 있다. 이는 우리나라의 지난 대선에서도 진보, 보수 양당 대통령 후보들이 공통적으로 과학기술과 ICT 분야의 경쟁력 강화와 정부의 투자를 천명한 것에서도 확인할 수 있다.

'디지털 전환'이라는 화두는 경제적인 가능성 때문에 주목받고 있으나, 디지털 전환을 위한 정책 목표는 신기술 개발과 산업 육성에만 국한하기에는 어려운 측면을 가지고 있다. 이는 앞서도 살펴보았지만, '디지털화'가 경제와 사회의 변혁, 일하는 방식의 변화, 그리고 혁신과 창조의 의미를 포괄하는 개념이기 때문이다. 특히 과거 산업화 시기와는 달리 '성공적인 디지털 전환'이라는 정책 목표는 전 세계적으로도 참고할 만한 사례를 찾기 쉽지 않고, 디지털 기술의 활용 과정에서 발생하는 급속한 경제와 사회구조의 변화와 이에 대한 반발은 과거와 같은 신속한 선도 전략의 채택과 전개를 어렵게 만드는 여건으로 작용하고 있다.

이와 같은 상황에서 OECD Going Digital Toolkit(2020)은 디지털 전환의 진단과 정책 방향, 성과를 계측할 수 있는 복합적인 프레임워크를 제시하고 있다. OECD Going Digital Toolkit에서는 디지털 전환을 경제적인 측면에서의 기술 발전, 채택률뿐만 아니라 사회와 정책 구성요소를 포괄적으로 조망하고 진단할 수 있도록 지표화한 자료를 제공한다. Toolkit에서 제시하고 있는 디지털 전환의 일곱 가지 구성측면(dimension)은 [그림 6-4]와 같다.

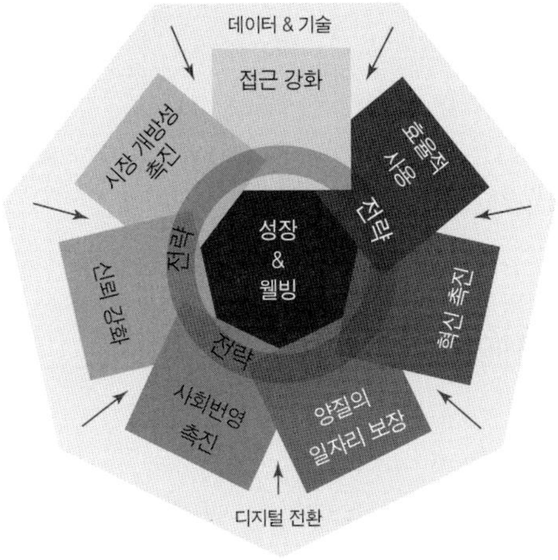

요소	주요 내용
접근 강화 (Access)	통신 인프라 투자 촉진, 경쟁 개혁
효율적 사용 (Use)	리터러시, 산술능력, 문제해결능력 및 전문가 능력 강화
혁신 촉진 (Innovation)	기초연구, 연구개발, 데이터 및 조직자본 강화
양질의 일자리 보장(Jobs)	디지털 역량을 갖춘 인재 양성, 자동화로 대체된 노동자의 보호
사회번영 촉진 (Society)	사회정책, 교육 및 역량, 세금, 보건, 환경 등 사회적 이슈의 해결
신뢰 강화 (Trust)	보안 강화, 소비자 보호와 공정한 관행 정착
시장 개방성 촉진(Market openness)	경쟁 구도의 재설계, 새로운 무역 규범 등

[그림 6-4] OECD 고잉디지털(Going Digital)의 통합된 정책 프레임워크

출처: OECD (2020a).

첫째, 접근 강화(Access)로 전통적인 통신 인프라 구축 정책에서도 강조되었던 망 보급률의 증진, 그리고 그 기반 여건으로서 통신 시장의 경쟁 촉진을 포함하는 측면이다. 이 요소는 디지털 전환의 기초적인 여건으로 작용하며, 특히 사물과 사람 간 통신은 데이터 축적과 활용을 위한 인프라로 활용된다는 점에서 중요하다. 해당 요소의 주요 지표에서 우리나라는 소비 분야에서의 가구당 광대역망 비율, 고정 광대역망 가입률 등에서 세계 수위권의 수치를 기록하고 있으나, 의외로 산업용 모바일 통신기기의 활용 수준은 평균 수준이거나 낮은 것으로 나타나고 있다.

〈표 6-6〉 OECD Going Digital Toolkit 중 접근 강화(Access) 지표

구분	한국 지표	OECD 평균
고정 광대역망 가입률	43.1/100(인)	33.2
M2M(기기 간 통신용) SIM카드 보급률	22.1/100(인)	26.9
모바일 광대역망 가입률	115.6/100(인)	117.5
광대역망 가입 가구 비중	99.7%	90.3%
30Mbps 이상 광대역 가입 기업 비중	(자료 없음)	76.6%
4G 이상의 모바일 통신 보급률	99.9%	98%
도시-농촌 간 광대역 보급률 차이	(자료 없음)	4.34%p

출처: OECD Going Digital Toolkit.

둘째, 효율적 사용(Use)은 정부 · 개인 · 기업 측면에서 효과적인 디지털 기술의 접목, 활용 정도를 측정하는 지표이다. 특히 중소기업을 중심으로 디지털 기술의 활용이 확산되고, 발전된 디지털 도구 활용이 보편화되는 비즈니스 환경을 포괄한다. 중소기업과 대기업의 생산성, 기술 채택률 차이가 크게 나타나는 우리나라는 해당 지표에서도 OECD 평균 대비 저조한 성적을 보여 주고 있다. 특히 기업 측면에서 '중소기업의 이커머스 참여' '웹사이트 보유기업 수' '클라우드 서비스 이용 기업 수' 등은 모두 OECD 평균을 하회한다. 개인 측면에서도 기술을 활용한 문제해결능력, 인지능력, 정보의 비판적 처리능력, 복잡한 직무능력 등을 측정하는 '디지털 역량 수준(PIAAC)'에서 우리나라의 지표는 OECD 평균을 하회하는 것으로 나타나고 있다. 다만, 이 디지털 역량 지표는 2015년 또는 그 이전에 수집한 자료로써, 현실과 괴리가 있을 수 있다.

〈표 6-7〉 OECD Going Digital Toolkit 중 효율적 사용(Use) 지표

구분	2020년 한국 지표	OECD 평균
인터넷 사용률	96.5%	90.5%
인터넷을 활용한 공공분야/정책입안자와 소통	(자료 없음)	63.3%

온라인 구매 경험 비율	72.3%	68.5%
중소기업의 이커머스 경험	19%	25.2%
웹사이트 보유 기업 비중	67.1%	78.3%
클라우드 서비스 이용 기업 비중	22.7%	45%
기술집약적 문제해결이 가능한 성인 비중(2015)	30.4%	30.6%

출처: OECD Going Digital Toolkit.

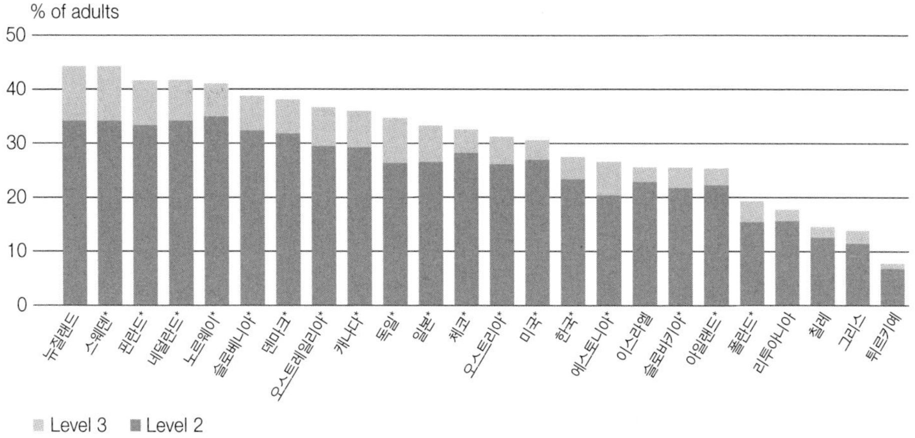

[그림 6-5] 기술집약적 문제해결이 가능한 성인 비중(OECD)

참고 OECD PIAAC[국제 성인(16~64세) 역량 평가] 2015년 자료

- 기술을 활용한 문제해결, 복잡한 직무의 완수, 인지능력, 정보의 비판적 처리능력 등을 측정
- 평가방식으로는 모의 환경에서의 문제해결(웹서치를 이용한 구직활동 등)을 활용
- Level 3가 더 상위수준의 역량을 평가하며, 웹 활용능력뿐만 아니라 추론능력, 융합능력도 측정(자료: /indicator/24)

출처: OECD Going Digital Toolkit.

셋째, 혁신 촉진(Innovation)은 일자리 창출, 생산성 제고, 지속가능한 성장을 가능하게 하는 디지털 투자 및 성과와 관련되어 있는 항목이다. 정부와 기업의 업무 효율화를 위한 투자, 기존 시장과 질서를 뒤흔들 수 있는 벤처 · 스타트업의 활성화 정도, 특허와 논문으로 대표되는 신지식의 창출 등을 측정한다. 우리나라의 경우 R&D 지출과 스타트업 생태계, 특허 수 등의 지표가 OECD 기준 상위권 수준으로 나타나는데, 특히 OECD Main Science and Technology Indicators Database 2021에서 발표한 자료에 따르면 GDP 대비 R&D 지출 비중으로 측정한 R&D 집중도는 4.64%로 이스라엘에 이어 OECD 국가들 중 2위에 위치하며, 정부 R&D 지출로만 한정하더라도 GDP에서 차지하는 비중이 0.96%로 전 세계에서 노르웨이에 이어 세계 2위에 해당한다. 비중 대신 절대 규모로 측정한 수치에서도 2019년 우리나라의 R&D 지출은 연간 1,000억 달러를 넘어 미국, 중국, 일본, 독일에 이어 세계 5위에 위치하고 있다. 이런 투자가 실질적인 혁신 성과물 및 비즈니스의 출현으로 이어질 수 있도록 엄밀한 성과 모니터링과 추가적인 투자가 필요하다고 하겠다.

〈표 6-8〉 OECD Going Digital Toolkit 중 효율적 사용(Use) 지표

구분	한국 지표	OECD 평균
GDP 대비 ICT 투자	2.06%	2.37%
정보통신산업의 R&D 지출 비중(GDP 대비)	2.07%	0.391%
ICT 부문에 대한 벤처캐피털 투자(GDP 대비)	(자료 없음)	0.03%
스타트업 기업(2년 미만) 비중	35.4%	25.1%
컴퓨터 과학에서 인용 빈도가 높은 논문의 비중	7.5%	6.52%
특허에서 ICT 연관 기술의 비중	50.9%	19.6%

출처: OECD Going Digital Toolkit.

넷째, 양질의 일자리 보장(Jobs)은 급속한 기술 발달을 양질의 일자리 창출과 적정한 이직 기회 보장으로 연결할 수 있는 정책적 노력과 성과를 측정하는 지표이다. 디지털 전환은 '창조적 파괴'를 통해 전통적인 일자리를 감소시키고 새로운 일

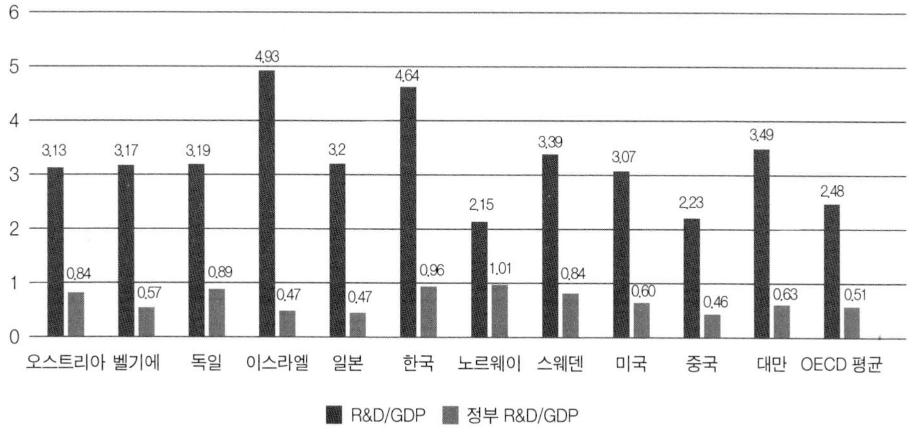

[그림 6-6] R&D 집중도 국제비교

출처: OECD Main Science and Technology Indicators Database (2021).

자리를 창출하는 동력이다. 그러나 최근의 기술진보에서 우려스러운 점은 과거와 비교하여 일자리 창출 효과는 줄어드는 대신, 기존 업무의 대체 및 소멸 효과는 강화되고 있다는 점이다(Acemoglu & Restrepo, 2019). 여기에 대해서는 특히 자본과 기업이 주도하는 연구개발 투자는 인력 고용을 절약하는 기술에 편향되어 발전할 수 있는 점이 주요 원인으로 지목된다. 가속화되는 자동화와 고용 대체 현상은 소득 불평등과 자산 불평등을 심화시킬 수 있으며 통계적으로는 부가가치 중 노동소득에 배분되는 비중이 감소하고 있는 현상(Piketty, 2013)과도 연관이 있어 보인다.

이와 같은 변화의 시대에 교육을 통하며 계층 이동의 통로를 제공하고, 신기술 습득을 통한 이직과 전직을 지원할 수 있는 정책적 노력이 더욱 절실하다 하겠다. 그러나 앞서 살펴보았듯이, 우리나라는 자동화에 치중한 자본 투자와 제조업 중심의 산업구조로 인하여 디지털 집약적 산업의 고용 비중이 OECD 평균보다도 낮고, 직업 훈련률이나 고용정책 지출도 높지 않은 것으로 나타나고 있다.

〈표 6-9〉 OECD Going Digital Toolkit 중 양질의 일자리(Jobs) 지표

구분	한국 지표	OECD 평균
고용 중 ICT 집약 직업 비중	(자료 없음)	12.4%
ICT 집약 산업의 고용 비중	48.8%	50.2%
고용기반 직업훈련을 받는 노동자 비중(2015)	57.7%	59.2%
대학졸업자 중 STEM전공자 비율	29.3%	23%
실업자, 구직포기자 대상 고용정책지출(GDP 대비)	0.33%	0.314%

출처: OECD Going Digital Toolkit.

다섯째, 사회번영 촉진(Society) 측면에서는 디지털 전환이 사회와 문화 그리고 그 구성 주체들에 파급되는 속도와 정도, 그리고 구성원 간의 소통에 미치는 정성적이며 점진적이고 복합적인 효과를 다룬다. 신기술 활용의 부작용을 방지하고 인류 보편적인 가치의 보호와 강화를 위하여 디지털 기술이 접목 · 활용될 수 있도록 가치판단과 위험조정이 필요하다. 우리나라의 경우 전반적으로 양호한 지표를 기록하고 있으나, 일부 지표가 수집되고 있지 않은 점, 그리고 남녀 간 인터넷 활용률 격차가 OECD 평균보다 높게 나타나고 있는 점은 개선이 필요하다.

〈표 6-10〉 OECD Going Digital Toolkit 중 사회번영(Society) 지표

구분	한국 지표	OECD 평균
55~74세 인구 인터넷 사용률	89.2%	74.2%
소득하위 25% 가구의 인터넷 이용률	78.8%	77.7%
16~24세 인구 중 프로그램이 가능한 여성 비중	(자료 없음)	27.8%
남녀 간 인터넷 활용률 격차	1.5pp	0.9pp
주당 1일 이상 텔레워크하는 사무노동자 비중	(자료 없음)	26.4%
15~16세 학생의 학업성취도(수학, 과학, 읽기)	26.6%	15.3%
OECD 디지털 정부 인덱스	0.74	0.51
1인당 전자폐기물 배출량	15.8kg	17.286kg

출처: OECD Going Digital Toolkit.

여섯째, 신뢰 강화(Trust)는 변화의 시기에 경제 기능 전반의 유지와 정책 추진의 인프라로 기능하는 부분이다. 특히 디지털 전환으로 인해 기업, 개인이 얻는 사회적 · 경제적 편익이 가시화되어야 이들의 참여가 촉진될 수 있고, 디지털 전환의 성과가 극대화될 수 있다. 디지털 전환으로 인한 데이터의 국경이동, 정보와 권력의 비대칭 현상은 디지털 환경에서 안전한 활용을 제약하는 요인들이다. 이 부분에서도 우리나라는 지표 수집과 개선에 노력을 기울여야 할 것으로 보인다.

〈표 6-11〉 OECD Going Digital Toolkit 중 신뢰 강화(Trust) 지표

구분	한국 지표	OECD 평균
개인정보나 프라이버시 침해 경험	6.3%	3.99%
온라인 상거래 미이용 이유 중 결제보안 비중	(자료 없음)	28.2%
온라인 상거래 미이용 이유 중 반품문제 비중	(자료 없음)	19.2%
ICT와 데이터 보안문제의 인소싱 비중	(자료 없음)	23.7%
국가 보건 데이터의 공유 정도	51.1%	63.5%

출처: OECD Going Digital Toolkit.

마지막으로, 시장 개방성 촉진(Market openness)은 디지털로 변화한 환경에서 기업 간 경쟁, 무역과 투자를 위한 환경 조성을 측정하는 지표이다. 디지털화는 전 세계적인 움직임이며, 특히 급속도로 발전하는 기술 발전은 우리나라 혼자의 힘으로는 따라갈 수 없다. 이를 위해 국제적인 기술/경제 협력 공동체에 적극적이고 주도적인 참여가 필요하며 신기술, 신산업 생태계도 외국과 호환, 교류가 가능한 형태로 조성되어야 할 것이다.

〈표 6-12〉 OECD Going Digital Toolkit 중 시장 개방성 촉진(Market Openness) 지표

구분	한국 지표	OECD 평균
해외 전자상거래 매출이 있는 기업 비율	(자료 없음)	44.2%

서비스 무역 중 디지털 서비스 비중(통신, 영상, 금융, 지식, 경영, R&D 등)	21.2%	37.5%
무역액 중 ICT 제품과 서비스 비중	24.2%	12.2%
제조업 수출액 중 디지털 서비스 부가가치 비중(온라인 매출액, ICT 인적자본 등으로 측정)	19.9%(2018)	23.6%(2018)
디지털 서비스 무역 제한성(전자상거래, 결제시스템, 지적재산권 등)	0.14(2021)	0.14(2021)
외국 직접투자 규제 제한성	0.14	0.06

출처: OECD Going Digital Toolkit.

5. 우리나라 디지털화 정책의 진행 경과와 환경변화

2022년 윤석열 정부 출범 이전까지 우리나라의 디지털화 정책은 2020년 7월부터 본격화된 '디지털 뉴딜'을 중심으로 추진되었다. 디지털 뉴딜은 ICT 부문에 대한 투자 촉진 및 공공 인프라 구축, 산업 지원을 포괄하는 정부 프로젝트로 구성되어 있는데, 1933년부터 1939년까지의 대공황기에 추진된 미국의 뉴딜 정책에서 착안하였으며, 단기적으로는 코로나19로 인한 경제위기의 극복, 그리고 장기적으로는 우리나라 경제의 선진화를 위한 신성장 동력 확보를 목표로 하였다.

디지털 뉴딜은 2020년 7월부터 국회 추경예산 5.4조에서 출발하였다. 디지털 뉴딜은 2020년 7월에 통과된 국회 추경예산 5.4조에서 출발하였다. 이후 2021년 7월 발표된 디지털 뉴딜 2.0 계획에 의하면, 디지털 뉴딜은 행정안전부, 산업통상자원부, 교육부, 중소벤처기업부, 보건복지부, 농림축산식품부, 국토교통부가 참여하는 범부처 합동 프로젝트로서, 향후 2025년까지 약 49조원의 정부투자를 진행할 계획에 있다. 여기에 과학기술정보통신부는 디지털 뉴딜의 주관부처로서 참여하고 있다.

디지털 뉴딜이 추진된 직접적인 계기는 코로나19로 인한 경제위기이나, 디지털 기술의 발전이 가속화함에 따라 날로 가속화하고 있는 국가 간 기술 패권 경쟁도 중요한 환경 요인으로 작용하고 있다. 개혁개방 이후 안정적인 경제성장을 목표로 하는 중국은 디지털 산업 기반 강화를 통한 혁신 성장과 산업구조 고도화를 추진하며 '20년 신인프라 구축계획'을 발표하였다.[3] 해당 계획은 기존의 설비, 유형 자산 중심의 인프라 투자에서 5G 네트워크, 전기차 충전소, 고속철도, 데이터센터, 인공지능, 산업 IoT 등의 분야에 적극적인 투자를 통해 기술 혁신과 신성장 동력 발굴을 추진하는 의미를 갖는다. 이미 인공지능 분야에서 중국의 칭화대, 북경대, 중국과학원 등은 세계적인 수준의 인공지능 연구기관으로 부상하고 있으며, 지난 10여 년 동안 중국 고등교육기관을 졸업한 STEM 박사는 양적 · 질적으로 확장하고 있다.

미국의 경우 공급망 교란으로 인한 물가 상승과 중국의 패권추구에 대응하여 미국의 기술 우위를 유지하기 위한 연구개발과 인프라 분야의 대대적인 투자를 천명하고 있다. 2021년 7월 미국은 상원의 압도적인 지지로 「혁신경쟁법(Innovation and Competition Act of 2021)」을 통과시켰는데,[4] 법안은 중국과 관련된 공급망 관리에 문제를 겪는 미국 기업의 지원, 중국 정부의 악의적 글로벌 영향력 행사에 대응하기 위한 '중국 영향 대응 기금'의 설립, 중국의 군사력 강화를 견제하기 위한 인도-태평양, 동남아시아 지역의 안보 파트너십 강화, 연방 지원 인프라 프로젝트에서 미국산 건설재료 사용의 의무화, 그리고 미국 정부 내에서 인공지능 이용을 제고하기 위한 원칙과 응용, 인공지능 역량의 강화를 위한 시험 및 활용 지원을 주요 내용으로 하고 있다. 특히 챕터E 「중국의 도전에 대한 대응 법(Meeting the China Challenge Act of 2021)」에서는 중국 기업들의 시장조작과 돈세탁을 방지하고, 중국 정부의 사이버 공격 · 영업비밀 절도를 제재하기 위한 조치, 중국 자본의 미국 내 고등교육기관 투자에 대한 제한, 그리고 미국 자본시장에서 중국 조직의 존재와 활동에 대한 조사보고 의무화를 명시하고 있다.

우리나라는 2022년 5월 바이든 미국 대통령의 방한을 계기로, 5월 23일 출범한

---

3) 이 문단의 내용은 산업연구원 산업경제분석(2020. 6.)을 참고하여 작성하였다.

4) 「혁신경쟁법」의 주요 내용은 이경은(2021)을 참고하기 바란다.

IPEF(인도 · 태평양 경제프레임워크)의 창립 멤버로 참여하기로 결정하였는데, 이는 미국 바이든 행정부 주도로 구상되고 있는 인도-태평양 지역의 경제안보 플랫폼으로서 중국이 주도하고 있는 동남아-태평양 경제협력체인 RCEP(역내포괄적경제동반자협정)에 대한 대항마의 성격으로 이해된다. 미국은 최근 자국 내 노동자들의 반발을 초래할 수 있는 관세 동맹이나 자유무역협정(FTA) 참여에는 미온적인 반면, 첨단기술 분야의 파트너십 증진, 경제안보대화 채널 가동, 공급망 생태계 위기 대응 등 포괄적인 어젠다를 지향하는 경제협력체를 추진하고 있다. 특히 이번에 출범한 IPEF는 상품과 서비스 시장 개방을 목표로 하는 기존의 무역협정과 달리 글로벌 무역, 공급망, 탈탄소 · 인프라, 탈세 · 부패 방지 등 4대 의제에 집중하고 있다는 점에서 차별화된다.

IPEF의 주요 추진 목표

- 연결된 경제(connected economy): 역외 데이터 이전, 데이터 지역화(data localization) 등 디지털 경제의 주요 규칙의 수립, e-비즈니스에서 중소기업의 발전, 온라인 개인권, 인공지능의 비윤리적 활용 제재, 노동/환경 규준 정립, 기업 책임성 강화
- 강화된 경제(resilient economy): 공급망 안정을 위한 조기 경보시스템 운영, 희소 자원광물 공급망 파악 및 다변화, 추적 가능성 강화
- 깨끗한 경제(clean economy): 청정에너지, 탈탄소화, 양질의 일자리 창출을 위한 인프라 확보에 주력, 기후위기에 대응하기 위한 신재생에너지, 이산화탄소 제거, 에너지 효율 표준, 메탄 배출 제재 추진
- 공정한 경제(fair economy): 세제 정보의 공유, UN 표준에 상응하는 반부패 처벌, 다자 간 협력으로 효과적인 징세, 돈세탁 방지, 반부정부패 체제를 구축

출처: 백악관 홈페이지.

한편, 우리나라의 디지털 뉴딜은 한국판 뉴딜의 일환으로서, 디지털 전환과 신성

장 동력 창출을 목적으로 하는 디지털 뉴딜, 탈탄소 친환경 경제로 전환을 목적으로 하는 그린 뉴딜, 인적자원 개발과 소외계층 교육 강화를 목적으로 하는 휴먼 뉴딜, 그리고 지역 균형 뉴딜과 함께 한국판 뉴딜 2.0 계획의 4개 축을 이루고 있다. 2021년 발표 당시 계획에 의하면 한국판 뉴딜은 2025년까지 220조 원의 투자가 예정되고 있으며, 약 49조 원이 디지털 뉴딜, 61조 원이 그린 뉴딜, 50조 원이 휴먼 뉴딜, 62조 원이 지역 뉴딜에 배분되어 있다. 이 중 디지털 뉴딜은 2022년에만 8.6조 원의 예산이 배정되었으며, 4개 분야 12개 프로젝트를 중심으로 추진되고 있다.

〈표 6-13〉 디지털 뉴딜 2.0의 주요 구성 사업

분야	사업	예산(2025년까지)
DNA(데이터, 네트워크, 인공지능) 생태계 활성화	1. 데이터 축적, 개방 및 활용 2. 5G, AI 융합 확산 3. 스마트 정부 4. 사이버 보안 강화	33.5조 원
디지털 인프라 강화	5. 디지털 교육 및 직무교육 인프라 확충 6. 스마트 헬스케어 인프라 7. 중소기업 온라인 비즈니스 지원	3.2조 원
초연결 신산업 육성	8. 메타버스, 스마트로봇 산업 육성 9. 클라우드, 블록체인, IoT 기술 육성	2.6조 원
SOC 디지털화	10. 교통 인프라 디지털화 11. 스마트 시티, 스마트 산단, 디지털 트윈 12. 스마트 물류체계	9.7조 원

출처: 관계부처 합동(2021.7. 15.): 이준배, 최중범 외(2021)에서 재인용.

신정부 출범 이후 디지털 전환 정책은 '디지털 플랫폼 정부'와 '디지털 경제 패권국가'를 중심으로 추진되고 있다. 2022년 5월 대통령직 인수위원회는 110대 국정과제를 발표했는데, 이 중 '디지털 플랫폼 정부'는 행정안전부와 과학기술정보통신부가 공동으로 추진하는 과제로서 공공데이터 연계를 통해 국민, 기업, 정부가 함께 문제를 해결하고 새로운 가치를 창출하는 것을 목표로 삼고 있다. 이를 위하여 핵심 과제로 국민과 기업의 불편을 해소하고 변화를 피부로 느낄 수 있는 혁신적인 국민체감 선도 프로젝트를 추진하고, 인공지능/데이터를 기반으로 한 일 잘하는 정부를 구현하며, 정부가 서비스를 직접 제공하는 대신 국민과 함께 혁신하고 민관이 함께 성장하는 차원의 혁신생태계를 조성하고자 천명하고 있다. 아울러 데이터 개방과 함께 데이터 안전 활용 기반 강화도 중점 과제로 제시하고 있다.

'디지털 경제 패권국가'는 글로벌 디지털 전환과 기술 패권 경쟁 속에서 민관 역량 결집을 통해 인공지능, 데이터, 클라우드 등 우리나라 디지털 경제 핵심 기반을 강화하고, 메타버스, 디지털 플랫폼 등 신산업을 육성함을 주요 내용으로 한다. 이를 위하여 최고 수준의 인공지능 기술 확보를 위한 도전적인 대규모 R&D와 인공지능 반도체 육성을 추진하고, 국가 데이터 정책 컨트롤 타워를 통한 공공 · 민간데이터 대통합, 민간 필요 데이터 개방 확대를 추진하며, 공공분야 민간 클라우드 및 상용 SW 우선 이용과 서비스형 SW 중심 생태계 조성을 통해 클라우드 · SW 산업 육성을 추진한다. 아울러 민관 공동 핵심 전략 분야에 집중 R&D를 추진하며, 플랫폼의 건전한 혁신과 성장 촉진을 위한 발전 전략과 민간 주도 자율규제체계 확립을 추구한다.

6. 결론 및 제언

우리나라는 디지털 전환 과업을 성공적으로 추진함으로써 국민 생활 개선과 경제 발전을 추구함은 물론, 격화되고 있는 디지털 경제 패권 경쟁 여건에서 국내 산업 경쟁력을 강화하고 기술 개발을 통한 도약을 추진해야 하는 복합적이고 어려운 과제에 직면하고 있다. 지난 20년 동안 우리나라는 중국과의 밀접한 교역과 투자를 통해 동반 성장을 이룩하였으나, 미중 무역분쟁과 기술 패권경쟁의 격화로 인한 불확실성이 날로 심화되고 있는 상황에서 이전과 같은 안정적인 경제협력은 어려워질 전망이다.

최근 미국은 기술과 무역 측면의 도전을 '민주주의, 자유와 인권'에 대한 가치를 공유하는 국가들끼리 해결하려는 시도를 하고 있다. 대표적인 예로, 미국과 EU 간 진행되고 있는 EU-US 무역기술협의체(Trade and Technology Council: TTC)는 앞서 언급한 IPEF와 마찬가지로 기술 개발과 경제협력 측면에서 포괄적인 협력 관계 구축을 추진하는데, 내용을 살펴보면 환경, 사이버 보안, 중소기업 혁신 강화 등 OECD에서 추구하는 주요 정책목표를 포괄하고 있음을 확인할 수 있다. 특히 미국은 인도-태평양 지역에서의 경제적 연대를 통해 공급망을 재편, 안정화하고 중국의 영향력을 배제하기 위해 노력하고 있는데, 대표적으로 2021년 6월 G7 회의에서 발표된 '더 나은 세계 재건(Build Back Better World: B3W) 구상'은 미국 주도의 경제 이니셔티브로서, 중국의 '일대일로'에 대항하는 성격이며, 2035년까지 개발도상국에 40조 달러 이상의 기반 시설 구축을 목표로 하고 있다.

TTC 관계장관 회의(2022. 5. 16.) 주요 논의 결과

- 기술 표준: 국제 기술 표준 개발 영역에서 공동의 이익을 대변할 수 있는 정보공유 전략 마련, AI, 3D프린팅, IoT 등 신산업 영역에서 상호호환성 강화
- 인공지능: 인권 보호에 초점을 둔 신뢰할 수 있는 인공지능 개발/활용, AI 신뢰성과 위험 관리를 위한 평가 기준 마련
- 환경: 녹색 공공조달, 탄소발자국 추적 방식 확립, 전기차 충전 인프라 호환성 강화
- 반도체: 밸류체인 교란을 막기 위한 조기 경보/모니터링 체제 구축, 반도체 수요 투명성 강화와 보조금 경쟁 지양
- ICT 보안과 경쟁력: 안전하고 강건한 연결성과 보안성 확보를 위한 공공투자 강화, 5G 이후의 통신기술 개발을 위한 공동 비전 수립
- 데이터 거버넌스: 플랫폼 콘텐츠 중재의 투명성과 반응성 강화, 불법/유해 콘텐츠에

의한 사회적 위해와 알고리즘 증폭에 대한 이해 증진, 연구자들의 데이터 접근권 강화, 위기 상황에서 정보 진실성 확보를 위한 협조체제 구축 • 기술 오남용: 해외 정보 조작 및 개입 탐지 시스템 구축, 다자 간/민관 협력을 통한 불법적 감시, 인터넷 차단, 위협 제거 체계 구축 • 중소기업 디지털 접근성과 활용 강화: 온라인 훈련 강화, 정책 방안 마련, 사이버보안 가이드라인 마련

출처: EU-US TTC 보도자료.

아직 우리나라의 무역에서는 중국이 차지하는 비중이 높으며, 특히 ICT 분야에서는 우리나라 제품의 중국 수출이 무역에서 높은 비중을 차지하고 있다. 그러나 2022년 들어 5~8월 동안 지속된 대중 무역 적자에서 우려되는 바와 같이, 우리나라가 중국 대비 지속적인 기술 우위를 확보하지 않는 이상, 대중 무역 흑자를 유지하기 어려운 점을 인지해야 한다. 우리나라도 빠르게 변화하는 기술 생태계에서 선도 지위를 유지하기 위해서는 다른 선도국가들과의 공동 협력이 필수적이며, 중장기적으로 세계 경제의 가치사슬에서 우위를 유지할 수 있는 위치, 그리고 우리나라의 기술 역량 강화라는 측면에서 전향적으로 접근해야 할 것이다.

혁신과 디지털 전환을 촉진하는 측면에서 정부 사업의 추진 방향을 명확히 하고 추진 절차를 합리화하는 과정도 지속적으로 필요하다. 세계 수준의 기술 주도권 확보와 성장동력 제고에 초점을 맞춘 프로젝트는 1년 단위 과제에서 장기 과제로 전환하되, 결과물 인용도 추적 및 성과의 엄정한 관리를 통해 지속 여부를 결정하여야 하며, 반대로 사업화를 목적에 둔 프로젝트는 사업화 성과(매출, 이익 등)를 추적하여야 하고, 프로젝트 수립 단계에서부터 사업화로 전환할 수 있는 출구 전략이 명시되어 있어야 한다.

디지털 분야 신산업은, '타다'의 사례에서도 볼 수 있듯이, 기존 산업의 틀 안에서 작동하는 법적, 제도적 제약의 영향에서 자유로울 수 없다. 따라서 새로운 디지털 사업 모델이 시도되고 일자리가 창출되기 위해서는 공정한 시장질서 확립과 이해 당사자 간 갈등 조정을 위한 정부의 역할이 필수적이다. 그럼에도 불구하고, 우리나라 정부의 제도 운용 방식과 정부 효율성은, 책임지지 않으려는 보수주의와 정치 논리에 휩쓸린 예측 불가능성 때문에 각종 국제 지표에서 낮은 점수를 받는다.[5)]이런 측면에서 볼 때, 정부의 직접적인 시장 개입을 최소화하고 법제도적 안정성을 추구하고 있는 현 정부의 정책기조는 시의적절하다고 할 수 있다.

특히 최근 데이터 시스템 오류, 오남용, 침입, 데이터 노출 및 공정한 활용에 대한 우려가 증가하고 있는 상황에서 안정적인 법제도는 중요한 신뢰 인프라로 작용한다. 사회 전반의 데이터 집중도 및 의존도가 상승하면서, 인공지능 정책은 인공지능 등 신기술의 오남용으로 인한 알고리즘 차별, 데이터 편향성, 프라이버시 등 윤리적 이슈에 대한 규제와 의무도 강조하는 방향으로 변화하고 있다. 인공지능 기술이 활용되기에 적절하다고 생각되는 분야에 대한 사회적인 의견 수렴 절차가 이루어지지 않고, 데이터의 수집과 활용에 과정에 대한 인지와 합의가 부재한 상태에서는 윤리적 · 법적 분쟁이 발생할 가능성이 높으며, 이와 같은 불확실성은 인공지능 산업 육성을 위한 물적 투자의 효과를 감소시킨다. 인공지능에 대한 높은 관심에도 불구하고 높은 비용과 결과물로 인한 법적 불확실성이 기술의 확산과 추가적인 성공 사례 출현에 어려움으로 작용하고 있다는 설문조사(김경훈 외, 2021)에서도 볼 수 있듯이, 시장의 신뢰는 산업 육성에 고려해야 할 보조적인 요소가 아니라 산업 활성화의 인프라로서 이해해야 한다.

5) 대표적으로 스위스국제경영개발대학원(IMD)에서 발표하는 국가경쟁력 지수가 있다.

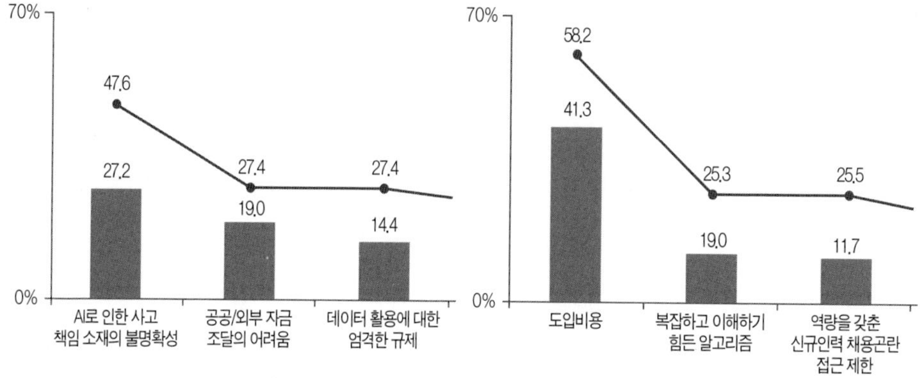

[그림 6-7] AI 기술 도입에 장애가 되는 외부요인(%)과 내부요인(%)

출처: 김경훈 외(2021).

마지막으로, 교육과 직무문화 개선을 통한 일자리 정책이 디지털 전환 정책과 밀접하게 동반되어야 한다. 디지털 전환에서 강조되고 있는 신기술(인공지능, 데이터) 산업 생태계는 석사급 이상의 고학력 인재들이 주력을 담당하고 있는 분야이며, 산학연의 구분이 모호할 뿐 아니라, 학계의 역량을 활용한 문제해결이 보편화되어 있다. 또한 디지털 신산업에 종사하는 기업들 사이에서는 실무능력과 업무 성과 위주의 직무 문화와 보상체계가 보편화되고 있으며, 빠르게 변화하는 업무 여건에 상응하여 기업 간 이직과 전직도 활발하다. 빠르게 변화하는 기술과 환경에 적응할 수 있도록 돕는 직무교육과 평생교육에도 정책적 노력을 기울여야 하며, 전통적인 보상제도와 인사관리 지침이 디지털 신산업 생태계의 직무문화와 충돌하지 않도록 법제도적인 유연성을 제고할 필요가 있다.

참고문헌

관계부처 합동(2021. 7. 15.). "한국판 뉴딜 2.0 추진계획". https://www.korea.kr/news/pressReleaseView.do?newsId=156461589

김정언, 이준배, 장재영(2022). KISDI 디지털 혁신전략 목표지표(2022. 5.). KISDI 내부자료.

김경훈, 최중범, 한은영, 윤성욱, 안명옥, 이영종, 김민진, 김초희, 최원준, 윤지영, 김한균, 장진환, 선선화, 장지화(2021). AI 국가 경쟁력 확보를 위한 중장기 로드맵 구축 연구. 정책연구, 2021(1), 1-288.

이경은(2021). 미국 혁신경쟁법 주요 내용 및 시사점 2021-15. AI TrendWatch (2021. 8. 15.)

이자연(2020). 중국의 신인프라건설 정책이 우리 '디지털 뉴딜'에 주는 시사점. 산업경제분석(2020. 6.), 산업연구원 발간자료.

이준배, 윤성욱, 장재영(2022). The Digital Economy of Korea, 한중일3국협력사무국(Trilateral Cooperation Secretariat) 정책보고서.

이준배, 장재영, 최계영, 박소연(2021). 디지털 대전환 시대의 경제성장을 위한 정책적 역할에 관한 연구. KISDI 정책연구.

이준배, 최중범, 장재영, 김민진, 박소연, 손가녕, 이경은, 강준모, 원종학(2021). 디지털 뉴딜의 성과평가 지표 개발 연구. KISDI 정책연구.

이학기, 김성옥, 나성현, 정용찬, 유선실, 정부연, 이경남, 오정숙, 이은민, 김욱준, 신우철, 노희윤, 진정민, 윤호정(2021). ICT 산업 중장기 전망(2022~2026) 및 대응 전략. KISDI 정책연구.

이호영, 최계영, 이준배, 문정욱, 문아람, 윤성욱, 장재영, 이현경, 문광진, 김사혁, 안명옥, 이경남, 이은민, 이경은, 손가녕(2021). 디지털 대전환 메가트렌드 연구 총괄보고서. KISDI 정책연구.

정책브리핑(2022. 5. 2.). "윤석열 정부 110대 국정과제". 제20대 대통령직인수위원회.

Acemoglu, D., & Restrepo, P. (2019). Automation and New Tasks: How Technology Displaces and Reinstates Labor. *The Journal of Economic Perspectives, 33*(2), 3-30.

Calvino, F., Criscuolo, C., Marcolin, L., & Squicciarini, M. (2018). A taxonomy of digital intensive sectors. Organisation for Economic Cooperation and Development (OECD), Technology and Industry Working Papers.

EU-US TTC Fact Hub, Factsheet on EU-US RELATIONS: EU-US TRADE AND TECHNOLOGY COUNCIL, SECOND MINISTERIAL MEETING, PARIS https://circabc.europa.eu/ui/group/09242a36-a438-40fd-a7af-fe32e36cbd0e/library/e7337222-a970-4355-b4cd-0c89f4f1f148/details

OECD Going Digital Toolkit. https://goingdigital.oecd.org. (2022. 4. 검색)

OECD Main Science and Technology Indicators Database 2021.

OECD STAN Database. https://stats.oecd.org/ 중 Industry and Services 항목 Structural Analysis (STAN) Databases 항목 조회

OECD System of National Accounts (SNA).

OECD (2020a). Going Digital Integrated Policy Framework.

OECD (2020b). Roadmap toward a Common Framework for Measuring the Digital Economy.

Piketty, T. (2013). *Capital in the Twenty-First Century.* Cambridge: The Belknap Press of Harvard University Press

White house Statements and Releases, FACT SHEET: In Asia, President Biden and a Dozen Indo-Pacific Partners Launch the Indo-Pacific Economic Framework for Prosperity. https://www.whitehouse.gov/briefing-room/statements-releases/2022/05/23/fact-sheet-in-asia-president-biden-and-a-dozen-indo-pacific-partners-launch-the-indo-pacific-economic-framework-for-prosperity/

백악관 홈페이지. https://www.whitehouse.gov

제7장

노동시장 격차와 고용노동정책 혁신[1]

허재준

1. 서론

디지털 혁명으로 일자리 기회가 줄어들고 불평등이 심화될 것이라고 보는 묵시록적 우려가 끊이지 않고 있다. 하지만 촌각을 다투며 생겨나는 스타트업들은 과거와는 다른 형태의 역동성을 보이며 일자리를 만들고 있는 것도 사실이다. 불평등 또한 패러다임 변화의 시대에 적응지체를 보이고 있는 제도, 규범, 행태 특성에 기인한 현상이자, 신기술을 이용해서 사람들이 원하는 서비스를 제공하는 기업들과 그런 기업들이 필요로 하는 필수 기술을 가진 사람들이 엄청난 기회와 함께 상상하기 어려운 부를 축적하는 과정에서 나타난 현상이기도 하다.

디지털 기술을 응용하는 사업모델로 활동하려는 기업이 많아짐에 따라 노동시장 참여자들도 점점 디지털 기술에 친숙해지며 '데이터 장인'이 되어 가고 있다. 전통적 기업과는 다른 유전자를 가진 스타트업이 이런 숙련을 필요로 하면서 세계적으로는 1초에 3개씩 생겨나고 있다. 늘어나고 있는 기술기업들은 전통적 굴뚝기업

---

1) 이 장은 허재준 등(2021)의『고용위기와 고용정책혁신』제13장을 수정 · 보완한 것이다.

에 비해 기부에도 적극적이고, 사회적 가치를 공유하는 데에도 적극적이며, 원격근무를 수용하는 데에도 유연하다. 중소기업에서 이들 스타트업의 비중이 늘어나고, 그 과정에서 전통적 기업들의 생산활동 변화를 추동하며 기존 중소기업 생태계의 특성을 바꾼다면, 그동안 격차를 초래하고 있다고 알려져 있던 많은 요소들이 크게 변화할 것이다. 산업 고도화, 생산성 향상 등 양질의 일자리를 창출하는 경제구조 변화가 진행되면 그 자체로 노동시장의 여러 현안 문제를 해결하거나 완화하는 데 기여하게 될 것이다.

한편, 디지털 기술을 선점하여 시장지배력을 높이고 독점력을 행사하는 기업들이 출현하자 그것을 교정하려는 노력이 개별 국가와 국제적 차원에서 진행되고 있다. 마이크로소프트가 끼워 팔기를 못하도록 하거나, 구글이 인앱(in-app) 결제를 강제하지 못하게 한다든가, 사람의 이동 없이 고수익을 얻는 국경 간 거래가 늘어남에 따라 디지털세를 도입하는 국제공조가 그 예이다. 더불어 전통적인 사회보장제도를 보완하며 빈곤을 퇴치하고 소득분배를 개선하려는 노력도 행해지고 있다.

역사적 경험에 비추어 보면 범용기술(General Purpose Technology)[2]이 확산되는 초기 단계에서 기술적 실업이나 소득분배 악화 현상이 나타났지만 종내에는 변화된 환경에 맞는 사회구조를 확립하며 산업사회가 발전해 왔다. 내연기관과 전기를 활용하는 기술이 급속히 확산되며 산업지형을 변모시키던 19세기 말 20세기 초에도 최근과 유사한 현상이 나타났지만, 독점을 금지하는 경쟁규범, 사회보장제도 확충, 경기변동에 적극적 개입하는 정부 및 중앙은행의 역할과 같은 제도를 통해 새로운 사회구조를 만들어 내며 산업사회는 진화해 왔다.[3]

---

2) 범용기술이란 그 영향력이 공정개선에 그치지 않고 경제의 제반 영역에 영향을 미치고 그로 인한 변화가 다시 사회에도 광범위하게 파급효과를 갖는 종류의 기술을 가리킨다. 18~19세기의 증기기관과 전기를 응용한 동력기관의 발명, 20세기 말부터 발달하고 있는 컴퓨터, 인터넷, 인공지능, 사물인터넷 기술을 범용기술의 예로 들 수 있다.

3) 1880년대 독일이 노후연금, 사고보험, 의료복지, 실업보험 등 현대 유럽 복지국가의 기초를 이루는 제도들을 도입한 것이나, 1890년 미국이 「셔먼법(Sherman Anti-Trust Act)」으로 기업들의 독점을 막은 것, 1933년 연방긴급구제국(Federal Emergency Relief Administration: FERA)을 신설하여 연방 구제 기금 5억 달러를 극빈곤층에게 배당하며 연방 복지제도를 출범시킨 것 등이 그 예이다.

위기 상황에서 격차가 일정한 임계점을 넘어 사회갈등이 표면화되면 정부는 시장실패를 교정하기 위한 적극적 역할을 한다. 이를 통해 국가의 역할을 재정의하며 발전해 온 것이 산업 국가들의 역사이다. 이런 역사적 경험에 비추어 보면 지난 수십 년간 세계적으로 확대된 격차도 일정 부분 범용기술의 확대가 가져온 영향으로 볼 필요가 있다. 또한 이를 교정하고 다시 지속가능한 노동시장으로 만드는 과제도 범용기술의 확대로 인해 변화하는 기업생태계에 맞추어 제도를 조율한다는 견지에서 접근할 필요가 있다. 디지털 혁명으로 일컬어지는 범용기술이 발달하는 변환기에 한국의 노동시장이 보이고 있는 격차 확대 현상들이 그러한 변환 과정에 기인한다면 그것을 해소하거나 완화하는 접근법도 과거 패러다임 속에서 추구해서는 원하는 목표를 이루기 어려울 것이다.

COVID-19 대유행은 저숙련 · 저임금 계층에 비대칭적으로 부정적 영향을 미쳤다. 그로 인한 고용위기는 그 자체로뿐만 아니라 디지털 전환을 촉진하면서 고용정책의 혁신을 요구하고 있다. 고용위기의 충격과 상흔 속에서 복원력을 발휘하기 위해서는 여러 분야에서 관찰되는 격차 현상을 제대로 진단하고 과거의 관성적 대응에서 벗어날 것이 요구된다. 이 장은 고용시스템의 변화를 촉구하는 요인들과 함께 노동시장 내 여러 가지 격차 현상들에 대해 살펴보고 전환기 고용노동정책 혁신 과제와 접근법에 대해 제언한다.

2. 고용시스템의 변화를 촉구하는 요인들

1) 고성장시대의 유제

우리나라의 기존 고용시스템과 관련 제도에 변화가 필요하다는 징후는 여러 곳에서 발견된다. 외부 환경 변화에 부응하여야 하는 당위성 외에 시간의 흐름에 따라 경직되거나 둔화되는 경제 자체의 체질 변화에 맞추어 바뀌어야 하는 요소들이 점점 늘어나고 있다. 지난 25년간 우리나라의 연평균 성장률은 매 5년마다 평균 0.8%p씩 감소했다. 그 감소 속도는 점점 빨라지고 있다(〈표 7-1〉 참조).

성장률은 급속히 둔화하고 있음에도 불구하고 고성장시대의 유제가 여전히 지속되고 있어 노동시장의 효율적 작동을 저해하고 있다. 고성장시대에 만들어진 관행과 인사관리 방식 속의 승진 속도, 연공급의 기울기, 호봉제 등은 기업경영을 제약하고 세대 간 형평성 문제를 제기하고 있다.

성장률 둔화는 그 자체로 창출되는 일자리를 제약할 뿐만 아니라 노동시장 참여자들이 기회를 찾아 이동할 수 있는 여지를 제약해서 이중구조와 소득분배 개선, 직업 안정성 증진 여지를 제약한다. 저성장시대에는 기업의 확장 속도가 줄어 기업 내 승진 기회를 제약하는 한편, 인적자원을 다각도로 활용할 필요성이 증대한다.

인사관리와 연공급 기울기 등과 같은 과거 유제는 새로운 상황에 맞게 개선되지 못해 여전히 리더 그룹에 속한 사람들이 이사 내지 최고경영자가 될 때 입사 동기나 선배가 모두 퇴사하는 관행이 지속되고 있다. 현실적으로 임금을 삭감할 수 없어 연공급 기울기 교정은 과도적으로 신규 진입 세대와 기존 세대 간의 임금격차를 낳는 것이 불가피하다.

〈표 7-1〉 경제성과 및 노동시장 성과(연평균)

구분	1995~2000	2000~2005	2005~2010	2010~2015	2015~2020
성장률(%)	5.6	4.9	4.2	3.0	2.0
취업자 수 증가율(%)	0.7	1.5	1.0	1.7	0.5
생산성 증가율(%)	4.8	3.4	3.2	1.3	1.4
취업자 수 증가(만 명)	15.2	33.2	24.0	42.9	14.5

출처: 통계청, KOSIS의 취업자 수, 실질 GDP 통계자료를 이용하여 필자 작성.

2) 낮은 서비스업 생산성

새로 생기는 일자리는 주로 서비스업에서 생성되고 있다. 그럼에도 불구하고 서비스업의 생산성이 매우 낮아 새로 생겨나는 일자리의 질이 높지 않다. 우리나라는 OECD 국가 중 제조업에 비해 서비스업의 생산성이 각별히 낮은 국가이다([그림 7-1] 참조). 낮은 서비스업 생산성은 분절적 노동시장 구조를 강화하고 있다.

구직자는 경력개발이 되는 일자리, 장기적으로 소득 전망이 높아지는 일자리를 원하지만 구할 수 있는 일자리는 경력과 근속이 늘어나도 소득 증가는 미미한 일자리가 많아지고 있다. 이로 인해 노동시장 신규진입자(청년층), 재진입자(경력단절여성, 고령층)의 미스매치를 심화시키고 있다. 일자리가 청년층과 노동시장 재진입자의 기대 수준에 미치지 못하여 실업 · 비경제활동을 반복하는 형태의 노동 이동이 잦고 시장소득이 소득분배를 개선할 여지를 제약하고 있다.

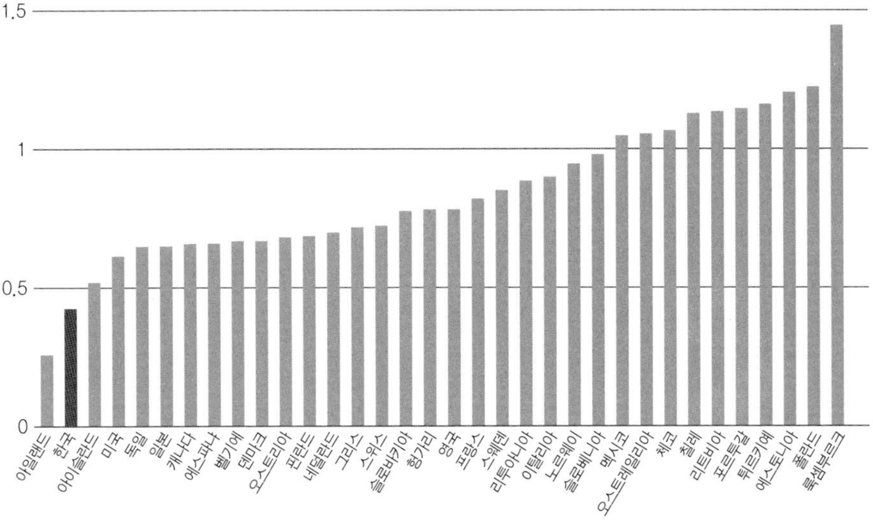

[그림 7-1] 민간서비스업의 제조업 대비 생산성 비교(제조업 생산성=1, 2016년 기준)

주: 생산성은 근로자 1인당 부가가치 생산
출처: OECD STAN Database.

3) 50세 전후에 주된 일자리에서 퇴직하는 인사관행 지속

고령화와 건강수명 연장은 주된 일자리에서 더 길게 일할 수 있는 상황을 요구함에도 불구하고 현실에서는 과거처럼 50대에 주된 일자리에서 퇴직하는 현상이 지속되고 있다. 정년을 60세로 하는 법이 통과되어 화이트칼라의 퇴직이 늦추어지긴 했지만 여전히 대기업은 진취적 의사결정과 조직 활력을 위해, 또한 노동비용 절약을 위해 여전히 50대 인력을 지속 고용하기보다 신규 인력을 충원하려는 경향이 있다.

외부 노동시장이 잘 발달되지 않은 한국에서는 오랜 기간 일했던 회사를 그만두면 해당 기업에 고유한 숙련(firm-specific skill)이 쓸모없게 되어 소득이 감소하는 것이 일반적이다. 기업 내 임금은 연공성을 강하게 지니고 있는 반면, 직무별 외부 노동시장 발달은 미진하여 한국의 성인들은 성인교육 투자 시간이 OECD 최하위일 만큼 외부 노동시장을 겨냥한 향상훈련과 자기개발훈련 투자 시간이 적다.

4) 외벌이형 고용관행 유제

전통적 성 분업체계는 해체되고 있음에도 불구하고 직장에서 남성 외벌이형 고용관행이 개선되지 못하고 지속되는 한편, 정부정책 차원에서는 돌봄과 직장을 양립하게 하려는 정책들이 시행되고 있다. 가치관 변화와 정부의 정책적 노력이 여성의 경제활동 참가를 촉진하고 경력단절을 줄이고 있기는 하지만 정책효과를 제약하는 직장 내 환경은 여전하다. 그로 인해 성(gender) 격차 문제가 사회의 첨예한 쟁점이 되고 있다. 노동시장 내에서 여성을 보상, 승진 등에서 구조적으로 차별하는 관행이 극복할 수 없는 양성 간 임금 차이를 낳는다는 인식도 확산되고 있다.

2016년 여성가족부가 '양성평등실태조사'를 통해 파악한 바에 의하면 남녀불평등 문제 중 가장 우선적으로 개선되어야 할 문제점은 '남성의 돌봄 참여도가 낮은 것'(23.4%), '남성에 비해 여성의 임금이 낮은 것'(22.7%), '대중매체의 성차별 · 편견 · 비하'(16.4%), '여성에 대한 폭력'(15.8%)의 순이었다.

사회 전체의 지속 가능성을 위해 일 · 생활 균형이 필요함에도 불구하고 그 해결은 여전히 개별 기업과 개인 수준에서 해결해야 할 문제로 간주되는 경향이 지속되고 있다. 의식과 관행도 이러한 상황 지속에 기여하고 있다. 자녀 양육, 돌봄, 가사노동에서 가정 내 남녀 성별분업이 이루어져야 함에도 불구하고 남성과 직장문화의 변화는 지체되고 있다.

그로 말미암아 일 · 생활 양립을 위한 정책 확대에도 불구하고 그 활용은 여전히 제한적이다. 민간부문에서는 동료에게 부담을 주지 않기 위해 혹은 직장 내 분위기 때문에 육아휴직을 제대로 사용하기 힘든 상황이 지속되고 있다.

5) 인적자원 활용방식과 숙련 수요의 변화

국제분업체계가 변화하고 디지털 기술 발달이 심화함에 따라 기업의 생산방식, 노동 수요, 숙련 수요, 고용계약, 근로자의 일하는 방식, 각종 직업 내 근로자 직무가 급변하고 있다. 전통적으로 사람이 수행하던 특정 범주의 작업이 대거 로봇과 인공지능으로 이양되고 과거 사내에서 생산하던 상품이나 서비스는 외주에 의해 조달되고 있다. 기업은 핵심 인력을 중심으로 조직을 슬림화하고 그 외에는 비정규직 직원을 사용하거나 외주에 의존하여 생산 과정상의 유연성을 높이려는 경향을 지속하고 있다.

제조공정의 전후방에서 앱 개발자, 데이터 과학자, 데이터 분석가, 사이버 보안 전문가 등과 같은 백오피스 디지털 숙련을 요하는 일자리가 증가하고 있다. 반면, 공장 안 제조 공정에서는 점점 더 적은 수의 작업자만 필요로 하는 변화가 지속되고 있다. 기존의 일자리에서도 디지털 친숙도를 높여야 생산성이 올라가는 방식으로 직무가 변화하고 있다. 모든 직무에서 데이터 수집 · 저장 · 분석 · 이용 관련성이 증가하고 그 일을 주요 직무로 하는 직업군이 늘어나고 있다.

기술 자체가 제공하는 가능성과 기업의 생산활동 방식 변화로 인해 다양한 고용계약 형태와 근무 방식이 확대되고 있다. '플랫폼 경제'의 확산으로 인해 한 노동자가 여러 고용주에게 서비스를 제공하는 사례도 증가하고 고용주를 식별하기 어렵거나 고용주 의무를 부과하기 어려운 계약도 증가하고 있다. 1시간을 일하기 위해 4시간을 기다려야 하는 노동 등 최저 임금 규정을 적용하기 어려운 일의 형태도 증가하고 있다. 임금 근로자와 자영업자의 특성이 혼합된 계약 유형이 늘어나 '종속적 자영업자'가 증가하는 현상은 기존의 노동법 체계에 심각한 도전으로 다가오고 있다.

점점 더 많은 사람들이 업무 지시에 따라 작업하는 대신 작업의 목표에 대해 상호 합의하고, 작업을 수행하는 방법은 스스로 결정해서 일하고 있다. 그러한 현실도 기존 노동법에 변화를 요구하고 있는 요인이다. 온라인 업무, 재택근무, 원격근무의 확산으로 인해 업무와 여가의 경계, 업무 공간과 비업무 공간의 경계가 모호한 노동이 증가하고 있기도 하다. 근무일과 비근무일이 거의 다르지 않은 사람들, 특정 공간에 얽매이지 않고 일하는 사람들, 과업을 수행하는 과정에서 업무 지시를 받지 않고 독립적으로 개별적으로 일하는 사람들도 증가하고 있다. 감시, 감독, 보안 및 개인정보보호 분야에서 과거에 없던 새로운 문제가 제기되고 있다. 이러한 변화는 산업화 과정에서 확립된 작업조직과 제정된 노동규범(예: 1일 소정 근로시간, 휴식 · 휴게 시간, 감독 · 감시 등에 관한 근로기준)의 변화를 요구하고 있다.

3. 노동시장 내 격차 현상들

1) 임금격차와 임금불평등

우리나라의 기업 규모별 임금격차는 2015년부터 축소되고 있지만 여전히 높은 수준이다. 비정규직의 월임금총액은 정규직의 43.9%에 불과하다. 즉, 비정규직이 고용안정성뿐만 아니라 임금에서도 현저한 격차에 노출되어 있다. 노동시장 내 평균적 정규직 근로자와 평균적 비정규직 근로자 간 임금 차이의 상당부분은 생산성을 반영하는 것으로 분석된다. 하지만 공공부문과 대기업 내 정규직과 비정규직 근로자 간 임금 차이는 평균적 정규직-비정규직 임금 차이 이상의 차이를 노정하고 있다.

사업체 규모별 임금격차는 2015년까지 지속적으로 확대되어 왔다([그림 7-2] 참조). 이러한 임금불평등 증가가 노동시장 이중구조의 분절성 강화의 증거인지 아니면 중소기업의 상대적 생산성 정체의 결과인지는 논쟁적이다. 전자에 주목하면 시장 내 독점적 위치에 있는 기업들의 독점력을 줄이는 데 노력을 기울여야 한다. 후자에 주목하면 일터 혁신, 스마트화, 한계기업의 퇴출이 원활하고 신규기업의 진입이 용이한 생태계를 조성하는 데에 노력을 기울여야 한다.

임금 차이를 결정하는 요인 분석을 해 보면 시간당 임금을 기준으로 할 때 근속이 25.4%, 산업×직업이 23.6%, 사업체 규모가 20.2%, 교육이 15.0%, 성별이 9.1%를 설명한다. 과거의 승진, 호봉제, 연공급 기울기를 고치지 못하고 있는 공공부문, 대기업, 은행에 존재하는 근속 임금 증가가 2차 노동시장과의 격차를 설명하는 중요한 요인 중 하나임을 알 수 있다. 정규직-비정규직 간 시간당 임금격차는 2008년 이후 지속적으로 축소되었다. 하지만 월 임금을 기준으로 보면 격차가 줄어들지 않았다([그림 7-3] 참조). 2014년 이후 월 임금 격차가 축소되는 경향을 보였지만 축소 속도가 매우 더디고, COVID-19 대유행 충격을 받은 2020년에는 다시 격차가 확대되었다. 월 임금 격차가 큰 이유는 비정규직의 경우 근로일수가 적고, 초과근로의 기회도 적으며, 부가급여에서 소외되고 있는 사실과 함께 근속에 따른 임금 증가를 누리지 못하는 사실과 관련이 있다. 시간제 근로자가 늘어난 것과도 관련이 있다.

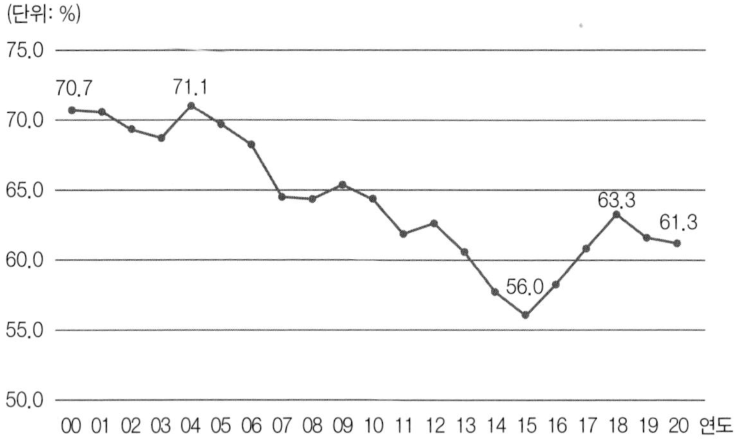

[그림 7-2] 중소규모 사업체 근로자 상대임금(대규모=100)

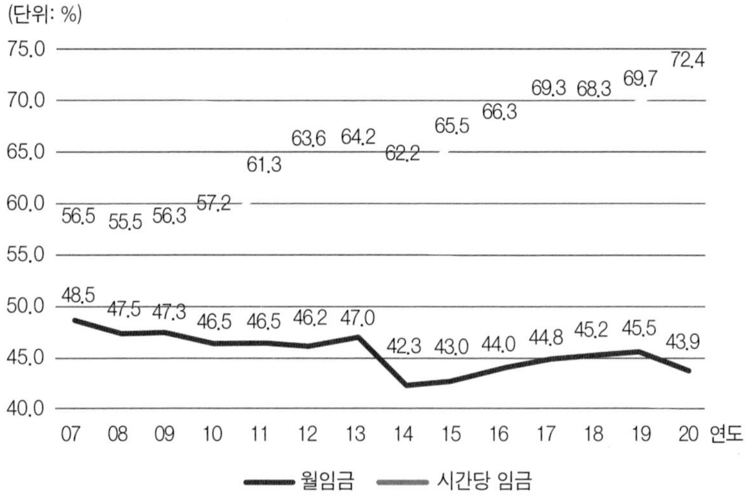

[그림 7-3] 비정규직 상대임금(정규직=100)

주: 대규모사업체는 300인 이상 사업체 조사
출처: 고용노동부. 고용형태별근로실태조사. 각 연도.

개인 임금 불평등도를 10분위배율을 통해 살펴보면 미국, 칠레 다음으로 임금 불평등도가 높다([그림 7-4] 참조). 저임금근로자 비율도 줄곧 23%를 상회하다가 2017년부터 급속히 감소하여 2019년 기준 17.0% 수준이다([그림 7-5] 참조). 하지

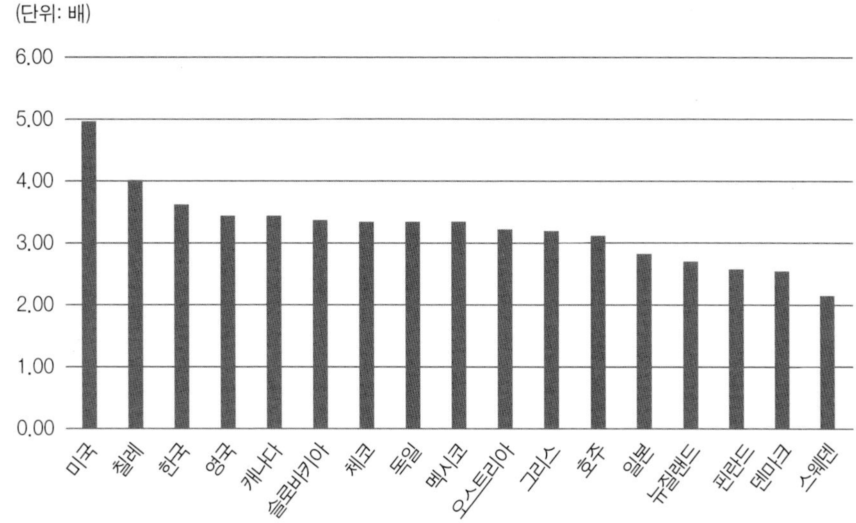

[그림 7-4] 전일제 근로자 임금의 P90/P10 비율*

주: 한국은 2019년, 다른 나라는 2018년 기준
출처: 고용노동부. 임금구조 기본조사. 각 연도; OECD.Stat, Decile ratios of gross earnings

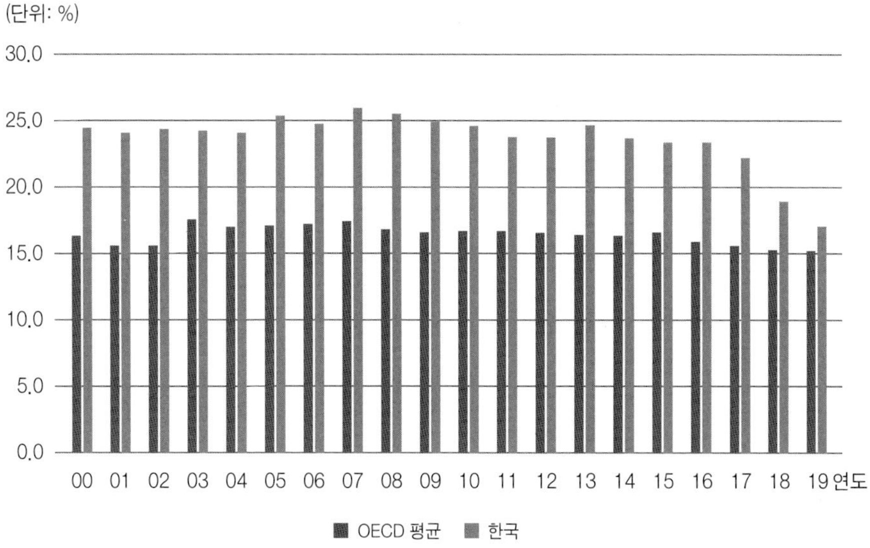

[그림 7-5] 저임금근로자 비율

주: 저임금근로자는 중위임금의 2/3 미만을 받는 임금근로자
출처: 고용노동부. 임금구조 기본조사. 각 연도; OECD.Stat, Decile ratios of gross earnings

만 여전히 OECD 평균보다 높은 수준이다. 종합적으로 보아 개인 임금을 기준으로 측정하면 우리나라 노동시장의 불평등도는 높은 편임을 알 수 있다.

2) 가구소득 불평등

지난 10년간 지니계수로 살펴본 우리나라의 소득분배 상황은 전반적으로 개선되었다([그림 7-6] 참조). 근로연령인구(18~65세)의 소득분배 상황과 은퇴연령인구(66세 이상)의 소득분배 상황을 나누어 살펴보면 이러한 개선과정은 노동시장에 참여하고 있는 근로연령인구에서 일어난 변화에 기인함을 알 수 있다. 지난 10년간 근로연령인구의 시장소득 불평등은 지속적으로 개선되었다. 반면, 은퇴연령인구의 소득분배 상황에는 개선이 없어 시장소득 지니계수가 줄곧 0.55~0.56 수준을 유지하고 있다([그림 7-7] 참조). 소득세의 역진성 개선, 기초연금 인상, 공적연금수급자 증가 등으로 처분가능소득을 기준으로 한 노인가구의 소득불평등이 개선되었지만 우리나라의 노인빈곤율은 여전히 40%를 상회하며 OECD 국가 중 가장 높은 수준이다.

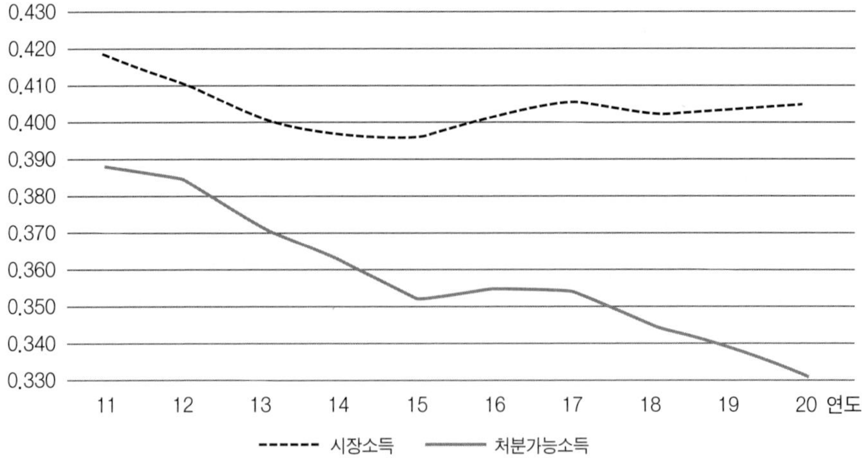

[그림 7-6] 전체가구 지니계수 추이

출처: 통계청. 가계금융복지조사. 각 연도.

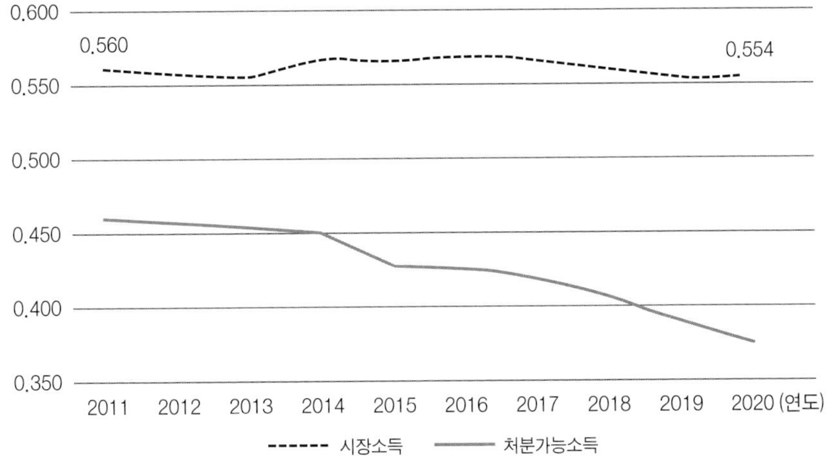

[그림 7-7] 은퇴연령인구 지니계수 추이

출처: 통계청. 가계금융복지조사. 각 연도.

일반적 소득분배 상태보다 빈곤층에 좀 더 초점을 맞춘 5분위배율이나 상대빈곤율 추이를 보면 전체가구의 소득불평등 추이에 대해 지니계수로 측정한 바와는 다소간 다른 점을 발견할 수 있다. 5분위배율이나 상대빈곤율에서는 시장소득 소득불평등 상태가 거의 개선이 없거나 오히려 악화된 것으로 나타난다([그림 7-8], [그림 7-9] 참조). 이는 중위-하위 소득계층 간 격차가 확대된 데에 기인한다. 하위소득자를 중심으로 한 상대적 소득 감소가 진행된 탓이다. 근로연령인구와 은퇴연령인구의 중위-하위 소득계층(P50/P10)의 시장소득 추이를 살펴보면 근로연령인구에서는 완화된 반면, 은퇴연령인구에서는 악화되었다. 이러한 은퇴연령인구의 소득분배 악화 영향으로 인해 전체 가구의 중위-하위 소득분배 비율은 2011년 3.64에서 2019년 4.31로 증가하였다.

소득이동이 원활하면 소득불평등은 그다지 큰 문제가 아닐 수 있다. 앞에서 살펴본 소득불평등 지표는 주어진 시점의 불평등도를 측정할 뿐 빈곤층에 속했던 사람이 여전히 빈곤한 상태인지 아니면 이들의 소득이 상승하고 중소득층이나 고소득층에 있던 사람과 자리 바꿈이 일어났는지에 관한 정보를 제공하지 못한다. 특

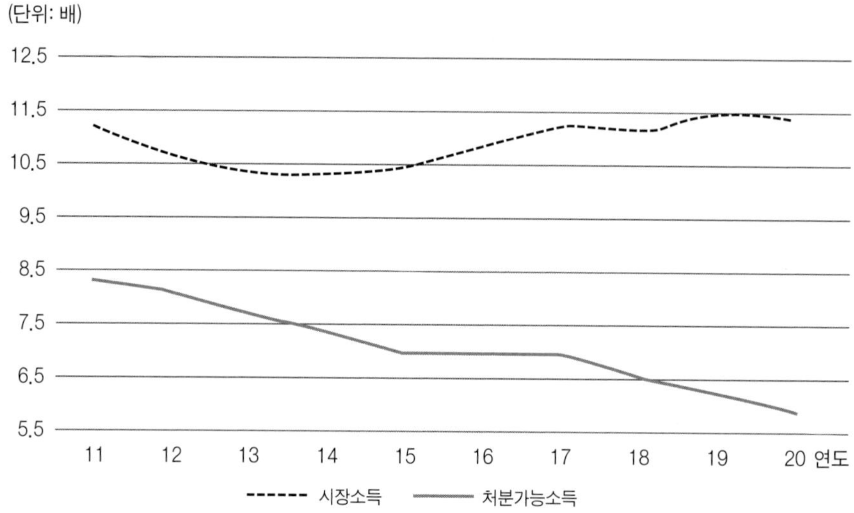

[그림 7-8] 전체 가구 5분위배율 추이

출처: 통계청. 가계금융복지조사. 각 연도.

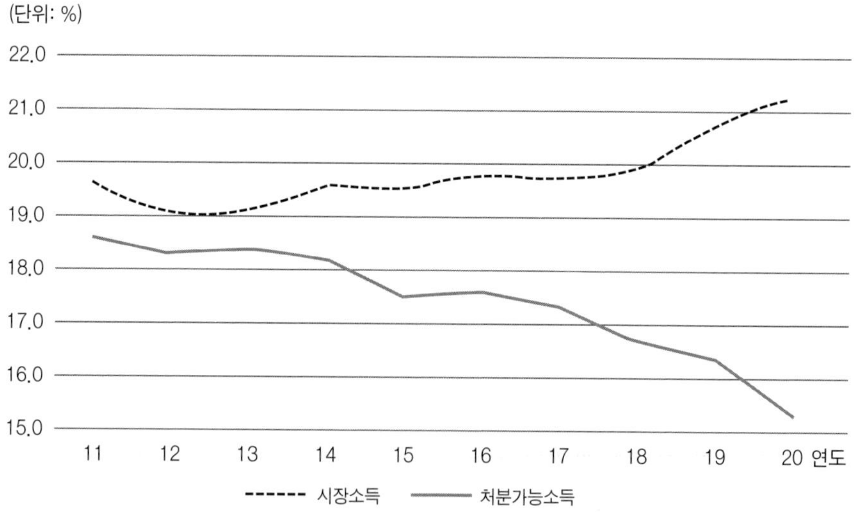

[그림 7-9] 전체 가구 상대빈곤율 추이

출처: 통계청. 가계금융복지조사. 각 연도.

정 관찰기간의 지니계수 평균값과 같은 기간 개인들의 평균소득을 이용하여 산출한 지니계수를 비교하면 항상 후자가 전자보다 다소간 작다. 해당 관찰기간의 소득이동성이 높을수록 그 차이는 크다. 그러므로 특정 기간의 지니계수 평균값과 해당 기간 소득의 평균값을 이용한 지니계수값의 차이를 통해 소득이동성을 가늠해 볼 수 있다.

한국의 지니계수는 OECD 32개국 평균 0.302보다는 다소 높다. 한편, 2010 ~ 2013년간 매년 지니계수 평균(각 연도 지니계수를 평균한 값)과 각 개인의 4년간의 평균소득을 이용하여 도출한 지니계수 사이의 차이는 0.04로서[4] 칠레 다음으로 높은 수치이다([그림 7-10] 참조). 좀 더 장기간의 소득평균을 이용하여 살펴본 우리나라 소득이동성도 다른 나라보다 높게 나타난다. 자료가 가용한 8개국에 대해 2005~ 2013년의 9년간에 걸친 변화를 살펴보면 지니계수의 기간 평균값과 9년간 각 개인들의 소득평균을 이용한 지니계수값 사이에는 0.07의 차이가 있다([그림 7-11] 참조).

1995~2000년간과 2010~2015년간 한국의 연간소득 지니계수의 평균은 0.32에서 0.29로 감소하며 소득분배가 개선되었다. 같은 기간 연간소득 지니계수의 평균과 기간 평균소득 지니계수의 차이는 0.06에서 0.04로 줄어들었다(OECD, 2018: 67). 요컨대, 한국의 소득불평등은 OECD 국가 평균보다 높으나 지난 20년간 개선되었고, 소득이동성은 지난 20년간 감소하였으나 이동성 수준 자체는 다른 OECD 회원국에 비해 상대적으로 높다. 이처럼 상대적으로 양호해 보이는 측면에도 불구하고 1990년대에 비해 2010년대에 소득이동성이 줄어들었다는 사실은 중위-하위 소득자 격차 증가 경향을 관리할 필요성과 함께 소득이동성을 증진하기 위한 경제사회정책의 필요성을 제기하고 있다.

---

4) 좀 더 장기간의 소득평균을 이용한 우리나라 소득이동성도 다른 나라보다 높게 나타난다. 2005~2013년의 기간 중 각 시점의 연간소득 지니계수를 평균한 값과 동 기간 중 각 개인의 소득평균을 이용한 지니계수값은 0.07의 차이가 있다.

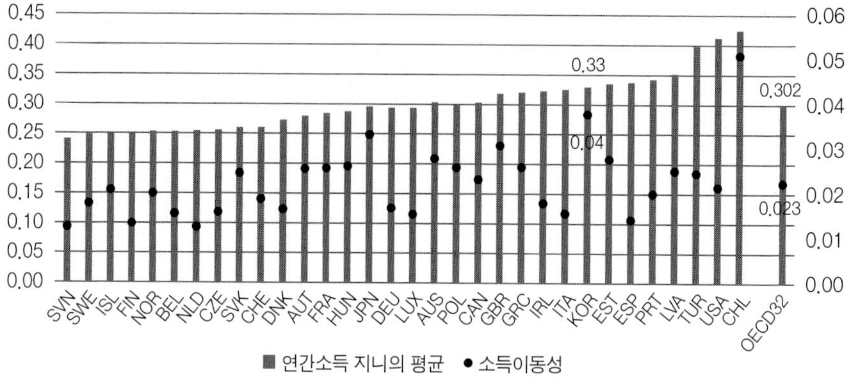

[그림 7-10] 지니계수와 4년간의 소득이동성

주: 1) 지니계수는 15~65세 연령층에 대해서 계산한 관측기간 4년치 지니계수의 평균값, 소득이동성은 이 지니계수값과 4년간 소득평균으로 계산한 지니계수 간의 차이
2) 한국, 호주, 독일,아일랜드, 스위스, 튀르키예는 2010~2013년, 캐나다는 2007~2010년, 칠레는 2006~2009년, 나머지 국가는 2011~2014년 기간
3) 지니계수는 좌축, 소득이동성은 우축
출처: OECD (2018: 67)로부터 필자 재구성.

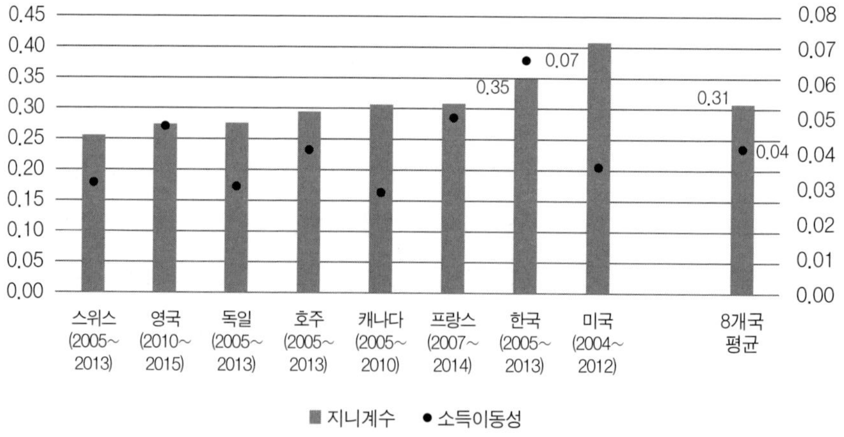

[그림 7-11] 지니계수와 9년간의 소득이동성

주: 1) 지니계수는 15~65세 연령층에 대해서 계산한 관측기간 9년치 지니계수의 평균값, 소득이동성은 이 지니계수값과 9년간 소득평균으로 계산한 지니계수 간의 차이
2) 지니계수는 좌축, 소득이동성은 우축
출처: OECD (2018)로부터 필자 재구성.

3) 자산불평등

우리나라 가구의 자산불평등도는 2005년 이후 지속적으로 감소하다가 2017년 이후 증가하였다([그림 7-12] 참조). 한국인의 자산에서 부동산의 비중이 높기 때문에 자산불평등도 증가는 부동산 가격과 관련이 있다. 하지만 2021년도의 상위 10%의 순자산 점유율이 감소한 것을 보면 부동산 가격 상승이 자산불평등도를 일의적으로 높이는 것은 아님을 알 수 있다.

우리나라는 소득불평등보다 자산불평등이 더 심각하다는 주장이 있다. 그러나 지니계수로 살펴본 가구 소득불평등도는 OECD 평균에 비해 다소 높고, 상위 10%의 순자산 점유율을 기준으로 살펴본 우리나라의 자산불평등도는 다른 OECD 국가와 비교할 때 상대적으로 낮다([그림 7-13] 참조). 국제비교상으로 한국의 자산불평등이 소득불평등보다 더 심각하지 않다고 해서 사람들이 소득불평등보다 자산불평등을 더 문제 삼는 것이 오류적이라고 말할 수는 없다. 자산불평등이 확대된 과정에 대해 문제 제기를 하고 있을 수 있기 때문이다.

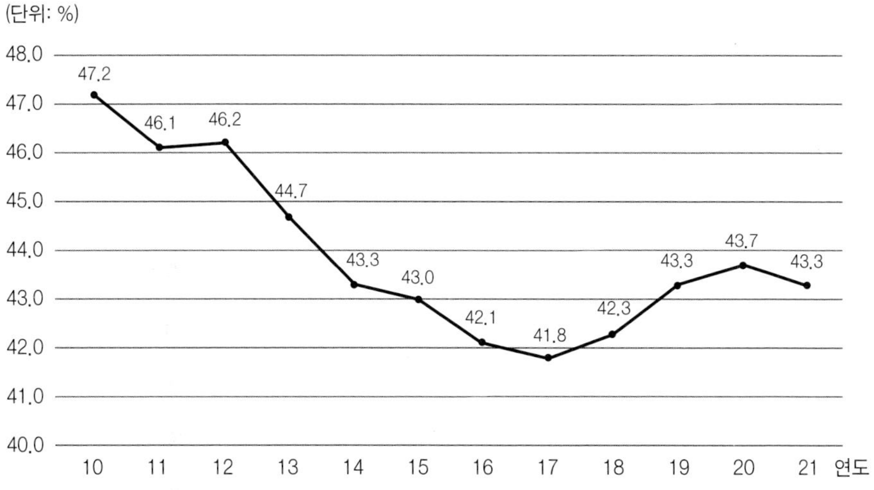

[그림 7-12] 상위 10%의 순자산 점유율(한국)

출처: 통계청. 가계금융복지조사. 각 연도.

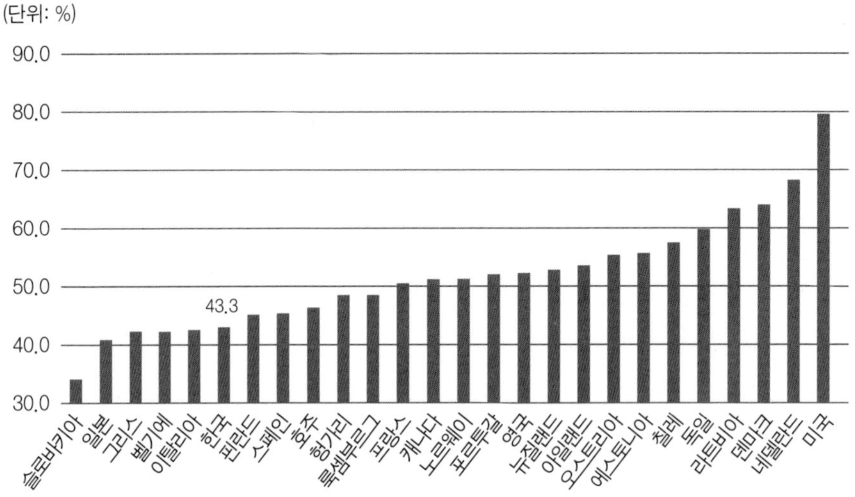

[그림 7-13] 상위 10%의 순자산 점유율*(OECD 28개국)

주: * 한국은 2021년 수치, 다른 OECD 국가는 2015년 혹은 가장 최근년도 수치.
출처: 한국은 통계청. 가계금융복지조사; 여타 OECD 국가는 Balestra & Tonkin (2018: 15).

4) 성 격차

노동시장 내 성 격차는 고용기회, 고용상의 지위, 임금격차를 통해서 관찰할 수 있다. 먼저 2020년도 고용률을 보면 남자 69.8%, 여성 50.7%로서 양자는 19.1%p의 차이를 보이고 있다([그림 7-14] 참조). 20년 전인 2000년에 그 차이는 23.8%p였다. 여성 고용률 1%p는 20년 동안의 평균으로 여성 100만 명 이상에 해당한다. 그러므로 4.7%p의 격차 축소는 괄목할 만한 개선이라고 볼 수 있다. 여성의 상대적 임금수준은 금융위기 후 2010년까지 악화되는 시기를 제외하면 지난 15년간 개선되는 경향을 보였다([그림 7-15] 참조). 하지만 그 속도는 더디다. 한국의 남녀 간 임금격차는 OECD 국가 중 최고 수준이다. 교육, 근속, 성별 직종 분리, 사업체 규모 등과 같은 요인을 통제하더라도 설명되지 않는 부분이 20%를 상회한다. 그에 더해 고위직, 고임금 분위에 여성 비중이 과소한 점도 남녀 간 임금격차가 크게 나타나는 요인이다.

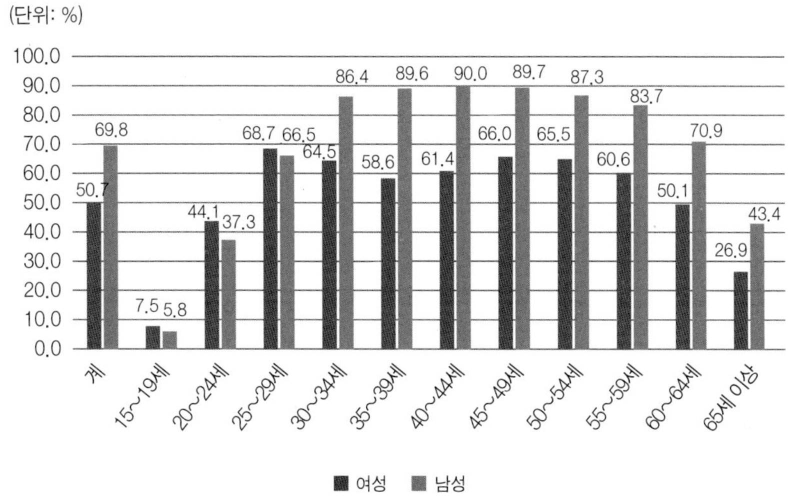

[그림 7-14] 성별 고용률(2020년)

출처: 고용노동부. 고용형태별근로실태조사. 각 연도.

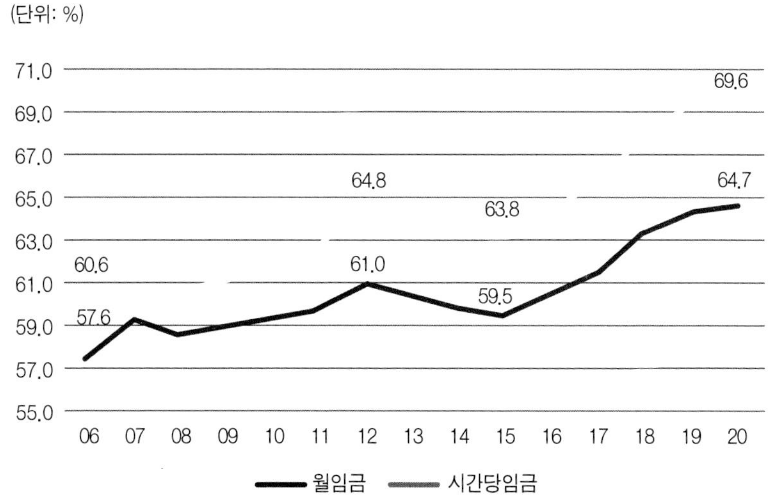

[그림 7-15] 여성 상대임금(남성=100)

출처: 고용노동부. 고용형태별근로실태조사. 각 연도.

근로형태별 여성과 남성의 상황을 보면 최근의 COVID-19 위기로 인해 여성의 고용상의 지위는 개선되었다기보다는 악화되었다. 정규직 중에서 여성 비중은 2021년 현재 38.6% 수준인데 10년 전이나 지금이나 대동소이한 수준이다. 비정규직 중 여성 비중 또한 2021년에 55.1%였는데 이 또한 10년 전과 크게 다르지 않다. 여성 근로자 중 비정규직 비중은 43.7%('04) → 41.7%('10) → 47.4%('21)처럼 낮아지다가 최근 3년간 급속히 증가하고 있다. 남성 근로자 중 비정규직 비중도 32.2%('04) → 26.9%('10) → 31.1%('21)로 최근 3년간 급속히 높아졌다. 하지만 남성보다는 여성 근로자 내 비정규직 비중이 훨씬 크게 증가하였음을 알 수 있다. 경제에 부정적 충격이 가해지면 같은 충격에도 여성이 비대칭적으로 부정적 영향을 많이 받음을 여기서도 관찰할 수 있다.

모성보호에 대한 사회적 관심이 높아지고 있어 육아휴직자와 육아휴직 사용률은 꾸준히 증가하고 있다([그림 7-16], [그림 7-17] 참조). 여전히 아버지의 육아휴직 사용은 출생아 아버지의 3.4%(2020년 기준)에 불과하지만 2016년까지 1% 미만에서

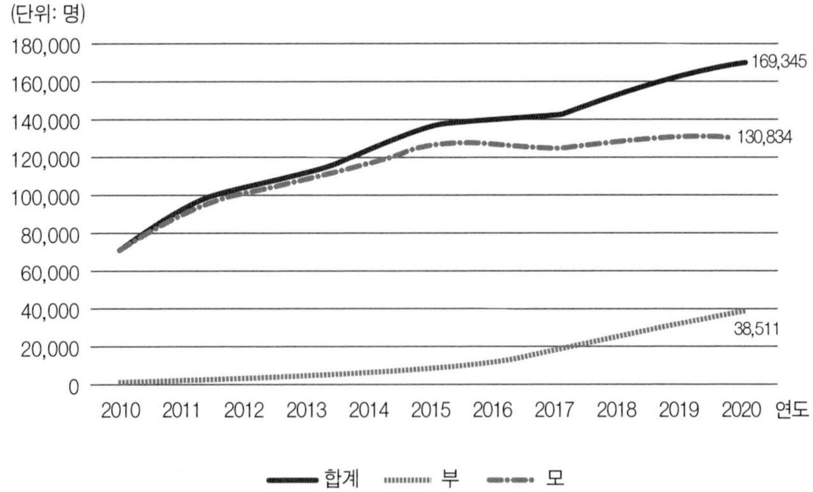

[그림 7-16] 육아휴직자 수 추이

출처: 통계청. 육아휴직통계. 각 연도.

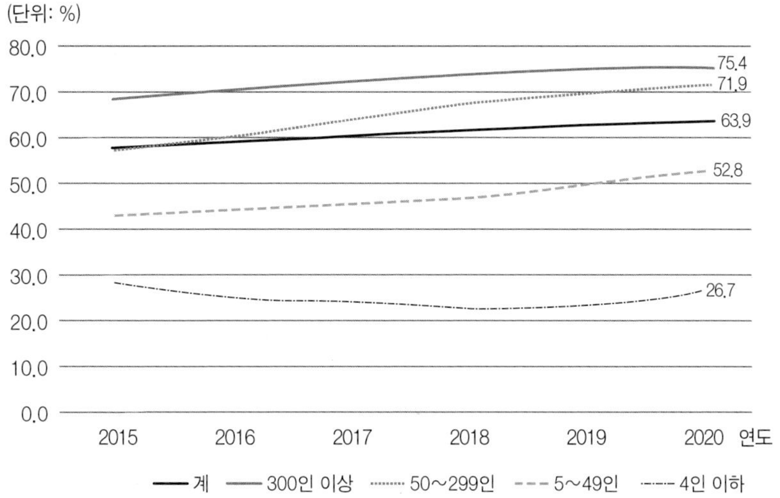

[그림 7-17] 기업 규모별 출생아 어머니의 육아휴직 사용률

출처: 통계청. 육아휴직통계. 각 연도.

벗어나지 못하다가 최근 들어 괄목할 만하게 늘고 있는 점은 매우 긍정적인 변화이다. 출생아 모(母)의 육아휴직 사용을 기준으로 한 전체 육아휴직 사용률은 2021년 기준 52.8%에 이른다. 하지만 5인 미만 기업의 육아휴직 사용률은 5인 이상 기업의 1/2에도 미치지 못할 정도로 현저히 낮다. 또한 2015년 이후 개선은커녕 오히려 감소하였다. 최근 2년간 다소 증가하였지만 2015년 수준에 미치지 못하고 있다.

개선이 필요한 성 격차 현상은 노동시장 지표가 보여 주는 영역을 넘어선다. 『이코노미스트(The Economist)』는 매년 유리천정지수(Grass Ceiling Index)를 발표한다. 이 지수는 여성의 경제활동참가율, 임금뿐만 아니라 대학졸업률, 경영대학원 응시율, 관리직 비율, 임원 비율, 국회의원 비율, 자녀 보육비용, 육아휴직기간 등이 종합적으로 고려된다. 동 조사는 OECD 29개국에 대해 발표되는데 관찰기간 동안 한국은 예외 없이 29위를 기록하고 있다([그림 7-18] 참조).

가정 내 남성의 가사나 돌봄 참여가 현저하게 적은 점, 대중매체나 사회지도층의 성차별 · 편견 · 비하, 여성에 대한 폭력은 노동시장 지표가 흔히 주목하지 않는 실

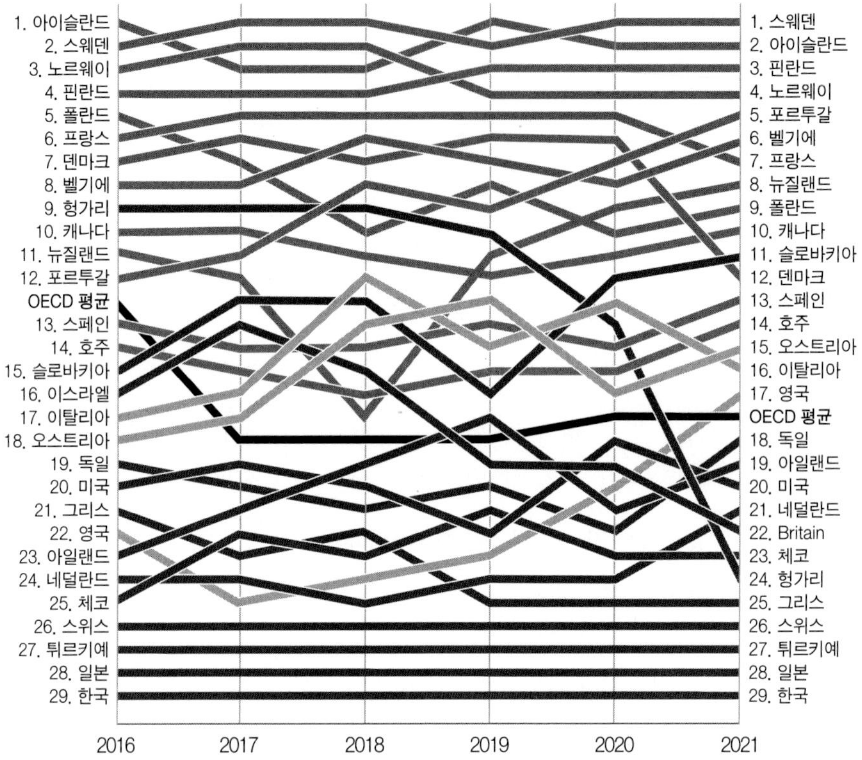

[그림 7-18] 『이코노미스트』지의 유리천정지수 순위

출처: *The Economist* (2022. 3. 7.).

존적 불평등 영역이다. 우리나라 여성과 남성 공히 이들 세 가지를 남녀불평등 문제 중 가장 우선적으로 개선되어야 할 문제점으로 꼽고 있다(여성가족부, 2016).

5) 숙련 격차

지난 30년간 청년층 고용률은 추세적으로 감소하였다([그림 7-19] 참조). 한국의 청년 고용 사정이 악화되어 있는 상황을 보여 주는 지표는 고용률 외에도 많다. 대졸 이상 청년층의 니트(NEET) 비율은 1/4에 달하고 청년들은 좀 더 나은 구직 기회를 얻고자 1년 이상 졸업을 유예하고 있다. 졸업 후에도 1년 가까운 기간 동안 구직

활동을 하고, 취업하는 청년 중 2/3는 비정규직으로 직업생활을 시작한다. 대졸자의 1/5은 대학에서 교육받을 필요가 없는 일자리에 취업하고 있다. 극심한 취업난은 결혼과 출산을 늦추거나 포기하게 하는 요인이 되고 있다.

지난 30년간 청년층(15~29세) 고용률과 고연령층(55~64세) 고용률의 추이를 살펴보면 흥미로운 사실이 발견된다. 전체 기간에 걸쳐 두 집단의 고용률은 서로 상관없이 움직이는 듯 보인다. 하지만 1990년대에는 청년층과 고연령층의 고용률 사이에 강한 양(陽)의 상관관계가 존재했다. 경기 상황에 따라 청년층 고용률과 고연령층 고용률은 함께 증가하든지 함께 감소했다. 그러나 2003~2013년간에는 청년층 고용률과 고연령층 고용률은 상반된 움직임을 보였다. 2014년 이후에는 다시 정의 상관관계를 보이고 있으나 1990년대에 비해서 정의 상관관계 정도는 훨씬 약하다.

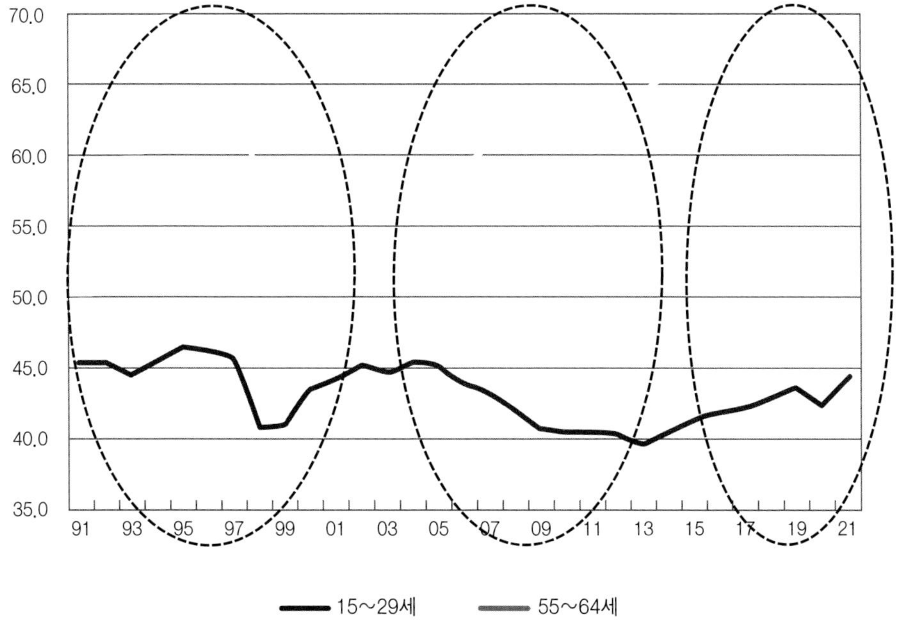

[그림 7-19] 청년층 고용률 vs. 고연령층 고용률

출처: 통계청. 경제활동인구조사. 각 연도.

그렇다 보니 전체 기간에 대해서는 청년층과 고연령층 고용률 사이의 유의한 상관관계를 찾기 어렵다. 정년연장이 부정적 영향을 미칠 것이라는 우려가 존재하나 연장된 정년기간 동안 생산성 있게 일할 것인지가 관건이지 정년연장 자체가 청년고용에 해롭다고 일의적으로 말하기는 없다.

청년층 고용 상황이 어려워진 데에는 점점 더 필수적으로 요구되고 있는 숙련을 교육받지 못한 상태에서 노동시장에 진출하는 청년들이 여전히 절대다수라는 사실이 존재한다. 숙련은 학교에서도 형성되지만 기업도 숙련 형성에 중요한 역할을 한다. 현재 학교와 기업은 모두 새로운 숙련 수요를 충족시키는 인력을 배출하지 못하는 전환기적 상황에 놓여 있다. 그로 인해 기업들은 신입직원 교육훈련에 막대한 비용을 투자하며 고충을 호소하거나 경력직을 채용하고, 노동시장 참여자 견지에서 보면 경력개발이나 숙련 축적의 기회를 제공하는 일자리가 현저히 부족하다는 불만이 존재한다.

과거에 제조업 내 금형 노동자가 숙련을 쌓는 데 10년 이상을 필요로 하고 숙련 축적에 따라 임금이 올라갔듯이 데이터 축적 · 수집 · 분석에서도 경력 증가에 따라 생산성이 높아지는 일자리가 늘어나야 하지만 대부분의 기업들은 아직 그런 방식으로 생산과정을 조직하고 있지 못하다. 최근 2년 사이 스타트업들이 이러한 경험을 제공하는 경로를 제공하고 있으나 대기업 · 공공부문 직장을 구하는 데 스타트업에서의 실패 경험이 자산이 되지 않는다고 보아 청년층의 선호도가 높지 않다. 이러한 상황을 타개하기 위한 학교와 스타트업 기업의 보다 적극적인 역할이 더욱 요구되고 있다.

4. 전환에 부응하는 고용노동정책 혁신

1) 중소기업의 저생산성 극복과 노동시장의 분절성 완화

우리나라의 복지제도 사각지대가 크고 질적 개선이 더딘 것은 복지제도 내실화를 위한 노사의 적극적 노력 부족, 소규모 사업장 과다와 정부의 행정력 부족과 함께 노동시장의 이중구조가 원인으로 거론된다. 하지만 노동시장 이중구조를 원인으로 삼는 데 그쳐서는 정책방향을 설정하거나 정책프로그램을 마련하기 어렵다. 노동시장 이중구조를 규정하고 있는 구체적 원인 요소를 식별해 내야 정책 모색이 가능하다.

이중구조 완화 내지 해소는 복합적 처방이 필요한 고용노동정책의 난제이다. 이는 한두 가지 처방으로 하루아침에 불식하기 어렵다. 디지털 전환기가 갖는 잠재력을 최대한 활용할 수 있는 창업 생태계 구축과 거시경제 안정성 증진에 기여하도록 고용정책을 정의해야 한다. 현재 노동시장에서 격차가 완화되지 않고 있는 주된 이유는 중소기업이 상대적 저생산성 상태에서 벗어나지 못하고 있기 때문이다.

디지털 전환기는 적응력이 높은 기업, 조직, 개인이 살아남고 열린 기회를 향유할 수 있는 시대이다. 이러한 전환기에 기업 창업과 성장 기회 제약은 성장, 일자리, 양극화 완화에 모두 장기적으로 부정적 영향을 미친다. 그만큼 디지털 전환 환경을 잘 조성하는 일이 중요하다. 한국의 대기업-중소기업 간 격차가 다른 OECD 회원국에 비해 현저히 크다는 사실은 향후 적절한 중소기업 성장 생태계가 한국 노동시장 내 격차 축소 여부에 중요하다는 얘기도 된다.

중소기업의 저생산성에 대한 고용정책 차원의 전통적 대응은 일터 혁신을 추구하고 스마트팩토리화를 지원하는 것이다. 이러한 정책 메뉴는 분명 전환기적 상황에 대처하는 접근법의 소산이다. 하지만 단순한 노사 화합 추구나, ERP(경영활동 데이터를 통합 · 관리하는 전사적 자원관리 시스템)나 MES(제조 데이터를 통합하여 관리하는 시스템으로 고장관리, 품질관리, 창고관리, 설비관리, 금형관리 등 제조현장에서 필요로 하는 다양한 기능을 지원) 도입에 금전적 지원을 하는 데 그쳐서는 충분하지 않다.

생산활동에서 패러다임 전환이 일어나고 있는 현실에서 양질의 일자리가 생겨나게 하는 방안의 요체는 디지털 기술을 기반으로 일어나고 있는 스타트업들을 위한 창업 생태계를 활성화하고, 이들 스타트업들이 전통적 산업의 생산성 향상을 자극하여 변화를 촉발하는 한편, 수요가 증가하고 있는 숙련을 적극적으로 공급하고, 새로운 숙련을 갖춘 기업과 인력이 적극적으로 외국 기업들과 경쟁하게 하는 것이다. 생산성을 높이고 시장을 넓히는 것은 과거나 지금이나 달라질 이유가 없다. 하지만 디지털 기술을 이용한 사업모델에 대한 이해와 함께 창업 생태계를 활성화하고, '데이터 장인'이 되는 숙련에 주목하여 그 숙련을 적극적으로 공급하며, 이들 스타트업과 데이터 장인들이 기존 산업 생태계 내 변화를 추동하게 하는 것은 디지털 전환기를 염두에 둔 정책 콘텐츠에서 중요한 의미를 갖는다.

디지털 숙련을 기반으로 하는 스타트업들의 수가 늘어나 어느 임계치를 넘어서고, 또한 디지털 기술 활용에 능란한 스타트업들이 높은 생산성으로 전통적 산업을 자극하며 전통적 산업의 전환을 유도해 낸다면 노동시장 이중구조 현상은 현저히 완화될 수 있다. 애초에 생산성이 높은 생산물을 생산하는 스타트업이 늘어나면 당연히 대기업-중소기업 간 생산성 격차가 축소될 것이다. 하지만 당장은 높은 생산성을 달성하지 못하더라도, 증가하고 있는 숙련 수요에 기반한 스타트업이 증가하면 기존의 중소기업 생태계와 생산성에 긍정적 변화를 가져온다.

스타트업이 일으킨 생태계 변화가 전통적 경쟁력 산업에 디지털 기술을 결합하여 생산성을 제고하고, 자동화율을 획기적으로 높인 공장시스템이 정착되면 제조업 생산기지의 해외 이전을 막고 이미 해외로 나간 기업의 국내복귀(reshoring)도 가능해질 것이다. 현재와 같은 노동비용 수준이라면 해외에 나갈 투자가 국내에

머무는 것도 자동화율이 획기적으로 높아야 가능하기 때문이다. 완전한 공장 자동화가 이루어지면 제조공정 중 인력의 역할은 줄지만 연관 서비스업 수요가 늘고 데이터와 함께 일하면서 생산성을 높이는 작업조직도 확산될 것이다. 이러한 과정은 생산성 높은 서비스부문 일자리를 늘릴 것이다. 이는 과거 산업구조 고도화가 양질의 일자리를 만들어 내는 데에 기여하였듯이, 생산성이 높은 일자리를 만들어 내는 산업전환의 관점에서 필요한 정책을 구사하는 것이다. 다만, 디지털 전환시대가 주는 기회를 포착하는 새로운 기업들로 하여금 디지털 혁명 시대에 적합한 방식으로 구현해 내도록 한다는 점에서 과거와 구별된다.

청년층의 노동시장 이행과정에서 숙련 형성의 기회를 제공해야 하는 학교(대학과 전문계고)의 변화가 더딘 현실을 감안할 때 스타트업 문화의 중요한 특성인 기업의 사회공헌활동과 연계하여 파격적 방식으로 코딩, 인공지능, 데이터 수집 · 저장 · 분석 관련 숙련과 인력을 공급하는 이니셔티브도 필요하다. 이는 디지털 전환기를 맞아 기업의 경쟁우위 패러다임이 변화무쌍하게 바뀌고 있는 가운데 비즈니스의 지속가능성을 데이터과학에서 찾는 기업들이 하루가 다르게 늘어나고 있는 상황에 부응하는 일이다. 이는 서비스업의 생산성 제고에 기여하고 양질의 일자리를 만드는 생태계 조성에 기여할 것이다. 뿐만 아니라 전통적 상품이나 서비스를 플랫폼 형식의 새로운 사업모델을 통해 공급함으로써 생산성을 제고하고 양질의 일자리를 늘리는 기초가 될 것이다.

스타트업 활성화와 관련 생태계 확산을 통해 서비스업, 중소기업의 생산성을 제고하게 되면 현재와 같은 노동시장 이중구조 현상은 현저히 완화될 수 있다. 사실, 이러한 특성은 미국의 실리콘 밸리뿐만 아니라 한국의 판교에서 이미 일어나고 있는 현상이다. 노동시장 구조는 생성 · 소멸이 무쌍한 중소기업 특성상 도태된 기업만큼 새로운 기업이 생겨나는 과정을 통해 서서히 변화할 것이다.

2) 임금격차 완화

우리는 앞에서 대기업-중소기업 근로자 간, 정규직-비정규직 간, 남녀 간 임금격차 현상 등 다양한 종류의 임금격차에 관해 살펴보았다. 다른 OECD 국가들에서는 이들 세 가지 임금격차가 한국에서만큼 크지 않다는 의미에서 이 세 가지 격차는 매우 한국적인 현상이다. 중소기업이 스타트업들의 긍정적 역할로 말미암아 생산성이 올라간다면 대기업-중소기업 간 임금격차는 축소될 것이다. 기술력으로 무장한 중소기업이 늘어날수록 대기업의 불공정 행위 여지도 줄어들 것이다. 그런 연후에도 남는 임금격차는 대부분 노동시장의 동태적 변화를 촉진하는 임금격차에 해당할 것이다. 이 점에서도 창업과 자유로운 기업활동을 증진하고 중소기업과 서비스업의 생산성을 제고하는 제반 대책의 중요성을 알 수 있다.

이와 관련된 가시적 정부정책은 고용부의 일터혁신사업, 산업통상부의 해외시장 개척, 과기부의 연구개발 지원 등이다. 이들 조치가 디지털 전환시대에 적합하게 추진되는지 여부를 판단하는 시금석은 디지털 전환에 성공한 기업, 생산성 높은 중소기업이 많이 나오도록 기업 생태계의 건강성을 강화하는지에 있다. 부품업 협회 등 협력업체 단체들의 세계시장 진출을 용이하게 하는 인프라를 제공하고, 노동시장의 상향이동성을 촉진하기 위해 대기업과 중소기업 사이에 있는 중견기업의 노동시장 내 역할을 강화하는 방안을 모색(중견기업 역할을 고찰할 수 있는 방법 포함)하는 것, 대기업의 노사관계 이해 당사자들이 적절한 연대정신을 발휘할 수 있도록 촉진하고 그에 맞게 노사관계 규범을 개선하는 것, 원청업체의 불공정행위를 감독하고 시정하며 비정규직 활용 시 부가급여를 지급하는 것 등에서 차별이 발생하지 않도록 지도하는 조치들을 기업 생태계 강화라는 지향점 속에서 추진할 수 있어야 한다.

3) 소득불평등 개선

신산업이 개화하고 있는 디지털 전환시대에 걸맞는 기업활동이 활성화되어 소득이동성이 증진되는 것은 경제활동기에 노후의 소득 부족을 미리 대비할 수 있게 함으로써 노후소득보장에도 기여한다. 그와는 별도로 변화의 성격이 과거와 다르고 변화의 속도도 빠른 시기에는 개인 임금불평등과 가구소득 불평등 변화를 면밀히 고찰하여 적절한 이전소득정책을 구사해야 한다. 가구소득 불평등은 그 추이를 감안할 때 은퇴 후 가구의 상황을 모니터링하며 적절한 수준의 기초연금을 정책 수단으로 하여 대응할 것이 요청된다. 이 과정에서 노인가구에 집중된 소득불평등을 과도하게 전 연령층의 소득불평등으로 오해하여 이전소득정책에서 선택과 집중이 필요한 영역을 간과하는 재원 동원을 하지 않도록 유의할 필요가 있다. 노후대비에 대한 경각심이 높아지면서 시간이 지남에 따라 노인빈곤율도 개선될 것으로 보인다. 하지만 현재는 노인빈곤율이 현저히 높은 수준이므로 노인빈곤대책에 더 주의를 기울이되 국민연금의 성숙 추이를 적절히 고려해야 한다.

최저임금정책과 함께 근로장려금(EITC), 실업부조, 각종 소득보장급여, 기초노령연금, 기초생보급여 등의 이전소득지출의 최적 조합을 끊임없이 시도하면서 제도를 세련시켜 나가는 것도 요구되는 과제이다. 그 과정에서 현금급여를 선별적으로 제공하여 실질적 보장효과를 극대화하되, 복지서비스는 보편적으로 제공하면서 소득에 따라 비용을 차등적으로 부담하게 하여 재정 사용을 효율화하는 원칙을 견지할 필요가 있다. 그와 함께 고용서비스와 복지서비스를 융합한 사회서비스 제공으로 노동시장 참여 능력과 여건을 배양하는 원칙도 견지해야 한다. 능력배양 과정에서는 평생학습체계와 고용서비스가 긴밀하게 연계되어 평생학습체계가 노동시장 통합에 기여할 수 있도록 대학과 고용정책 당국이 긴밀히 협력하고 대학의 고용서비스 개념을 새로 정립하는 노력이 필요하다.

4) 성 격차 축소

임금격차는 성 격차의 일부 측면에 불과하다. 임금격차가 현저히 완화된다고 하더라도 성 격차 문제가 그와 동등하게 개선되는 것은 아니다. 성 격차를 규정하는 다른 요소들, 특히 남성의 돌봄과 가사 참여 시간 증대가 더 중요하고 임금격차를 초래하는 근본원인일 수 있다. 스타트업 문화의 확산은 성 격차 문제를 완화하는 데에도 기여할 것으로 사료된다. 현재의 젊은 세대가 과거보다 일 · 생활 균형에 훨씬 강력한 욕구를 갖고 있기도 하지만 스타트업 문화가 이러한 요구에 부응하면서 일 · 생활 균형에 훨씬 친화적인 경향이 있기 때문이다.

그간 일 · 생활 균형을 도모하는 고용정책은 보육시설 이용 지원과 함께 모성보호와 육아휴직을 중심으로 하는 휴가 · 휴직 제도를 중심으로 추진되었다(김종숙, 2021). 스타트업 문화는 유연하게 일을 하면서 개인과 가정의 일, 소득, 돌봄을 유지해 나가기 위한 다양한 정책 조합을 요구하고 있다. 또한 결혼과 출산을 미루거나 기피하는 노동시장 참여자가 늘어나면서 기혼여성 중심의 일 · 생활의 양립 정책보다 근로자들의 일 · 생활 균형을 추구하는 양성평등정책으로의 방향 전환이 더 요구되고 있다.

디지털 기술에 기반한 스타트업들이 늘어날수록 여성 인력이 고임금 직종에 더 용이하게 진출하는 환경이 갖추어질 가능성도 높다. 이 경우 노동시장 내 남녀 간 임금격차도 줄어드는 데 기여할 것으로 예상된다. 지금까지 여성 노동시장의 양적 격차를 해소하는 주된 정책은 경력단절 여성의 재취업을 지원하는 정책이었다. 그런데 경력단절 여성의 경력 궤적이 크게 변화하고(단절기간, 단절 전 경력 등), 종전과 다른 경력 궤적을 가진 여성들이 정책의 주요 수요계층이 되어 가고 있다. 이러한 점을 고려할 때 이들에게 제공하고 있는 공공 고용서비스에도 변화가 필요하다(김종숙, 2021)는 사실이 점점 명백해지고 있다. 예컨대, 국비훈련 중심의 단기 직업훈련과 취업지원을 넘어서서 노동시장의 전환에 적극적으로 부응하는 훈련프로그램과 취업지원서비스를 개발할 필요가 있다. 그와 관련된 접근법 중 하나는 지역에서 성인교육기관으로서 대학의 역할을 강화하고 성인교육과 고용서비스를 결합하는 것일 수 있다. 이는 학교에서 노동시장으로 이행하는 청년층에게도 필요한 고용서비스이다.

5) 직업능력향상 체계의 보완

창업 생태계에 대한 기여를 위해서는 디지털 시대 사업모델에 맞는 경쟁정책, 적합성을 잃은 과거 규범을 교정하는 것과 같은 요소도 중요하다. 그와 동시에 기업 수요가 크게 증가하고 있는 데이터 관련 숙련을 공급하는 것을 포함한다. 전환기의 직업 안정성은 개인의 적응력뿐만 아니라, 근로자가 소속되어 있는 기업의 적응력에 크게 의존하므로 대대적 재훈련 · 향상훈련으로 적응력을 제고하는 일의 중요성은 말할 나위가 없을 것이다. 과거 산업화 시대에 마련된 숙련 공급 규범의 경직성을 어떻게 극복할 것인지는 고용정책 혁신을 위한 중요한 정책적 질문들 중 하나이다.

전환기에는 기업이든 개인이든 변화에 대한 적응력을 갖추고 있는지 여부에 따라 일자리 기회와 소득 기회가 현저히 달라진다. 경영 환경이 급변하고 기업의 수명이 짧아지면서 노동 이동이 증가하는 현상과 맞물려 적응력이 낮은 일부는 아예 일자리를 잃을 수 있고 다른 일부는 큰 보상을 누릴 수도 있다. 모든 노동시장 참여자들이 변화의 혜택을 동등하게 공유할 수 없고 부정적 영향을 동등하게 나눌 수 없는 상황에서 소득 및 고용 안정성 감소에 수반되는 소득분배 악화는 사회에 새로운 도전을 제기한다.

기술 발전으로 인해 경제 전체의 일자리 수가 증가하더라도 자동화로 줄어드는 공장 근로자들이 새로운 사업에서 일자리를 찾는 것이 항상 쉬운 것은 아니다. 일부는 이전보다 현저히 낮은 소득과 덜 유리한 근무 조건을 가진 새로운 일자리로 끝날 수 있고 다른 사람들은 일자리를 찾지 못할 수도 있다. 기존 기업과 새로운 ICT 서비스 기업이 요구하는 직무나 기술 간에는 현저한 차이가 있는 경우도 많다. 그래서 전통 산업 종사자들이 신속히 재취업하는 데 어려움을 겪을 수 있다. 예컨대, 철강, 조선, 화학 회사에서 일자리를 잃은 노동자들이 애플리케이션 개발자로 재교육하기는 어렵다.

이러한 종류의 '기술적 실업' 내지 '숙련 미스매치'에 대응하기 위한 그간의 전형적 고용정책 프로그램은 현저한 임금 감소를 감수하게 하면서 다시 전통적 산업으로 취업하도록 하거나 귀농을 돕거나 하는 것이었다. 하지만 기업 생태계가 다양화되면 이들 전통적 산업부문에서 일하던 노동자의 전환 여지가 넓어질 수 있다. 취업자가 21.9만 명 줄어든 2020년에도 판교에서는 개발자가 부족해 연봉 인상이 연이었고 그 경향은 2022년 초까지 이어졌다. 이러한 변화양상에 부응하기 위해서라도 기업 수요가 가장 큰 데이터 관련 숙련 증진 방안을 추진해야 한다.

이를 위해서는 노동시장 참여자에게 요구되는 디지털 역량을 촉진하고 관련 인력을 양성하기 위해 필요한 학교, 교사, 훈련기관의 변화가 수반되어야 한다. 적극적 노동시장정책과 사회안전망의 중요성이 어느 때보다 큰 상황이지만 정부의 노동시장정책 인프라가 현재의 향상훈련 · 재훈련 수요를 감당하기에는 투자가 부족하고 역량 축적에도 시간이 필요한 상태에 있다. 교육훈련서비스 시장의 지배구조에도 한계가 존재하며 과거 규제가 현재의 수요에 부응하는 데 장애가 존재한다. 대학의 변화는 더디고 훈련기관에 대한 장소와 교강사 관련 규제는 산업화 시절 규제에서 크게 벗어나지 못하고 있다. 이러한 제약을 극복하기 위해서는 성공을 거두고 있는 민간 비영리기관의 대안적 교육훈련 모델을 활용하여 과감한 민관 파트너십을 통해 향상훈련 · 재훈련 수요에 부응하는 방법을 모색할 필요가 있다. 그러한 모델들은 이미 '모두의 연구소' 'D-캠프' '마루 180' 엑셀러레이터들이 스타트업 생태계 속에서 스스로 구성한 프로그램, 사회적 기업들이 스타트업과 굴지의 기술기업 내지 투자기업들과 함께 만든 캠프 등에 의해 제시된 바 있다.

6) 대학의 고용서비스 혁신

고용서비스 중에는 전환기 여부와 무관하게 주어져야 하는 서비스도 있다. 예컨대, 노동시장 정보가 잘 유통되지 못함으로써 나타나는 비효율성을 극복하는 일은 시대와 관계없는 고용서비스의 본령이다. 적절한 구직 · 구인 정보, 직업정보를 매개하고 제공하는 것은 그 전형적 예이다. 일정한 목표 아래 마련된 정부의 다양한 고용정책 프로그램을 잘 전달하는 것도 고용서비스가 수행하는 중요한 역할이다. 하지만 현재와 같이 디지털 전화기적 특성이 숙련 미스매치를 심화시킬 때 특히 대학이 적극적이고 명시적인 고용서비스 개념을 도입해서 해야 할 일이 존재한다. 다양한 고용정책 프로그램을 이용하여 대학이 학생들의 학부 전공과 관계없이 디지털 숙련(데이터 수집 · 분류 · 저장, 인공지능을 이용한 전공영역 기존 업무의 효율성 증진과 새로운 영역 개척, 3D 프린팅……) 축적의 필요성과 훈련 기회를 청년들에게 부여하는 것이 그것이다.

적극적 스타트업 탐방을 통해 학생들에게 동기부여를 하는 것도 대학과 대학의 고용서비스가 해야 할 일이다. 어디에 장기적 경력개발의 길이 있고 그런 일자리를 어떻게 찾는지에 대해 대학이 자신이 교육한 졸업예정자, 졸업생뿐만 아니라 졸업 후 직장생활을 하다가 성인학습의 차원에서 새로운 교육을 필요로 하는 졸업생을 대상으로 교육과 탐방 프로그램을 가동하는 것이 한 가지 예가 될 수 있다. 이는 학령인구의 급격한 감소 속에서 지역사회에 기여하며 성인학습에 기여하는 길을 모색해야 하는 대학들에게도 시사점을 갖는다.

수도권 규제로 인해 대학정원 확충이 어렵고 전공영역별 정원 조정이 어려운 환경은 서울 소재 대학에게는 제약이지만 지방에 있는 대학에게는 기회일 수도 있다. 수도권 대학과 공동으로 지방대학이 디지털 인력 양성 컨소시엄을 만들고 청년들에게 "와서 보라(come & see)" "여러분도 할 수 있다(you too can do it)" "지금 당장 실행하라(do it right now)"를 표어로 재학생 · 졸업생 · 성인 대상의 프로그램을 운영한다면 연간 12만 개가 넘는 스타트업이 태어나며 기업의 생태계가 바뀌고 있는 시대에 대학이 교육한 학생들의 디지털 전환 적합성을 자극하고 디지털 전환 적응력을 높일 수 있다.

정부가 도입한 고용정책 프로그램이 그러한 이니셔티브를 취하는 데 적합하지 않다면 그것을 개선하도록 제안하고 합리화하는 것을 제안하는 것도 대학이 할 일이자 할 수 있는 일이다. 교수 · 교직원들이 모든 것을 직접 꾸릴 수 없다면 역내외 스타트업과 캠프를 꾸리고 공동으로 모색하는 방법도 있을 것이다. 전통적으로 대학은 교수들의 연구에 바탕해서 학생들에게 교육서비스를 제공하는 것만을 고유한 본령으로 삼아 왔다. 이제는 디지털 전환기에 맞는 교육과 고용서비스를 결합해서 제공하는 것이 요구되는 시대이다. 이는 단순한 당위적 요구가 아니라 학령인구의 급격한 감소와 함께 대학이 지역사회와 함께 공존을 모색해야 할 필요성 때문에도 필요하다. 대학의 그러한 이니셔티브에 교육부와 고용부가 적극 부응해야 함을 물론이다.

7) 노동규범의 시대 적합성 증진

디지털 전환시대에 부합하도록 노동규범을 개선하는 것은 혁신을 필요로 하는 중요한 고용정책 항목이다. 자율성과 자기결정권을 증진하는 방향으로 근로시간 관련 근로기준을 재정립할 필요가 있다. 이를 통해 일-생활 균형, 일-학습 병행이 가능한 근로시간 규범을 마련해야 한다. 법정근로시간과 최저휴식시간(예컨대, 24시간 내 11시간 연속 휴식)을 준수하는 것 외에는 노사가 근로시간과 일하는 방식에 관해 자율적으로 결정할 수 영역이 늘어나야 한다. 근로시간을 저축하여 장기휴가도 가능하고, 주 4일 근무도 가능하며, 아이가 3세가 될 때까지는 경력단절 없이 일하며 돌볼 수 있는 근로시간 규범을 일률적 강제보다는 근로자의 시간 선택권 개념에 입각해서 확립할 필요가 있다.

근로기준을 획일적으로 적용하는 방식에서도 탈피할 필요가 있다. 고임금자나 스톡옵션 선택권을 가진 근로자에 대해서는 일부 「근로기준법」 적용을 면제(exemption)하고, 스타트업 창업 후 3년 정도는 노동법의 일부 규정 적용의 예외를 인정하는 노동법 규제 샌드박스 제도를 도입하는 것도 검토해야 할 사안이다. 정년 후에는 임금 및 근로 조건을 자유롭게 정하는 방식으로 다양하고 유연한 고용연장조치를 허용함으로써 정년연장과 같은 효과를 거두는 것은 획일적 근로기준을 탈피하는 또 다른 예가 될 것이다.

8) 과거 유제를 개선하기 위한 이니셔티브

과거 유제들 중 노동시장의 효율적 작동을 저해하는 요소들을 규명해서 필요한 제도 개선을 도모하는 것도 중요한 과제이다. 보다 구체적으로는 성장률 둔화, 고령화, 성 분업방식 변화, 기술변화에 따른 일의 세계 변화 상황에서 노동시장의 효율적 작동을 저해하는 요소들을 식별해서 개선해야 한다. 성장률 둔화, 고령화, 성 분업방식 변화 속도가 유례없이 빨라 대처의 어려움과 적응 스트레스가 크지만 일자리 공급이 감소할지, 사회가 새로운 도전을 극복할 수 있을지 여부는 변화에 적응하는 제도 및 정책 역량에 달려 있다. 기술변화 속도에 대한 한국 민간기업들의 적응은 다른 나라에 뒤떨어지지 않는다.

고성장시대의 공공부문 임금체계가 앞으로도 지속되면 공공부문 고용과 민간부문 고용 사이에 분절화가 심화할 우려가 제기되고 있다. 이에 대응하기 위해서는 고용안정과 생애임금을 고려하여 격차 실태를 파악하고 민간부문과 괴리가 커지지 않도록 제도 개선 계획을 마련해야 한다. 인사관리에서도 연령과 연공에 의존하는 특성, 속인주의적 특성보다 직무 중심성이 강화되어야 한다. 직종 · 직무 · 고용형태별 임금정보를 공시하여 직무별 노동시장이 발달하는 기반을 조성하는 것은, 고도성장기에 타당한 이유가 있어 정착되었지만 지금은 노동시장의 효율성을 저해하고 있는 관행을 극복하기 위해 필요하다. 이들 임금정보 자체가 직무별 노동시장 발달을 보장할 수는 없지만 직무 노동시장의 발전을 위해서는 필요하다. 직무별 노동시장이 발달한다면 임금격차의 양상도 지금과 현저히 달라질 것이다.

5. 결론

다른 OECD 국가들과 비교할 때 한국의 임금불평도와 가구소득 불평등도는 다소 높은 편이다. 반면, 지난 20년간 소득분배는 개선되어 왔고 소득이동성도 과거에 비해서는 줄어들었지만 여전히 다른 OECD 국가보다는 높은 편이다. 대부분의 평범한 노동시장 참여자, 그중에서도 저임금 근로자들은 상대소득이 줄어들고 있다. 격차 증가가 고착된 부익부 빈익빈이 아니라 상당한 역동성 속에서 부의 이동을 수반하며 일어난다면 그것 자체를 전환의 과정으로 보고 관리해야 한다. 격차를 초래한다는 이유만으로 변화 자체를 최소화하거나 금기시하는 접근법을 취한다면 상황은 오히려 더 악화될 것이다.

하지만 소득격차 자체보다 과거에 비해 소득이동성이 감소하고 있는 점을 볼 때 불평등이 인적자원개발에도 영향을 미치지 않도록 유의할 필요성을 제기하고 있다. 전통적 기업에서 일하던 평범한 사무직 혹은 생산직 노동자의 일자리가 줄어들 때 일자리를 잃은 사람들이 앱 개발자가 되기가 어렵고, 그래서 새로 부상하는 일자리에 쉽게 취업하기 어렵다. 디지털 전환으로 인해 초래되는 불가피한 격차 확대는 적절한 사회보장제도와 노동시장정책의 결합으로 대처하되 인적자원개발에서 대학이나 스타트업 기업의 역할을 촉진하도록 정부의 고용정책 프로그램을 조율할 것이 요청된다.

이 장은 노동시장 내 격차 현황에 대해 살펴보고 전환기 고용노동정책 혁신 과제와 접근법에 대해 제언하였다. 중소기업의 저생산성, 임금격차, 소득불평등은 구조적 · 장기적 처방을 필요로 하는 사안이다. 스타트업이 만들어 내고 있고 그 생성을 자극하고 있는 생태계를 통해 교정하려는 접근법 위에서 미시적 고용정책 수단을 사용해야 한다. 성별 임금격차 또한 그러한 생태계 속에서 모색할 때 축소가 용이할 것이라고 볼 이유들이 존재한다.

직업능력 개발과 향상을 위한 제도는 과거에 확립한 기준에서 벗어나 증가하고 있는 숙련을 공급하는 스타트업이 적극적으로 참여할 수 있게 하는 접근이 필요하다. 대학은 디지털 전환에 부응하여 학생들과 졸업생을 위한 '대학 고용서비스' 개념을 적극적으로 정의하고 정부의 고용정책 프로그램을 활용하는 한편, 그 개선에 참여해야 한다. 그러한 이니셔티브를 취하는 대학이 있다면 교육부와 고용노동부가 이에 적극 부응해야 함을 물론이다.

노동법은 일률적으로 적용하는 전통적 접근으로부터 노사의 자율적 결정을 촉진하고 존중하는 방향으로 나아가는 한편, 스타트업 창업 후 3년 정도는 노동법의 일부 규정 적용의 예외를 인정하는 노동법 규제 샌드박스 제도를 도입할 필요가 있다. 고도성장기에 타당한 이유가 있어 정착되었지만 지금은 노동시장의 효율을 저해하고 있는 관행을 극복하기 위해, 직종 · 직무 · 고용형태별 임금정보를 공시하여 직무별 노동시장이 발달하는 기반을 조성하는 이니셔티브도 필요하다.

참고문헌

고용노동부(2021. 12. 30.). 2020년 전국 노동조합 조직현황 자료 발표. 노사관계법제과 보도자료.

고용노동부. 고용형태별근로실태조사. 각 연도.

고용노동부. 임금구조 기본조사. 각 연도.

김종숙(2021). 노동시장 성격차 해소와 향후과제.

여성가족부(2016). 양성평등실태조사.

통계청. 가계금융복지조사. 각 연도.

통계청. 경제활동인구조사. 각 연도.

통계청. 육아휴직통계. 각 연도.

허재준 외(2021). **고용위기와 고용정책혁신**. 한국노동연구원.

Balestra, C., & Tonkin, R. (2018). Inequalities in household wealth across OECD countries: Evidence from the OECD Wealth Distribution Database. *Statistics and Data Directorate Working Papers No. 88.*

The Economist (2022. 3. 7.). The Economist's glass-ceiling index: Our annual measure of the role and influence of women in the workforce. https://www.economist.com/graphic-detail/glass-ceiling-index

OECD (2018). *A Broken Social Elevator? How to Promote Social Mobility*. Paris: OECD.

OECD.Stat, Decile ratios of gross earnings

통계청, KOSIS. https://kosis.kr/index/index.do

제8장

우리나라 평생교육제도의 시행 현황과 개선 방안 탐색

이기성

1. 서론

우리나라에서 오늘날과 같이 평생교육 또는 평생학습이라는 용어를 보편적으로 사용하게 된 데는 유네스코 한국위원회(Korean National Commission for UNESCO: KNCU)가 큰 역할을 하였다. 그 단초는 1967년에 개최된 '평생교육발전세미나'라고 할 수 있다(김란수 외, 1995). KNCU는 1970년 세계 교육의 해(International Year of Education)를 계기로 평생교육에 관한 유네스코의 자료를 수집하였고, 1973년에는 '제1차 평생교육 발전을 위한 세미나'를 개최하여 국내에 평생교육의 개념과 원리를 소개하였다(강은숙 외, 2021)

우리나라는 제도적으로 1980년 개정된 「대한민국헌법(이하 「헌법」)」 제29조 제5항에 "국가는 평생교육을 진흥하여야 한다."[1)]라고 명시함으로써 평생교육을 국가가 수행해야 할 의무로 규정하였다. 평생교육을 구현하기 위한 법령으로 1982년 12월 31일부로 제정된 「사회교육법」을 들 수 있는데, 당시 이 법의 신규 제정 이유를 다

1) 1988년에 개정된 현행 「대한민국헌법」 제31조 제5항에 동일한 규정이 있다.

음과 같이 밝히고 있다.

> 오늘날과 같이 지식 · 기술이 확대되고 생활환경이 급변하는 산업사회에서 한평생 보람된 생활을 누리기 위하여는 누구든지 평생을 통한 교육이 불가피하게 되었고, 이에 따라 「헌법」 제29조에서는 평생교육의 진흥을 국가의 임무로 규정하고 있으므로 이러한 헌법정신에 따라 사회교육을 제도화하고, 모든 국민에게 평생을 통한 사회교육의 기회를 부여하여 국민의 자질을 향상하게 함으로써 정의로운 민주복지사회의 건설과 문화창달에 기여하려는 것임.[2)]

이와 같은 제정 이유가 구현되도록 하기 위해서, 첫째, 사회교육을 학교교육 외에 국민의 평생교육을 위한 조직적인 교육활동으로 정의하였고, 둘째, 일정한 시간 이상 실시되는 사회교육과정에는 대통령령이 정하는 바에 따라 국민교양에 필요한 일정한 교육내용을 포함하도록 하였으며, 셋째, 대통령령이 정하는 일정한 사회교육과정을 이수한 경우에는 그에 상응한 사회적 대우가 부여되도록 하였다. 넷째, 국가와 지방자치단체는 사회교육시설의 설치, 전문요원의 양성, 교육자료의 개발, 단체 또는 시설 · 사업장 등에 대한 사회교육활동 장려 등의 방법으로 사회교육을 진흥하도록 하였으며, 다섯째, 사회교육에 관한 정책을 심의조정하기 위하여 문교부에 사회교육정책조정위원회를 두도록 하였고, 여섯째, 대통령령이 정하는 일정 규모 이상의 사회교육단체, 사회교육시설 또는 사업장에는 사회교육전문요원을 두도록 하였다. 「사회교육법」은 1999년 8월 31일부로 전부개정(2000년 3월 1일 시행)이 이루어져 「평생교육법」으로 바뀌었고, 다시 2007년 12월 14일 전부개정(2008년 2월 15일 시행)이 이루어져 오늘날의 「평생교육법」의 모습을 갖추게 되었다. 법의 연혁에서 알 수 있듯이 「평생교육법」을 통해서 평생교육이라는 용어가 오늘날 일반 사람이 이해하는 의미로 자리 잡게 되었지만, 평생교육이라는 용어가 우

---

2) 국가법령정보센터 홈페이지. https://www.law.go.kr/lsInfoP.do?lsiSeq=2892&ancYd=19821231&ancNo=03648&efYd=19830701&nwJoYnInfo=N&efGubun=Y&chrClsCd=010202&ancYnChk=0#0000 (2022. 1. 12. 검색)

리 사회에서 보편적으로 사용되기 전에는 사회교육이라는 용어가 그 의미로 사용되었다고 할 수 있다.

「평생교육법」의 뿌리라 할 수 있는「사회교육법」 제2조에서는 "'사회교육'이라 함은 다른 법률에 의한 학교교육을 제외하고 국민의 평생교육을 위한 모든 형태의 조직적인 교육활동"[3]을 의미하는 것으로 정의하고 있고, 1999년 8월 31일 전면개정이 되어「평생교육법」으로 재탄생할 때는「평생교육법」 제2조에 "'평생교육'이라 함은 학교교육을 제외한 모든 형태의 조직적인 교육활동'[4]이라고 정의함으로써 앞서의「사회교육법」의 정의가 거의 그대로 재활용되었다. 그 후「평생교육법」은 2007년 12월 14일 다시 한번 전면개정이 이루어져 2008년 2월 15일부터 시행되는데, 바뀐 법에서 평생교육의 정의는 다음과 같이 구체적으로 변화된다. 즉, 개정「평생교육법」 제2조는 "'평생교육'이란 학교의 정규교육과정을 제외한 학력보완교육, 성인 문자해득교육, 직업능력 향상교육, 인문교양교육, 문화예술교육, 시민참여교육 등을 포함하는 모든 형태의 조직적인 교육활동"[5]으로 정의하며 평생교육의 영역을 구체적으로 열거하고 있다.

우리나라의 평생교육 관련 사업, 학점은행제, 독학학위제 등을 총괄하는 기구인 평생교육진흥원은 2007년「평생교육법」 전부개정안이 국회의결을 거쳐 2007년 12월 14일 공포되어 2008년 2월 15일 시행되는 것과 동시에 개원하였다. 그 후 평생교육진흥원은 2012년 4월 국가평생교육진흥원으로 기관명을 개정하여 오늘에 이르고 있다. 중앙정부 차원의 국가평생교육진흥원뿐만 아니라 대통령령에 따

---

3) 국가법령정보센터 홈페이지. https://www.law.go.kr/lsInfoP.do?lsiSeq=2892&ancYd=19821231&ancNo=03648& efYd=19830701&nwJoYnInfo=N&efGubun=Y&chrClsCd=010202&ancYnChk=0#0000 (2022. 1. 12. 검색)

4) 국가법령정보센터 홈페이지. https://www.law.go.kr/lsInfoP.do?lsiSeq=2896&ancYd=19990831&ancNo=06003&efYd=20000301&nwJoYnInfo=N&efGubun=Y&chrClsCd=010202&ancYnChk=0#0000 (2022. 1. 12. 검색)

5) 국가법령정보센터 홈페이지. https://www.law.go.kr/lsInfoP.do?lsiSeq=81800&ancYd=20071214&ancNo=08676&efYd=20080215&nwJoYnInfo=N&efGubun=Y&chrClsCd=010202&ancYnChk=0#0000(2022. 1. 12. 검색)

라 시 · 도지사는 시 · 도 평생교육진흥원을 설치 또는 지정 · 운영할 수 있게 되어 2016년 8월 1일 전라북도를 끝으로 전국 17개 시 · 도에 평생교육진흥원이 모두 설립되었다.

한편, '개인의 자아실현, 사회적 통합증진, 경제적 경쟁력을 제고하여 궁극적으로 개인의 삶의 질 제고와 도시 전체의 경쟁력을 향상시킬 수 있도록 언제, 어디서, 누구나 원하는 학습을 즐길 수 있는 학습공동체 건설을 도모하는 총체적 도시 재구조화(restructuring) 운동'이며, 동시에 '지역사회의 모든 교육자원을 기관 간 연계, 지역사회 간 연계, 국가 간 연계시킴으로써 네트워킹 학습공동체를 형성하려는 지역시민에 의한, 지역시민을 위한, 시민의 지역사회교육운동'을 위한 평생학습도시는 2021년 7월 기준으로 전국 226개 기초자치단체 중에서 180개 기초자치단체가 지정[6]을 받아 '평생학습국가'의 실현이 멀지 않은 상황이다. 그리고 주민의 근거리 학습권을 보장하기 위한 읍 · 면 · 동 단위의 행복학습센터가 전국 129개[7] 시 · 군 · 구에 설치 · 운영되고 있다.

그 밖에도 현재 국가평생교육진흥원을 중심으로 각 시 · 도 평생교육진흥원과 예하 조직에서 평생교육 관련 사업을 다양하게 시행해 오고 있고, 그 결과 평생교육의 수혜자가 매년 증가하고 있으며, 평생교육 체제가 더욱 건실하게 다져지고 있다. 그럼에도 불구하고 「평생교육법」이 처음 제정된 이후 40년 역사[8]를 맞이하는 시점에서 우리나라 평생교육제도가 어떻게 구현되고 있는지 현황을 살펴보고, 앞으로 더 큰 변화가 예상되는 미래에 현재 시행되고 있는 평생교육제도가 실제로 어떻게 개선되어야 할지에 관하여 논의해 보는 것은 매우 시의적절하다고 할 수 있다.

6) 국가평생교육진흥원 홈페이지. https://www.nile.or.kr/contents/contents.jsp?bkind=html&bcode=EADACAA&bmode=view&idx=EADACAA (2022. 9. 5. 검색)
7) 국가평생교육진흥원 홈페이지. https://www.nile.or.kr/contents/contents.jsp?bkind=html&bcode=EADADAA&bmode=view&idx=EADADAA (2020. 1. 14. 검색)
8) 최초로 「사회교육법」이 제정되었던 1982년을 기준으로 삼았다.

이 장에서는 우리나라의 평생교육제도의 시행 현황을 국가평생교육원에서 추진하는 사업과 정책을 중심으로 몇 가지 주제 영역을 살펴보고, 우리나라 평생교육제도의 시행에서 논쟁거리가 되는 이슈를 짚어 본 후 앞으로 우리나라 평생교육제도가 어떻게 개선되는 것이 바람직한지 개략적인 대안 또는 방향을 제시하는 것으로 마무리하고자 한다.

2. 우리나라 평생교육제도 시행 현황

현재 우리나라에서 평생교육과 관련한 사업을 총괄하는 중앙정부 차원의 최고 기관은 국가평생교육진흥원이다. 물론 평생교육의 범위를 어떻게 설정하는가에 따라 정부의 각 부처에서 자체적으로 매우 다양한 평생교육 사업을 시행하는 경우도 많지만, 이 절에서는 국가평생교육진흥원의 사업에 초점을 맞춰 논의하되 많은 이해 당사자가 관여하고 있는 사업 위주로 몇 가지를 논의하고자 한다.

국가평생교육진흥원에서 수행하는 주요 사업[9]들은 지역평생교육 활성화, 매치업(Match業) 프로그램, 평생교육 바우처 지원, 대학 평생교육체제 지원, 평생교육사 자격제도 운영, 국가평생학습포털 '늘배움', 평생학습계좌제, 학점은행제, 독학학위제, 한국형 온라인 공개강좌(K-MOOC), 성인문해교육지원, 검정고시 프로그램 운영 지원, 학부모 자녀교육 역량 강화, 다문화교육 활성화 지원, 장애대학생 교육활동 지원, 학교협동조합 지원, 장애대학생 원격수업 지원, 대학 평생교육원 강좌 개설 지원 등으로 매우 다양함을 알 수 있다. 이 사업들을 추진하기 위한 조직으로 국가평생교육진흥원은 2020년도 1월 기준 별도의 정책연구센터[10] 외에 기획경

9) 국가평생교육진흥원 홈페이지. https://www.nile.or.kr/contents/contents.jsp?bkind=html&bcode=EABAAAA&bmode=view&idx=EABAAAA (2020. 1. 14. 검색)

10) 국가평생교육진흥원 홈페이지. https://www.nile.or.kr/contents/contents.jsp?bkind=html&bcode=BAFABAA&bmode=view&idx=BAFABAA (2020. 1. 14. 검색)

영본부, 평생교육정책본부, 학점 · 학력인증본부, 디지털평생교육본부, 대학 · 학교평생교육본부 등 5개 본부를 두고 있고, 기획경영본부에 5개 실, 평생교육정책본부에 4개 실 · 센터, 학점 · 학력인증본부에 5개 실, 디지털평생교육본부에 네 개 실, 대학 · 학교평생교육본부에 5개 실 · 센터 등 총 23개의 실, 센터를 설치하고 있다.[11] [그림 8-1]은 2022년 9월 기준 국가평생교육진흥원 조직도이다.

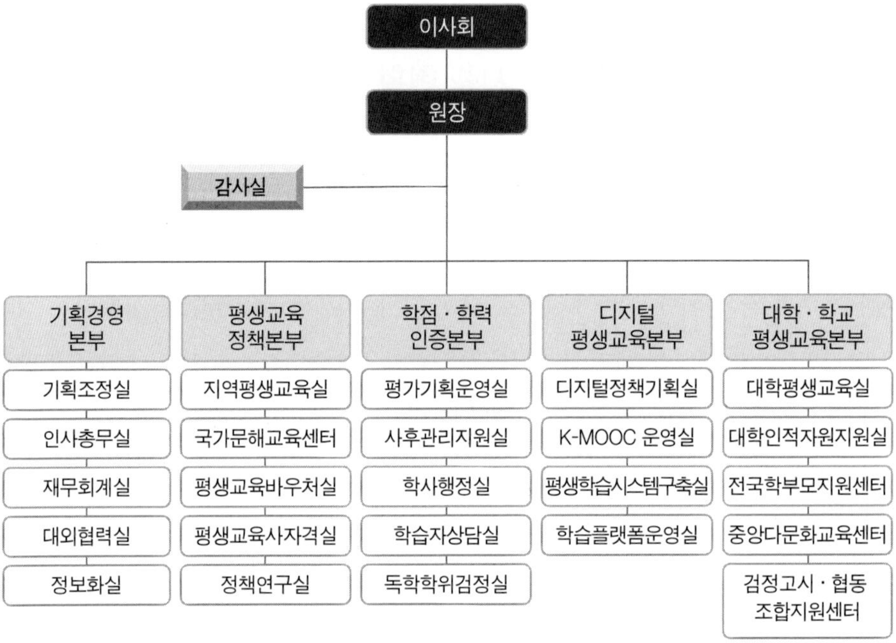

[그림 8-1] 국가평생교육진흥원 조직

출처: 국가평생교육진흥원 홈페이지. https://www.nile.or.kr/contents/contents.jsp?bkind=html&bcode=BAFABAA&bmode=list&idx=BAFABAA (2022. 9. 5. 검색)

이 장에서는 앞서 밝힌 바와 같이 국가평생교육진흥원에서 수행하는 모든 사업의 현황을 다루지 않고 몇 가지 선택하여 사업 추진 현황을 살펴보고자 한다.

11) 국가평생교육진흥원 홈페이지의 조직도에서는 정책연구센터가 별도의 부서로 나타나 있으나 부서 소개에서는 평생교육정책본부의 한 센터로 제시된다. 따라서 정책연구센터를 포함하면 24개의 실, 센터가 있는 셈이다.

1) 지역 평생교육 활성화

'지역 평생교육 활성화' 사업은 세부 사업으로 시 · 도 평생교육진흥원, 평생학습도시, 행복학습센터 관련 사업 등을 포함하고 있다. 현행 「평생교육법」 제3장은 국가평생교육진흥원, 시 · 도 평생교육진흥원, 시 · 군 · 구 평생학습관, 읍 · 면 · 동 평생학습센터 등에 관하여 제19조, 제20조, 제21조, 제21조의3에 규정하고 있는데, 시 · 도 평생교육진흥원[12]을 대상으로 한 사업은 "시 · 군 · 구 평생교육 컨설팅, 연수, 사업지원 및 공동사업 추진 등 시 · 도 평생교육 네트워크 구축사업 지원"으로 평생학습도시 컨설팅, 행복학습센터 운영 유관 사업, 학습동아리 활성화 등이 있고, "지역 수요에 기반한 시 · 도 평생교육 정책 및 사업 개발 · 운영"으로 시 · 도 평행교육시행계획 수립, 다모아 평생교육정보망 확대, 광역 규모 취 · 창업 등 학습형일자리 창출 등이 있다. 2021년 7월 기준 전국 17개 광역시 · 도가 시 · 도 평생교육진흥원을 설치[13] · 운영하고 있는데, 강원도와 충청북도의 경우 각각 강원발전연구원과 충북연구원을 지정 · 위탁하여 운영하고 있고, 나머지 15개 시 · 도의 경우 법인 형태로 운영하고 있다.

시 · 도 평생교육진흥원이 설립 현황을 보면 첫해인 2011년도와 2012년도에 각각 4개 시 · 도, 2013년도와 2014년도에 각각 3개 시 · 도, 2015년도에 1개 도, 2016년도에 2개 시 · 도가 설치됨으로써 6년에 걸쳐 17개 시 · 도에 모두 설치가 완료되었다. 초기 단계에서 시 · 도 차원의 평생교육진흥원의 필요성 내지 역할과 기능에 관한 충분한 이해가 미흡했기 때문이라고 할 수 있다. 〈표 8-1〉은 시 · 도 평생교육진흥원의 설립 현황이다.

---

12) 국가평생교육진흥원 홈페이지. https://www.nile.or.kr/contents/contents.jsp?bkind=html&bcode=EADABAA&bmode=view&idx=EADABAA (2022. 1. 21. 검색)

13) 시 · 도 평생교육진흥원의 명칭은 대개 '시 · 도명＋평생교육진흥원'의 형태이나 그렇지 않은 곳이 과반이다. 예컨대, 부산인재평생교육진흥원, 대구평생학습진흥원, 인천인재평생교육진흥원, 울산인재평생교육진흥원, 세종특별자치시인재육성평생교육진흥원, 전라북도인재평생교육진흥원, 전남인재평생교육진흥원, 경상북도인재평생교육진흥원, 제주평생교육장학진흥원 등이 그러하다.

〈표 8-1〉 시 · 도 평생교육진흥원 설립 현황(2021년 7월 기준)

시 · 도	설립/지정시기	설립형태	지정(위탁)기관
서울평생교육진흥원	'14. 04. 03.	지정	서울연구원
	'15. 03. 12.	법인	–
부산인재평생교육진흥원	'11. 03. 01.	지정	부산인적자원개발원
	'16. 12. 27.	법인	–
대구평생학습진흥원	'12. 05. 10.	지정	대구경북연구원
	'20. 12. 29.	법인	–
인천인재평생교육진흥원	'13. 05. 09.	지정	인천인재육성재단
	'20. 12. 31.	법인	–
광주평생교육진흥원	'13. 02. 08.	지정	광주발전연구원
	'15. 02. 27.	법인	–
대전평생교육진흥원	'11. 07. 28.	법인	–
울산인재평생교육진흥원	'12. 07. 01.	지정	울산발전연구원
	'18. 01. 01	지정	울산인재육성재단
	'20. 01. 01.	법인	–
세종특별자치시 인재육성평생교육진흥원	'16. 02. 05.	지정	세종인재육성재단
	'18. 04. 16.	법인	–
경기도평생교육진흥원	'11. 12. 28.	법인	–
강원도평생교육진흥원	'14. 03. 25.	지정	강원발전연구원
	'17. 01. 01.	지정	강원연구원
충청북도평생교육진흥원	'11. 04. 20.	지정	충북연구원
충청남도평생교육진흥원	'12. 01. 01.	지정	충남인재육성재단
	'16. 05. 27.	법인	–
전라북도인재평생교육진흥원	'16. 08. 01.	지정	전북연구원
	'19. 01. 01.	지정	전북인재육성재단
	'20. 06. 01.	법인	–
전남인재평생교육진흥원	'14. 03. 19.	지정	전남발전연구원
	'17. 01. 22.	지정	전남인재육성재단
	'20. 07. 01.	법인	–

경상북도인재평생교육진흥원	'13. 06. 27.	지정	대구대학교
	'18. 01. 01.	지정	경북도립대학
	'20. 06. 01.	법인	–
경상남도평생교육진흥원	'15. 01. 01.	지정	경남발전연구원
	'21. 04. 21.	법인	–
제주평생교육장학진흥원	'12. 07. 19.	지정	제주발전연구원
	'17. 03. 27.	법인	–

※ 법인등기일, 개원식 일자 등 기준에 따라 설립/지정일이 상이할 수 있다.

출처: 국가평생교육진흥원 홈페이지. https://www.nile.or.kr/contents/contents.jsp?bkind=html&bcode=EADABAA&bmode=view&idx=EADABAA (2022. 1. 21. 검색)

평생학습도시는 기초지방자치단체인 시 · 군 · 구가 평생교육을 체계적으로 추진할 수 있도록 일정 요건을 갖춘 경우 지정해 주는 사업으로 2001년도에 전국 최초로 대전광역시 유성구, 경기도 광명시, 전라북도 진안군이 평생학습도시로 지정되었다. 이후 2007년도까지 매년 적게는 3개 시 · 군 · 구에서 24개 시 · 군 · 구까지 합계 76개 평생학습도시가 지정되었고, 2008년도부터 2010년도까지 신규 평생학습도시 지정이 중단되었다가 다시 2011년도부터 2021년도까지 적게는 한 해 6개 시 · 군 · 구부터 많게는 한 해 28개 시 · 군 · 구까지 지정되어 2021년 7월 기준 전국 226개 지자체 중 180개의 시 · 군 · 구가 평생학습도시로 지정되었다. 「사회교육법」에서 「평생교육법」으로 전부개정이 이루어지던 시기에는 평생학습도시에 관한 규정이 법에 담겨 있지 않았으나, 2007년도 전부개정으로 2008년 시행되었던 「평생교육법」에서부터 비로소 평생학습도시를 명문화하였다.[14] 법이 개정되면서 잠시 중단되었다가, 다시 2010년도부터 평생학습도시 지정이 재개되었는데, 당초 계획은 전국의 기초지방자치단체 중에서 100개 정도를 평생학습도시로 지정한 후,

14) 「평생교육법」 제15조 제1항에 다음과 같이 규정되어 있다. 국가는 지역사회의 평생교육 활성화를 위하여 시 · 군 및 자치구를 대상으로 평생학습도시를 지정 및 지원할 수 있다([시행 2008. 2. 15.] [법률 제8676호, 2007. 12. 14. 전부개정]).

재심사를 통하여 기존 평생학습도시의 퇴출과 신규 평생학습도시 진입을 통제함으로써 질 관리를 하는 것이었다.[15] 그 후 평생학습도시에 관한 이 조항은 2021년 6월 8일 일부개정을 통하여 현행 법 조항의 모습을 갖추게 되었다.[16]

평생학습도시와 더불어 「평생교육법」 제15조의2에 규정된 장애인 평생학습도시 지정 및 지원[17]에 관한 현행법을 다시 들여다볼 필요가 있다. 장애인 평생학습도시는 전국 최초 평생학습도시 중의 하나인 광명시가 2020년 4월 20일 장애인의 날을 맞이하여 역시 전국 최초로 '장애인 평생학습도시'를 선언함으로써 시작되었다고 할 수 있는데, 이러한 현실이 반영되어 법조항이 보완된 사례[18]이다. 2021년 7월 기준 의정부시, 대구 수성구 · 달서구, 충주시, 순천시, 김포시, 부산광역시 6개 구 등이 장애인 평생학습도시로 지정되어 있다.

2) 매치업 프로그램[19]

매치업(Match業: 산업맞춤 단기직무인증과정) 프로그램은 2018년 대학생, 구직자, 재직자 등을 대상으로 하여 해당 분야 대표 기업이 직무능력을 인증하는 프로그램으로 시범 운영(교육부, 2018)된 이래 서서히 확대되어 가고 있는 사업이다. 이 사

15) 일시 미상의 국가평생교육진흥원 고위 관계자와의 비공식 대화에서 인용하였다.
16) 일부개정된 「평생교육법」 제15조 제1항은 "국가는 지역사회의 평생교육 활성화를 위하여 특별자치시, 시(「제주특별자치도 설치 및 국제자유도시 조성을 위한 특별법」 제10조 제2항에 따른 행정시를 포함한다. 이하 이 조 및 제15조의2에서 같다) · 군 및 자치구를 대상으로 평생학습도시를 지정 및 지원할 수 있다."고 규정하고 있고, 「제주특별자치도 설치 및 국제자유도시 조성을 위한 특별법」 제10조 제2항은 "제주자치도의 관할구역에 지방자치단체가 아닌 시(이하 '행정시'라 한다)를 둔다."고 되어 있다.
17) 현재 시행 중인 「평생교육법」에서 법 제15조의2 제1항은 "국가는 장애인의 평생교육 활성화를 위하여 특별자치시, 시 · 군 및 자치구를 대상으로 장애인 평생학습도시를 지정 및 지원할 수 있다."고 규정하고 있다.
18) 광명시는 1999년 3월 9일 전국 최초로 진행된 광명시 '평생학습도시' 선언과 함께 광명시 평생학습센터로 개관한 역사를 갖고 있다. 따라서 국가평생교육진흥원이 정식으로 평생학습도시 지정 사업을 시작한 2001년도 이전에 자치적인 평생학습도시가 출범한 것으로, 시민 주도의 평생학습을 정부의 관계부처에서 제도화한 사례의 하나로 볼 수 있다.
19) 국가평생교육진흥원 홈페이지. https://www.nile.or.kr/contents/contents.jsp?bkind=html&bcode=EADAEAA&bmode=list&idx=EADAEAA (2022. 1. 21, 검색)

업은 신산업 분야의 직무능력을 향상시키고 싶어 하는 대학생, 구직자, 재직자 등을 위한 산업맞춤형 단기직무능력인증과정으로 해당 산업분야의 대표기업이 과정 이수자를 대상으로 직무능력을 인증하는 프로그램이다. 최초 운영 당시 목표는 2018년도 시범 운영 첫해 10개 프로그램을 시작으로 2019년도 20개, 2022년도 50개로 확대하는 것[20]이었다.

주요 추진 내용은, 첫째, 핵심직무 발굴 · 제시 및 인증평가 개발, 둘째, 교육 프로그램 개발 · 운영, 셋째, 직무능력 인증평가 실시 및 인증 결과 활용 등이다. 먼저, 핵심직무 발굴 · 제시 및 인증평가 개발은 미래 유망 산업분야의 대표기업으로 선정된 기업이 해당 분야의 핵심직무를 발굴하여 제시하고, 제시한 직무능력을 어떻게 평가할 것인지 인증평가 방법과 내용을 개발하는 것이다. 사업 구상 당시 미래 유망 산업분야로 인공지능(AI), 빅데이터, 스마트물류, IoT 등을 제시하였으나, 현재 운영되고 있는 산업분야는 드론, 가상 · 증강현실, 빅데이터, 대체에너지, 스마트시티, 지능형자동차, 스마트팜, 신에너지자동차, 블록체인의 9개 분야이다.[21] 운영분야별 대표기업 및 교육기관 현황은 〈표 8-2〉와 같다. 다음으로 교육프로그램 개발 · 운영은 운영분야의 대표기업이 제시한 핵심직무 및 세부직무능력, 직무능력 평가방식 등을 고려하여 특성화된 교육프로그램을 개발하는 것이다. 끝으로 직무능력 인증평가 실시 및 인증결과 활용은 대표기업이 매치업 교육강좌 이수자를 대상으로 온 · 오프라인 시험, 발표회, 시연 등의 다양한 방법으로 직무능력 인증평가를 실시하고, 이 평가를 통과한 합격자를 대상으로 직무능력 인증서를 발급하게 되며, 이를 고육훈련 이력관리나 사내 인사제도와 연계하여 인증서를 활용하는 것이다.

---

20) 누적 목표이다.

21) 매치업사업 홈페이지. https://www.matchup.kr/Contents.do (2020. 1. 26. 검색). 사업 첫해 분야였던 인공지능, 빅데이터, 스마트물류는 협약이 종료되어 3개 분야가 축소되었으나, 2021년도 빅데이터 분야가 다시 추가되어 여전히 9개 분야가 운영되고 있다.

〈표 8-2〉 매치업 프로그램 운영분야별 대표기업 및 교육기관 현황

연도	분야	대표기업	교육기관
2018년 (3개 분야) * 협약종료	인공지능	KT	전남대 등(3개)
	빅데이터	exem	코리아헤럴드 등(5개)
	스마트물류	하림	멀티캠퍼스 등(4개)
2019년 (3개 분야)	스마트팜	(주)팜한농, (주)LGCNS	연암대학교
	신에너지자동차	현대자동차(주) 현대지엔비(주)	현대엔지비(주)
	블록체인	SK네트웍스(주)	한양대학교
2020년 (2개 분야)	스마트시티	한국마이크로소프트(유) 네이버(주)	단국대학교
	지능형자동차	현대자동차(주)	현대엔지비(주)
2021년 (4개 분야)	드론	LIG넥스원	동서울대학교
	가상 · 증강현실	유니티테크놀로지스코리아	남서울대학교
	빅데이터	(주)데이터스트림즈	고려사이버대학교
	대체에너지	한국가스공사	순천향대학교

출처: 교육부(2022), p. 2.

시행 4년차에 접어든 2022년 1월 기준 매치업 교육과정 이수 결과 및 직무능력 인증평가 결과를 자체 기업의 인사 및 채용 등에 활용하는 기업[22]은 88개에 달한다. 활용하는 방법은 구직자 대상으로는 '채용 시 가점부여' '인턴 채용' '채용시험의 일부 단계 면제' 등이, 재직자 대상으로는 '교육시간 인정' '교육비 지원' '승진 가점 부여' 등이 활용되고 있는 것으로 조사되었다.[23] 이 사업에 참여하고 있는 분야별 대표기업은 현대자동차(주)를 비롯한 11개 기업이고, 이 프로그램을 시행하는 교육기관은 한양대학교를 비롯하여 8개 기관이며, 이들 교육기관에서 교육과정 38개,

22) 이러한 기업을 '활용기업'이라고 한다.

23) 매치업사업 홈페이지. https://www.matchup.kr/intro/cooperationEnterprise.do (2020. 1. 26. 검색)

강좌 80개를 운영하고 있다.[24)]

이 사업의 장점으로는 앞서 언급한 현대자동차(주)를 비롯하여 SK네트웍스(주), LIG넥스원, 한국가스공사, (주)LGCNS 등 대기업이 참여하고 있다는 점과, 한양대학교를 위시하여 단국대학교, 순천향대학교 등 유수한 고등교육기관과 현대엔지비(주) 등 해당 분야 전문 교육기관이 참여하고 있다는 점이다. 또한 매치업 활용기업도 SK네트웍스(주), 기아자동차(주), 현대자동차(주), 현대오트론(주), 한국가스공사, 하림 등 88개에 이르고 있다. 매년 새로운 분야를 추가함으로써 산업의 변화에 발 빠르게 대처할 수 있고, 교육기간이 비교적 짧아 단기간에 기술 습득을 요하는 기업과 수요자에게 유리한 과정이다.

3) 평생교육사 자격제도 운영

평생교육사는 「평생교육법」 제24조를 근거로 국가(교육부장관)가 부여하는 국가자격으로, 정상적인 절차를 밟아 자격을 취득하기 위한 과정을 이수한 경우 발급된다. 현행 「평생교육법」에 의하면 평생교육사 자격을 취득하는 방법은 여러 가지가 있다. 법 제24조 제1호는 "「고등교육법」 제2조에 따른 학교(이하 '대학'이라 한다) 또는 이와 같은 수준 이상의 학력이 있다고 인정되는 기관에서 교육부령으로 정하는 평생교육 관련 교과목을 일정 학점 이상 이수하고 학위를 취득한 사람", 같은 조 제2호는 "「학점인정 등에 관한 법률」 제3조 제1항에 따라 평가인정을 받은 학습과정을 운영하는 교육훈련기관(이하 '학점은행기관'이라 한다)에서 교육부령으로 정하는 평생교육 관련 교과목을 일정 학점 이상 이수하고 학위를 취득한 사람", 같은 조 제3호와 제4호는 각각 "대학을 졸업한 사람 또는 이와 같은 수준 이상의 학력이 있다고 인정되는 사람으로서 대학 또는 이와 같은 수준 이상의 학력이 있다고 인정되는

24) [매치업] 2022년 팜플릿 최종본 참조

기관, 제25조에 따른 평생교육사 양성기관, 학점은행기관에서 교육부령으로 정하는 평생교육 관련 교과목을 일정 학점 이상 이수한 사람" "그 밖에 대통령령으로 정하는 자격요건을 갖춘 사람"으로 규정하고 있다. 여기서 대통령령인 「평생교육법 시행령」 제15조 및 제16조 제2항과 관련된 내용을 요약하면 대학 또는 이와 같은 수준 이상의 학력을 인정할 수 있는 기관, 지정양성기관, 학점은행기관 등으로 나눌 수 있는데, 평생교육사 양성기관을 「평생교육법 시행령」 제21조 제1항에 따르면 '대학 부설 평생교육원', 「공무원 인재개발법」에 따른 공무원교육훈련기관, 「교육공무원법」에 따른 연수기관, 특별법 또는 정부가 출연하여 설립한 연수기관 및 교육훈련기관 등을 지정할 수 있다. 한 가지 주의할 것은 대학이나 동등한 수준의 학력을 인정할 수 있는 기관, 지정양성기관은 그나마 교육 및 양성의 전문기관이라 할 수 있겠으나, 학점은행제는 앞의 두 가지 양성 경로와 약간 결이 다르다는 점이다.

다음으로 양성 이후 이들의 활용과 관련된 사항을 몇 가지 살펴보고자 한다. 먼저, 최초 「사회교육법」 시행 당시부터 양성된 평생교육사[25] 현황은 〈표 8-3〉과 같

〈표 8-3〉 평생교육사 자격취득 현황(2020년 12월 기준)

구분	취득자 수(명)
1급 자격증 소지자	894
2급 자격증 소지자	135,270
3급 자격증 소지자	7,644
계	143,808

출처: 국가평생교육진흥원 홈페이지. https://www.nile.or.kr/contents/contents.jsp?bkind=html&bcode=EADAHAA&bmode=list&idx=EADAHAA (2022. 2. 24. 검색)

25) 「사회교육법」 시행 당시 취득하게 되는 국가자격증은 '사회교육전문요원 1급 및 2급'이었으나, 1998년 전면개정으로 시행된 「평생교육법」에서는 부칙 제5조에 "이 법 시행 당시 종전의 규정에 의하여 사회교육전문요원의 자격을 취득한 자는 이 법에 의한 평생교육사의 자격을 취득한 것으로 본다."는 경과규정에 따라 사회교육전문요원 1급은 평생교육사 2급으로, 사회교육전문요원 2급은 평생교육사 3급으로 각각 조정하여 자격증을 대체하여 발급받을 수 있도록 조치를 취하였다.

다. 이 표를 보면 급수별 자격증 소지자 간의 심한 편중이 양성과정에서 나타나고 있음을 알 수 있는데, 2급 자격증 소지자가 약 94.1%로 대부분을 차지하고 있고, 1급 자격증 소지자는 0.6%, 3급 자격증 소지자는 5.3%를 차지하고 있다.

앞의 〈표 8-3〉과 같이 2급 자격증 소지자에 편중되는 현상은 변화 또는 개선될 가능성이 아직은 없어 보이는데, 이는 박사, 석사, 4년제 학부 과정에서 모두 2급 자격증을 취득하도록 제도가 바뀌었기 때문이다. 이러한 추세는 다른 통계자료를 통해 확인할 수 있다. 2007년도까지 평생교육 전공 박사 학위 과정에 입학하여 박사 학위를 취득한 사람들은 자동적으로 평생교육사 1급 자격증을 받을 수 있었으나, 법이 개정되면서 1급 자격증은 더 이상 자동적으로 발급되지 않고 대신 국가평생교육진흥원 내지 위임을 받은 시 · 도 평생교육진흥원에서 1급 승급과정을 독점적으로 운영하고, 이 과정을 이수한 후 소정의 평가과정을 통과한 사람만 1급 자격증을 취득하도록 하였다. 따라서 평생교육사 자격증 발급 건수에서 2급 자격증 편중현상이 심화되고 있고, 전체적으로 자격증 소지자의 공급이 수요를 과도하게 초과함으로써 이제는 취업 시 자격증이 갖는 장점이 점점 축소되고 있다. 2007년 이후 평생교육사 자격증 발급 현황은 〈표 8-4〉와 같다.

〈표 8-4〉 연도별 평생교육사 자격증 발급 현황

(단위: 명)

구분	평생교육사				사회교육전문요원		
	1급	2급	3급	전체	2급	3급	전체
2007	16	4,566	316	4,898	141	5	146
2008	33	5,448	273	5,754	194	5	199
2009	57	5,447	260	5,764	236	12	248
2010	55	6,697	383	7,135	261	15	276
2011	30	6,808	221	7,059	155	7	162
2012	70	7,900	183	8,153	232	4	236
2013	58	7,633	156	7,847	202	15	217

2014	42	7,791	113	7,946	249	16	265
2015	44	8,278	82	8,404	219	17	236
2016	38	6,923	81	7,042	240	20	260
2017	43	6,386	67	6,496	221	20	241
2018	87	6,618	83	6,788	173	24	197
2019	76	6,532	63	6,671	219	28	247
2020	38	6,626	77	6,741	196	29	225

출처: KESS 교육통계서비스 포털.

많은 국가자격증 또는 민간자격증과 마찬가지로 평생교육사 자격증도 국가자격증이라는 지위에 걸맞지 않게 양성되는 숫자에 비해 이들이 취업하고자 하는 일자리는 공급이 매우 제한적이다. 또한 평생교육사의 취업 현황도 체계적으로 관리되지 않고 있는 실정이다.

한편, 이들의 기관 유형별 배치기관 현황은 〈표 8-5〉와 같다. 표에서 알 수 있듯이 평생교육사를 의무적으로 채용해야 하는 배치기준을 100% 준수한 시 · 도 평생교육진흥원을 제외한 여타 평생교육기관 및 시설에서는 평생교육사를 채용하여 해당 업무를 맡기는 일에 적극적이지 않은 편이다. 2016년 말 기준 11만 8천여 평생교육사 중 5,000여 명이 현직에서 일하고 있는 것으로 추정된다. 기관 유형별 평생교육사 배치기관 현황으로부터 유추할 때, 전체 평생교육사 자격증 소지자의 10% 미만이 평생교육사 배치기관에 취업하고 있을 것으로 예측된다. 기타 민간 기업이나 자격증 소지자를 선호하는 공공, 사설 직업훈련기관을 통틀어 보더라도 여전히 대다수 평생교육사 자격증 소지자가 자격을 인정받아 취업한 사례는 매우 제한적일 것으로 예상된다.

〈표 8-5〉 기관 유형별 평생교육사 배치기관 현황(2020년 5월 기준)

(단위: 개, %)

기관 유형	총 기관 수	평생교육사 배치기관 수	배치 비율
학교부설	422	339	80.3
사업장부설	413	401	97.1
언론기관부설	1,098	816	74.3
지식 · 인력개발형태	594	456	76.8
시민사회단체부설	474	351	74.1
원격형태	1,048	805	76.8
평생학습관	475	397	83.6
시 · 도 평생교육진흥원	17	17	100.0
총계	4,541	3,582	78.9

출처: 국가평생교육진흥원 홈페이지. https://www.nile.or.kr/contents/contents.jsp?bkind=html&bcode=EADAHAA&bmode=list&idx=EADAHAA(2022. 2. 24. 검색)

「평생교육법 시행령」 제22조의 평생교육사 배치대상기관 및 배치기준을 보면 시 · 도 평생교육진흥원은 1급 평생교육사 1명 이상을 포함한 5명 이상을, 시 · 군 · 구 평생학습관은 정규직원 20명 이상일 때 1급 또는 2급 평생교육사 1명을 포함한 2명 이상을, 정규직원 20명 미만일 때는 1급 또는 2급 평생교육사 1명 이상을, 장애인 평생교육시설은 급수 상관없이 평생교육사 1명을, 「평생교육법」 제30조에서 제38조까지의 규정에 따른 평생교육시설, 「학점인정 등에 관한 법률」 제3조제1항에 따라 평가인정을 받은 학습과정을 운영하는 교육훈련기관 및 법 제2조 제2호 다목의 시설 · 법인 또는 단체의 경우 급수 상관없이 평생교육사 1명 이상을 채용하면 의무를 이행한 것이 된다.

4) 학점은행제

학점은행제는 일정한 기준에 따라 인정된 학습기관에서 일정 시간 교육을 받은 후 학점을 인정받아 학위를 취득할 수 있는 제도를 말한다. 학점은행제의 법적 근거는「학점인정 등에 관한 법률」제1조에 두고 있는데, 이 법에 따르면 "평가인정을 받은 학습과정을 마친 사람에게 학점인정을 통하여 학력인정과 학위취득의 기회를 줌으로써 평생교육의 이념을 구현하고 개인의 자아실현과 국가사회의 발전에 이바지하는 것"을 목적으로 하고 있다. 같은 법 제8조 제1항은 "일정한 학점을 인정받은 사람은「고등교육법」제2조 제1호에 따른 대학이나 같은 법 제2조 제4호에 따른 전문대학을 졸업한 사람과 같은 수준 이상의 학력이 있는 것으로 인정한다." 고 되어 있다. 이 제도는 이러한 법 조항에 근거하여 학교뿐만 아니라 학교 밖에서 이루어지는 다양한 형태의 학습 및 자격을 학점으로 인정받을 수 있도록 함은 물론 누적된 학점이 일정 기준을 충족하면 학위를 취득할 수 있도록 함으로써 궁극적으로 열린 학습사회와 평생학습사회를 실현하기 위하여 운영되는 제도이다.[26)]

이 제도가 도입된 배경은 1995년 대통령직속 교육개혁위원회가 열린 평생학습사회의 발전을 조성하는 새로운 교육체제에 관한 비전을 제시할 때 제기된 것으로「학점인정 등에 관한 법률」등 관련법이 제정된 후 1998년 3월부터 시행되기 시작하여 오늘에 이르고 있다. 즉, 교육개혁위원회는 평생학습사회를 이룩하기 위해서, 첫째, 국민의 평생학습권 보장 및 학습경험의 다양화가 필요하고, 둘째, 대학교육의 수혜를 받지 않은 집단을 위한 대안적 방식의 대학 학력 취득 기회가 제공되어야 하며, 셋째, 교육부문 간 균형 발전을 위하여 평생교육 이수결과를 제도적으로 인정해 주어야 하고, 넷째, 교육력을 극대화하기 위해 평생교육과 학교교육 간의 연계를 강화해야 한다는 점을 제시하였다. 이 제도는 고등학교 졸업 또는 동등 이상의 학력을 가진 사람은 누구나 이용할 수 있다.[27)] 학점은행제와 대학교는 고등교육 수준의 이수자를 배출하는 시스템으로 같은 점도 일부 있으나, 여러 가지 면에서 다른 점이 공존하는 것도 사실이다. 학점은행제와 대학교의 공통점과 차이점을

26) 학점은행제 홈페이지. https://www.cb.or.kr/creditbank/eduIntro/nEduIntro1_1_1.do (2022. 3. 11. 검색)
27) 학점은행제 홈페이지. https://www.cb.or.kr/creditbank/eduIntro/nEduIntro1_1_1.do (2022. 3. 11. 검색)

비교해 보면 〈표 8-6〉과 같다.

〈표 8-6〉 학점은행제와 대학교의 차이

구분		내용
같은 점	학점은행제/대학교	• 학위 취득 시 법적으로 동일한 학력을 인정받음 • 각종 자격 취득, 취업, 진학 가능함 • 전공을 선택해야 함 • 2월, 8월 학위를 수여함
다른 점	학점은행제	•「학점인정 등에 관한 법률」에 의거 운영 · 진입 장벽이 낮음 • 스스로 표준교육과정을 기준으로 필요한 학점 이수 • 다양한 학점 취득방법이 있음 • 전문학사, 학사, 전문학사 타전공, 학사 타전공 과정이 있음 • 필요한 등록(신청)절차를 이행해야 함 – 학습자 등록, 학점인정 신청, 학위 신청 • 등록에 따른 수수료 발생 – 학습자 등록(4,000원) – 학점인정 신청 (1학점당 1,000원)
	대학교	• 대학교 학칙에 따라 운영 • 수능 등 입학전형을 통해 입학 • 입학정원 등 정해져 있음 • 학교에서 제공하는 교육과정에 따라 수업 이수 • 학칙에 따라 학점 교류 가능 • 부(복수)전공 과정이 있음 • 입학금, 등록금 납부 • 캠퍼스가 있음 • 입학, 졸업 개념이 있으며, 졸업연한이 정해져 있음

출처: 학점은행제 홈페이지.

실제로 학점은행제를 활용하기 위하여 등록한 학습자 현황을 살펴보면 다음 〈표 8-7〉과 같다. 1998년도부터 2001년도까지 등록한 학습자의 누적 숫자를 보면 전문대학 수준의 과정에서 818,863명을, 대학 수준의 과정에서 1,195,270명을 각각 기록하고 있다.

〈표 8-7〉 학점은행제 학습자 등록 현황

(단위: 명)

연도	전문학사	학사	계
2021	55,275	108,310	163,585
2020	56,227	109,101	165,328
2019	50,407	99,957	150,364
2018	40,426	77,892	118,318
2017	43,026	72,416	115,442
2016	46,723	69,937	116,660
2015	47,252	66,484	113,736
2014	53,721	61,740	115,461
2013	83,991	60,563	144,554
2012	73,351	60,420	133,771
2011	62,087	59,338	121,425
2010	39,802	56,772	96,574
2009	34,237	61,283	95,520
2008	25,073	58,096	83,169
1998~2007	107,265	172,961	280,226
계	818,863	1,195,270	2,014,133

출처: 학점은행제 홈페이지.

다음으로 학점은행제를 활용하여 학위를 취득한 사람의 현황을 살펴보면 다음 〈표 8-8〉과 같다. 학위 취득 경로는 대학(교)부설평생교육원에서 학점을 이수하는 경우와 기타 학원, 직업훈련기관 등에서 학점을 이수하는 경우로 나누어 볼 수 있는데, 대학(교)부설평생교육원은 전체 학점은행제를 시행하는 교육훈련기관 449개 중 201개로 약 45%[28]를 차지하고 있다. 그럼에도 불구하고 전체 학위취득자를

28) 2021년 말 기준 대학(교)부설평생교육원은 201개(대학부설 128개, 전문대학부설 73개), 학원 13개(기술계 5개, 사회계 7개, 예능계 1개), 직업훈련기관 69개(공공 1개, 인정 68개), 기타 정부관련기관 34개, 고등기술학교 1개, 특수학교 6개, 전공심화 및 특별과정 4개, 평생교육시설 18개, 평생교육시설(원격) 92개, K-MOOC 11개 등 449개이다.

놓고 보면 1998년도부터 2021년도까지 누적 학위취득자 908,697명(838,667명 +70,030명) 중에서 7.7%의 학위취득자를 배출하고 있다. 2008년 이래 증가 추세를 보이던 대학의 장에 의한 학위취득자 수는 2017년에 최고를 기록한 이후 매년 감소 추세를 보이고 있다. 한편, 교육부 장관에 의한 학위취득자 수는 2018년도에 전년 대비 급감했다가 다시 가파르게 증가하고 있다. 이는 전체 학위취득자의 7.24~10.80%를 차지하는 것(〈표 8-9〉 참조)으로, 고등교육을 받을 기회를 넓게 열어 놓아 학점은행제를 이용하여 학습할 수 있는 기회를 부여한다는 측면에서 긍정적으로 볼 수 있는 점이다.

〈표 8-8〉 학위취득자 현황

(단위: 명)

연도	교육부 장관에 의한 학위취득자			대학의 장에 의한 학위취득자		
	전문학사	학사	계	전문학사	학사	계
2021	28,797	34,206	63,003	450	4,607	5,057
2020	23,902	30,074	53,976	351	4,738	5,089
2019	22,114	27,537	49,651	259	5,177	5,436
2018	21,295	24,681	45,976	309	5,320	5,629
2017	34,487	32,275	66,762	390	5,614	6,004
2016	26,190	26,412	52,602	335	5,126	5,461
2015	27,609	25,267	52,876	304	4,803	5,107
2014	53,953	21,917	75,870	289	4,608	4,897
2013	44,751	20,589	65,340	273	4,160	4,433
2012	37,571	19,690	57,261	367	3,978	4,345
2011	29,126	19,478	48,604	459	3,291	3,750
2010	21,912	26,051	47,963	496	2,902	3,398
2009	13,633	31,442	45,075	425	2,616	3,041
2008	7,957	24,748	32,705	365	2,086	2,451
1998 ~ 2007	29,304	51,699	81,003	1,473	4,459	5,932
계	422,601	416,066	838,667	6,545	63,485	70,030

출처: 학점은행제 홈페이지.

〈표 8-9〉 최근 10년간 정규 고등교육기관 학위취득자와 학점인정 학위취득자 비교

(단위: 명, %)

연도	2012	2013	2014	2015	2016	2017	2018	2019	2020	2021
정규(A)	665,057	657,013	667,056	680,698	685,089	678,845	660,772	653,388	666,083	656,237
학점(B)	61,606	69,773	80,767	57,983	58,063	72,766	51,605	55,087	59,065	68,060
계(A+B)	726,663	726,786	747,823	738,681	743,152	751,611	712,377	708,475	725,148	724,297
비율 (B/A+B)	8.48	9.60	10.80	7.85	7.81	9.68	7.24	7.78	8.15	9.40

주: 정규 고등교육기관 학위취득자는 KESS 교육통계서비스 포털에서 검색하였고, 학점인정 학위취득자는 앞의 〈표 8-8〉를 합산하였음.

출처: KESS 교육통계서비스 포털.

3. 우리나라 평생교육제도 시행상의 주요 이슈

1) 지역 평생교육 활성화 사업의 일환으로서의 평생학습도시

앞서 현황에서 살펴보았듯이 현재 우리나라 평생학습도시는 「평생교육법」 제15조 제1항 “국가는 지역사회의 평생교육 활성화를 위하여 특별자치시, 시(「제주특별자치도 설치 및 국제자유도시 조성을 위한 특별법」 제10조 제2항에 따른 행정시를 포함한다. 이하 이 조 및 제15조의2에서 같다) · 군 및 자치구를 대상으로 평생학습도시를 지정 및 지원할 수 있다.”는 규정을 근거로 2001년도부터 평생학습도시가 지정되기 시작하여 2021년까지 전국 226개 기초지자체 중 180개가 지정되기에 이르렀다. 당초 100개 정도로 총량을 유지하며 3년 후 재심사를 통해 탈락과 진입을 엄격하게 관리하겠다는 계획보다 ‘전국 기초지자체의 평생학습도시화’ 의견이 힘을 얻게 되었다. 결국 평생학습도시로 지정되지 않은 46개 기초지자체는 흡사 평생교육에 관심 없는 곳처럼 인식될 위험에 처해 있다. 전국의 기초지자체가 평생학습도시로 지정이 된다면 우리나라는 가히 ‘평생교육국가’가 될 것이다. 평생학습도시는 각 지역의 특색을 살려 다양한 사업을 창의적으로 개발하여 추진할 것을 요구받고 있

으나, 평생학습도시에서 기획하여 운영하는 사업들은 상당 부분 다른 평생학습도시에서 하는 사업을 거의 유사하게 모방하여 반복하는 일이 잦다. 또 그러한 일에 예산이 지원됨으로써 평생학습도시의 행사가 매년 유사한 패턴으로 반복되는 일이 비일비재하다.

가장 중요하게 다루어야 할 사안은 평생학습도시의 질 확보 또는 유지 문제일 것이다. 초기에는 기초지자체장이 평생교육에 별 관심이 없었으나 도시의 브랜드로 표방하기에 평생학습도시가 효과를 보이면서, 이제는 '○○지자체는 평생학습도시'라는 구호를 표방하는 지자체가 증가하고 있다. 그런데, 여기서 평생학습도시의 재평가 시 큰 하자가 없으면 탈락되지 않고 자동 연장되는 평생학습도시 관리 정책은 전체적인 질 하락을 초래할 우려가 있다. 특색 있는 사업들이 해당 기초지자체의 주민에게 지속적으로 공급되고, 그 사업의 결과 주민들이 자발적으로 평생학습도시를 가꿔 나갈 수 있는 역량을 키우게 하는 선순환 체계를 조성함으로써 앞으로 100년 또는 그 이상의 역사를 지닌 평생학습도시가 가능하도록 해야 할 것이다. 다른 한편으로는 평생학습도시로 지정받는 일이 결코 쉬운 일이 아니라는 인식이 확산되도록 엄격한 관리를 해야 할 것이다.

2) 매치업 프로그램

국가평생교육진흥원에서 운영하는 매치업 사업은 고용노동부에서 시행하는 K-Digital Training 사업에서 선정한 디지털 신기술 10개 분야, 그리고 디지털 신기술 분야와 관련된 국가기간 · 전략산업 22개 직종과 중복 현상이 발견된다. 매치업 프로그램에서는 2018년 '인공지능' '빅데이터' '스마트물류'의 3개 분야를 필두로 2019년 '스마트팜' '신에너지자동차' '블록체인'을, 2020년 '스마트시티' '지능형자동차'를, 2021년 '드론' '가상 · 증강현실' '빅데이터'[29] '대체에너지' 등을 교육과정 개

29) 2018년 첫해에 개설되었던 인공지능, 빅데이터, 스마트물류 등 세 분야는 협약이 종료된 상태이고, 2년 경과 후 재진입이 가능하기 때문에 2021년에 다시 운영분야로 선정되었다.

발 · 운영 분야로 선정하였고, 고용노동부는 K-Digital Training의 디지털 신기술 분야로 빅데이터, 사물인터넷, 스마트제조, 인공지능, 클라우드컴퓨팅, 정보보안, 실감형콘텐츠, 핀테크, 무인이동체, 기타(스마트팜, 스마트시티, 5G, 블록체인, 로보틱스, 첨단소재 등 신기술 및 융 · 복합 분야) 등을 선정하여(〈표 8-10〉 참조), 빅데이터, 실감형콘텐츠(가상현실, 증강현실), 스마트팜, 스마트시티, 블록체인 등과 중복된다. 중복으로 인하여 예산 낭비와 효율성 저하 문제가 제기될 수 있다. 그리고 매치업 과정은 한번 운영되면 최소 2년이 경과하고 나서야 재진입하도록 되어 있는데, 이 경우 과정이 계속해서 반복 개설되지 않기 때문에 과정 개선이 충실하게 이루어지지 않을 가능성이 높다.[30] 또한 과정이 개설되는 시기를 놓치면 최소 2년 후 3년 차가 되어야만 다시 개강되기 때문에 학습 수요자의 편의가 충분히 고려되지 않았다는 불만이 제기될 소지가 있다.

〈표 8-10〉 고용노동부 디지털 신기술 분야 및 관련 국가기간 · 전략산업 직종

디지털 신기술 분야	디지털 신기술 분야 국가기간 · 전략산업 직종(22개)
빅데이터, 사물인터넷, 스마트제조, 인공지능, 클라우드컴퓨팅, 정보보안, 실감형콘텐츠, 핀테크, 무인이동체, 기타(스마트팜, 스마트시티, 5G, 블록체인, 첨단소재 등)	3D 프린팅, AI 활용 소프트웨어 개발 및 응용, VR/AR 콘텐츠 개발, 로봇 시스템 인터그레이터, 빅데이터 UI 전문가, 빅데이터 분석, 빅데이터 전문가(빅데이터 개발 · 활용), 사물인터넷, 산업IoT 관리, 산업용로봇 제어, 스마트팩토리 설계, 스마트팩토리 운영 · 관리, 정보시스템 구축(개발, 운영)(ICT 보안), 증강현실, 클라우드 운영 관리, 홈IoT 관리, 스마트팜 구축, 네트워크 운영관리, 디지털컨버전스, 스마트웹&콘텐츠 개발, 반도체 장비설비

출처: 고용노동부(2022).

30) 선정계획에 다음과 같이 공고되었다(교육부, 2022). (선정규모) 새로운 기술 · 생산방식 · 제품 · 서비스를 기반으로 빠르게 성장하는 신산업 분야 중심으로 4개 분야를 선정한다. ① D.N.A.(데이터, 네트워크, 인공지능), 5G(메타버스, 클라우드, 블록체인, 사물인터넷 등 초연결 신산업), BIG 3(차세대 반도체, 미래자동차, 바이오헬스), 탄소중립(에너지 신산업, 수소연료전지 등), 스마트 헬스케어, 스마트 · 친환경 선박, 핀테크, 항공 · 드론, 첨단신소재, 차세대 디스플레이어, 혁신신약, 프리미엄 소비재 등, ② 2019년 선정분야(스마트팜, 신에너지자동차, 블록체인)는 신청 가능, ③ 2020년, 2021년 선정분야(스마트시티, 지능형자동차, 드론, 가상 · 증강현실, 빅데이터, 대체에너지)는 제외한다.

현재 국가평생교육진흥원을 비롯해서 시 · 도 평생교육진흥원, 시 · 군 · 구 평생학습관, 읍 · 면 · 동 평생학습센터 등 평생교육기관은 물론 도처에서 많은 사업과 프로그램들이 지속적으로 개발 · 추진되고 있는데, 사업 명칭이나 프로그램 명칭이 지속성 · 연속성을 유지하고, 사업 명칭 또는 프로그램 명칭에서 그 내용을 예상할 수 있는 품격 있는 명칭이 사용될 필요가 있다. 이를테면 '매치업'이 '대학생, 구직자, 재직자 등을 대상으로 하여 해당 분야 대표 기업이 직무능력을 인증하는 프로그램'으로 인식할 수 있도록 명칭을 신중하게 부여할 필요가 있다. 물론 관계 기관에서는 '산업맞춤 단기직무인증과정'의 브랜드명이라고 강변할 수 있겠지만, 이러한 부가적인 설명이 없다면, 국적 불명의 이러한 사업 명칭은 '매치(시합이나 경기)를 전문으로 하는 업' 따위로 오인될 가능성도 배제할 수 없다.

3) 평생교육사 자격제도와 학점은행제 운영

평생교육사는 「평생교육법」 제4장 제24조부터 제27조까지의 규정을 근거로 양성, 배치, 활용되고 있는 국가자격이다. 현재 평생교육사는 「평생교육법」 제24조 제1항의 각호와 같이 양성된다. 첫째, 「고등교육법」 제2조에 따른 학교(이하 '대학'이라 한다) 또는 이와 같은 수준 이상의 학력이 있다고 인정되는 기관에서 교육부령으로 정하는 평생교육 관련 교과목을 일정 학점 이상 이수하고 학위를 취득한 사람, 둘째, 「학점인정 등에 관한 법률」 제3조 제1항에 따라 평가인정을 받은 학습과정을 운영하는 교육훈련기관(이하 '학점은행기관'이라 한다)에서 교육부령으로 정하는 평생교육 관련 교과목을 일정 학점 이상 이수하고 학위를 취득한 사람, 셋째, 대학을 졸업한 사람 또는 이와 같은 수준 이상의 학력이 있다고 인정되는 사람으로서 대학 또는 이와 같은 수준 이상의 학력이 있다고 인정되는 기관, 제25조에 따른 평생교육사 양성기관, 학점은행기관에서 교육부령으로 정하는 평생교육 관련 교과목을 일정 학점 이상 이수한 사람, 넷째, 그 밖에 대통령령으로 정하는 자격요건을 갖춘 사람 등이다. 평생교육사의 등급별 자격요건을 보면 평생교육사 3급의 경우 학점은행기관에서 관련 과목을 21학점 이상 이수하고 학위를 취득하거나, 대학 졸업 및 동등 이상의 학력을 가진 자로서 대학 등과 같은 기관, 지정양성기관, 학점은행기관 등에서 관련 과목을 21학점 이상 이수한 자, 관련 업무에 2년 이상 종사하고 평생교육사 3급 양성과정을 이수한 자, 관련 업무에 1년 이상 종사한 공무원 및 학교 또는 학력인정 평생교육시설의 교원으로서 진흥원이나 지정양성기관에서 운영하는 평생교육사 3급 양성과정을 이수한 자 등이 취득할 수 있도록 하여 문호를 상당히 넓게 열어 놓고 있는 것을 볼 수 있다. 그러나 정식으로 개설된 전공과정을 통하여 다양한 인접 과목을 이수한 평생교육사와, 평생교육사 자격 취득에 필요한 필수과목과 선택과목을 두어 과목을 이수한 평생교육사가 동일하게 국가자격에 부합된 업무 수행을 하리라고 생각하는 것은 무리이다. 학점은행제를 통해서 원하는 내용의 학습은 가능하게 하되, 국가에서 필요하여 정해 놓은 양성 기준을 완화함으로써 충분한 자격을 갖추지 못한 평생교육사를 양산하는 체제는 개선될 필요가 있다. 현행 「학점인정 등에 관한 법률」 제1조(목적)에 의하면, 이 법은 "평가인정을 받은 학습과정(學習課程)을 마친 자 등에게 학점인정을 통하여 학력인정과 학위 취득의 기회를 줌으로써 평생교육의 이념을 구현하고 개인의 자아실현과 국가사회의 발전에 이바지함을 목적"으로 하는 것을 표방한다. 따라서 최초 평생교육사 양성을 전문적으로 하는 교육기관에서 평생교육사 자격 취득을 목적으로 소정의 과정을 체계적으로 이수하는 것과, "학교에서뿐만 아니라 학교 밖에서 이루어지는 다양한 형태의 학습 및 자격을 학점으로 인정받을 수 있도록 하고, 학점이 누적되어 일정 기준을 충족하면 학위 취득을 가능하게 하는" 양성과정에서 이수하는 것과는 당연히 과정의 체계성이나, 학습자의 학습 동기, 해당 과정의 질적 수준, 교수자의 역량 등 양성기관의 질적 차이가 있기 때문에, 서로 다른 체제의 기관에서 양성된 평생교육사가 과연 질적으로 균일할 것인가 우려되는 상황인 것이다.

특히 13만 5천여 명의 2급 평생교육사는 공급이 초과되어 대학원 석사과정을 이수하고 2급 자격증을 취득하여도 일자리를 구하는 것이 용이하지 않은 실정이다. 교사의 공급과잉으로 전국의 교육학 관련 전공의 정원을 조정하는 어려움을 겪었던 경험을 기억할 필요가 있다. 또한 2008년 「평생교육법」의 전부개정이 이루어지기 전의 등급별 자격요건(「평생교육법 시행령」 제5조 제1항 관련)과 같이 "고등교육법에 의한 대학원에서 평생교육과 관련된 분야를 전공한 자로서 박사학위를 취득한 자"에게는 1급 자격을 부여하는 방향으로 환원될 필요가 있다. 4년제 학부 과정에서 학사학위를 취득한 사람이나, 대학원에서 석사학위를 취득한 사람, 박사학위를 취득한 사람이 동일하게 2급 자격증을 취득한다는 것은 격에 어울리지 않는다.

평생교육사 양성과정의 운영에 관해서도 생각해 볼 수 있는 이슈가 있는데, 특히 평생교육사 양성과정의 필수과목 중 평생교육실습 과목의 운영 방법 개선이 필요하다. 평생교육실습 과목은 필수 5개 과목 중 하나로서 종전에는 방학 중에 실습을 마치고 학점은 그다음 학기에 부여되도록 운영된 바 있다. 그러나 실습을 학기 중에 하는 것으로 개정되어 현재는 수업이 없는 빈 강의시간을 이용하거나 주말에 몰아서 실습과목을 이수하는 사례가 일반적이다. 개정된 계기는 방학 중에 실습이 부실하게 운영될 수 있다는 우려 때문이었으나, 실습을 이수하는 학생들이 수업이 없는 시간을 골라서 실습과목을 이수하다 보니 실습이 오히려 부실해질 가능성이 발생하고 있다. 이를테면 프로그램을 기획해서 홍보하고, 수강생 모집과 프로그램 시행, 그리고 평가까지 일관되게 학습하여야 함에도 불구하고, (학부생의 경우 특히) 학과목 이수를 위한 수업시간을 어떻게 짰느냐에 따라 특정 요일, 특정 시간에 시행되는 실습 내용은 실제 경험도 하지 못할 가능성이 발생하는 것이다. 이러한 평생교육사 양성 · 배치 · 활용에서 단계별로 발생하는 다양한 이슈들에 관하여 다시 한번 고민이 필요하다.

4. 평생교육제도 시행의 개선 방안

이 장에서는 먼저 몇 가지 영역을 선택하여 우리나라 평생교육제도의 시행 현황을 살펴보았다. 그리고 우리나라 평생교육제도가 현실에서 시행되는 현황을 토대로 평생교육제도 시행이 어떻게 개선되어야 할지 모색하기 위한 몇 가지 이슈들을 논의하였다. 이 절에서는 우리나라 평생교육제도 시행의 현황과 논의된 주요 이슈들에 초점을 맞추어 개선 방안을 제시하고자 한다. 개선 방안은 단기적으로 현행법, 제도, 추진되는 정책, 사업 등의 측면에서 고려해 볼 수 있고, 장기적으로 국내외 환경, 미래지향적인 관점에서 생각해 볼 수 있다.

첫째, 평생학습도시의 지정 사업의 개선이 필요하다. 1평생학습도시 1특성화사업, 또는 1평생학습도시 2특성화사업 등의 방식으로 지역 환경과 특성을 고려한 사업을 추진하되, 다른 평생학습도시와 유사한 행사들을 기획하여 결국 수요자의 외면을 받는 '루즈-루즈(lose-lose)' 상황을 초래하지 않도록 일반적인 사업과 특성화 사업을 분리하여 100년 또는 그 이상 지속되는 전통적인 평생학습도시를 조성하려는 기초지자체의 노력을 불러일으킬 필요가 있다. 아울러 평생학습도시의 질 관리가 필요하다. 한번 진입하면 퇴출이 없는 상황에서 자칫 평생학습도시들의 질적인 하향평준화가 초래될 수 있다. 마치 평생교육사에 급수를 부여하듯 1급 평생학습도시, 2급 평생학습도시, 3급 평생학습도시 등으로 분류하여 평생학습도시 간에 선의의 경쟁이 촉발되도록 하는 방안도 고려할 필요가 있다.

둘째, 평생교육과 관련된 사업을 기획하고 추진할 때, 정책과 제도를 위한 사업 기획에서 벗어나 실제로 예산의 집행이 학습자들에게 궁극적인 혜택을 줄 수 있도록 해야 할 것이다. 우리는 사회 각 분야에서 특유의 빨리빨리 정신으로 외국의 수많은 사례들을 벤치마킹하여 적용해 본 경험이 있고, 지금도 그런 경향은 크게 달라지지 않았다. 그러한 상황에서 어떤 사업이나 정책, 제도가 지속성을 갖고 안정적으로 정착되기보다 여러 가지 이유에서 단기간 내에 새로운 것으로 교체되기 일쑤였다. 타부처, 타기관의 사업과 제도 및 정책, 과거에 시행했던 사업과 제도 및 정책은 어떠했었는지를 비교하고 분석하여 재정상의 낭비요소 없이 추진되도록 해야 할 것이다. 타부처, 타기관과 더 좋고 더 효과적인 사업이나 정책, 제도를 협업하여 수립하고 추진할 수 있도록 지혜를 발휘해야 할 것이다. 앞서 살펴본 매치업 사업도 고용노동부와 협업이 필요한 사업의 하나가 될 것이다.

셋째, 평생교육사의 양성, 배치, 활용에 관한 방향을 전환할 필요가 있다. 먼저, 국가자격인 평생교육사의 양성 경로를 개편하여 운영하여야 할 것이다. 명색이 국가자격증임에도 불구하고 평생교육사 양성체계가 허술하게 작동됨으로써, 정규 양성기관에서 양성된 자격을 충분히 갖춘 인력이 외면당하고 단기간에 자격을 취득한 인력이 더 빨리 일자리를 확보하게 되는 불합리한 현상을 개선해야 한다. 교육분야에는 '교육은 교사를 뛰어넘을 수 없다'는 금언이 있다. 평생교육사는 평생교육의 질을 책임지는 평생교육 지도자의 한 사람이기 때문에, 질 관리가 양성 단계에서부터 이루어질 수 있도록 양성체계를 대폭 손질해야 할 것이다. 물론 학점은행제를 운영하든가 기타 평생교육사 양성을 원하는 교육훈련기관에서 자유롭게 평생교육과 관련된 과목을 개설하도록 개방은 하되, 자격증 취득과 관련해서는 엄격하게 관리할 필요가 있다. 이수한 교육의 수준이 다른 박사학위 소지자와 석사학위 소지자, 학사학위 소지자에게 동일한 평생교육사 2급 자격을 부여하는 것은 비합리적이다. 양성과정에서 이들 급 간의 자격 취득 요건을 구분하여 4년 교육받은 인력과 6년 이상 교육받은 인력, 9년 이상 교육받은 인력의 수준에 맞게 자격증 부여 체계를 개선할 필요가 있다. 양성과정에서 이수하게 되는 과목, 특히 평생교육실습이 현장에서 내실 있게 이루어질 수 있도록 학기 중 개설을 고집할 필요 없이, 방학 중에도 개설되도록 하여 평생교육사로서 직무를 수행할 때, 추진하는 사업이나 프로그램의 전체적인 프로세스를 파악하고 익힐 수 있도록 해야 할 것이다.

5. 결론

평생교육은 출발 초기의 모습과 많이 달라지기는 했으나, 누구든지 태어나서 죽을 때까지, 즉 평생 동안 교육과 학습을 지속하되, 개인의 바람직한 직업생활, 사회생활을 영위하게 함으로써 인간다운 삶을 살아가는 것을 목적으로 해야 한다. 따라서 평생교육과 관련된 사업이나 정책, 제도의 수립 등은 평생교육의 이념을 구현하는 데 초점이 맞추어 이루어져야 한다.

아쉽게도 우리나라에서는 평생교육의 이념이나 목적, 철학을 실천하는 것보다, 제도나 사업 등의 수립과 추진에 그리고 하드웨어의 구축에 더 치중해 온 것 같다. 이런 행태는 지방자치제도가 시작되면서 거의 모든 지자체가 기초지자체, 광역지자체 할 것 없이 웅장한 청사 건설, 문화예술시설 구축, 의회 건물 건축 등 외형적인 치장에 힘을 쏟아붓느라 초기에 해야 할 기본적인 일들을 지체시키거나 생략한 것과 비견할 만하다. 제도와 정책이 아무리 좋아도, 하드웨어가 아무리 뛰어나고 최신의 것이라 해도, 정작 그 제도와 정책의 대상이 충분히 고려되지 않는다면, 그리고 그 하드웨어를 이용할 사람의 요구와 괴리되어 있다면 크게 잘못된 것이라 판단할 수 있다.

평생교육의 이념을 '누구든지, 언제, 어디서든지, 원하는 것을 자신이 선호하는 방식으로 배우는 것'이라고 할 때, 그러한 배움이 가능하도록 조건과 환경을 마련해 주는 것은 중앙정부와 시 · 도 단위의 지방정부 또는 평생교육기관들이 해야 할 일이다. 지방자치단체별로 지역마다 산책로, 공원, 운동시설 등에 막대한 예산을 투입하여 경쟁하듯 갖추어 놓았는데, 구조적으로 그 혜택을 누릴 수 없는 사람은 어떻게 할 것인가 하는 질문을 사업 기획자, 정책 입안자가 늘 끊임없이 제기하면서 일한다면 평생교육의 이념과 「평생교육법」의 법 정신에 부합하는 내실 있는 평생교육의 실현 가능성이 한층 더 커질 것이다.

참고문헌

강은숙 외(2021). 뉴노멀, 초연결, 플랫폼시대의 평생교육론. 서울: 동문사.

고용노동부(2022). 디지털 신기술 분야 및 관련 국가기간 · 전략산업직종. 내부자료.

교육부(2018). 제4차 평생교육진흥 기본계획(안).

교육부(2022). 2022년 매치업 사업(대표기업, 교육기관 신규 선정) 공고.

김란수 외(1995). 平生教育論: 哲學, 心理, 社會學的 基礎. 서울: 文音社.

정영석(1983). 法學通論. 서울: 法文社.

국가법령정보센터 홈페이지. https://www.law.go.kr/lsInfoP.do?lsiSeq=2892&ancYd=19821231&ancNo=03648&efYd=19830701&nwJoYnInfo=N&efGubun=Y&chrClsCd=010202&ancYnChk=0#0000 (2022. 1. 12. 검색)

국가평생교육진흥원 홈페이지. https://www.nile.or.kr/contents/contents.jsp?bkind=html& bcode=BAFABAA&bmode=list&idx=BAFABAA (2022. 9. 5. 검색)

국가평생교육진흥원 홈페이지. https://www.nile.or.kr/contents/contents.jsp?bkind=html& bcode=BAFABAA&bmode=view&idx=BAFABAA (2020. 1. 14. 검색)

국가평생교육진흥원 홈페이지. https://www.nile.or.kr/contents/contents.jsp?bkind=html& bcode=EABAAAA&bmode=view&idx=EABAAAA (2020. 1. 14. 검색)

국가평생교육진흥원 홈페이지. https://www.nile.or.kr/contents/contents.jsp?bkind=html& bcode=EADABAA&Mode=view&idx=EADABAA (2022. 1. 21. 검색)

국가평생교육진흥원 홈페이지. https://www.nile.or.kr/contents/contents.jsp?bkind=html& bcode=EADACAA&bmode=view&idx=EADACAA (2022. 9. 5. 검색)

국가평생교육진흥원 홈페이지. https://www.nile.or.kr/contents/contents.jsp?bkind=html& bcode=EADADAA&bmode=view&idx=EADADAA (2020. 1. 14. 검색)

국가평생교육진흥원 홈페이지. https://www.nile.or.kr/contents/contents.jsp?bkind=html& bcode=EADAEAA&bmode=list&idx=EADAEAA (2022. 1. 21. 검색)

국가평생교육진흥원 홈페이지. https://www.nile.or.kr/contents/contents.jsp?bkind=html& bcode=EADAHAA&bmode=list&idx=EADAHAA (2022. 2. 24. 검색)

매치업사업 홈페이지. https://www.matchup.kr/Contents.do (2020. 1. 26. 검색)

학점은행제 홈페이지. https://www.cb.or.kr/creditbank/eduIntro/nEduIntro1_1_1.do (2022. 3. 11. 검색)

KESS 교육통계서비스 포털. https://kess.kedi.re.kr/index (2022. 3. 3. 검색)

제9장

조세정책의 현황과 과제

전병목

1. 서론

1) 조세부과의 방법

조세를 부과함에 있어 사회구성원들의 동의를 구하는 것은 매우 중요한 조건이다. 국가라는 공동체를 운영하기 위한 재원을 조달하는 것으로, 구성원의 동의가 필수적이기 때문이다. 사회구성원들의 동의는 합리적인 조세부과 방법을 제시함으로써 얻을 수 있다. 조세부과의 방법으로 두 가지 이론이 형성되어 있다. 이익설과 능력설이다.

이익설은 국가가 제공하는 공공재 편익에 기반한 조세부과 방법이다. 도로, 국방 등 사회서비스를 제공하기 위해 조세를 부과하므로 이러한 공공재 편익에 비례하여 조세를 부과하는 것이 바람직하다는 이론이다. 미국의 경우 주택 재산세는 거주자를 위한 교육, 도로 등 사회간접자본 제공의 재원으로 이용된다. 즉, 사회서비스의 비용조달을 목적으로 조세를 부과하여 납세자들의 수용성을 높이고 있다.

편익에 기반한 조세부과가 갖는 이론적 타당성에도 불구하고 이 이론의 한계도 존재한다. 공공재 공급에 대한 개인별 편익의 측정에 어려움이 있다는 것이다. 즉, 동일한 공공재의 공급에도 불구하고 개인별 편익은 다를 수 있기 때문이다. 예를 들어, 치안서비스를 제공하게 되면 사회생활의 안전도가 높아진다. 그러나 개인별로는 안전한 환경 조성으로 느끼는 편익이 다르게 나타난다. 치안서비스에 민감한 사람이 동 서비스 제공으로 인해 느끼는 편익이 클 것이기 때문이다. 그러나 이러한 개인별 편익 차이를 정부는 알기 어렵다. 이 점은 적절한 공공재 공급을 저해하고 편익 기반 조세부과를 어렵게 한다.

또한 이익설에 따른 과세는 납세자의 부담능력을 고려하지 못하는 한계가 있다. 개인들이 공공재로부터 향유하는 편익에 기반하기 때문에 개인의 소득에 비해 부담 정도가 다르게 나타날 수 있다. 부담능력을 고려치 않은 과세 방안은 그 역할을 늘리기 어렵다.

또 다른 조세부과 방법인 능력설은 납세자의 부담능력에 따른 조세부과 방법이다. 부담능력을 감안한 조세부과는 납세자들의 실질적 수용성을 높일 수 있는 방법이다. 납세자들의 부담능력은 보통 소득을 활용하고 있다. 그러나 근로시간의 차이, 즉 여가 수준을 고려하지 못하는 한계는 있다.

능력설을 적용함에 공평성은 중요한 고려요인이다. 능력의 차이를 반영하는 방법이기 때문이다. 공평성은 다시 수평적 공평과 수직적 공평으로 나눌 수 있다. 수평적 공평은 동일한 소득수준에 대해 그 원천에 관계없이 동일한 세부담을 부여하는 것이다. 소득유형에 관계없이 소득수준이 동일하면 동일한 세부담을 부여하는 것이 수평적 공평이다. 그러나 수평적 공평을 소득수준만 기준으로 하여 결정하는 것이 타당한 것인지에 대해서는 의문도 있다. 즉, 동일소득임에도 불구하고 부양가족 숫자, 소득자의 건강유지를 위한 의료비 지출 차이 등은 소득자의 부담능력 차이를 발생시키기 때문이다.

수직적 공평은 동일하지 않은 부담능력에 대해 동일하지 않은 세부담을 부과하는 것이다. 동 개념은 부담능력의 차이를 반영하여야 함을 주장하지만 그 정도에 대해서는 어떤 방향성도 제시하지 않는다. 부담능력 또는 소득의 차이에 따라 세부담의 차이가 어느 정도이어야 하는지 또 다른 기준이 필요하다. 일반적으로 제시되어 있는 부담 차이의 원칙은 균등희생의 원칙이다. 소득수준에 따라 균등한 희생을 부여하는 개념이다. 이 경우에도 절대희생균등, 비례희생균등, 한계희생균등 등 다양한 기준이 도입될 수 있다. 한계희생균등의 원칙은 조세로 인한 한계희생을 동일하게 유지하는 것으로 현재와 같은 누진적 소득세제를 지지하는 기반이다.

한편, 부담능력을 평가하는 과세단위의 문제도 있다. 공평성을 적용하기 위한 과세단위는 개인 또는 가구 단위로 설정될 수 있기 때문이다. 개인단위는 소득자를 기준으로 부담능력을 평가하는 제도이며 가구단위는 생활공동체를 기준으로 부담능력을 평가하는 제도이다. 수직적 공평의 관점에서 과세단위의 선택도 중요할 수 있다.

능력설에 부합하기 위해서는 부담능력을 무엇으로 측정할 것인지도 중요하다. 즉, 과세대상의 설정이다. 부담능력은 당연히 납세자의 소득획득 능력일 것이다. 소득획득 능력은 납세자의 교육, 경험, 재산 등 다양한 요인에 의해 결정되며 직접적으로 관찰되지는 않는다. 대개 소득,[1] 재산, 소비, 여가 등의 형태를 통해 나타나게 된다. 결국 부담능력에 따른 과세방식은 소득, 재산, 소비 등에 대한 과세조합을 통해 달성될 수 있다.

부담능력을 소득으로 측정하고 과세할 경우에도 고려할 요인은 많다. 소득의 측정에서 자본이득의 귀속시기, 암묵적 소득에 대한 과세, 일생 소득 흐름 차이의 고려 등이다. 자본이득의 경우, 이득이 발생한 시점에 과세할 것인지 아니면 자본이득을 실현한 시점에서 과세할 것인지의 문제이다. 현재 개인소득과세에서는 자본이득을 실현한 시점에서 과세하고 있다. 자기소유 주택 거주 시에 발생하는 암묵적 소득 역시 과세하지 않고 있다. 연간 단위 소득세제를 운용함으로써 일생 소득

1) 소득도 완전한 능력의 측정지표가 되지 못한다. 근로시간을 통제하지 않았기 때문이다.

흐름에 따른 과세 차이는 고려하지 하지 않는다. 다만, 노후 연금소득에 대한 조세지원 등의 형태로 일부 차이를 완화하고 있다. 여가 역시 개인의 효용을 높여 주는 가상적 소득으로 볼 수 있으나 이에 대한 과세는 시행하고 있지 않다.

부담능력을 소비 관점에서 측정할 수도 있다. 소득확보의 목적이 소비임을 감안하여 소비액에 기초한 인적과세 방식을 상정할 수 있다. 이 경우 소득과세가 갖는 저축과세(즉, 생애주기 관점의 불균형)의 문제점을 줄일 수 있다. 여가에 대해서도 여가 관련 상품 및 서비스 과세를 통해 일정 부분 시행할 수 있는 장점이 있다. 그러나 소비과세를 통한 누진도 달성이라는 관점에서는 소득과세에 비해 한계가 있다.

재산을 기준으로 부담능력을 측정할 수도 있지만, 소득, 소비에 비해 개인의 능력 측정 면에서 거리가 있다. 재산은 소득 중 소비되지 않은 부분의 불특정 기간 합산이기 때문이다. 또한 자산가치의 평가, 인적자본에 대한 고려 등에서 보완할 점이 상당하다. 다양한 자산의 특정 시점 공정가격 도출에 어려움이 있다. 또한 물적자본에 대해서는 과세하지만 인적자본에 대해서는 과세하지 않는 한계도 있다.

그래서 현실에서는 부담능력을 소득, 소비, 재산의 조합을 통해 측정하고 있다. 소득이 갖는 부담능력과의 연계성, 재분배 등 정책적 고려 편리성 등으로 인해 가장 중요한 지표로 활용되고 있다. 소득중심 측정의 한계를 극복하기 위해 보완적으로 소비, 재산 등을 과세기준으로 활용하고 있다.

2) 조세부과와 납세자의 행태변화

조세의 부과는 이를 부담하는 납세자들의 행태변화를 야기할 수 있다. 조세부과로 인한 행태변화는 조세부과의 목적, 즉 세원확보 등의 달성 여부에 중대한 영향을 미칠 수 있다. 조세부담을 피하기 위한 납세자들의 행태변화 가능성과 그 용이성을 고려하여야 정책목적을 효과적으로 달성할 수 있다. 따라서 조세부과의 목적과 행태변화 가능성을 감안한 제도 설계가 중요하다.

다음의 예는 조세부과로 인한 납세자들의 행태변화로 인해 세수확보라는 목적달성에 실패한 사례이다. 영국은 1696년 창문세를 도입하였다. 이 세금은 주택 창문의 숫자의 따라 부과하는 세금이다. 귀족의 호화주택에 대해 무거운 세금을 물리기 위한 목적이었다. 이는 기존의 난로 수에 따라 부과하는 난로세가 갖는 숫자 파악의 어려움을 극복하기 위한 방안이었다. 즉, 주택 내부에의 접근이 필요한 난로세와 달리 외부에서 창문 숫자를 바탕으로 세금을 부과할 수 있는 방안이다. 그러나 이는 창문에 대한 주택소유자들의 수요 자체를 변화시켰다. 주택소유자는 창문을 줄이거나 없앰으로써 창문세 부담을 회피하였다. 이러한 행태변화로 인해 창문세를 통한 세수확보에는 실패하였다 할 수 있다.

또 다른 사례는 조세를 이용하여 납세자의 자발적 행태변화를 유도한 예이다. 러시아의 표토르 대제는 서양문물을 받아들여 러시아를 발전시키기 위해 짧은 옷소매와 긴 수염의 면도를 제안하였다. 그러나 명예를 상징하는 옷소매를 줄이는 것과 종교에서 기인한 긴 수염을 면도하는 것에 대한 반발이 상당하였다. 규제에 따른 반발을 해소하기 위해 표토르 대제는 1712년 수염세를 제안하였다. 즉, 긴 수염에 대해 수염세를 부과함으로써 규제를 개인 선택의 문제로 전환시켰다. 수염세 부과는 세금 납부를 회피하고자 하는 개인의 자발적 순응을 유도하여 면도라는 본래의 목적을 달성할 수 있도록 하였다.

이러한 사례들은 조세부과에 있어 납세자들의 행태변화에 대한 점검이 매우 중요함을 보여 준다. 조세를 통해 바람직한 방향으로 행태변화를 유도할 수도 있고, 세수 목적을 위해 행태변화의 가능성을 줄여 주는 방법을 선택하는 노력이 필요하다.

2. 경제 및 조세정책 현황

1) 경제적 여건

조세정책은 국가의 기능을 유지하기 위해 구성원들에게 금전적 부담을 지우는 행위이다. 각 주체들에게 금전적 부담을 지우는 정책은 경제상황에 따라 변화하게 된다.

우리나라 (경상)경제성장률은 1980년대 이후 꾸준한 하락세를 보이고 있다. 1980년대 약 10% 수준의 성장률은 2010년대에는 5% 이하 수준으로 낮아졌다. 경제규모가 성장하는 가운데 인구구조 고령화 등으로 잠재성장률 역시 낮아졌기 때문이다.

반면, 국민부담률과 조세부담률[2) 증가율은 경기침체기를 제외하고 꾸준히 양(+)의 값을 보이고 있다. 특히 2010년대에는 낮아진 경제성장률에도 불구하고 국민(조세)부담률은 꾸준히 증가하고 있다([그림 9-1] 참조). 경제상황이 악화된 가운데 조세부담이 늘어나는 현실은 납세자들의 납세순응에 부정적 영향을 미칠 수 있다. 이러한 부담률 상승에는 제도적 요인과 경기 순환적 요인이 함께 작용하고 있다. 제도적 요인으로 소득세율 인상(2012, 2017, 2018, 2021), 법인세율 인상(2018) 등이 작용하였다. 경기 순환적 요인은 경기호황기의 세입증가율을 높이는 효과가 있었다.

노동시장 측면에서 우리나라는 전체 고용률과 실업률에서 큰 변화를 보이고 있지 않다. 다만, 높아진 청년실업률로 인해 청년층이 노동시장 진입하는 데 어려움을 겪고 있다. 2010년대 청년고용률은 하락하면서 실업률은 상승하는 상황에 있다([그림 9-2] 참조).

---

2) 국민부담률은 경상 국내총생산(GDP)에 대한 조세 및 사회보장기여금 수입의 비율이며 조세부담률은 경상 국내총생산에 대한 조세수입의 비율이다.

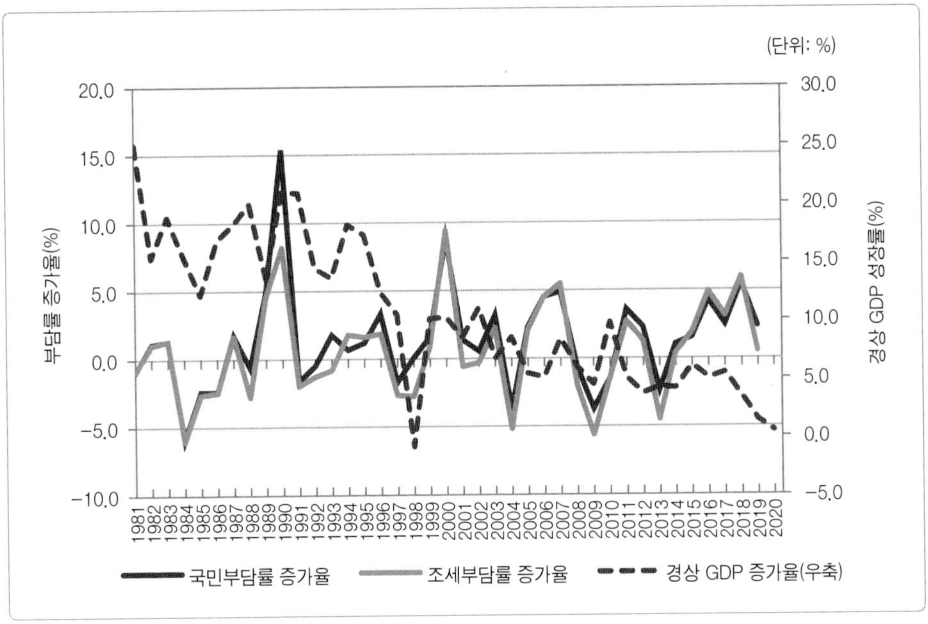

[그림 9-1] 경제성장률과 국민부담률 증가율

출처: 통계청, KOSIS.

소득분배 상황은 정부의 역할 강화로 개선되고 있다. 지니계수[3]로 측정한 사회 전체의 (가처분소득) 불균등도는 2010년대 꾸준한 하락 추세를 보이고 있다. 상·하위 계층의 소득격차를 측정하는 5분위배율(상위 20%의 평균소득/하위 20%의 평균소득) 역시 2010년대 후반에는 점차 하락하고 있다. 2011년 8.3배에서 2019년 6.25배로 개선되었다. 그러나 시장소득의 격차는 유지 또는 악화 가능성을 보여 주고 있다. 시장소득 기준 5분위배율은 2015년 이후 이전의 감소 추세에서 증가 추세로 전환되고 있다([그림 9-3] 참조).

---

3) 소득불균등도를 측정하는 지표로 0~1 사이의 값을 가진다. 0은 사회구성원의 소득이 모두 동일할 때이며, 1은 한 사람이 전체 소득을 획득하고 나머지 구성원의 소득이 0일 때의 값이다. 즉, 0에 가까운 값을 가질수록 소득불균등도가 낮음을 의미한다.

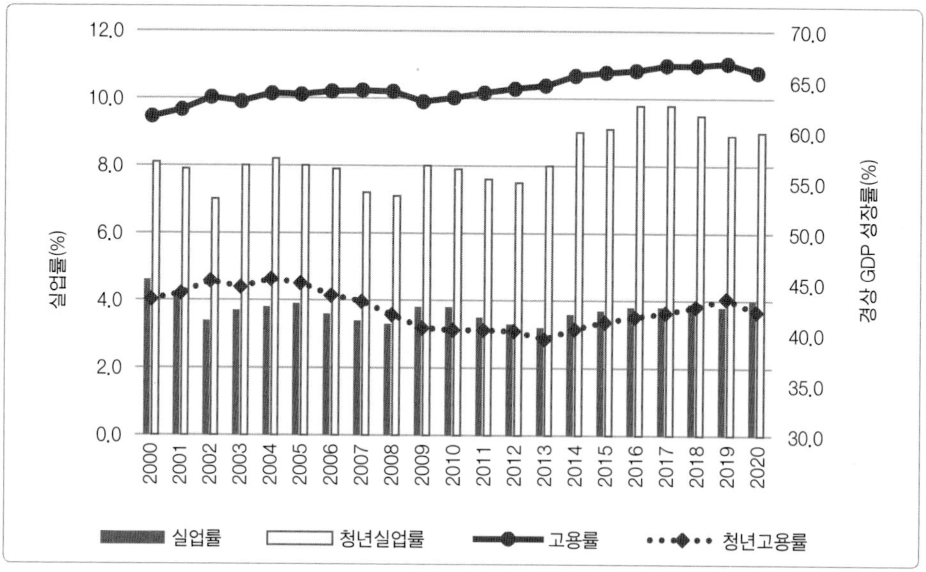

[그림 9-2] 고용률과 실업률 추이

출처: 통계청, KOSIS. 경제활동인구조사.

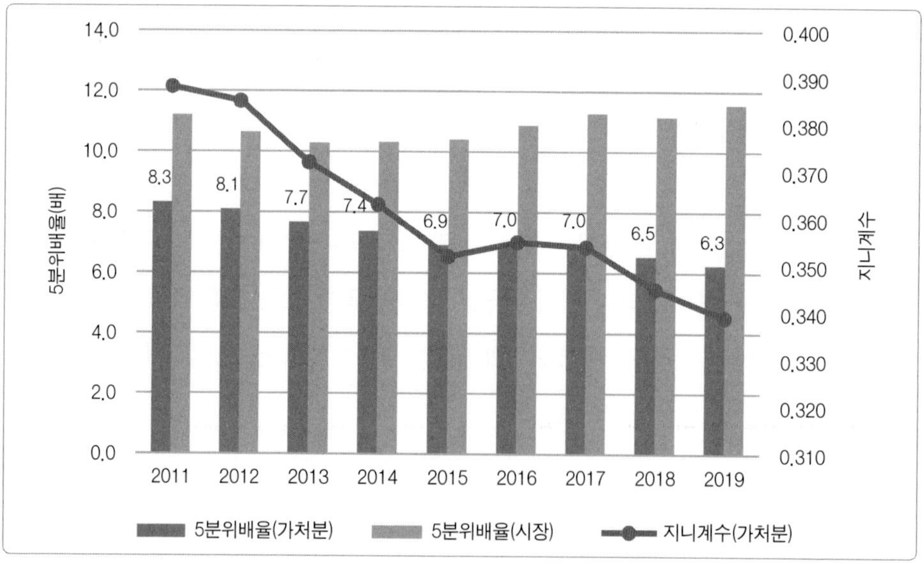

[그림 9-3] 5분위배율과 지니계수 추이

출처: 통계청, KOSIS. 경제활동인구조사.

시장소득 격차의 증가 반전 또는 정체의 원인은 임금격차의 확대, 1인가구의 증가, 고령가구 증가 등 다양한 원인이 작용하고 있다. 기술편향적 경제발전으로 인해 숙련노동과 비숙련노동의 임금격차는 확대되고 있다. 또한 기존 가구의 분리로 나타나는 1인가구의 증가는 가구소득 격차를 확대시키는 요인이 되고 있다. 동일 가구 내 가구원 증가에 따른 편익을 누리지 못하기 때문이다. 실제 가구구성원 수(n)를 감안한 가구소득 산정은 가구원 수(n)이 아닌 $\sqrt{n}$으로 나누는 방식으로 가구구성의 편익을 반영하고 있다. 은퇴계층인 고령가구의 증가 역시, 경제활동가구와의 소득격차를 확대하는 요인이다.

1인가구 규모는 2011년 438만 가구에서 2019년 599만 가구로 크게 증가하였다. 노동시장에서 은퇴하는 65세 이상 가구주 가구 역시 2011년 302만 가구(16.9%)에서 2019년 439만 가구(21.8%)로 증가하였다(통계청, KOSIS; 〈표 9-1〉 참조).

〈표 9-1〉 가구구성의 변화

(단위: 천 가구)

구분	2011(A)	2019(B)	증가율(B/A)
전체 가구	17,879	20,116	12.5%
1인가구	4,380 (24.5%)	5,987 (29.8%)	36.7%
65세이상 가구주 가구	3,022 (16.9%)	4,388 (21.8%)	45.2%

주: 괄호 안은 구성비
출처: 통계청, KOSIS.

가구구성 변화에 기인한 소득격차를 축소하기 위한 조세정책의 역할 가능성은 제한적이다. 조세정책은 기본적으로 소득 있는 가구의 조세부담을 조정함으로써 세후 소득격차를 축소하는 것이기 때문이다. 노동시장 참가에 어려움이 있는 청년가구, 근로시장에서 은퇴한 고령가구의 소득을 조세정책을 통해 증가시키기는 어렵다. 오히려 고령가구에 대해서는 연금소득을 확보할 수 있는 지원정책이 필요하다. 1인 청년가구의 경우에도 일자리 마련과 실업급여 등의 지급이 효과적이다. 조세제도는 소득이 있는 계층에 대해 그 소득에 대한 세부담 차이를 통해 소득재분배를 달성한다. 1인가구와 고령가구 확대에 따른 소득격차 확대에는 일자리 마련, 보조금 정책 등이 보다 직접적이고 효과적 대응 수단이라 할 수 있다.

2) 조세정책 여건

우리나라 국민부담률은 2000년대 이후 빠른 증가 추세를 보이고 있다. 국민부담률은 2000년 GDP 대비 20.9%에서 2019년에는 27.4%로 증가하였다.[4] 이는 연평균 0.34%p의 증가속도이다. 그 증가속도는 2010년대에 더 빠르게 나타났다.

이러한 국민부담률 증가에는 사회보장기여금, 소득세 등이 많이 기여하고 있다. 사회보장기여금 수입은 2000년 GDP 대비 3.5%에서 2019년 7.3%로 3.8%p 높아져 가장 빠른 성장세를 보였다. 개인소득세도 GDP 대비 3.1%(2000)에서 4.8%(2019)로 증가하였다. 다른 세목들도 소폭의 증가세를 보여 준다([그림 9-4] 참조).

주요 세목별 세수증가율을 살펴보면 국내총생산 증가율을 중심으로 변동하는 추세를 보인다. 전반적으로 성장률 변화와 동일한 방향으로 움직이면서 세목별로 변동성의 크기는 차이를 보인다. 가장 큰 변동성을 보이는 세목은 법인세이다. 법인세수 증가율은 고성장기의 세입증가율도 높지만 저성장기에는 세수가 크게 줄어드는 등 큰 폭의 변동을 보인다. 반면, 개인소득세(종합소득세와 근로소득세의 합)는 상대적으로 경기변화에 관계없이 높은 세수 증가율을 보인다. 2008년 세계금융위기 이후에는 경제성장률 변화에 관계없이 10% 이상의 증가율을 보였다. 2019년 개인소득세수 증가율이 낮아진 것은 근로장려금과 자녀장려금 확대에 따른 것이다.

---

4) 2022년에는 31% 내외 수준으로 증가할 것으로 예상된다(기획재정부, 2022).

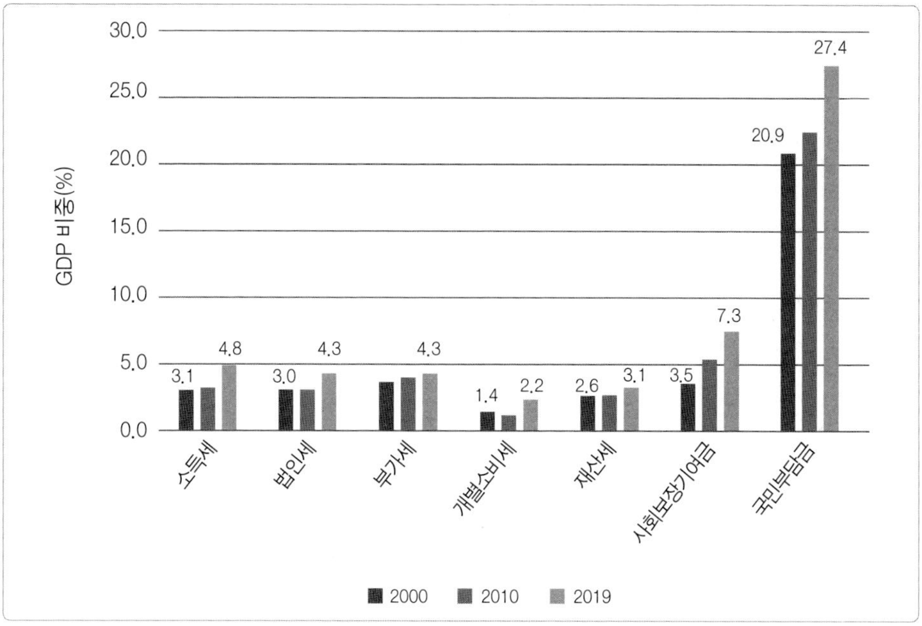

[그림 9-4] 주요 세목별 부담률의 변화 추이

출처: OECD database.

두 장려금의 조세지출액은 2018년 기준 1.8조 원에서 2019년에는 5.7조 원으로 3.9조 원 증가하였다. 소득세입에서 차감되는 조세지출액이 증가하여 소득세수 증가율을 낮추어 주었다. 조세지출 증가분을 포함하면 2019년 기준 소득세수 증가율은 6.6%에 달한다.

상대적으로 경제성장률과 유사한 변화추세를 보이는 세목은 부가가치세이다. 급격한 변화를 보이지 않는 국내소비에 기반하고 있어 다른 세목들에 비해 안정적인 변화추세를 보인다([그림 9-5] 참조).

빠른 부담증가 추세를 보이는 사회보장기여금을 살펴보면 근로자와 고용주 모두의 부담이 유사하게 증가하였다. 사회보험을 중심으로 사회보장제도가 구축되어 있기 때문이다. 근로자의 경우, 대체적으로 사회보험료를 고용주와 50%씩 부담하고 있다. 한편, 자영자의 사회보장기여금 부담분은 GDP 대비 0.8%(2019년)에 불

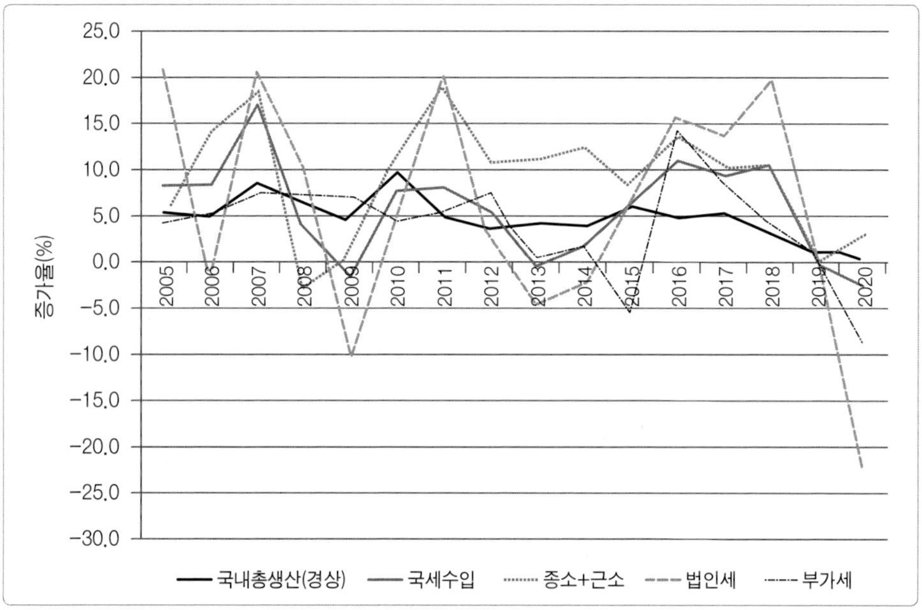

[그림 9-5] 주요 세목별 세수증가율 추이

출처: 한국조세재정연구원. 재정패널 원자료.

과하다. 이는 동년도 자영업자 취업자 비중 24.6%에 비해 상대적으로 낮은 수치이다. 전체 취업자의 75.4%를 점하는 근로자들의 사회보험료 부담은 GDP 대비 6.5% 수준에 이른다. 자영업 종사자들의 사회보험 가입이 저조하고 소득파악 역시 한계가 있을 가능성이 높다.

국민부담률 내에서 사회보장기여금이 차지하는 비중은 OECD 선진국들과 비교해서 큰 차이를 보이지 않는다. OECD 국가들의 평균적인 추세와 유사하다. 특이한 점은 국민부담률이 GDP 대비 30% 이상으로 높아질수록 사회보장기여금 부담률 역시 평균적인 관계보다 높아지는 점이다. 재원조달 부담이 높아질수록 부담과 편익이 연계되어 납세자 수용성이 높은 사회보장기여금의 역할이 증대됨을 알 수 있다([그림 9-6], [그림 9-7] 참조).

한편, 일반 재정을 통해 사회보장재원을 조달하는 국가들의 경우에는 사회보장기여금 부담률이 거의 0%이다. 호주, 뉴질랜드, 덴마크 등으로 예외적인 경우다.

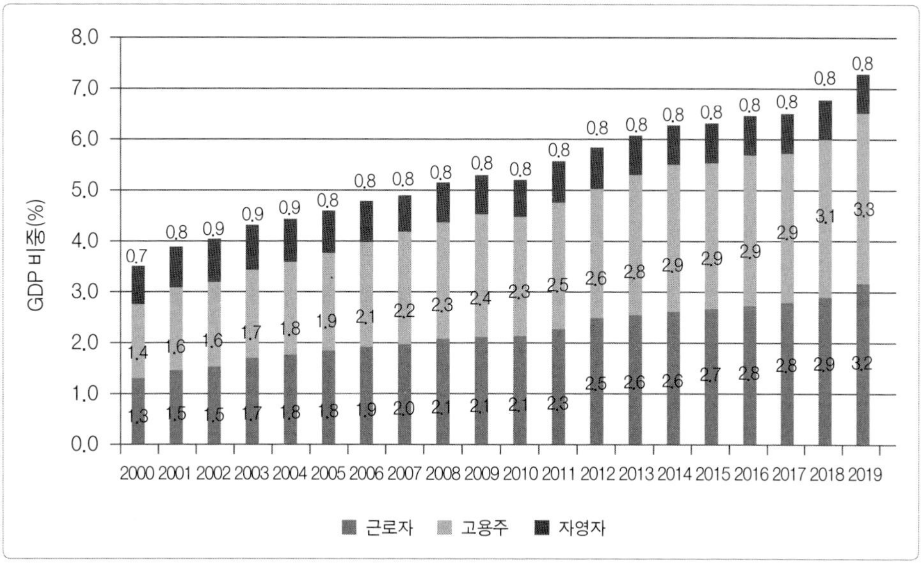

[그림 9-6] 부담 주체별 사회보장기여금 부담률 추이

출처: OECD database.

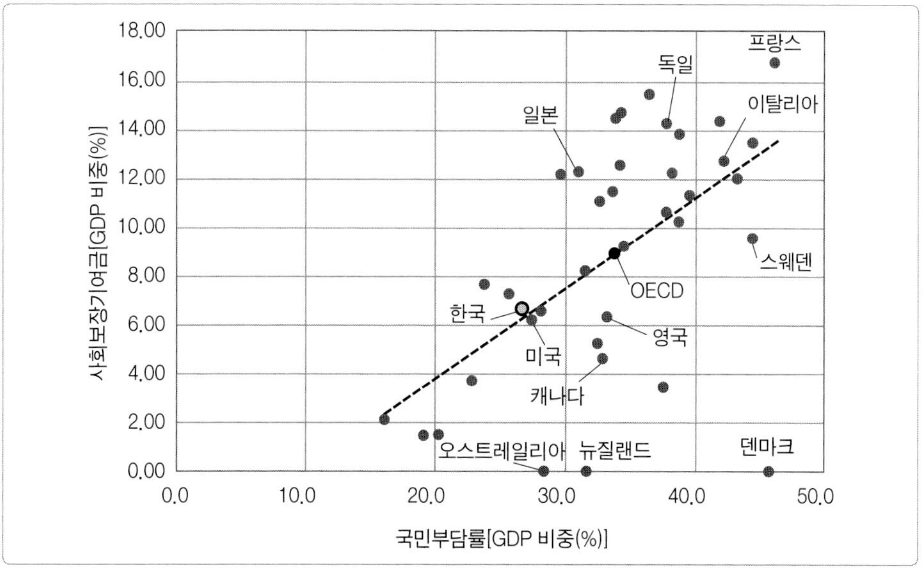

[그림 9-7] 국민부담률과 사회보장기여금 부담률의 관계(2017)

주: 2017년 OECD 국가 기준

출처: OECD database.

우리나라 국민부담률은 G7 주요 선진국들에 비해 여전히 낮은 수준이다. 최근에 빠른 증가추세를 보이고 있지만 2019년 기준 GDP 대비 27.4%는 미국의 24.5%를 제외하고는 가장 낮은 수준이다([그림 9-8] 참조). 미국의 경우에도 막대한 재정수지 적자를 통해 부족한 재원을 조달하고 있는 실정이다. 주요 선진국들과 유사한 사회보장제도를 지향한다면 향후 추가적인 국민부담률 상승이 필요할 것으로 보인다. 다만, 어떤 수준의 부담을 바탕으로 어느 정도의 복지제도를 구축할 것인가에 대한 공론화과정은 필요하다. 부담수준에 대한 논의는 필연적으로 누가 부담할 것인가에 대한 논의를 동반할 수밖에 없다. 재원조달 구조, 즉 어떠한 세목이 추가적인 부담을 할 것인지, 현재 사회보험제도를 통한 재원조달은 어느 수준까지 가능할 것인지 등에 대한 검토가 필요하다.

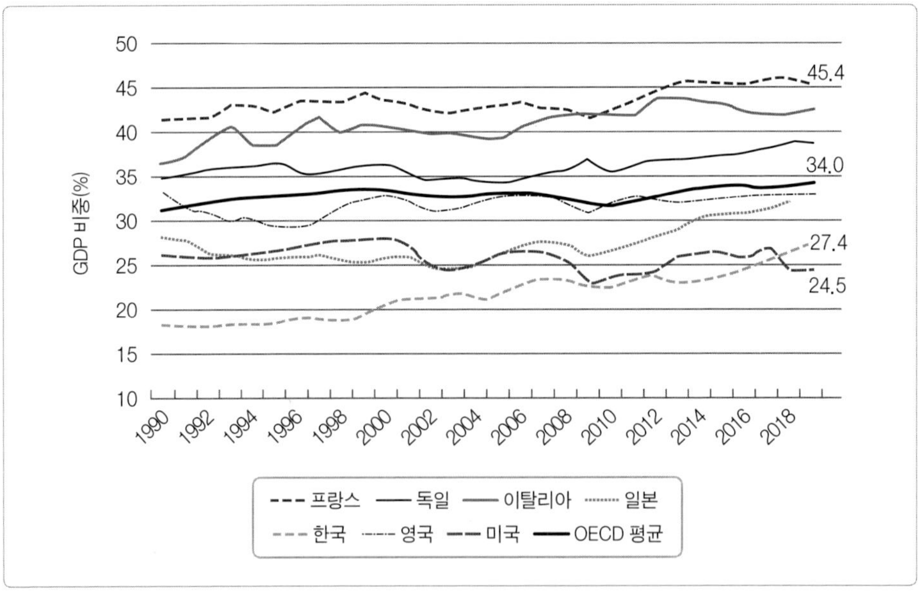

[그림 9-8] 국민부담률의 국제비교

출처: OECD database.

주요 세목별 세부담 수준 비교는 개략적인 증세의 방향성을 제시할 수 있다. 다른 나라의 사례가 납세자 수용성, 국제 간 경쟁 관점에서 우리나라에 대한 시사점을 제공할 수 있기 때문이다. 법인소득세수의 경우, 국제 간 경쟁 관점이 중요한 역할을 하는 세목이고 소득세, 보유세는 납세자 수용성이 중요한 역할을 하는 세목이다.

주요 선진국들과 비교한 세입구조에서 우리나라는 개인소득세, 사회보장기여금, 소비세 등의 수준이 상대적으로 낮게 나타났다([그림 9-9] 참조). 반면, 법인세, 재산세 등은 상대적으로 높았다. 세입구조 비교에 따르면 향후 개인소득세, 사회보장기여금, 소비세 등의 부담 증대 가능성이 존재하는 것으로 판단된다. 이 중에서 사회보장기여금은 부담과 지출이 직접적으로 연계된 목적세로, 보통세인 개인소득세, 소비세와 구분된다. 사회보장기여금의 확대는 현 사회보험제도의 확대를 의미한다. 지출과 연계된 부담으로 상대적으로 납세자의 수용성이 높으므로 중요한 재원조달 수단으로 기능할 수 있다. 다만, 사회보장기여금의 인상과정에서 근로자, 고용주, 정부의 부담구조에 대한 점검도 필요하다. 근로자와 고용주의 직접적 부

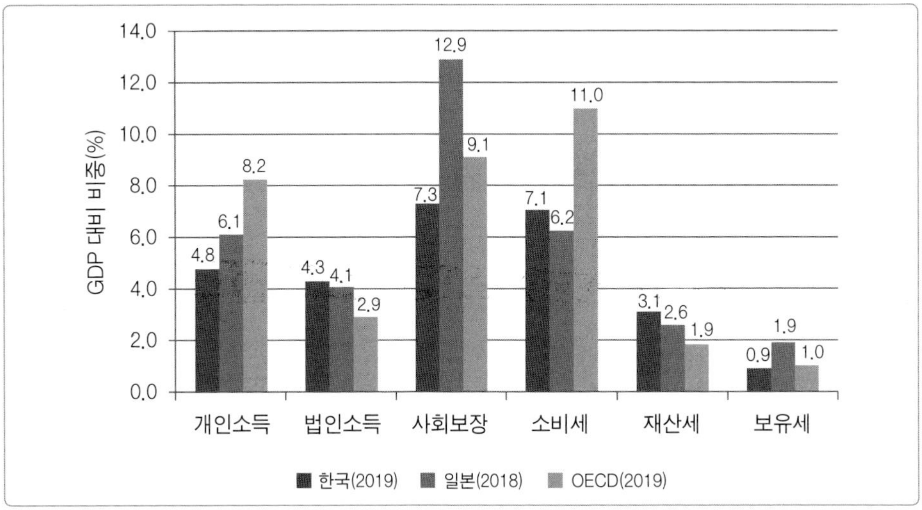

[그림 9-9] 세목별 부담률의 국제 비교

출처: OECD database.

담 인상은 기업의 고용비용을 높여 노동 수요에 부정적인 영향을 미칠 가능성이 있기 때문이다. 외국과의 상대적 비교 등을 바탕으로 근로자-고용주 등의 부담 가능 수준을 정하고, 이를 감안하여 지출관리와 함께 정부의 재정지원 수준을 결정해야 한다.

조세부과를 통해 조성된 재원은 정부의 역할 수행을 위해 지출된다. 2010년대 국민부담률의 빠른 증가에도 불구하고 우리나라 중앙정부의 통합재정수지는 2019년 이전의 흑자 기조에서 벗어나 0.6%(GDP 대비 비중) 적자로 전환되었다. 이후 코로나19 경제위기 과정을 거치면서 적자규모가 3.7%, 4.4%까지 확대되었다. 정부의 국가재정운용계획에 따르면 이러한 적자규모는 줄어들지만 추세는 지속될 것으로 나타났다. 2025년 통합재정수지 적자규모는 GDP 대비 3.0% 수준이다([그림 9-10] 참조).

제도 미성숙 등으로 적립단계에 있고 미래 지출이 예정되어 있는 사회보장성기금수지를 제외한 관리대상수지는 적자규모가 더 크게 나타난다. 2021년 GDP 대비

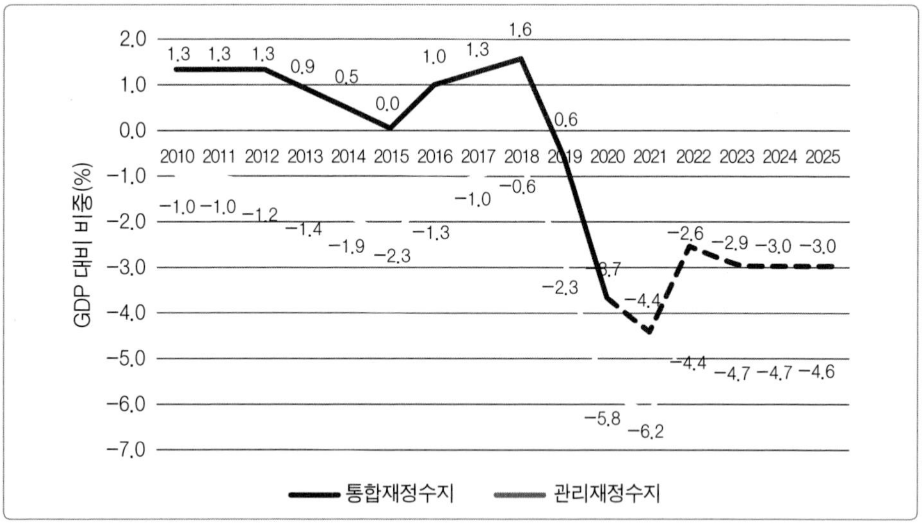

[그림 9-10] 중앙정부 재정수지 변화

출처: e나라지표.

6.2% 적자에서 소폭 회복되지만 2025년에도 4.6% 적자에 이를 것으로 전망된다.

재정수지 적자추세의 지속은 재정지출 관리노력에 대한 요구와 함께 중장기적인 세원확보 요구를 높일 것이다. 단기적으로는 COVID-19 충격의 회복 시점에서 재정건전화 정책의 시행 필요성이 높다. 장기적으로도 지속적인 복지지출 증가에 대응할 수 있는 재원확보 노력이 필요하다.

3) 국민적 수용성

재정지출의 조정과 함께 재원확보를 위해서는 납세자들, 즉 국민들의 수용성이 전제되어야 한다. 납세자들의 동의를 얻지 않은 증세 방안은 시행하기 어렵기 때문이다. 납세자들의 수용성은 납세자들이 기대하는 복지수준과도 연관성이 높다. 큰 정부의 역할을 기대하는 납세자들은 그만큼 세부담 증가에 대한 수용성도 높을 것이기 때문이다. 기대하는 복지수준을 바탕으로 필요 부담수준을 달성하기 위한 노력이 중요하다.

국민들이 기대하는 복지수준에 대한 시사점을 얻기 위해 한국조세재정연구원의 재정패널자료를 이용하였다. '현재 우리나라 복지수준이 적당하다고 생각하십니까?'라는 질문에 대한 대답의 변화를 살펴봄으로써 복지재정의 확대 가능성을 평가한다. 재정패널자료(2015~2018)[5]에 따르면 복지수준이 적당하다는 응답은 점차 증가하는 추세를 보이며 2018년 기준 67.9%에 이른다. 이에 따라 현재 수준보다 확대가 필요하다는 의견은 점차 감소하여 2018년 23.7%에 수준이다. 대체적으로 복지제도 축소 응답가구의 소득은 평균보다 높았고 복지제도 확대 응답가구의 소득은 평균보다 낮게 나타났다. 현재 복지수준에 대한 조사결과는 향후 추가적인 복지확대 요구가 점차 줄어들 것임을 시사한다.

5) 2018년 기준 7,620명 자료를 바탕으로 작성한 것으로, 평균가구소득은 53.9백만 원이다.

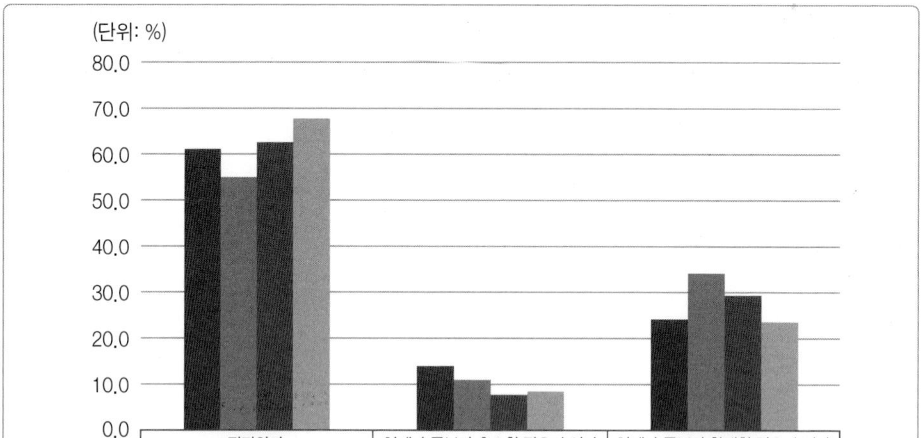

	적당하다	현재 수준보다 축소할 필요가 있다	현재 수준보다 확대할 필요가 있다
2015	61.3	14.1	24.2
2016	55.0	10.9	34.0
2017	62.8	7.8	29.4
2018	67.9	8.5	23.7

[그림 9-11] 우리나라 복지 수준에 대한 평가

주: '현재 우리나라 복지수준이 적당하다고 생각하십니까?'라는 질문에 대한 답변임.
출처: 한국조세재정연구원, 재정패널 원자료.

복지확대 필요성에 대한 응답의 실현가능성을 평가하기 위해 세금부담 의향까지 함께 고려하였다. 즉, '복지확대를 위해 본인의 세금에서 추가부담 의향이 있습니까?'라는 질문을 통해 납세자가 수용 가능한 복지수준에 대한 시사점을 얻고자 하였다. 응답결과에 따르면 복지확대를 위한 추가부담 의향이 없다는 답변이 약 65% 수준이다. 앞서 복지수준이 적절하거나 축소가 필요하다가 응답한 비율 약 75%보다 낮은 수준이다. 납세자 자신의 복지제도 확대 필요성에 대한 부정적 평가에도 불구하고 추가부담 의향이 있는 계층이 약 10% 정도 존재한다.

한편, 추가부담 의향이 있다고 응답한 경우, 추가부담 수준은 높지 않은 것으로 나타났다. 추가부담 의향이 있다고 응답한 약 35% 중에 30%는 현재 세금의 5% 미만에서 부담할 수 있다고 하였다. 5~10% 추가부담 의향을 나타낸 비중은 3.5%(2018) 수준에 불과했다([그림 9-12] 참조). 응답가구의 소득수준별 분포를 살펴보면 추가부담 의향이 없는 가구의 평균소득은 전체 평균보다 낮았고[6] 추가부담 의향이 있는 가구의 평균소득은 전체 평균보다 높았다. 즉, 소득 상황이 추가부담 의향에 상당한 영향을 미치고 있음을 알 수 있다.

이러한 결과는 향후 복지재정 확보에 상당한 어려움이 있을 것임을 시사한다. 이미 상당한 복지제도의 확대가 예상되고 있는 시점에서 납세자들의 추가부담 의향은 높지 않기 때문이다. 납세자들의 납세순응성을 높이기 위한 적극적인 정책 마련이 중요할 것이다.

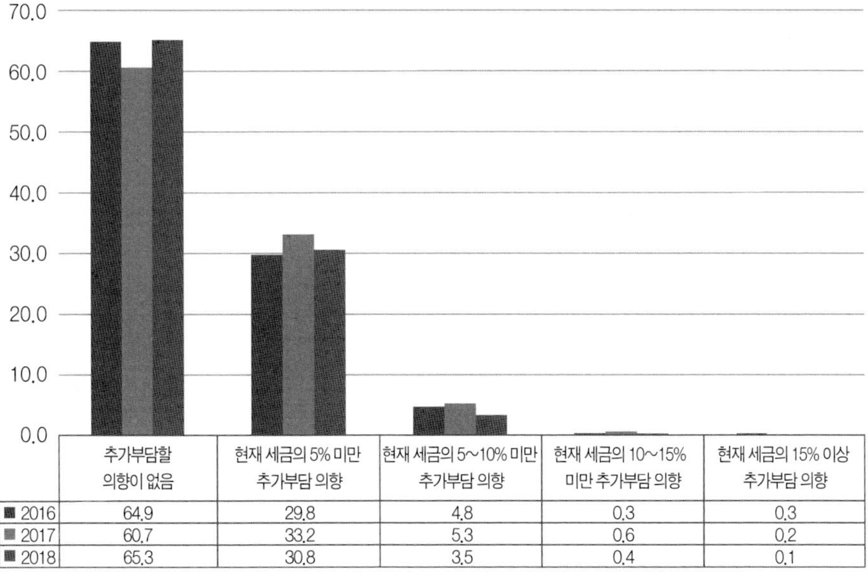

	추가부담할 의향이 없음	현재 세금의 5% 미만 추가부담 의향	현재 세금의 5~10% 미만 추가부담 의향	현재 세금의 10~15% 미만 추가부담 의향	현재 세금의 15% 이상 추가부담 의향
2016	64.9	29.8	4.8	0.3	0.3
2017	60.7	33.2	5.3	0.6	0.2
2018	65.3	30.8	3.5	0.4	0.1

■ 2016 ■ 2017 ■ 2018

[그림 9-12] 복지확대를 위한 세금부담 의향

주: '복지확대를 위해 본인의 세금에서 추가부담 의향이 있습니까?' 질문에 대한 답변임.
출처: 한국조세재정연구원. 재정패널 원자료.

6) 2018년 기준 전체 가구 평균소득은 53.9백만 원, 추가부담 의향이 없는 가구(65.3%)의 평균소득은 48.1백만 원이다.

3. 미래 도전요인

조세정책을 구성함에 있어 미래 도전요인에 대한 검토는 매우 중요하다. 기존 정책의 변화를 유발하는 요인이기 때문이다. 현재 우리나라 조세정책이 직면하고 있는 과제는 크게 세 가지로 구분할 수 있다. 재원조달, 소득재분배, 성장 및 고용 등을 위한 지원요구이다.

첫 번째 과제인 재원조달은 조세정책의 기본적 기능으로서 정부기능 수행을 위한 역할이다. 우리나라의 필요재정규모는 장기적으로 복지제도의 확장, 고령화 진전 등으로 인해 크게 증가할 것으로 전망된다. 국회예산정책처(2020)와 기획재정부(2015. 12. 4.) 등에 따르면 국가재정 지출규모는 장기적으로 크게 증가할 것으로 예상된다. 전망시기에 따라 초기 지출수준의 차이는 존재하나 장기적으로는 비슷한 수준으로 전망된다. 수입전망은 상대적으로 큰 차이를 보이고 있지만 장기적으로 지출수준에 미치지 못하는 것은 공통적이다. 즉, 지난 5년간 정부의 장기재정불안정성은 그대로 유지되고 있음을 보여 준다.

장기재정전망에서는 현재 정부 재정범위에 포함되지 않은 건강보험제도, 장기요양보험제도 등이 제외되어 있다.[7] 사회보험으로 운영되는 두 가지 제도의 장기적 지출규모는 2060년 기준 GDP 대비 8.9%(건강보험), 2.7%(노인장기요양보험)에 이른다.[8] 두 제도 모두 단기적 재정수지 균형을 추구하는 사회보험이라고 하나, 2020년 부담수준인 GDP 대비 3.8%, 0.5%에서 상당히 큰 재원조달이 추가적으로 필요하다. 장기재정전망에서 고려되지 못한 새로운 복지제도가 도입될 경우에도 추가적인 재원조달 부담이 발생한다.

7) 건강보험의 경우, 정부의 재정 지원분(예상수입의 20%)만 지출 장기전망에 포함된다.
8) 보건복지부(2020). 제4차 중장기 사회보장 재정추계. 사회보장위원회 심의안건.

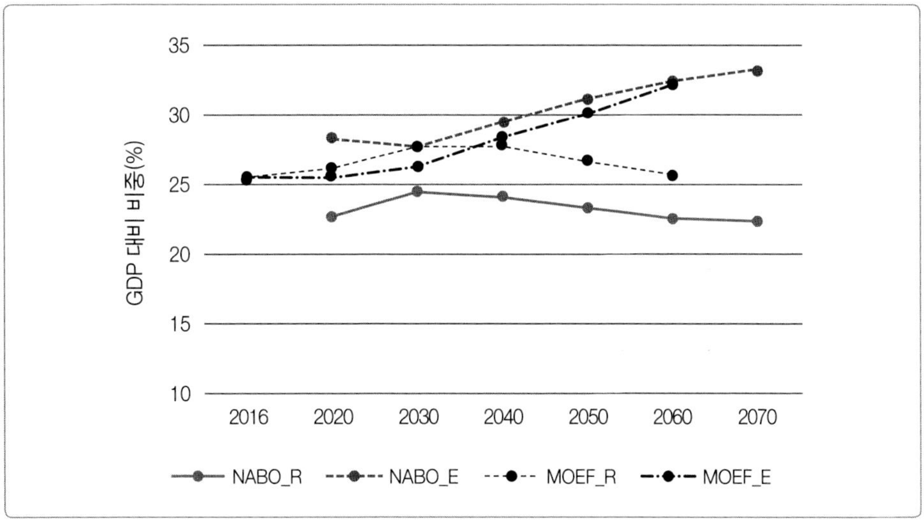

[그림 9-13] 우리나라 정부재정 장기 전망

주: NABO_R과 NABO_E는 국회예산처의 총수입, 총지출 전망이며, MOEF_R과 MOEF_E는 기획재정부의 총수입, 총지출 전망임.

출처: 국회예산정책처(2020); 기획재정부(2015).

이런 상황을 감안하면 당면한 조세정책 과제는 필요재원의 원활한 조달이라 할 수 있다. 복지지출 중심의 추가 재정수요는 항구적 지출로 향후 고령화의 추가 진전에 따라 더 높아질 가능성도 있다. 안정적이고 지속가능한 재원조달 방안 마련이 필요하다. 최근 코로나19로 인해 복지지출 등 재정지출 소요는 높아지고, 경기침체로 세입 증가세는 하락하여 추가적 재원조달의 필요성을 높이고 있다.

세부담 측면에서는 기존보다 높은 부담수준으로의 이행이 필요하므로 납세자 순응성 확보가 중요하다. 이를 위해서는 재정지출의 투명성 및 정부 신뢰도 제고, 세부담 증가 속도 관리 등이 필요하다. 재원조달 정책은 지출 성격을 감안할 필요도 있다. 수혜자 범위가 넓은 복지지출을 조달하기 위해서는 부담자 역시 많은 조달구조가 바람직하다. 납세자들의 수용성은 넓은 과세기반과 낮은 부담수준에서 높아지기 때문이다.

두 번째 과제는 소득재분배이다. 빈곤대응과 함께 사회적 연대성 확보를 위한 필요조건이라 할 수 있다. 최근 고령화와 시장소득 분배 상황 악화 등으로 인해 조세정책을 통한 소득재분배 요구도 높아지고 있기 때문이다. 시장의 소득분배 상황 변화에 대응하는 정부대응 정책에는 조세정책, 재정지출정책이 있다. 조세정책은 소득획득단계에서 시행하는 정책이다. 재원조달과 함께 소득재분배도 동시에 달성할 수 있는 정책이라는 장점이 있으나 소득자의 행태변화를 야기함으로써 나타나는 효율비용[9]을 초래한다. 또한 특정 행위, 즉 소득, 소비 등을 바탕으로 과세하므로, 조세부과 대상 이외의 요인들(예: 부양가족 숫자, 건강상태 등)을 추가적으로 고려하기에는 어려움이 있다.

재정지출 정책은 정책 대상 설정이 유연하여 재분배 관점에서 효과성이 높다. 즉, 보조금 수혜대상을 필요로 하는 다양한 기준들을 포함하여 설정할 수 있다. 예를 들면, 국민기초생활보장제도 등 보조금 정책에서 가구 규모, 재산수준 등의 고려이다. 정책이 목표로 하는 지원대상을 명확히 설정할 수 있으므로, 소득재분배에 효과적인 정책이다. 복지지출의 대부분을 차지하는 사회보험은 수입과 지출이 연계되어 있는 특수한 형태의 지출 방안이다. 지출 대상과 방법이 명확히 규정되어 있으므로 재원조달의 수용성은 높으나 다른 부문과의 지출 우선순위를 고려한 유연한 재정 운영에는 어려움이 있다.

소득재분배 목적에는 효과성 높은 재정지출 정책이 주요한 역할을 하는 것이 바람직하다. 지출목적에 맞게 유연한 제도 운영이 가능하기 때문이다. 조세정책은 재원조달을 주된 역할로 하므로, 소득재분배는 주된 역할을 보조하는 수준에서 운용하는 것이 바람직하다. 전병목 등(2017)[10]의 외국 제도 운영 사례에 따르면 직접세와 공적이전소득 정책의 재분배효과는 약 1:3의 비율로 재정지출이 중심적 역할을 하고 있다.

세 번째 도전요인은 경제성장, 고용지원 등의 부가적인 정책목표 추구이다. 조세

9) 조세로 인한 시장 가격구조의 왜곡으로 나타나는 초과부담(Excess burden)을 의미한다.
10) 전병목 외(2017). 중장기 조세정책 운용계획 수립사업. 기획재정부 · 한국조세재정연구원.

정책의 본질적 기능은 아니지만 경제정책의 한 분야로서 부담을 나누는 것이 목표이다. 이러한 부가적 정책목표의 추구는 조세정책이 갖는 정책 수단으로서의 역할 가능성에 기반하여 이루어져야 한다. 먼저, 경제성장을 촉진하기 위한 조세정책의 역할은 조세부담 수준과 구조의 문제이다. 조세부담 수준 문제는 복지확대 등 정부기능의 확대 추세를 감안할 때 역할 가능성에 한계가 있다. 부분적으로 넓은 과세기반을 형성함으로써 전체적인 세부담 수준을 낮게 유지하거나, 경제위기 대응을 위한 단기적 감세정책 등에 그칠 수밖에 없다.

조세 부담구조는 세원구성의 방향성이다. 조세부과로 인한 경제활동 왜곡을 줄이는 방향으로 운용될 필요가 있다. 그 외 생산성을 높일 수 있는 정책도 고려해 볼 수 있다. 건강한 기업 생성과 퇴출을 지원하기 위해 대기업과 중소기업 간 차등지원의 타당성 검토, 조세지원의 효과성 제고 등을 위해 노력할 필요가 있다.

4. 결론 및 정책과제

중장기 조세정책과제는 앞서 언급한 도전요인들에 대한 대응 방안으로 요약될 수 있다. 즉, 안정적 재원조달에 중점을 두는 가운데 이를 위한 납세순응성 제고가 중요하다. 또한 사회연대성 확보를 위한 소득재분배 기능의 수행과 성장 · 고용 등의 활성화를 위한 지원정책도 중요하다.

개인소득세는 재원조달 관점에서 중요한 역할을 수행하는 세목이다. 근로소득세와 종합소득세 세입은 고용 및 임금 증가에 따라 높은 세입증가율을 보이고 있다. 양도소득세 역시 경기에 따른 변동성을 보이고 있지만 자산가격의 상승으로 전반적인 세입규모가 상당하다. 향후 지속가능한 세입확보를 위해 세입증가율에 대한 적절한 관리가 필요하다.

소득재분배와 재원조달 관점에서 비과세부문에 대한 과세노력이 중요하다. 부동산 임대소득에 대한 과세역량을 강화하고 1세대 1주택 양도소득세 비과세에 대한 한도설정 등이 필요하다. 주식양도차익 등에 대한 과세도 중요하다. 우리나라 가계의 자산불평등은 주로 주택, 부동산 부문 등에 기인하므로 동 부문의 소득과세는 중요한 정책과제이다. 특히 1세대 1주택 양도소득세 비과세는 그 횟수에 관계없이 제공되고 있어 다른 부문과의 과세 형평성 관점에서도 개선이 필요하다.

높은 세입증가율을 보이는 개인소득세의 납세순응도 향상도 중요한 과제이다. 납세서비스의 향상, 면세자 비율 관리, 사업소득 투명성 개선 등이 중요한 과제이다. 또한 개인사업자의 법인전환 유인도 적극적으로 관리해야 한다. 자본시장의 적극적 활용 목적이 아닌 조세회피 목적의 법인전환 유인을 축소시켜 나가야 한다. 부가급여를 통한 조세회피, 개인사업자와 중소기업 간 세무행정상 관리 차이 등을 활용한 세부담 축소에 적극적으로 대응할 필요가 있다.

법인세의 경우 재원조달 측면에서 미래에 추가적인 역할을 수행하기에는 어려움이 있다. 이미 상당한 수준의 법인세수를 확보하고 있으며 국제적인 거래활동 증가와 국가 간 이동으로 법인과세 확보에 어려움이 있기 때문이다. 향후에는 법인세수의 높은 세입변동성에 대한 대응이 중요하다. 경기변동과 함께 국제이동에 따른 세원누수에 적극적으로 대응할 필요가 있다. 또한 법인 소재지를 기준으로 과세하는 거주지 원칙으로 기업의 해외이윤 환류 가능성 저하에 대응할 필요가 있다. 경영참여소득과세면제(Participation Exemption) 등을 통해 해외소득의 국내 환류를 촉진할 필요가 있다.

법인세는 상대적으로 소득재분배와의 연관성이 약한 세목이다. 다만, 법인소득의 사유화를 방지하기 위한 노력은 중요하다. 공정거래 정착, 부가급여 과세 등을 통해 세금을 회피한 소득분배가 발생하지 않도록 하여야 한다. 기업(일자리)의 존속을 위해 운영하고 있는 가업상속공제 역시 기술 및 기업의 유지가능성에 중점을 둔 제도 운영이 필요하다. 법인세율의 누진구조는 소득재분배와는 연관성이 거의 없다. 투입자본, 주주구조 등과 관계없는 단순 소득에 따른 누진구조이기 때문이다. 기업의 이윤추구 유인과 성장 유인 왜곡을 줄이기 위해 단순화할 필요가 있다.

소비세는 향후 재원조달 기능에서 중요한 역할 수행이 기대되는 세목이다. 탄소중립 등의 관점에서 에너지 소비에 대한 교정기능 강화도 필요하다. 주세, 담배세 등도 건강비용 등 외부성(externalities) 교정을 위해 역할 강화가 필요하다. 일반소비세인 부가가치세는 가장 효율적인 세원으로서 면세 축소를 통한 효율성 제고와 미래 재원확보를 위한 요율조정 등을 검토할 수 있다.

재분배 관점에서 소비세는 세대 간 중립성을 강화할 수 있는 방안이나, 세부담의 역진성도 내포하고 있다. 소비기반 과세 강화는 고령화 추세 속에서 조세부담의 세대 간 중립성을 높일 수 있다. 소비세 부과 과정에서의 역진성은 세입과 지출을 포괄하는 통합적 관점에서 평가할 필요가 있다. 즉, 소비세 인상이 복지재원 조달을 위한 것이라면 세입과 세출 과정을 종합한 소득재분배 효과는 긍정적이기 때문이다.

그 외 납세자 순응성 확보는 지속적인 재원확보를 위해 먼저 해결되어야 할 중요한 과제이다. 여전히 존재하는 불투명한 거래관행의 축소, 신뢰할 수 있는 납세행정 체계 구축 등이 필요하다. 근본적으로는 정부 재정활동의 신뢰성 제고를 위해 노력하여야 한다. 투명하고 효율적인 재정 집행이 중요하다.

고용증대, 4차 산업혁명 대응 등 부차적인 정책목표들의 고려는 조세정책의 장단점을 감안하여 이루어져야 한다. 고용증대 목적의 경우, 조세정책의 역할가능성이 제한적임을 인식할 필요가 있으며 필요시 단기적 지원정책으로 활용하여야 한다. 성장 촉진을 위해서는 R&D 지원정책의 효율화, 비용 또는 소득에 대한 균형잡힌 지원 등을 통해 기여할 수 있을 것이다.

참고문헌

국회예산정책처(2020). 2020 NABO 장기재정전망.

기획재정부(2015. 12. 4.). 2060년 장기재정전망. 보도자료 별첨.

기획재정부(2022. 8.). 2022~2026년 국가재정운용계획 주요 내용.

보건복지부(2020). 제4차 중장기 사회보장 재정추계. 사회보장위원회 심의안건.

전병목 외(2017). 중장기 조세정책 운용계획 수립사업. 기획재정부 · 한국조세재정연구원.

통계청, KOSIS. 경제활동인구조사.

한국조세재정연구원. 재정패널 원자료.

e나라지표. https://www.index.go.kr/main.do

OECD database. oecd.stat

통계청, KOSIS. https://kosis.kr/index/index.do

대전환기 한국사회

찾아보기

인명

내용

저자 소개

이상은(Lee, Sangeun)

University of Wisconsin–Madison, Social Welfare(Ph.D.)

전 한국사회복지정책학회 회장

현 숭실대학교 사회과학연구소 소장

숭실대학교 사회복지학부 교수

〈대표 저서 및 논문〉

사회복지정책론: 기초, 이론 그리고 분석(학지사, 2022)

한국의 위험분포와 사회보장 지지도(공동, 한국사회복지정책, 2019)

4차 산업혁명과 사회보장(사회보장연구, 2018)

허재준(Hur, Jaijoon)

파리10대학 경제학과 졸업(박사)

전 세계은행 Sr. Economist

한국EU학회 회장

현 한국노동연구원 선임연구원

〈대표 저서 및 논문〉

자영업, 플랫폼 노동 그리고 복지국가(공저, 학지사, 2022)

The Fourth Industrial Revolution and the Future of Work(공동, KDI School and Asia Foundation, 2020)

The Evolution of Korean Industrial and Employment Relations(공동, Edward Elgar, 2018)

이상환(Lee, Sang-hwan)

Michigan State University 정치학과 졸업(박사)

전 한국국제정치학회 회장

한국외국어대학교 정치행정언론대학원장/학생처장/연구산학협력단장

현 한국외국어대학교 정치외교학과 교수

〈대표 저서 및 논문〉

국제관계개론(박영사, 2022)

국제정치경제: 시각과 쟁점(박영사, 2021)

Trilateral Trade and Taking a Side Between the U.S. and China(공동, Korean Journal of Defense Analysis, 2020)

고문현(Koh, Moon Hyun)

서울대학교 대학원 법학과 졸업(박사)

전 제24대 한국헌법학회 회장(2018)

제20대 국회헌법개정특별위원회 자문위원(2017)

현 한국ESG학회 회장

〈대표 저서〉

통합환경법 제정에 관한 연구: 가칭 「이산화탄소 저장 등에 관한 법률」안 제정을 중심으로(집문당, 2021)

기후변화와 환경의 미래(공저, 21세기북스, 2019, 환경부추천도서)

EU 기후변화정책의 이해(공저, 박영사. 2019)

이삼식(Lee, Samsik)

한양대학교 대학원 사회학과 졸업(박사)

전 한국인구학회 회장

현 한양대학교 정책과학대학 정책학과 교수

한양대학교 고령사회연구원 원장

〈대표 논문〉

Impact of older adults' mobility and social participation on life satisfaction in South Korea(공동, Asian Social Work and Policy Review, 2019)

Issues of aging and age dependency in post-industrial societies(공동, Low Fertility Regimes and Demographic and Societal Change, 2018)

Lowest-low fertility and policy responses in South Korea(공동, Lowest Low Fertility: Variations across Developed Countries, 2015)

이준배(Lee, Joonbae)

University of Pennsylvania 경제학과 졸업(박사)

전 정보통신정책연구원 디지털경제사회연구본부 연구위원(디지털경제연구실장)

정보통신정책연구원 디지털경제사회연구본부 부연구위원

현 국방대학교 국방관리대학원 조교수

〈대표 논문〉

제4차 산업혁명 진단 및 핵심과제 도출(경인사연 협동연구, 2022)

디지털 뉴딜의 성과평가 지표 개발 연구(KISDI 정책연구, 2021)

디지털 대전환 시대의 경제성장을 위한 정책적 역할에 관한 연구(KISDI 정책연구, 2021)

이기성(Lee, Kisung)

University of Minnesota 인력자원개발(박사)

전 한국직업능력개발원(현, 한국직업능력연구원) 부연구위원

한국인력개발학회 회장

현 숭실대학교 평생교육학과 교수

〈대표 저서 및 논문〉

인력자원개발론(학지사, 2014)

대기업 내부 승진 임원의 온보딩 과정에 대한 근거이론적 분석(공동, HRD연구, 2021)

코로나19 기간 평생교육기관 실무자를 통해 본 노인과 발달장애인의 온라인 교육 참여 경험에 관한 질적 연구(공동, HRD연구, 2021)

전병목(Jeon, Byung Mok)

Rice University 경제학과 졸업(박사)

전 세제발전심의위원회 위원

국민경제자문회의 위원

현 한국조세재정연구원 선임연구위원

〈대표 논문〉

노후소득 형성을 위한 조세지원정책: 주택연금을 중심으로(한국조세재정연구원, 2021)

노동소득과 자산소득의 과세형평성에 관한 연구(공동, 한국경제포럼, 2021)

4차 산업혁명과 조세정책(공동, 한국조세재정연구원, 2020)

대전환기 한국사회

-디지털, 세계질서, 기후, 인구의 변화와 대응-

Korean Society in the Great Transition: Changes and Responses on Digital, Global Order, Climate, and Population Structure

2023년 1월 5일 1판 1쇄 인쇄
2023년 1월 10일 1판 1쇄 발행

지은이 • 이상은 · 허재준 · 이상환 · 고문현
이삼식 · 이준배 · 이기성 · 전병목

펴낸이 • 김진환
펴낸곳 • (주) 학지사
04031 서울특별시 마포구 양화로 15길 20 마인드월드빌딩
대표전화 • 02)330-5114 팩스 • 02)324-2345
등록번호 • 제313-2006-000265호

홈페이지 • http://www.hakjisa.co.kr
페이스북 • https://www.facebook.com/hakjisabook

ISBN 978-89-997-2815-0 93330

정가 18,000원